BEM-COMPORTADAS

BEM-COMPORTADAS

OS SETE PECADOS CAPITAIS E O PREÇO QUE AS MULHERES PAGAM PARA PROVAR SEU VALOR

ELISE LOEHNEN

Sextante

Título original: *On Our Best Behavior*
Copyright © 2023 por Bench Road LLC
Copyright da tradução © 2024 por GMT Editores Ltda.

Todos os direitos reservados. Nenhuma parte deste livro pode ser utilizada ou reproduzida sob quaisquer meios existentes sem autorização por escrito dos editores.

coordenação editorial: Alice Dias
produção editorial: Livia Cabrini
tradução: Rita Paschoalin
preparo de originais: Priscila Cerqueira
revisão: Hermínia Totti e Rafaella Lemos
diagramação: DTPhoenix Editorial
adaptação de capa: Ana Paula Daudt Brandão
capa: Donna Cheng
arte de capa: Valero Doval
impressão e acabamento: Lis Gráfica e Editora Ltda.

CIP-BRASIL. CATALOGAÇÃO NA PUBLICAÇÃO
SINDICATO NACIONAL DOS EDITORES DE LIVROS, RJ

L814b Loehnen, Elise
    Bem-comportadas / Elise Loehnen; tradução Rita Paschoalin. – 1. ed. – Rio de Janeiro: Sextante, 2024.
    352 p.; 23 cm.

    Tradução de: On our best behavior
    ISBN 978-65-5564-805-8

    1. Mulheres – Condições sociais. 2. Mulheres – Conduta. 3. Mulheres e religião. 4. Mulheres – Psicologia. 5. Pecados capitais. 6. Feminismo. I. Paschoalin, Rita. II. Título.

23-87072
CDD: 305.42
CDU: 141.72

Meri Gleice Rodrigues de Souza – Bibliotecária – CRB-7/6439

Todos os direitos reservados, no Brasil, por
GMT Editores Ltda.
Rua Voluntários da Pátria, 45 – 14º andar – Botafogo
22270-000 – Rio de Janeiro – RJ
Tel.: (21) 2538-4100
E-mail: atendimento@sextante.com.br
www.sextante.com.br

Para Peter, que acreditou em mim muito antes de eu mesma acreditar e cuja morte me fez ter fé em algo bem maior que a minha vida.

SUMÁRIO

Nota da autora   9
Introdução: Gênesis   11

1. Uma breve história do patriarcado   27
2. PREGUIÇA: Ao acreditar que preguiça é pecado, renegamos nosso direito ao descanso   47
3. INVEJA: Ao acreditar que inveja é pecado, renegamos nossas carências   81
4. ORGULHO: Ao acreditar que orgulho é pecado, renegamos nossos talentos   105
5. GULA: Ao acreditar que gula é pecado, renegamos nossa fome   132
6. GANÂNCIA: Ao acreditar que ganância é pecado, renegamos nossa estabilidade   157
7. LUXÚRIA: Ao acreditar que luxúria é pecado, renegamos nosso prazer   185
8. IRA: Ao acreditar que ira é pecado, renegamos nossas necessidades   221
9. TRISTEZA: Ao acreditar que tristeza é pecado, renegamos nossas emoções   258

Conclusão: Realinhamento   285
Agradecimentos   297
Bibliografia selecionada   301
Notas   308

NOTA DA AUTORA

Este é um livro sobre doutrinação cultural. Eu mesma, é claro, sou produto da cultura em que fui criada. Sou branca, heterossexual, casada e mãe. Meus pais, heterossexuais, ainda estão casados. Nasci nos Estados Unidos, numa família de classe média alta, e continuo pertencendo à mesma classe. Eu me identifico como mulher e a maioria das pessoas também me identifica assim. Tenho a sorte de ser vista como me vejo e de ser fácil encontrar palavras para descrever minha experiência no mundo. Mas nem sempre é desse jeito. Nossa linguagem pode ser muito limitada para definir quem somos.

Neste livro uso várias vezes as palavras *mulher* e *nós*. Mas é importante deixar claro: essas palavras são atalhos linguísticos para *uma ideia do que significa ser mulher* – uma ideia que pode ser reducionista. O uso que faço desses termos também é influenciado pelo meu ponto de vista como mulher nascida num corpo feminino. Nestas páginas tento examinar o impacto da cultura no maior número possível de mulheres, mas não é minha intenção falar por *todas* elas – e não conseguiria nem se quisesse. Mesmo assim, acredito que nossa cultura confina todas as pessoas que se identificam como mulher em categorias universais. Minha esperança é que este livro lance luz sobre esse confinamento.

Nos meus relatos pessoais, tentei relembrar o melhor que pude os eventos da minha vida e pedi a amigos e familiares que confirmassem minhas lembranças. Além disso, para garantir o anonimato de algumas pessoas, alterei certos detalhes nas histórias que conto.

INTRODUÇÃO

Gênesis

EM 2019 PASSEI UM MÊS INTEIRO HIPERVENTILANDO. Não conseguia respirar fundo sem bocejar porque, ironicamente, meus pulmões estavam supersaturados de oxigênio. A hiperventilação é um descompasso entre corpo e cérebro que eu já havia enfrentado algumas vezes desde meus 20 e poucos anos. Na primeira vez procurei o pronto-socorro achando que morreria asfixiada dali a poucas horas e que precisava ser intubada de imediato. O médico deu a entender que era coisa da minha cabeça e me mandou de volta para casa com um tapinha nas costas e uma receita de ansiolítico. Mas dessa última vez foi diferente. Não bastava tirar um cochilo nem cortar a cafeína. Eu bocejava e suspirava durante reuniões, entrevistas e refeições. Aos olhos do mundo eu parecia calma e serena – sonolenta até –, mas na verdade enfrentava uma ansiedade feroz dentro de mim. Era como se eu fosse um cisne flutuando muito elegante na água sem que ninguém visse o esforço que eu fazia com os pés para me manter na superfície.

Naquele mês derramei lágrimas de exaustão na terapia.

– É como se eu não conseguisse respirar – contei ao terapeuta.

– Entendo – respondeu ele.

– Sinto como se eu estivesse sufocada, enterrada viva.

– Em que parte do corpo você sente isso?

– Parece que tem uma coisa no meu peito – respondi – e, não importa o que eu faça, não consigo me livrar dela.

– Deve ser mesmo muito assustador.

Ficamos alguns minutos em silêncio.

– Estou muito cansada. Eu não entendo. Tento fazer tudo certo, ser perfeita, não decepcionar ninguém. – Fiz uma pausa para respirar. – Por que isso não basta para eu ter um pouco de sossego? O que mais preciso fazer? – Fiz outra pausa e então perguntei: – Você sabe que problema é esse que eu tenho?

– Não – respondeu ele. – Mas entendo por que você quer tanto descobrir.

– Será que é o peso das minhas expectativas exageradas? – perguntei. – Será que estou exigindo muito de mim? Talvez não seja nada disso, mas você me conhece bem.

Ele olhou para mim.

– Sim, acho que você está tentando se enquadrar num ideal de perfeição. Mas desconfio também que seja mais do que isso. Parece que você acha que, se for boa o bastante, estará livre de julgamentos e será amada.

Esse comentário me atingiu em cheio, bem no meio do meu peito ofegante.

– Então o que é esse aperto no peito, afinal? – perguntei.

– Alguma coisa dizendo que você está errada em pensar assim.

Depois da sessão passei um tempo no carro com a cabeça apoiada no volante. Tive a sensação de que alguma coisa primitiva e furiosa, alguma coisa rebelde e zangada, estava se libertando. Eu tentava ser boa. Sempre tinha tentado ser boa. Eu me exauria; cuidava de parentes, amigos e colegas; punia meu corpo para manter a forma; controlava o mau humor. O que aconteceria se eu simplesmente... parasse com isso? Eu não sabia a resposta, mas naquele dia, dentro do carro estacionado, decidi descobrir. Fiz a pergunta que se tornou a sementinha deste livro – seu florescimento me custaria caro, mas traria minha vida de volta.

QUERIA PODER DIZER QUE O INSIGHT NA TERAPIA foi suficiente para quebrar o encanto, normalizar minha respiração e me trazer alívio. Só que, infelizmente, admitir que eu me sentia imobilizada por *alguma coisa* não fez o fantasma desaparecer de uma hora para outra, como acontece quando acendo as luzes para dissipar uma sombra estranha no quarto dos meus filhos. A boa notícia é que reconhecer o peso e o volume desse monstro deu forma à minha investigação: de onde ele veio, como ganhou poder e por que eu estava tão disposta a me submeter a ele? Mergulhei no estudo da História com o intuito de identificar quando as mulheres passaram a associar bondade a aceitação – e revisitei minha infância para descobrir quando essa doutrinação tinha colocado suas garras em mim pela primeira vez.

Sempre gostei de fazer perguntas. Fui uma criança precoce e curiosa, provavelmente um pouco irritante com minha insistência em questionar tudo: *Por quê? Por quê? Por quê?* Por sorte minha babá era a biblioteca. Eu vivia com a cara enfiada nos livros. Procurava as respostas nos romances, nos livros de História, na ciência – em qualquer lugar onde elas pudessem se esconder. E, no longo caminho de ida e volta para a cidade todos os dias (morávamos perto de um vale nos arredores de Missoula, Montana), meus pais sintonizavam o rádio no noticiário e eu ficava ouvindo jornalistas experientes como Cokie Roberts, Nina Totenberg e Susan Stamberg usarem as perguntas *delas* para tornar o mundo mais compreensível. Hoje em dia percebo que eu estava tentando impor lógica a uma sociedade que me parecia caótica: eu conseguia pressentir a existência de uma estrutura subjacente, um código de comportamento, um modelo segundo o qual a vida *deveria* ser vivida. Eu precisava discernir os contornos desse mapa – os limites de aceitação, pertencimento e bondade – de modo que eu pudesse escolher o caminho certo: o que me garantisse sobrevivência, segurança e sucesso.

Depois de adulta passei a trabalhar com escrita e edição de texto, e isso quer dizer que eu era paga para seguir meus interesses, analisar a maneira como os sistemas funcionavam e investigar por que fazemos o que fazemos. Entrevistei centenas de pensadores e influenciadores culturais – médicos, cientistas, teólogos, terapeutas, ativistas, historiadores, políticos, gurus, atores, poetas e jornalistas – sobre o que significava ser humano. Na década passada conversei com Bryan Stevenson, advogado que atua no corredor da morte e argumenta que somos melhores do que a pior coisa que tenhamos feito e que ninguém merece ser o carrasco de outra pessoa. Conheci Laura Lynne Jackson, uma médium famosa cuja habilidade de fazer contato com os mortos sugere que somos parte de uma história energética muito maior, que não desaparecemos, mas continuamos, e que estamos aqui na "Escola Terra" para aprender, evoluir e crescer. Conversei com a lendária historiadora Mary Beard sobre o silenciamento das mulheres na literatura ao longo da história; com o médico Gabor Maté sobre como o trauma intergeracional contribui para o desenvolvimento de vícios; com o cirurgião-geral Vivek

Murthy sobre a epidemia de solidão; com a historiadora Isabel Wilkerson sobre nosso invisível e difuso sistema de castas raciais; com os terapeutas John e Julie Gottman sobre por que alguns casais parecem destinados ao divórcio; e com muitos, muitos outros autores, filósofos, artistas e acadêmicos. Se alguém tem uma ideia a apresentar ou alguma sugestão sobre a condição humana, eu a recebo de bom grado.

Ao refletir sobre essas conversas, percebi que, de certa forma, todo mundo está dizendo a mesma coisa: que cada um de nós está em busca de reconhecimento; queremos expressar nosso lado mais vulnerável e genuíno e nos sentir seguros o suficiente para expor nossos talentos. Estamos o tempo todo nos perguntando: *Quem sou eu? O que eu quero? Do que preciso? Como posso encontrar meu propósito e ser útil?* Nossos maiores imperativos são pertencer, amar e ser amados. Ainda assim, a vida atrapalha. Às vezes enfrentamos restrições palpáveis que fogem ao nosso controle – infância traumática, injustiça sistêmica, desastres naturais –, mas quase sempre as barreiras que impedem a expressão completa do nosso potencial são intangíveis. São a falta de autoconfiança, as crenças limitantes ou os construtos sociais de papéis e responsabilidades sussurrando em nosso ouvido: *Que desejos e ações são apropriados para cada tipo de pessoa?* Essas teias nos enredam e nos controlam como marionetes. São os longos tentáculos da doutrinação cultural, um legado que nos envolve à medida que nos movemos pelo mundo.

O antropólogo visionário Ashley Montagu falava dos humanos como seres que têm "uma primeira e uma segunda natureza". A primeira natureza é quem somos, da maneira mais radical e completa: nossa configuração genética única e nossos instintos naturais. A segunda natureza, de acordo com esse autor, é a forma como a sociedade influencia essa biologia e molda *nossas crenças* acerca de quem somos. Segundo ele:

> Os tipos de comportamento que nos caracterizam como seres humanos são determinados pelo processo de socialização pelo qual passamos, pelo condicionamento cultural no qual somos moldados, pelos hábitos de que todos somos feitos. E aí está o problema, pois somos a mais educável de todas as criaturas do planeta. [...] Tudo que nos tornamos, que conhecemos e que fazemos enquanto seres humanos

temos que aprender com outros seres humanos. De fato, a educabilidade é o traço da nossa espécie. E por isso ser humano é estar em perigo, pois podemos facilmente aprender muitas coisas erradas e questionáveis.[1]

Quando deparei com essa citação pela primeira vez, senti um frio na espinha. Havia passado a primeira parte da vida contando com esse "traço" da educabilidade, tentando entender quem eu era – de acordo com o que tinham me dito que eu deveria ser – e qual seria o comportamento adequado para uma mulher.

Na última década, contudo, conduzi todas as conversas que tive com os grandes nomes da cultura com um propósito subconsciente: eu queria que todos aqueles pensadores, cientistas e gurus me ajudassem a desconstruir e a reprogramar essa educação. Eu queria saber como substituí-la por algo mais verdadeiro. Muitas dessas conversas foram úteis. Mas também me revelaram que estamos *todos* presos numa teia. Cada um de nós está condicionado e preso num sistema que não consegue ver, mas cujos efeitos são sufocantes e ensurdecedores. Estamos tão acostumados a agir a partir dessa estrutura que somente quando tentamos nos libertar sentimos até que ponto temos sido controlados. Minha jornada tem sido entender essas fibras, enxergar seu alcance e sentir suas dimensões e complexidades. Nesse processo percebi que nem tudo está perdido: uma vez que percebamos a teia e sua engenharia perversa, podemos começar a cortar os fios um a um, deixando que as inverdades acerca de quem somos sejam levadas pelo vento.

Este é um livro sobre as "coisas erradas e questionáveis" que nos ensinaram, como internalizamos essas ideias na forma de crenças, como as enraizamos em nossas estruturas sociais e as repassamos às gerações seguintes, perpetuando nossa confusa opressão. Tenho interesse especial no modo como esse legado se manifesta na vida das mulheres e como nossa submissão ao longo dos milênios passou a ser vista como normal e natural. Como diz Montagu, mais uma vez: "Nossa biologia não decreta que um sexo deva reinar sobre o outro. O que determina esse tipo de coisa é a tradição, a cultura." Bem, nossa tradição e nossa cultura têm decretado que as mulheres são inferiores de todas as formas: física, espiritual e moralmente.

Essa mitologia social nos tem mantido desesperadas para comprovar nossa bondade e nossos méritos mais básicos.

Aderir aos ditames dessa teia e reprimir os instintos naturais são comportamentos aprendidos – e relativamente recentes. Podemos vincular a desvalorização do feminino ao surgimento do monoteísmo; à demonização da deusa enquanto visão de mundo maternal, baseada na natureza; e à ascensão do cristianismo. O sistema da religião do Deus Pai pressupõe uma eternidade além de nossa vida mortal e arbitra quem é e quem não é digno de ascender ao Reino do Céus. Como consequência, as mulheres – instigadoras da queda do homem – têm uma desvantagem notável: somos obrigadas a provar nossa *virtude*, nossa perfeição moral. Mas nunca seremos capazes de provar essa virtude, uma vez que a palavra em si está fora do nosso alcance: sua etimologia remete à palavra latina *vir*, que significa *homem*.

Todas nós conhecemos a história da Eva curiosa e da maçã, da serpente e da Árvore do Conhecimento. Muitas de nós somos capazes de recitar os Dez Mandamentos e algumas das seiscentas e tantas outras leis (*mitzvahs*) do Velho Testamento. Todavia, no quesito mau comportamento, existem roteiros mais sutis e bem enraizados em nossa cultura que continuam a circunscrever nossa vida. Quando se trata de usar a mitologia para manter as mulheres longe da verdade de quem somos, não existe recurso melhor do que o conjunto de vícios que é considerado o ingresso para a imoralidade: os Sete Pecados Capitais. A tentativa de evitá-los encurrala mulheres e compromete a potencial plenitude da nossa vida. Esses pecados estão profundamente enredados na sociedade e em nossos conceitos de individualidade. São os principais fios dessa teia pegajosa.

Sério?, talvez você se pergunte. *Mas eu não sou religiosa. Não acredito em nada disso.* Mesmo que você se considere ateia, agnóstica ou se oponha às religiões organizadas, os códigos morais geridos pelos Sete Pecados Capitais influenciam sua vida. Eles não se limitam ao universo da Igreja; os pecados permeiam nossa cultura. Os Sete Pecados Capitais nem sequer fazem parte da Bíblia; foram postulados por um monge do deserto, no século IV, como os "Oito Pensamentos" algumas décadas depois da codificação do Novo Testamento. Os Oito Pensamentos incluíam a tristeza, mas ela foi retirada do rol vários séculos depois, e eles foram reduzidos à lista que hoje conhecemos: orgulho, preguiça, ganância, inveja, ira, gula e luxúria. A Igreja se esforçou bastante para torná-los motivo de confissão. Os pecados viraram violações que demandavam penitência: qualquer um que se rendesse a eles precisaria expiar a culpa.

AS CARACTERÍSTICAS DA CULTURA

Se, por um lado, há aqueles que interpretam a Palavra de Deus e seus mandamentos de maneira literal, muita gente hoje em dia vê na religião menos dogmas e mais valores coletivos. E, seja o indivíduo religioso ou não, os princípios do que significa ser "bom" se espalham por qualquer canal, a despeito da fé. Esse código de comportamento inundou minha vida mesmo eu tendo crescido num mundo quase sem religião. Não precisei ouvir um padre falar de pecado para querer ser boa ou digna de amor. Na infância, eu tateava no escuro tentando encontrar os limites do comportamento aceitável: *Isso é certo? E aquilo? Como devo agir? Como devo me apresentar? O que devo querer?* Até podemos rejeitar a religião e suas crenças específicas, mas as tradições, as ideias de "bom" e "mau", estão entranhadas no tecido da sociedade. Não precisam da nossa aprovação ou devoção para nos manter cativos. Operam dentro de nós num nível subconsciente.

Afinal de contas, a cultura é contagiosa: nós a passamos adiante, como um vírus. Ela permeia tudo. Ninguém se inventa por completo. A cultura vem em sussurros, transmitida por meio de quase toda interação. "Natureza" e "cultura" se fundem e se confrontam – se é a cultura que influencia o comportamento ou se é o comportamento que cria a cultura é uma questão que nunca será respondida. O que é evidente, contudo, é o contorcionismo que muitas pessoas fazem, como uma cobra engolindo a própria cauda: *O que sou em comparação ao que acho que devo ser?*

Durante milênios, cultura *era* religião. A doutrinação girava em torno da necessidade de o indivíduo se redimir dos apetites e desejos humanos básicos e provar que era digno do Paraíso. Os Sete Pecados Capitais se tornaram uma espécie de resumo do que *não* ser. Fáceis de memorizar, eles servem de representação visual e alegórica. E são também inevitáveis na vida diária: estar vivo é praticá-los. Os pecados se tornaram o mecanismo perfeito mediante o qual a Igreja conseguia manter o poder e o controle, além de pressionar seu rebanho a se arrepender o tempo todo e ficar permanentemente de joelhos.

Enquanto os Dez Mandamentos são concretos, os Sete Pecados Capitais são amorfos, abertos a interpretações, o que talvez explique sua força através do tempo. Eles não se referem a ações objetivas e palpáveis (você roubou, você matou, você trapaceou); referem-se a características humanas, um terreno no qual se cruza uma linha imperceptível, porém definidora (você *é* promíscua, gananciosa, preguiçosa!). E, por serem subjetivos, é fácil brandi-los como um chicote. É impossível apontar o momento da transgressão. A ingestão de quanta comida equivale a gula? Em que ponto atender às suas necessidades se torna ganância?

A maldade está nos olhos de quem vê, da autoridade empossada, da sociedade. Como esses valores são subjetivos e arbitrários, é muito fácil condenar uma pessoa e acusá-la de não ser boa o suficiente.* Em consequência, a "bondade" – virtude, pertencimento – não pode ser reivindicada. Ela deve ser concedida por uma autoridade "de fora". O pecado é um conceito que destitui. Séculos atrás, as pessoas que faziam a mediação entre os suplicantes e Deus eram os padres. Hoje em dia, em nossa cultura laica, nos voltamos para pais, críticos, parceiros, chefes e até desconhecidos no Instagram. Somos alvos fáceis, ansiosos para comprovar nossos méritos, para buscar validação em alguma fonte de poder externa a nós mesmos. E essa tendência costuma aparecer à sombra dos Sete Pecados Capitais, os quais têm funcionado como uma ferramenta incrivelmente eficaz para assegurar bom comportamento ao longo de milênios. As impressões digitais estão por toda parte, em particular na vida das mulheres: fomos treinadas para a bondade. Os homens, por outro lado, foram treinados para o poder. Ainda que isso possa parecer um bom negócio – estamos sendo treinadas para assumir o poder e, então, higienizá-lo com nossa feminilidade –, percebemos as implicações perigosas dessa

---

* Isso acontecia com as mulheres o tempo todo, é claro: a etimologia da palavra *wicked* (*malvada*, em inglês) remete a *Wicca*, isto é, bruxa.

doutrinação por todos os lados. Os homens também são afetados pelo patriarcado; ele envenena todo mundo. Eu acredito, e vou falar mais sobre isso mais adiante, que a tristeza – além de seu desdobramento, a fraqueza – nos assombra a todos. Ainda que oficialmente retirada da lista dos Sete Pecados Capitais, ela também deve ser examinada.

AS MULHERES E A "BONDADE"

Embora os Sete Pecados Capitais tenham atravessado o tempo e a cultura num combo – vide as pinturas de Hieronymus Bosch, o *Purgatório* de Dante, *Os contos da Cantuária* de Chaucer, *A trágica história do Doutor Fausto* de Marlowe, a ópera-balé *Os sete pecados capitais da pequena burguesia* de Bertolt Brecht e Kurt Weill, o filme *Seven* –, eles também são vistos como conceitos isolados. Estão em todos os contos de fadas e se inserem na linguagem e na "sabedoria" popular, como nos chavões que ouvimos tantas vezes desde a infância: Deus ajuda quem cedo madruga (preguiça); a grama do vizinho é sempre mais verde (inveja); quanto maior a altura, maior a queda (orgulho); fulana tem o olho maior que a barriga (gula); o dinheiro é a raiz de todos os males (ganância); homem não gosta de mulher fácil (luxúria); roupa suja se lava em casa (ira). Há muito estigma atrelado a cada uma dessas ideias, e elas estão entranhadas de modo específico na mente das mulheres.

Esses conceitos nos controlam e nos reprimem. Quando nos fartamos numa refeição, dizemos que "perdemos a linha" e prometemos "nos comportar" no dia seguinte. Quando passamos a manhã de sábado maratonando séries na Netflix em vez de limpando a casa, nos repreendemos pela preguiça. É comum interrompermos nossos pequenos prazeres porque eles parecem uma transgressão, como um elástico esticado que uma hora vai rebater na nossa cara.

Depois que percebi a profundidade da relação dos Sete Pecados Capitais com meu entendimento do que significa ser "boazinha", tanto para as mulheres em geral quanto para mim em particular, não consegui mais deixar de enxergar essa influência. Listei as ideias e os comportamentos que vinculo à noção de ser boa, e eles se encaixaram direitinho em cada pecado:

Quero ser vista como profissional de sucesso e como alguém que se importa com a família e cuida dela com amor e disposição. Para dar conta de tudo, eu me levanto cedo, durmo tarde e vivo ocupada. **Boas mulheres são incansáveis, esforçadas e não ficam pedindo folga no trabalho ou em casa.**	**PREGUIÇA É PECADO**
Quando vejo outra mulher fazendo algo que sonho em fazer, procuro motivos para depreciá-la ou criticá-la. Se ela parece realizada demais, eu me afasto ou a evito, pois é muito difícil celebrar suas conquistas. **Boas mulheres não querem nem buscam ter mais do que já têm. Não cobiçam abertamente as habilidades ou conquistas de outras pessoas.**	**INVEJA É PECADO**
Eu me esforço para ser despretensiosa e humilde e passar a impressão de que não estou em busca de reconhecimento ou elogios. Em vez de celebrar meus talentos, passo boa parte da minha carreira me escondendo à sombra dos outros. **Boas mulheres não intimidam nem demonstram muita confiança. São discretas, minimizam as próprias ideias e preferem ser lideradas.**	**ORGULHO É PECADO**
Eu me recrimino com frequência pelo peso extra que não perdi e por comer os restos da comida (não saudável) dos meus filhos, e ainda assim é provável que eu não esteja me alimentando o suficiente. **Boas mulheres se esforçam para se manter o mais magras possível.**	**GULA É PECADO**
Eu me sinto culpada por ganhar mais do que outras pessoas, apesar de me sentir financeiramente insegura. Tenho medo de parecer sovina e acabo gastando demais, mesmo que não consiga bancar tudo. **Boas mulheres não negociam em causa própria, nunca pedem mais, demonstram gratidão pelo que recebem e evitam falar de dinheiro. Costumam gastar mais do que guardam e se esforçam para ser generosas "até não poder mais".**	**GANÂNCIA É PECADO**

Nunca uso roupas provocantes, como se quisesse chamar atenção, já que sou responsável por proteger minha integridade física. Eu me vejo mais como objeto do desejo masculino do que como dona do meu corpo. **Boas mulheres querem parecer sensuais, afetuosas e atraentes, mas não abertamente interessadas em sexo.**	**LUXÚRIA É PECADO**
Tenho vergonha de demonstrar impaciência e irritação. Reprimo todos os sentimentos negativos quando minhas necessidades não são atendidas ou quando meus limites são desrespeitados, pois tenho medo de parecer cruel, egoísta ou desequilibrada. Caso percebam que estou com raiva, peço desculpas e me contenho imediatamente, com medo das consequências. **Boas mulheres são assertivas apenas quando falam em nome de outras pessoas. Perdoam rápido, evitam o confronto e não se importam em sacrificar as próprias necessidades a fim de preservar a paz e manter a ordem.**	**IRA É PECADO**

Essa lista me dá arrepios. Eu a odeio. Olho para ela e sinto no fundo do meu ser como estou cansada de controlar meu comportamento e de me sujeitar para atender às expectativas culturais. Reconheço que o modo como quero ser vista não combina com quem eu *sei* que sou. Existe uma pessoa lá no fundo que é muito mais autêntica. Eu a mantenho escondida a maior parte do tempo e a controlo por meio desses filtros. Sempre acreditei que seria perigoso deixá-la livre. Só que agora percebo que é mais perigoso ainda prendê-la: se eu não a libertar dessas ideias opressivas de bondade, a parte escondida vai aos poucos morrer sufocada e eu nunca conhecerei a sensação de ser eu mesma por inteiro – não diminuída, não cerceada, não assustada.*

---

* Como mulher branca e privilegiada, teoricamente a poucos passos do poder, sempre me perguntei se mulheres como eu são mais apegadas ao sistema, convictas de que temos muito a perder. Mas eu também conversei com muitas mulheres marginalizadas que, da mesma forma, sentem-se soterradas pela doutrinação da "boa moça". Essas crenças foram profundamente internalizadas por todas nós.

AS TRÁGICAS CONSEQUÊNCIAS

Quando nos impomos muitas restrições, contribuímos para a negação de uma existência plena. Somos obrigadas a levar uma vida limitada. Temos medo de cruzar uma linha que não conseguimos ver. Não queremos ser vistas como pessoas que querem demais ou *são* demais; equiparamos "autocontrole" a mérito.

Ao nos preocupar com tudo que não queremos ser, ao reprimir nossos instintos e impulsos por medo da vergonha, esquecemos quem *somos* – todas especiais e "divinas" à sua maneira. Perdemos a consciência disso e nos tornamos, estranhamente, *artificiais*. Estamos tão dominadas pelo fazer – e pelo *não* fazer – que nos esquecemos de *ser*. Estamos tão obcecadas com a autoridade "de fora" que deixamos de notar nossos milagres íntimos, momentos que iluminam nossa conexão com algo maior dentro de nós. Estamos abrindo mão do nosso poder e, em vez disso, aceitando a exaustão, o ressentimento, o desespero e a frieza. Negligenciamos o direito à alegria, nossa merecida herança. Enquanto isso, *o mundo precisa de nós do jeito que somos.*

A parte mais triste disso tudo é que, ao aceitar as restrições dos Sete Pecados Capitais – de modo consciente ou não –, nos condicionamos a separar a natureza verdadeira (a primeira natureza, a essência de quem somos) das nossas ações no mundo. Nós nos separamos das partes mais profundas da nossa alma, da pulsação da vida que parece clara, significativa e, talvez sem ironia, uma definição mais verdadeira do que é *bondade*. Nós nos desconectamos da intuição, daquele conhecimento interior que muitas consideram uma conexão com o divino. Fomos levadas a acreditar que algo primitivo e essencial, nosso relacionamento com a força universal – Deus, a natureza, o eu verdadeiro, chame como quiser –, deve passar pelo prisma de um intérprete. E assim saímos em busca de aprovação, em vez de confiarmos em nós mesmas.

Acreditar na própria soberania é fundamental. Até aquelas que não acreditam num construto espiritual ou religioso parecem concordar que desenvolver e utilizar talentos singulares – encontrando e seguindo um propósito individual e verdadeiro – é a principal função e o principal sentido da vida. Mas não conseguimos nos concentrar nisso porque gastamos nosso capital mental, emocional e espiritual distorcendo quem somos, nos desequilibrando e usando energia demais para nos punir pelas mesmas qualidades que nos tornam humanas. Em vez de seguir os instintos, fomos ensinadas a negá-los. A negação impede que a gente se dê crédito (orgulho), que se dê prazer (luxúria), que se alimente e assegure o próprio sustento (gula e ganância), que libere as emoções e expresse necessidades (ira), que relaxe (preguiça) e que deseje... bem, qualquer coisa (inveja). A negação nos impede de celebrar a abundância, além das conquistas e satisfações pessoais. E, para quem acredita que há algo mais além da morte (Paraíso, reencarnação, o além), a obsessão em mostrar que merecemos alcançá-lo nos impede de perceber que, talvez, *seja este o lugar*. Não é preciso pagar com abstinência para passar pelos portões do Paraíso porque *já estamos lá*. Mas nos controlamos tanto que não percebemos nada disso.

AS RECOMPENSAS DO EQUILÍBRIO

Muitos teólogos acreditam que o pecado denota um afastamento de Deus – a palavra *pecado* em hebraico (*chatta'ah*) e em grego (*hamartía*) se traduz como "errar o alvo". Adoro relacionar esse conceito às ideias de integridade, completude ou humanidade plena: o "alvo" seria um alinhamento com nós mesmas e, em teoria, com o divino. Se os pecados são considerados uma bússola *interna*, então são diretrizes para uso próprio – ninguém pode ou deveria decifrá-las em nosso nome. Caso sigamos a agulha magnética, o objetivo não será nos anestesiar nos permitindo toda e qualquer coisa nem nos afastar do desejo. O caminho para a conexão é o equilíbrio, o meio-termo: ter consciência das nossas vontades e necessidades e reconhecê-las, adaptá-las e atendê-las sem desconsiderar as vontades e necessidades dos outros. Quando conseguimos o equilíbrio interior, conseguimos o equilíbrio com o mundo. Essa é a sensação que almejo e a liberdade que quero para mim.

Quanto à questão da humanidade, o naturalista Edward O. Wilson disse: "Temos emoções paleolíticas, instituições medievais e tecnologia divina."[2] Essa ideia me lembra o que diz uma de minhas maiores guias espirituais, Carissa Schumacher: "Temos tido muito progresso sem evolução."[3] Ambos se referem ao fato de termos criado um mundo que está mudando numa velocidade além da nossa capacidade de acompanhá-lo. Estamos tentando construir uma nova era de paz e equidade lançando mão de materiais, métodos e energia esgotáveis. Mas não é possível ir aonde queremos usando as mesmas velhas ideias. Devemos abrir os olhos para o modo como histórias e noções científicas ultrapassadas nos aprisionam e para o medo e a vergonha que estão entranhados tanto em nosso subconsciente quanto em nosso corpo, apertando nossa garganta.

A vida é difícil, cheia de dor, sofrimento, morte e decadência; mas também é bonita, mágica, renovadora e significativa, repleta de centelhas de fascinação e alegria transcendente. É comum esquecermos que o objetivo é o equilíbrio: satisfação *e* comedimento, comer *e* excretar, "luz" *e* "escuridão", "bom" *e* "mau", masculino *e* feminino. Muitos desses pares são falsos binários. A bondade perfeita, como um estado absoluto, não é alcançável; estar vivo exige que causemos alguma forma de dano – afinal, temos que sacrificar plantas e animais para sustentar a vida. Não somos peões numa batalha da escuridão contra a luz. Somos humanos, uma ponte entre matéria e espírito; podemos encontrar o meio-termo e ficar ali. Estamos numa gangorra oscilando sem controle e, a não ser que cada um de nós encontre o ponto de equilíbrio, será difícil sobreviver.

ESCREVI ESTE LIVRO EM MEIO A UMA PANDEMIA, confrontos raciais, instabilidade climática e uma guerra. Lá fora o mundo é assustador, mas vivemos num tempo de esperança, ainda que estranho. Encaro estes últimos anos difíceis como a tormenta necessária para a mudança indispensável: fomos acordados, arrancados da complacência e forçados a olhar para aquilo que não queríamos ver, para a podridão sob a superfície. Somente se limparmos as velhas feridas seremos capazes de romper o ciclo e consertar o mundo. Precisamos olhar para além dos sintomas a fim de cortar o mal pela raiz. E, ainda que precisemos lidar com grandes injustiças, desigualdade e um planeta cada vez mais instável, sobrecarregado e ameaçador, tenho a impressão de que as pessoas estão mais dispostas a ir além e lutar por um futuro mais equilibrado. Tenho esperança de que os obstáculos que impedem nosso progresso continuem a cair.

Se conseguirmos nos recuperar.

Recentemente entrevistei Loretta Ross, cuja carreira é dedicada ao movimento pelos direitos humanos, à defesa de pessoas marginalizadas e ao combate de sistemas abusivos de poder. Sempre que dá aula de ativismo, ela pergunta aos alunos: "Vocês são doutrinados? Ou são donos de si?"[4] Eu a entendo. Chegou a hora de sermos independentes, de nos desvencilharmos da armadilha do bom comportamento e de desconstruirmos velhos padrões para que possamos criar outros. Chega de perpetuar "coisas erradas e questionáveis" e de acreditar nelas; em vez disso, está na hora de ensinar – e seguir – um caminho que nos leve à verdade interior.

Precisamos processar o modo como o legado de "bondade", definida como pureza e abnegação, continua a limitar e a atormentar as mulheres. Enquanto não aprendermos a ser tolerantes conosco e com os outros, continuaremos a ter dificuldade de desconstruir as porções tóxicas da sociedade e substituí-las. Os terapeutas costumam afirmar que você não pode curar aquilo que não sente; bem, você também não pode consertar o que não vê. Minha esperança é que este livro torne visível um sistema traiçoeiro de crenças que há muito tempo limita nossa vida – e que, uma vez que essas ficções nocivas sejam reveladas, possamos extirpá-las da nossa mente.

1
UMA BREVE HISTÓRIA DO PATRIARCADO*

PARA ENTENDER COMO OS SETE PECADOS CAPITAIS influenciam nossa vida até hoje (mesmo que não sejamos pessoas religiosas), precisamos compreender o sistema que os produziu: o patriarcado, que vem definindo a cultura ocidental ao longo de milênios. Seus fundadores adotaram e moldaram o cristianismo primitivo para impor comportamentos que continuam a nos afetar. Tive que me esforçar para entender como alguém como eu, mesmo com tantos privilégios – branca, cis, heterossexual, de classe média alta, agnóstica/espiritualizada –, ainda se sente prisioneira de ideais judaico-cristãos de "bondade". Por que me sinto impelida a evitar esses "pecados"? Com o intuito de responder a essa pergunta, preciso examinar a história de quem somos, uma história que temos nos contado ao longo do tempo. Um aviso: este capítulo é o mais denso e acadêmico de todos – pule-o, se preferir. Contudo, para imaginar um futuro diferente, é importante entender de onde viemos.

---

* Vou tratar do assunto de modo (ridiculamente) rápido, mas há notas e sugestões de leituras adicionais no final do livro para leitoras e leitores que quiserem se aprofundar. Um lembrete: não há registros escritos da maior parte da nossa história, embora, à medida que vão surgindo mais e mais evidências dos períodos Paleolítico e Neolítico, possamos reconhecer como nossos ancestrais eram diversos, socialmente criativos e fascinantes. Eles certamente não eram imutáveis. No entanto, de acordo com o antropólogo David Graeber e o arqueólogo David Wengrow, autores de *O despertar de tudo*, a teoria social demanda simplificação, a qual tento adotar aqui: "Em essência, reduzimos tudo a um esboço de modo que consigamos detectar padrões que de outra forma seguiriam invisíveis. [...] É preciso simplificar o mundo para descobrir algo novo sobre ele."[1]

NO PRINCÍPIO ERA A PARCERIA

Ainda que tenhamos a tendência de pensar no patriarcado como uma realidade inevitável, essa é uma concepção equivocada. Durante a maior parte da existência humana – de 2,5 milhões de anos atrás até cerca de 10000 a.C. – fomos nômades, vagando pelo planeta em pequenos grupos colaborativos, sujeitos àquela que muitos bandos distintos consideravam a "Grande Mãe", a força criadora por trás de todas as formas de vida. Nessas sociedades, as mulheres eram reverenciadas por seus poderes generativos – afinal de contas, o nascimento é um milagre.[2]

Isso não significa que as tribos primitivas eram matriarcais[3] – afirmar isso seria insistir numa hierarquia arbitrária na qual as mulheres fossem vistas como superiores aos homens.[4] As sociedades paleolíticas eram essencialmente baseadas na afiliação, não numa opressão declarada e contínua.[5] Nos *milhões de anos* iniciais de nossa existência, não havia propriedade privada da maneira como a definimos hoje – não havia recursos a acumular, nenhuma riqueza geracional a estocar debaixo do colchão, nenhuma terra ou título a repassar aos filhos biológicos. Nossos ancestrais se concentravam no coletivo – "nós" em vez de "eu" – e todos dependiam do grupo e da natureza para sobreviver.

Ao longo de toda a Idade da Pedra, nossos ancestrais plantaram pequenas hortas e saíram em busca de frutas, vegetais e pequenos animais como caramujos e sapos, sendo as grandes caças apenas prêmios ocasionais; os antropólogos afirmam que éramos coletores-caçadores, não o contrário. Cerca de 80% do suprimento de comida era gerado e processado pelas mulheres.[6] E, embora a caça tenha sido significativamente superestimada como o *único* modo de vida, nos lugares onde ela de fato ocorria havia participação de algumas mulheres. Em assentamentos como o Çatalhöyük (7500-6400 a.C.), na Anatólia, homens e mulheres tinham o mesmo tamanho, consumiam calorias equivalentes e passavam a mesma quantidade de tempo dentro de casa.[7] Não devo ter sido a única a ficar perplexa ao ler no *The New York Times* que uma análise recente de sepulturas de 9 mil anos atrás, nos Andes, revelou que 10 dos 26 corpos enterrados com instrumentos de caça eram de mulheres,[8] ou ao descobrir que uma reavaliação recente de desenhos em cavernas pré-históricas, há muito interpretados como cenas de caça pintadas por homens, concluiu que as marcas de mãos eram em sua maioria feitas por mulheres.[9]

Há muitas teorias para explicar o que mudou há cerca de 10 ou 12 mil anos, quando começamos a praticar a agricultura em larga escala, e entre 8000 e 3000 a.C., quando as lavouras se tornaram a norma. A maioria dos historiadores parece concordar que a escassez de recursos *ou* de oportunidades – em torno de 5000 a.C., mudanças nas temperaturas revelaram terras superférteis em torno dos rios por toda a Eurásia[10] – empurrou os humanos para a migração, gerando conflitos entre grupos distintos. Levas de protoeuropeus invadiram a já existente cultura de plantações da "Velha Europa" – na maioria esmagadora, homens indo-europeus[11] vindos do norte,* além de tribos acádias e semitas do deserto Sírio-Árabe, ao sul.[13] Essas tribos beligerantes estupraram, pilharam e subordinaram os povos conquistados, criando culturas hierárquicas que enalteciam alguns e oprimiam outros.[14] Enquanto sociedades do Paleolítico e do Neolítico tinham reconhecido que dependiam da natureza, os membros de uma sociedade agrária encaravam a natureza como algo a ser dominado, controlado e comandado.[15] Quando nos tornamos agrários – o que aconteceu gradualmente, ao longo de um período prolongado, variável ao redor do mundo – tudo mudou, em particular para as mulheres, as crianças, os animais domésticos e qualquer pessoa ou animal que pudesse ser marginalizado, cooptado e escravizado para o benefício de outros.

Se o conflito gerou o caos, o resultado demandou uma reorganização da sociedade em estruturas por meio das quais a ordem pudesse ser imposta. Entre 3000 e 1300 a.C., vemos o advento desses sistemas; uma variedade mais ampla de regras e leis se mostrou essencial à medida que a sociedade

---

* Essa teoria arrebatadora é o principal legado da arqueóloga, antropóloga e professora da Universidade da Califórnia em Los Angeles, Marija Gimbutas. Ainda assim, após sua morte nos anos 1990, colegas da academia destruíram sua reputação, em parte pelo fato de seu trabalho ter sido cooptado pelas feministas new-age que argumentavam que todas as culturas do Neolítico eram matriarcais (não eram, e Gimbutas nunca fez essa afirmação). Isso não impediu que o nome de Gimbutas se tornasse uma espécie de criptonita e que seu trabalho fosse descartado (mesmo depois de ficar claro que seus críticos não o tinham lido) – *até* recentes evidências baseadas em análises de DNA vingarem suas afirmações. Ao que tudo indica, ela estava certa: aqueles indo-europeus do norte, chamados de kurgans devido ao estilo de sepultamento que adotavam (*kurgan* significa "túmulo" ou "sepultura", em turco), varreram a população local no terceiro milênio a.C.[12]

foi se tornando mais complexa. Ainda assim, o poder quase sempre perverte, em especial quando a escassez e a segurança entram em jogo.

AS MULHERES COMO AS PRIMEIRAS PROPRIEDADES

Mulheres e crianças conquistadas em conflitos e transformadas em escravas, servas e concubinas foram as primeiras propriedades do patriarcado: os homens exerceram domínio sobre elas e descobriram suas possibilidades. Isso se tornou a base da escravidão, o motor econômico de muitas culturas.[16] Com o passar do tempo, a opressão das mulheres passou a parecer natural, normal, algo que sempre tinha sido assim. A "alterização", que cria distinções de poder socialmente aceitáveis, tem sido largamente adotada desde então – contra judeus, muçulmanos, pessoas negras. As mulheres foram apenas as primeiras.[17]

Um dos mecanismos do patriarcado foi a adesão forçada a uma estrutura vertical de família. Como os laços fortes, primitivos até, entre as mulheres persistiram ao longo do tempo nas culturas de convívio comunal, a ofensiva rumo a estruturas verticais de família pretendia fazer com que as mulheres abandonassem a interdependência entre elas e passassem a depender dos homens. Até mulheres casadas eram praticamente escravizadas. Ainda que encaremos o casamento hoje em dia como uma parceria mutuamente escolhida (e com ideal romântico), essa é uma interpretação *muito* moderna. Nas primeiras versões do casamento, as mulheres conectavam as famílias, contribuíam para a concentração de bens e status e geravam filhos; para todos os efeitos, as mulheres eram propriedade do marido, compradas mediante casamento ou vendidas como parte de um acordo.*

Antes de o monoteísmo se tornar o padrão (ele surgiu em 1300 a.C., no Egito, e só muitos séculos depois no mundo greco-romano), as mulheres *de fato* mantinham papéis ativos nos templos como sacerdotisas, profetisas e

---

* O primeiro *registro* de casamento data de 2350 a.C., na Mesopotâmia, no início do patriarcado – e cerca de 8 mil anos depois do período Paleolítico. Desde então, ele começou a evoluir e a se estabelecer em outras culturas. É bem possível que alguma prática semelhante ao casamento seja muito mais antiga; apenas não há qualquer registro escrito que a comprove.

curandeiras – a deusa, e seu poder de gerar vida, continuava a ser venerada em meio a outras divindades, talvez como a primordial.[18] No entanto, na sociedade civil, no dia a dia, pouca reverência era dedicada às mulheres mortais. Até as mulheres mais próximas ao poder viviam numa posição de permanente insignificância: de uma hora para outra, uma esposa podia, sem justificativa ou razão, ser rebaixada a concubina ou escrava.[19] Essa ameaça constante forçava a dependência e o bom comportamento e acabou sendo codificada em lei.

Por volta de 3000 a.C., quando as tribos semíticas emergiram de um deserto inóspito – onde seus membros haviam sido pastores em vez de agricultores, sem muita noção do que seria um planeta criativo e generoso –, colocou-se um fim às tradições da deusa que persistiram por tanto tempo. Invasores anteriores tinham cooptado as mitologias locais e integrado diferentes sistemas de crenças: é por isso que vemos as mesmas deidades com diferentes nomes em regiões distintas e que divindades masculinas se casam com divindades femininas ou assumem funções de protetores. Como a cultura local não era completamente erradicada, essas deidades sobreviviam e ressurgiam.[20] Contudo, de acordo com Joseph Campbell, havia muito tempo essas primeiras culturas patriarcais consideravam a natureza dura e cruel, algo a ser combatido e subjugado.[21] Essas culturas também eram misóginas e violentas, com um sistema perverso de dois pesos e duas medidas. Hamurabi (1792-1750 a.C.) – mais conhecido pelo lema "olho por olho" – desenvolveu o primeiro código legal que sobreviveu para ser estudado: das 282 regras que Hamurabi instituiu, 73 giram em torno do casamento e do sexo e estabelecem limites quase exclusivamente para as mulheres. Enquanto um homem podia pagar uma multa por cometer adultério, uma adúltera seria condenada à morte por afogamento. Ou, se um homem assassinasse uma grávida, a *filha* dele deveria morrer como forma de compensação.[22]

E então, é claro, há a Bíblia hebraica, também conhecida como Velho Testamento (escrita aos poucos, entre 1200 e 165 a.C.), cheia de leis nada generosas com as mulheres. Uma das características marcantes do judaísmo são seus livros sagrados: foi a primeira religião na qual leis e rituais foram registrados na forma escrita,[23] muitos dos quais compilados a partir de mitos e sistemas de crenças já existentes.[24] A distinção mais notável do judaísmo, no entanto, era a de que a lei tinha a sanção divina. Não se tratava das preferências de Hamurabi, mas do *patriarcado instruído por Deus*. Os patriarcas oficiais do judaísmo[25] eram Abraão, seu filho Isaque e o filho de Isaque, Jacó, seguidos pela família de Moisés, que recebeu instruções no monte Sinai e divulgou os Dez Mandamentos.[26] Deus fez acordos quase exclusivamente com os homens – e confirmou o status das mulheres como propriedade.* Ismael, outro filho de Abraão, tornou-se o pai do Islã.

Os homens eram privilegiados de todas as maneiras. Com o advento do monoteísmo, vemos também a criação da divindade masculina todo-poderosa: pela primeira vez não havia deusas, fosse como divindade principal ou como consorte. O Gênesis, a história da criação na Bíblia, é a repetição de um mito sumério datado de 2500 a.C. que inclui a deusa (isto é, a Mãe Divina), uma árvore e uma serpente. No original, a serpente, com sua troca de pele, representa a morte gerando nova vida, não o mal; e não há nenhuma expulsão do paraíso.[28] Contudo, na versão do Velho Testamento que muitos de nós consideramos sagrada (estudiosos acreditam que o Gênesis foi escrito entre 950 e 500 a.C.), o Deus Pai substitui a deusa como único criador, e a mulher se torna símbolo do pecado e causa da queda do homem.[29] Enquanto isso, a serpente, símbolo da deusa da fertilidade, assim como de Ísis** – que tinha culto próprio e templos a ela dedicados em todo o Egito e no mundo greco-romano (360 a.C. a 536 d.C.) –, é a instigadora da transgressão da mulher.[31] Nessa antiga história da criação, comum a todas as culturas judaico-cristãs (que hoje representam cerca de um terço da população mundial),[32] as mulheres não apenas são desprovidas de poder como também são espiritualmente depravadas.

---

* Vide, por exemplo, Êxodo 20:17: "Não cobiçarás a casa do teu próximo; não cobiçarás a mulher do teu próximo, nem seu escravo, nem sua escrava, nem seu boi, nem seu jumento, nem nada do que lhe pertence."[27]

** Acreditava-se que Ísis, importante divindade egípcia, era irmã e esposa de Osíris. Ela era venerada em todo o mundo greco-romano em templos e ritos de mistérios. Alguns historiadores alegam que ela foi a precursora de Nossa Senhora. O escritor Lúcio Apuleio (nascido no ano 125) explica que "Rainha Ísis" é o verdadeiro nome da deusa, que recebeu muitos outros nomes: Minerva, Vênus, Diana, Ceres, Hécate e outros. Havia muitos rituais em templos dedicados a Ísis, liderados por mulheres, onde elas iniciavam os homens nos mistérios do sexo.[30]

O NOVO (E NÃO MUITO SAGRADO) TESTAMENTO

Quando surgiu, o cristianismo ainda não era o braço armado e religioso do patriarcado: na verdade, é fácil encontrar evidências textuais do feminismo de Jesus. Ainda assim, os fundadores da antiga Igreja convenientemente ignoraram esse fato e vieram a criar um cânone que assegurava à mulher o status de segunda classe. Em seus primeiros anos, o cristianismo foi um culto pequeno, incipiente e muito perseguido. Não tinha nenhum centro formal ou documentos oficiais, apenas "evangelhos" – relatos individuais dos ensinamentos e experiências de Jesus – registrados muito depois da crucificação. Pregados e transformados em objeto de proselitismo, os evangelhos eram transmitidos no boca a boca e então transcritos e copiados por escribas ao longo de gerações, com precisão variada e desconhecida. Versões originais – se é que existiram – não sobreviveram.[33]

No ano 325 da era cristã, Constantino – o imperador do Sacro Império Romano, recém-convertido ao cristianismo – convocou um concílio em Niceia a fim de estabelecer um acordo acerca do cânone: quais evangelhos deveriam ser ordenados como "ortodoxos" ou "corretos" e quais seriam os "errados". Havia muito mais do que os quatro contidos no Novo Testamento atual. A decisão acabou dando preferência a uma narrativa específica. Os evangelhos considerados "corretos" confirmavam uma tradição apostólica masculina e o papel central de uma igreja. O concílio considerou heréticos (cuja etimologia remete, de forma reveladora, a "escolher") os evangelhos que se contrapunham à sua missão e ordenou que fossem destruídos (inclusive o Evangelho de Maria Madalena, que conta os ensinamentos de Cristo depois da ressurreição). Enquanto historiadores atuais reafirmam que as mulheres foram fundamentais no início do cristianismo – como líderes, professoras e adeptas da fé –, a Igreja antiga não apenas minimizou e apagou esse legado, mas também marcou as mulheres como progenitoras do pecado e exemplos de depravação moral.[34] Mais tarde naquele século, o cristianismo se tornou a religião oficial do Império Romano, em sua tradição apostólica exclusivamente masculina levada adiante pelo "primeiro apóstolo", Pedro.[35]

Se o Velho Testamento quase varreu do mapa os cultos à fertilidade, o cristianismo organizado e o Novo Testamento – com o apoio do vasto poder político de Roma – conseguiram extinguir o culto à deusa quase por completo.[36] O imperador bizantino Justiniano I eliminou formalmente o culto a Ísis no ano 536 e a Inquisição tratou de outras seitas heréticas, muitas das quais feministas.[37]

A ironia, claro, é que, se alguém recorrer aos ensinamentos de Jesus, verá que uma tradição apostólica completamente masculina – ou mesmo uma religião organizada – nunca foi sua intenção. E Jesus não escreveu nada.[38] A Bíblia é o produto de séculos de uma brincadeira de telefone sem fio, editada por homens de acordo com suas preferências. Isso pode soar tolo e óbvio; no entanto, quando me dei conta disso, senti como se uma ficha enorme tivesse caído. O que se perdeu nesse processo? O que entendemos errado?

A descoberta recente de vários evangelhos há muito perdidos nos dá uma ideia do que não passou pelo crivo do Concílio de Niceia. Muitos escritos antigos, códices "heréticos", foram enterrados no deserto por monges dedicados e não foram recuperados ou traduzidos até os tempos modernos – em muitos casos, temos apenas fragmentos do que foi exumado. Mais de cinquenta textos desse tipo foram recuperados no Egito em 1945 (embora não tenham sido traduzidos e publicados até 1983). Junto com o Evangelho de Maria, descoberto em 1896 e traduzido pela primeira vez do copta em 1955, esses textos sagrados são agora conhecidos como Evangelhos Gnósticos (do grego *gnosis*, "conhecimento"). Ainda que cada fragmento seja diferente, o tema consistente do gnosticismo é que a experiência do divino é pessoal e direta, apenas entre a pessoa e Deus. Não há nenhum padre, nenhuma igreja física.

Quando se trata das mulheres no patriarcado, Maria Madalena se mostra essencial – com seu papel no Novo Testamento, seu evangelho "herético" e sua reputação cultural.[39] Para muitos estudiosos da religião, a redescoberta dos Evangelhos Gnósticos foi um momento eureca, uma explicação para a ausência de uma voz feminina na Bíblia – o legado textual que nos fora ensinado era uma visão ou um entendimento genérico de Deus. Os primórdios da Igreja tinham a ideia fixa de uma linhagem exclusivamente patrilinear: Jesus desceu à Terra a partir de Deus no céu, reuniu uma equipe de discípulos, todos homens, e, após a ascensão, consagrou-os como seus pastores; fim da história. Que a Igreja tenha considerado os Evangelhos Gnósticos (e seus seguidores) heréticos e então perseguido a todos diz muito sobre seu desejo de se considerar a única autoridade, a mediadora da vontade de Deus e a garantidora do comportamento necessário para a salvação.

Os Evangelhos Gnósticos suscitam a pergunta: como seria um mundo no qual reconhecêssemos uma conexão direta com o divino, sem a necessidade de intérpretes ou intermediários? Caso o cristianismo tivesse sobrevivido como religião de experiência direta, sem a necessidade de uma igreja ou padres, recorrendo apenas ao conhecimento interior e profundo, nossa cultura seria bem diferente.

AS RAÍZES DOS SETE PECADOS CAPITAIS

Algumas décadas após o Concílio de Niceia, um monge chamado Evágrio Pôntico (345-399), nascido na região da atual Turquia e falante de grego, exilou-se num monastério situado no deserto egípcio a fim de combater demônios em sua mente (ele tinha se apaixonado por uma mulher casada). Em grego, a palavra *dīmon* significa uma energia vital que não obedece a regras – aquela parte de nós impossível de controlar –,[40] de modo que Evágrio não estava imaginando seres demoníacos literais, cercados pelo fogo, mas enfrentando uma batalha contra a própria inclinação natural para emoções, paixões capazes de distraí-lo de suas preces. Em reação a esses instintos humanos, Evágrio criou um manual chamado *Antirrhêtikos* (Réplicas), que circulou entre outros monges: é uma coleção de fragmentos de escrituras a serem usados como exortações contra esses demônios interiores, uma espécie de livro de feitiços, de modo que os pensamentos passionais (*logismoi*) que eles plantam não se convertam em ações pecaminosas. *Antirrhêtikos* está dividido em oito "livros" que identificam os demônios e a eles se dirigem, nesta ordem: (1) Gula, (2) Fornicação, (3) Amor ao Dinheiro, (4) Tristeza, (5) Ira, (6) Apatia, (7) Vanglória e (8) Orgulho.[41] Outros padres do deserto traduziram e disseminaram os ensinamentos de Evágrio.*

---

* Numa reviravolta irônica, os seguidores de Evágrio foram perseguidos como hereges apenas meses depois de sua morte, mas seu trabalho encontrou ampla audiência mesmo assim.

Dois séculos mais tarde, o papa Gregório I (540-604), numa obra de seis volumes denominada *Moralia in Job* (Tratado moral sobre o livro de Jó), cristalizou a lista de Evágrio como Vícios Capitais. De acordo com Gregório, o orgulho é o vício cardeal ou o vício maior, uma vez que ele define o momento em que o homem se afasta de Deus, e a partir do orgulho se seguem os demais: vanglória, inveja, ira, melancolia, avareza, gula e luxúria.[42] Ainda que a lista se transforme mais uma vez (vanglória e orgulho se fundem, e a preguiça substitui a tristeza, embora, conforme veremos, eu tenha muito a dizer sobre a excomunhão da tristeza), a versão do papa Gregório se tornou a lista dos Sete Pecados Capitais que conhecemos hoje.

Quando o papa Gregório pregou sobre os Sete Pecados Capitais pela primeira vez, ele atribuiu esses vícios a Maria Madalena e se referiu a ela como prostituta, fundindo Maria Madalena à "mulher pecadora", a suposta prostituta que aparece em Lucas, capítulo 7, e que ungiu os pés de Jesus com óleo.[43] Nessa junção, o papa Gregório transformou Maria Madalena na encarnação dos Sete Pecados Capitais. Conforme prega na fatídica Homilia 33: "Ela a quem Lucas chama de mulher pecadora, a quem João chama de Maria, acreditamos tratar-se da Maria da qual sete demônios foram expulsos, de acordo com Marcos. E o que esses sete demônios significam, senão todos os vícios?"[44] Ao condenar Maria, Gregório condenou todas as mulheres.

Por que, talvez alguém pergunte, as autoridades religiosas da época insistiriam que Maria, a melhor aprendiz e possível amante de Jesus, seria a encarnação de todo o pecado? A pastora episcopal Cynthia Bourgeault explica: "Estudiosos feministas tendem a ver uma trama deliberada aqui: na hierarquia emergente da Igreja fundada numa suposta sucessão exclusivamente masculina e celibatária, a partir dos apóstolos originais, o apostolado de Maria Madalena era sem dúvida uma anomalia e uma ameaça."[45] Caso ela tivesse sido legitimamente reconhecida como uma presença primordial e essencial, a Igreja seria muito diferente. Mais importante do que a intenção, contudo, é o legado cultural que sua depreciação criou. (Madalena carregou a reputação de prostituta até 1996, quando a Igreja Católica reconheceu que o papa Gregório tinha cometido um erro; em 2016, o papa Francisco transformou Maria na "Apóstola dos Apóstolos". Mas o estrago já estava feito.) Maria ainda é vista como desonrada e vulgar,[46] um lembrete a todas as mulheres de que nunca seremos dignas, nunca completamente redimidas – em parte porque nunca seremos homens. É quase impossível avaliar quão insidiosas essas ideias são, como elas semearam nossa consciência coletiva com a noção da inferioridade "natural" das mulheres e da primazia – espiritual e moral – dos homens.

A BUSCA DA REDENÇÃO

Podemos estar condenadas à depravação perpétua, mas somos encorajadas a buscar a redenção. Na tradição cristã original, as pessoas confessavam e se arrependiam de seus pecados diretamente com Deus e o faziam pública e comunitariamente, porque os pecados eram vistos como uma afronta aos nossos semelhantes. Entretanto, nos séculos que se seguiram ao acúmulo de poder pela Igreja Católica Romana, a confissão – o caminho para a absolvição – tornou-se um assunto privado entre o penitente e o padre. Essa mudança imbuiu o clero de ainda mais autoridade para sancionar a moral (e se apoderar dos segredos mais sombrios dos paroquianos), uma vez que os penitentes não apelavam mais diretamente a Deus, mas permitiam uma mediação ou intervenção no relacionamento com o divino. Em 1215, mais de mil bispos e abades decidiram estabelecer um prazo para a confissão: estipularam que todos os pecados mortais ou graves (aqueles que afastavam o pecador da graça de Deus) deveriam ser confessados dentro de um ano. Esses bispos e abades dedicaram-se então à tarefa de informar ao público quais transgressões necessitavam desse tipo de absolvição.[47]

Os Sete Pecados Capitais foram uma ferramenta útil para ilustrar ao público quais eram essas transgressões. Poucas pessoas sabiam ler, manuscritos eram preciosos e raros,* e os Sete Pecados Capitais eram assustadores, claros e de fácil ilustração. A propósito, o Segundo Mandamento do Velho Testamento proíbe qualquer iconografia, e por isso o papa Gregório o anulou, o que fez surgir uma onda de arte religiosa,[48] destacando frequen-

---

* A Bíblia de Gutenberg – o primeiro livro impresso numa prensa com tipos móveis – só surgiu no ano de 1454. Mesmo então, pouco menos de duzentas preciosas cópias foram feitas.

temente os Sete Pecados Capitais. Eles se sedimentaram nos ensinamentos da Igreja, inclusive na *Suma Teológica* de Santo Tomás de Aquino, datada do século XV, um texto de mais de 3 mil páginas que ocupa posição importante na formação dos padres. Os Sete Pecados estão entranhados no catecismo católico usado até os dias de hoje. Ainda que não façam parte das escrituras ou que não tenham sido proferidos por Jesus, eles resistem, abrigados em confessionários ao redor do mundo. É assim que a história é feita e então refeita; é assim que ela semeia ideias sobre o que é natural, o que é correto e como as coisas sempre foram – em essência, porque alguns homens assim quiseram.

Os pecados logo emergiram na literatura da época. Eles são um tema central no *Inferno* de Dante Alighieri (*c.* 1300) e foram ainda mais popularizados no "Conto do Pároco", dentro dos *Contos da Cantuária*, de Geoffrey Chaucer (*c.* 1387-1400). Faz sentido o fato de os pecados terem capturado a imaginação pública e se revelado uma ferramenta pedagógica útil para a Igreja. Eles se tornaram o chicote com o qual coagir o comportamento, fornecendo a uma população sem educação formal uma barganha muito simples: aquele que cometesse um dos sete pecados estaria condenado e destinado ao inferno até que se confessasse, se arrependesse e pagasse por uma indulgência,* método pelo qual se garantia um lugar no céu. Essa foi uma época muito sombria e assustadora da história, um tempo no qual a morte e a ameaça do inferno se faziam particularmente presentes. Era a época da Inquisição, que teve início em 1184; depois, da peste bubônica, a partir de 1347, que dizimou a população; e, por fim, da caça às bruxas, que começou em 1450. (Tanto a Inquisição quanto a caça às bruxas se perpetuaram ao longo de séculos pela Europa e pela América; em algumas partes do mundo, como na África e no Oriente Médio, a caça às bruxas persiste até hoje.) Aqueles que se identificavam com a Igreja ficavam desesperados por um atalho que lhes garantisse a redenção ou ao menos um caminho para escapar da censura. Arrepender-se dos pecados era uma saída fácil.

---

* As indulgências, ou os pagamentos à Igreja a fim de abrandar a pena por um pecado, foram formalmente proscritas pelo Concílio de Trento em 1563, embora nunca extintas. Esse tipo de corrupção mercenária se tornou um dos principais alvos de Martinho Lutero durante a Reforma.

CAÇA ÀS BRUXAS

No início, a Inquisição se concentrou nos hereges, naqueles que se recusavam a aderir ao cânone bíblico estabelecido e se mantinham vinculados aos Evangelhos Gnósticos ou a outras religiões. A Igreja Católica perseguia qualquer pessoa que questionasse sua autoridade ou que criticasse sua corrupção, silenciando dissidentes e o livre fluxo de ideias. As punições eram horrendas: morte em público ou expulsão. (A Igreja também confiscava a propriedade de um herege e assim deixava desprovidos seus antagonistas enquanto acumulava mais dinheiro e poder para si.) A Inquisição também foi marcante por ter criado e sedimentado um precedente para o holocausto: isto é, a perseguição e destruição de grupos inteiros de cidadãos, um golpe contra o próprio povo.[49]

Ainda que as mulheres não fossem o foco inicial da Inquisição (e sim grupos mais poderosos de homens religiosos), elas se tornaram o alvo quando a peste bubônica assolou o mundo, aumentando o medo da condenação. Presumia-se que a praga, que matou entre 25 e 50 milhões de pessoas, fosse um castigo ou uma punição de Deus pelos pecados da humanidade. Essa interpretação motivou crentes a se comportarem de um jeito que supostamente lhes garantiria a salvação e o acesso ao Paraíso.[50] Aqueles que eram considerados "os outros" foram culpados pelo surto e também por outros males sociais, como a superpopulação, a inflação e a escassez de comida que estavam em escalada na Europa em meados do século XVI: a classe dominante estava em busca não apenas de bodes expiatórios, mas de valiosos alvos moralmente suspeitos.[51]

Quando o governo não tinha mais a quem culpar, as mulheres se tornaram o foco principal de frustração e medo. Embora os julgamentos por bruxaria fossem em teoria laicos, eles seguiam uma fórmula estabelecida pela Inquisição, a qual incluía confissão forçada e delação de conspiradores por meio de tortura, além de terríveis punições em público, como a fogueira.[52] A caça às bruxas perseguia mulheres (e alguns homens)[53] de todas as idades, além de crianças, mas as primeiras da lista eram as "megeras", sábias anciãs, normalmente viúvas que se recusavam a se casar outra vez ou que não tinham a opção de fazê-lo.[54] Durante muito tempo essas mulheres mais velhas tinham sido guardiãs de tradições poderosas – eram as curandeiras, profetisas e parteiras.[55] Elas iniciavam as mais jovens nos ritos da condição feminina, davam mentoria às mães e transmitiam histórias e saberes intergeracionais. Mas, a partir de meados do século XV (sendo o pico mais dramático entre 1560 e 1760), essas mulheres, velhas demais para serem vistas como objetos sexuais e detentoras de conhecimentos e habilidades que a Igreja considerava uma ameaça, foram perseguidas como bruxas.* A rejeição é visível nos dias de hoje: nossa cultura tem pouca tolerância ou interesse por mulheres que já passaram da idade fértil, e é evidente que não as reverenciamos. Se, por um lado, santificamos homens idosos e os alçamos ao status de autoridades máximas – padres, legisladores, juízes –, por outro exilamos suas equivalentes femininas.

Em 1487, um monge dominicano chamado Heinrich Kramer escreveu um tratado sobre caça, identificação e tortura de bruxas chamado *Malleus Maleficarum*, ou *Martelo das feiticeiras*, posteriormente sancionado pelo papa Inocêncio VIII.** O principal crime dessas bruxas era a luxúria (vide Maria Madalena), embora entre os séculos XV e XVII os caçadores de bruxas perseguissem as mulheres por "crimes" completamente banais, como conversar com as vizinhas e compartilhar remédios para enfermidades rotineiras.

O resultado foi uma campanha de terror que isolou as mulheres a partir do medo. Elas sempre haviam compartilhado informações, apoio, amizade – levavam a vida juntas *de fato*.*** Essas amizades femininas eram alvos

---

* É a mulher encarquilhada agarrada a um caldeirão e uma vassoura que celebramos em nossas fantasias de Halloween: os dois artefatos simbolizam a dona de casa. Para Joseph Campbell, a presença de um gato preto é um aceno à deusa, tipicamente retratada nas artes na companhia de um felino, como um leão, uma pantera, um tigre ou um leopardo.
** Ainda que alguns historiadores afirmem que o *Malleus Maleficarum* nunca tenha se tornado um documento oficial sancionado pela corte, suas ideias se propagaram por todos os lados. Cinquenta anos depois, em 1532, o imperador Carlos V aprovou o código "Carolina", que permitia a tortura judicial e tornava crimes como bruxaria passíveis de pena de morte.[56]
*** A professora Silvia Federici nos lembra que o significado original da palavra *gossip* (conversa fiada ou fofoca, em inglês) era *god-parent* (madrinha, a amiga mais próxima da mãe de um bebê). Era um termo positivo que sugeria uma conexão íntima, de caráter emocional. No entanto, entre os séculos XV e XVII, *gossip* assumiu um caráter negativo, motivo suficiente para justificar um assassinato. Ela escreve: "Em 1547, 'um anúncio foi feito proibindo as mulheres de se reunirem para bater papo e conversar' e ordenando aos maridos que 'deixassem as esposas em casa'." No livro *A heroína de 1001 faces*, a professora Maria Tatar elabora: "Qual o maior pecado da conversa fiada? Uma possibilidade é que a conversa aproxime as mulheres para criarem redes de interações sociais fora do controle e da vigilância patriarcais. Ela pode ser vista como um contradiscurso que opera na contramão de normas comuns prevalentes, uma estratégia para colecionar relatos na forma de histórias tocantes que possam ser examinadas, analisadas e transformadas em fontes úteis de sabedoria e conhecimento."[57]

específicos da caça às bruxas; durante os julgamentos, as acusadas eram forçadas sob tortura a denunciar umas às outras.[58] Não se sabe quantas mulheres foram processadas, torturadas e assassinadas sob essa bandeira, um "generocídio" que se perpetuou por séculos. Com base em dados de julgamentos, os historiadores atuais acreditam que o número real de execuções na Europa gire em torno de 80 a 100 mil, mas a propaganda e a máquina de campanha implantaram o medo no sistema nervoso das mulheres em todo o mundo.[59] A título de contexto, 25 mulheres foram assassinadas nos julgamentos das bruxas de Salém, em Massachusetts, um evento tão terrível que continua a rondar nossa imaginação até hoje.

O LEGADO DO MEDO

Sob tortura extrema, as mulheres traíam umas às outras: amigas se voltavam contra amigas; filhas, contra a mãe. Aprendemos que manter contato poderia ser perigoso, então ficávamos quietas no nosso canto. Eu me pergunto se não é por isso que as mulheres de hoje em dia desconfiam umas das outras e, não raro, criticam-se mutuamente. Esse trauma está em nosso DNA. Suspeito que o medo seja um dos motivos de nossa autorrepressão. Continuamos a resistir à mudança, a afirmar nossa insignificância e a esperar que alguém nos chame a atenção, nos critique e nos coloque de volta "em nosso lugar".

Ainda que hoje sejamos perseguidas e policiadas de maneira menos explícita, não nos enganemos: as regras implícitas acerca do comportamento feminino estão entranhadas no tecido da sociedade. Os direitos e a própria soberania das mulheres continuam na mira: a desigualdade jurídica é certamente abissal, mas os ataques mais insidiosos são as questões que rondam e tocam nossa moralidade. O que exatamente constitui uma boa mulher? O paradigma patriarcal de feminilidade persiste: a mulher precisa ser altruísta, fisicamente perfeita, carinhosa, obediente, submissa, modesta, responsável, discreta. Espera-se que "saibam o seu lugar": fora dos círculos do poder, ainda que os apoiando. Isso está tão incutido em nosso comportamento que chegamos a colaborar sem querer: nós repreendemos, culpamos e "cancelamos" as mulheres que se desviam desse caminho e fazemos a mesma coisa contra nós mesmas.

Este livro não põe a culpa nas vítimas. Ele quer entender o que gerou a cultura atual e como ela nos mantém sob sua influência. Assim poderemos perceber quão artificiais são suas restrições.

É difícil acreditar que estaríamos dispostas a reforçar um sistema que nos oprime. No entanto, boa parte disso está além da nossa percepção consciente. A professora Gerda Lerner, que criou o primeiro programa de pós-graduação sobre história das mulheres nos Estados Unidos, argumenta que participamos da nossa subordinação porque somos psicologicamente moldadas para naturalizar nossa inferioridade. Essa percepção de inferioridade se torna uma sombra difícil de ser eliminada. A necessidade de provar nossa bondade para obter proteção e sucesso foi programada no modo como nos comportamos, e é difícil reconhecer isso porque estamos dentro da própria estrutura. Segundo Lerner: "O sistema do patriarcado só consegue funcionar com a cooperação das mulheres. Essa cooperação é garantida por diversos meios: doutrinação de gênero, privação educacional, negação ao conhecimento da própria história, cisão entre mulheres a partir de conceitos como 'respeitabilidade' e 'desvio sexual', restrição e franca coerção, discriminação no acesso a recursos econômicos e ao poder político, e garantia de privilégios de classe às conformistas."[60]

Toda essa doutrinação, que assimilamos de modo inconsciente, deve ser desconstruída. Devemos entender de onde ela vem para que possamos reconhecer que se trata do patriarcado em ação. Devemos nos desvencilhar de suas restrições. Só então poderemos encontrar nosso caminho de volta a algo que se pareça com nossa natureza "inicial", com quem de fato somos. Só então poderemos rejeitar esse paradigma de "bondade" que nos foi imposto por uma sociedade que nos queria obedientes, subservientes, prestativas e dedicadas. E só então seremos capazes de parar de policiar umas às outras por comportamentos que fomos condicionadas a condenar – uma espécie de misoginia definida pela filósofa e professora Kate Manne. Como ela escreve em *Entitled* (Autorizados), "a misoginia não deve ser entendida como um ódio psicológico arraigado e imutável contra meninas e mulheres. Em vez disso, está mais para o braço 'policial' do patriarcado – um sistema que atua para policiar e garantir normas e expectativas de gênero e que coloca meninas e mulheres diante de um tratamento desproporcional e nitidamente hostil por causa de seu gênero, entre outros fatores".[61] Os homens com certeza adotam esse tipo de comportamento, mas nós fazemos isso contra nós mesmas. Devemos nos livrar disso e seguir o que nos sugere o gnosticismo: retornar à nossa natureza inicial e acessar nosso conhecimento. Devemos lembrar que esse conhecimento, esse instinto, está disponível o tempo todo e que rejeitá-lo nos mantém distantes de nossos desejos mais profundos e verdadeiros, desejos que são puros e merecem ser explorados.

O RETORNO DO FEMININO

Para desmontar o paradigma patriarcal da bondade, devemos identificar dentro de nós a maneira como policiamos nosso comportamento e como fomos doutrinadas pelos Sete Pecados Capitais. Ainda que cada pecado tenha suas peculiaridades, os apetites do corpo definem vários deles. Historicamente, parece haver dois grupos de pensadores sobre o assunto: os que acreditam que o corpo *em si* é sagrado e os que acreditam que a carne deve ser subjugada e superada. Thomas Hobbes (1588-1679), Charles Darwin (1809-1882) e Sigmund Freud (1856-1939) consideravam o corpo moralmente repulsivo. Eles argumentavam que somos animais em lento processo de evolução e civilização ao longo do tempo, imersos na árdua e contínua tarefa de transcender os desejos básicos e carnais que habitam nossa mente. A carne é inferior; o intelecto é a única parte que conta. E, para alguns desses pensadores, talvez um dia possamos transcender a depravação da experiência humana e acessar os reinos espirituais de um lugar chamado Paraíso, mas apenas se nossa impureza for superada e isolada pela mente superior, por nossa natureza "melhor".

Do outro lado, há os que acreditam que somos seres espirituais vivendo uma experiência física; que o divino está em tudo, inclusive em nossos traços desobedientes; e que a densidade do corpo e seus prazeres é o que nos impede de sair flutuando de volta ao campo de força energético do qual viemos e para o qual retornaremos. Afirmam que não há lugar algum aonde "ir" depois da morte e que não há nada a ser superado; estar no corpo, com seus prazeres mundanos, neste mundo tridimensional, é o principal evento. Estar num relacionamento físico é algo bonito. Esse grupo argumenta que não somos animais depravados, mas que criamos um inferno em nossa mente ao reprimir nossos desejos naturais.

Os adeptos do primeiro grupo, que acham que o corpo deve ser controlado, subjugado e dominado, atribuem muito da baixeza da carne às qualidades "femininas". Afinal de contas, a matéria física (ou *mater*, isto é, mãe) representa o potencial da vida, a magia e às vezes o caos da criatividade. Em vez de reconhecer que o que corre em nosso corpo é sagrado, santo e até divino, essas pessoas lutam contra si mesmas, procurando do lado de fora aceitação e aprovação. Desejam dominar a natureza, controlá-la, higienizá-la e separar a experiência humana de todas as outras criaturas vivas. Essa ideologia se manifesta do macro ao micro e segue viva ainda hoje: o homem exerce domínio sobre a natureza e sobre a mulher, e cada um de nós – homens ou mulheres – nutre dentro de si o desejo de sujeitar o corpo e suas "sensações" à primazia da mente. Esse é o pensamento patriarcal, e ele não afeta apenas as mulheres. Os homens também são vitimados por essa necessidade de reprimir e suprimir as emoções e o caos criativo.

A boa notícia para todos nós é que o feminino, a deusa em todas as suas formas, não aprecia a repressão. Ela invariavelmente se insurge. Estamos sentindo isso agora. O patriarcado nos ensinou a valorizar o masculino e a enxergá-lo como força redentora, como algo divino. Essas qualidades têm sido hiperdesenvolvidas de um modo terrível em nossa cultura, com consequências devastadoras para todos nós. É crucial que retomemos nossa energia preciosa para trazer à tona o princípio feminino, o Sagrado Feminino, com toda a força necessária ao reequilíbrio dos males da sociedade.

O Sagrado Masculino e o Sagrado Feminino podem parecer balela, e é fácil fundir essas ideias à condição de ser homem ou mulher, uma vez que fomos condicionados socialmente por muito tempo a aceitar a energia associada ao sexo que nos foi atribuído, mas esses conceitos não têm nada a ver com gênero e tudo a ver com consciência. Conhecemos a aparência e os efeitos da masculinidade tóxica: o domínio e a agressividade que definem nossa cultura atual. Contudo, uma vez equilibrado, ou "Divino", o masculino é a energia do direcionamento, da ordem e da verdade, o receptáculo que dá à criação (uma qualidade feminina) sua *estrutura*. Feminilidade equilibrada, ou "Divina", é criatividade, apoio e cuidado, a energia vital. Ela também representa a capacidade de controlar muitas coisas ao mesmo tempo sem se precipitar. A feminilidade tóxica é caos e sobrecarga, perturbação emocional e desespero.

Reconhecemos cada uma dessas energias dentro de nós. Todos temos a capacidade e a necessidade de expressar as duas. Quase toda mulher que conheço já se expande em ambas as direções; os homens vêm atrás, embora estejam aceitando cada vez mais expor publicamente seu lado feminino para cuidar, nutrir e criar. Numa versão equilibrada do mundo, as energias masculina e feminina estariam presentes em partes iguais dentro de cada um de nós – e, portanto, estariam presentes em partes iguais no mundo. Quando tendemos a qualquer um dos extremos, nos desviamos do curso e ficamos estagnados, dependentes e assustados. Precisamos agora da energia renascida do feminino para equilibrar a masculinidade tóxica da nossa cultura: uma energia dedicada a cultivar e a cuidar do que já existe, não a extrair mais e mais.

É nossa incumbência, de todos nós, libertar o feminino de suas restrições e venerar aqueles impulsos e partes sagradas dentro de nós mais uma vez. Só então poderemos ocupar nosso lugar de direito como *parte* da natureza, em vez de manter a ilusão de que ela está fora de nós e sujeita ao nosso domínio.* Quando entrarmos em equilíbrio, quando renunciarmos ao instinto de conter e controlar, poderemos relaxar e saborear a experiência, redescobrir a liberdade e a alegria.

Aqueles que adotam a crença de que a estrutura patriarcal é o melhor e mais seguro caminho já se beneficiaram dele durante milênios, e eu entendo. A vida é aterrorizante, cheia de incertezas. Por que não haveríamos de querer estabelecer uma linguagem científica e um modelo para explicar cada milagre e forçar o corpo e a natureza a aderirem ao modo como acreditamos que eles deveriam ser? É claro que queremos identificar as leis que governam o universo e nosso lugar dentro dele. Isso parece muito mais poderoso do que nos submetermos à ideia de que não passamos de pedacinhos do mundo natural e de que há mistérios em ação que não conseguimos entender, muito menos controlar. No entanto, entrar em equilíbrio requer

---

* Essa ilusão é ressaltada pela definição de *natureza*, a qual exclui especificamente os humanos: "Os fenômenos do mundo físico de modo coletivo, incluindo plantas, animais, a paisagem e outras características e produtos da Terra, em oposição aos humanos e às criações humanas." (Definição extraída da enciclopédia on-line *Oxford Reference*.)

reconhecer a melhor posição a se adotar no mundo: não a de dominadores, mas a de administradores e parceiros responsáveis.

O corpo é o mecanismo pelo qual experimentamos a vida. Devemos usá-lo como um meio para entender e transmutar o que nos cerca; para nos colocar em equilíbrio com o mundo. Não nos cabe submeter o corpo à nossa mente, assim como não nos cabe subverter e dominar a natureza. Corpo e natureza são metáforas do feminino: devemos permitir que ele venha à tona e seja restabelecido a um lugar de respeito, ou mesmo de reverência.

A autora e filantropa Lynne Twist me falou de uma profecia da fé bahá'í sobre o século XXI, o momento que vivemos agora. Segundo essa crença, a humanidade tem duas grandes asas – uma masculina e outra feminina – e a asa masculina se tornou muito musculosa e desenvolvida, forte e poderosa demais.[62] Enquanto isso, a asa feminina ainda não se abriu. Twist descreveu o modo como a asa masculina se tornou quase violenta em sua tentativa de manter o pássaro da humanidade no ar. Como uma nave desgovernada, temos voado em círculos por centenas, ou até milhares de anos. De acordo com a profecia, no século XXI a asa feminina em cada um de nós vai finalmente se estender por completo, e a asa masculina vai relaxar e entrar em equilíbrio. *Essa* é uma história – sobre o potencial da humanidade de mostrar igualmente todas as suas partes – que vale a pena guardar e contar aos nossos filhos e filhas. Eu, pelo menos, a considero um ponto de partida mais genuíno para um recomeço.

O patriarcado seguiu seu curso. É hora de retirá-lo de cena e de reconstruir a estrutura da sociedade com princípios organizacionais mais apropriados à era atual. Devemos identificar as práticas e táticas do patriarcado de modo que possamos extirpá-las pela raiz e então investigar as lacunas que elas deixaram em nossa psique e o modo como elas perverteram alguns de nossos instintos mais naturais. Só então poderemos retificar esses equívocos.

Essa transição vai parecer assustadora, talvez caótica. Para alcançar esse equilíbrio, precisaremos soltar as rédeas e admitir que não temos o controle de tudo. Mas devemos fazê-lo, ou o patriarcado persistirá como se fosse um fantasma ou um bicho-papão. Pois o negócio dele é assombrar. E suas reverberações em nossa vida atual são duradouras e insidiosas. Aliás, é disso que tratam os próximos capítulos.

2
PREGUIÇA

Ao acreditar que preguiça é pecado,
renegamos nosso direito ao descanso

VICIADAS EM TRABALHO

Passei a maior parte da pandemia encolhida num cantinho do quarto, num home office fajuto que, em outros tempos, não passava de uma mesinha sobre a qual meu marido e eu empilhávamos livros e boletos. Agora ela é meu escritório/cômodo sem divisórias, de meio metro quadrado. Hoje é Dia do Trabalho e estou aqui no batente. Consigo ouvir a ironia no tec-tec do teclado. Eu provavelmente deveria reservar um tempinho para reaprender a história deste dia, para ler sobre os motivos que o tornaram um feriado depois que a classe operária se revoltou contra as condições opressivas de trabalho, a falta de segurança e os salários insuficientes. Hoje de manhã me queixei de precisar escrever e me envergonho disso. Para ser sincera, entre trabalho e prazer, escolho sempre o trabalho sem pestanejar.

Meus filhos não estão brincando lá fora porque está fazendo quase 37°C. Meu marido, Rob, está esparramado com eles no sofá assistindo a *Blue Planet* e isso é o mais perto que vão chegar hoje de apreciar a natureza. Ontem vimos *Zombies 2* pela sexta vez e decidimos que hoje seria diferente, nem que apenas trocássemos o Disney Channel pelo National Geographic. Ou pelo menos era esse o plano. Para ser sincera, é possível que meu filho Max esteja jogando *GTA* (ele tem 8 anos) enquanto o irmão mais novo, Sam, se entretém com alguma série infantil inócua num iPad e Rob assiste a um filme. Mas eu prefiro não saber, porque dói concluir que meus filhos estejam sendo deixados de lado pelo excesso de trabalho ou pela preguiça.

Eu deveria parar de escrever e levá-los a algum lugar, a qualquer lugar. Só que tenho prazos a cumprir. E um marido cujo traseiro já criou ranhuras no lugar favorito do sofá e cujos copos de uísque deixam marcas úmidas na mesinha lateral. Ele é um mestre em relaxar. Enquanto eu: tec-tec-tec.

Não posso me afastar da mesa, do cursor que pisca, dos livros na estante que podem oferecer a citação perfeita. Sou movida a um medo contínuo: se não fizer o bastante, não serei o bastante. O esforço é minha melhor autoproteção, meu mecanismo de defesa. O trabalho é o que me salva da ansiedade. Na minha visão de mundo, "fazer" significa emprestar meus ombros a vários rochedos, como um Sísifo multitarefa – não que eu saiba para onde estou empurrando as pedras, mas sei que, se eu parar, serei esmagada. Eu trabalho o tempo todo, raramente descanso e não acho que, na última década, tenha dedicado atenção total a um filme por mais de vinte minutos.

Não sou um caso à parte. Na verdade, meu privilégio significa que tenho mais que muita gente: pessoas marginalizadas estão mais sobrecarregadas ainda.* Mesmo assim, de acordo com um longo estudo, mulheres de todo tipo relatam níveis maiores de ansiedade do que os homens, e a diferença está aumentando.[2] Certamente estamos todos vivendo no mundo do burnout, mas me parece que as mulheres são impulsionadas por uma forma diferente de carga de trabalho, por um *taser* invisível. Como mulher branca, sei que estou perto das engrenagens do poder, mas me sinto compelida a demonstrar meu valor de maneira, digamos, compulsiva – uma tendência que reconheço em minhas colegas mulheres, em particular entre mães. Somos uma equipe de nado sincronizado, com os pés pedalando freneticamente sob a superfície, braços para o alto, dentes travados por trás de sorrisos engessados no rosto. Meus dois filhos pequenos nunca parecem pressionados; nem meu irmão, Ben; muito menos meu marido.

---

* No livro *Laziness Does Not Exist* (A preguiça não existe), Devon Price, professor e psicólogo trans, diz o seguinte a respeito de si e de seus colegas queer: "Temos medo de viver à margem da sociedade e reconhecemos que qualquer aceitação pode ser retirada a qualquer momento – e, assim, trabalhamos o mais duro que conseguimos a fim de nos proteger. Temos dois empregos, fazemos hora extra, entregamos relatórios antes do prazo e assumimos responsabilidades que nos exaurem, na esperança de que nossos triunfos, nosso saldo bancário e nossos gestores satisfeitos nos protejam da ignorância."[1]

Aprendi cedo a me manter "ativa". Cresci longe do alcance da TV a cabo numa rua de terra desnivelada que precisava ser aplainada a cada inverno. Tínhamos acesso a apenas alguns canais, nada de *Barrados no baile* ou MTV. Meus pais mantinham a TV num cantinho frio e escuro do porão, em meio a velhos aparelhos de ginástica. A ideia era que usássemos o tempo de modo mais produtivo.

Eu cresci nos tempos da negligência benigna, o que significava ser mandada lá para fora e só voltar quando soasse – literalmente – a sineta do jantar. Minha mãe não acreditava em tédio. Ela reagia a essa palavra com frustração e firmeza.

– Não estou aqui para entreter vocês! – soltava. – Vão brincar lá fora! Vão ler um livro!

E era isso que eu e meu irmão fazíamos. Mesmo que não fosse um conceito muito popular naqueles tempos, talvez nossa mãe percebesse que o tédio é o caldeirão da criatividade.

Tivemos o luxo e o privilégio de crescer perto da floresta. Nenhuma chance de encontros com amigos ou de matar o tempo nas ruas ou nos parques da cidade. Tínhamos que inventar as brincadeiras. Eu me lembro da minha mãe desenhando comigo e adorando essa rara experiência. Na maior parte do tempo nos ocupávamos de brincadeiras paralelas. Ela trabalhava – cuidando da casa e do jardim, limpando, cozinhando, organizando, sempre se mexendo e fazendo alguma coisa. Estar em sua órbita exigia que eu me sentasse na cozinha e conversasse enquanto ela cortava legumes. Se ela estivesse trabalhando na mesa do quarto, eu me acomodava num cantinho do tapete iluminado pelo sol para observá-la, como um gato. Ela passava o tempo livre em meio a livros e revistas feministas que ela lia sentada com elegância na sala de jantar, com uma taça de vinho.

Minha mãe não sabia brincar e nunca lhe ocorreu relaxar. Sempre havia algo em suas mãos. Para ela – e, na verdade, para muitas de nós – uma lista infinita de tarefas era uma espécie de terapia, a medida do tempo, o registro da produtividade, uma forma de reprimir o que quer que estivesse fermentando sob a superfície. Se não paramos, não precisamos sentir.

Meu pai chegava em casa entre cinco e seis da tarde depois de um dia de trabalho no consultório médico ou no hospital. Jantávamos juntos, falando dos pacientes de papai e dos prognósticos de quem estava hospitalizado – uma análise clínica do corpo e de suas funções durante o jantar.

E então nos dispersávamos. Meu pai ia para o porão comigo e com meu irmão assistir a filmes em preto e branco – títulos de uma lista que ele tirou da revista *Time* e que vimos um por um, cumprindo cada item como se a lista fosse um cartão de ponto – enquanto minha mãe se refugiava na louça e no rádio. Eu passei a infância me sentindo mal por ela sempre ficar para trás com a bagunça, mas ela recusava ajuda. Hoje em dia sinto a mesma satisfação compulsiva em limpar a cozinha, esfregando cada superfície sozinha em meio às frigideiras e bolhas de sabão. Guardar cada coisa no lugar é minha meditação favorita. Minha mãe se juntava a nós no porão escuro e se sentava numa cadeira de balanço, repassando mentalmente tudo que ainda precisava ser feito. Quando eu me sentava entre seus pés, ela mexia no meu cabelo.

Minha mãe é a mais velha de sete irmãos, criada numa família católica e pobre de Iowa. Meu avô era empreiteiro e minha avó, até onde minha mãe se lembrava, não fazia nada.

– Ela era muito preguiçosa – explicava minha mãe – e eu não queria ser como ela.

Ela também era cruel e abusiva com as filhas, embora, quando a conheci na infância, ela tenha me parecido uma pré-adolescente presa num corpo de mulher envelhecida que usava moletons da Disney e dormia com bobes no cabelo ralo. Minha avó colecionava bonecas (com as quais, infelizmente, ninguém podia brincar), fumava um cigarro atrás do outro e passava a maior parte do tempo bebericando café morno e frequentando bingos com a bolsa cheia de canetas. Ela adorava lavar louça, embora eu nunca a tenha visto preparar uma refeição. Conheci sua versão amaciada pelo tempo, mas a longa sombra de sua ausência emocional tocou toda a família – ela criou um enredo de negligência para as próprias filhas que consistia em insegurança alimentar, frieza e um vazio de alma que ninguém consegue explicar.

O resultado disso foi que meu irmão e eu fomos criados por uma mulher que nunca tinha conhecido o afeto materno. Ela não tinha um modelo a seguir nem sabia o que esperar de uma criança. Minha mãe aprendeu na prática, com um ressentimento persistente pelo fato de ninguém nunca ter feito aquilo por ela. Ela nos apoiava em tudo que julgava capaz de nos manter em segurança no mundo: devoção ao trabalho, excelência acadêmica e aversão à preguiça. Se nos mantivéssemos em movimento, nunca ficaríamos estagnados. Se contribuíssemos – com empregos importantes –, então poderíamos alcançar uma ideia mais ampla de pertencimento e estabilidade. Com esse objetivo em mente, podíamos fazer o que quiséssemos da vida, desde que fizéssemos alguma coisa; e que fizéssemos essa coisa com persistência implacável. Se parássemos de nos mexer – e talvez fosse esse seu medo –, nos acostumaríamos à inatividade e nos tornaríamos preguiçosos.

O TRABALHO DA MINHA MÃE, O DESCANSO DO MEU PAI

Meu pai não tinha a mesma responsabilidade pela criação dos filhos. Ele era a parte divertida, a sobremesa; minha mãe era a salada. Além disso, ele sabia usar as palavras. Eu me lembro de uma tarde de verão quando ele chegou cedo em casa e descobriu que eu e meu irmão estávamos vendo TV no porão.

– Estou muito decepcionado por vocês não estarem lá fora – declarou.

O tom era inconfundível, como se ele fosse capaz de brandir o julgamento feito um chicote. Enquanto a ansiedade da minha mãe era generalizada e indefinida, meu pai aderia à ideia hoje obsoleta de que a crítica é o antídoto do erro e a excelência só pode ser instigada por meio da bronca. De acordo com Kristin Neff, que estuda a autocompaixão, esse método se encaixa numa visão de mundo comum: a crença de que nos tratar com delicadeza é a droga de entrada para a indolência; de que nos tornaremos preguiçosos ou relaxados demais se ninguém nos impulsionar à frente por meio do ódio e do julgamento.[3]

Em resumo, meu pai queria que seu esforço fosse justificado pelo nosso. Da perspectiva dele, seu principal compromisso com a família era nos sustentar, e essa contribuição estava restrita às horas no consultório com os pacientes e às horas no hospital atendendo quem estivesse na UTI. Com exceção dos atendimentos de fim de semana, que nenhum de nós invejava, ele não trazia nada para casa. O lar era seu refúgio – ele se preocupava com os pacientes, mas tinha limites firmes e admiráveis. Todas as horas fora do trabalho eram dedicadas ao lazer. O que sua dedicação proporcionava, achava ele, era uma casa bem-cuidada e filhos que reconheciam os sacrifícios feitos em nosso nome. Era nossa "função" retribuir o investimento maximizando todas as oportunidades, atingindo a excelência e ajudando com gratidão. Ainda que meu irmão e eu precisássemos ser aplicados e academicamente impecáveis, havia uma diferença crucial quando se tratava das expectativas a meu respeito: eu precisava ser emocionalmente dedicada a ele; precisava *me importar*. Para mim, não para meu irmão, os outros vinham em primeiro lugar.*

E na minha família, na maior parte do tempo, meu pai vinha em primeiro lugar. Éramos responsabilidade da minha mãe. Ela nos acordava às 5h30 da manhã e nos enfiava no carro para que conseguíssemos jogar tênis antes da escola e, na volta para casa, saindo do consultório de papai ou depois da natação, ela nos deixava dentro do carro enquanto fazia as compras ou resolvia alguma coisa. Éramos testemunhas de como o trabalho invisível da vida pesava sobre ela, a tarefa não apreciada ou reconhecida de dar conta de nossas muitas necessidades ao mesmo tempo. Além de gerenciar o consultório de papai, integrar a Comissão de Planejamento Familiar do município e o conselho da escola, e de participar da administração da escola hippie alternativa que frequentávamos, ela cozinhava, limpava, planejava, agendava, pagava as contas e organizava nossos passeios e atividades extracurriculares. Era muita coisa, mas ela fazia tudo com zelo e competência, levantando-se às 4h da manhã. E hoje percebo que aquilo a satisfazia. Entregando-se ao trabalho, ela atestava o valor de seu tempo para além da maternidade, um título pelo qual ela não tinha muita reverência ou respeito – nem ela nem a sociedade como um todo, diga-se de passagem. Minha mãe poderia ter sido

---

* Há uma razão pela qual as filhas costumam cuidar dos pais na velhice e pela qual superamos os homens em trabalhos voluntários, apesar de outras limitações de tempo. De acordo com um relatório do Pew Research Center, "as mulheres (13%) têm mais chances do que os homens (8%) de já terem cuidado de um parente idoso". Quando se trata de voluntariado, de acordo com o mais recente relatório da Secretaria de Estatísticas Trabalhistas dos Estados Unidos, 27,8% das mulheres se voluntariam em comparação a 21,8% dos homens. Pessoas casadas se voluntariam mais do que quem nunca se casou (29,9% das mulheres e 19,9% dos homens) e mais pais e mães se voluntariam do que casais sem filhos (31,3% das mulheres contra 22,6% dos homens).[4]

"alguém". Talvez nossa presença fosse um lembrete de que ela não era: era apenas mais um elo invisível na engrenagem da criação da geração seguinte.

QUANDO MEU IRMÃO E EU TÍNHAMOS 20 e poucos anos, meus pais nos levaram para passar férias em Zihuatanejo, no México. Eles alugaram uma linda casinha numa falésia e, então, junto com Ben, decidiram se levantar muito antes do nascer do sol, todos os dias, para acompanhar os guias locais de observação de pássaros em busca de descobertas para seus "inventários de espécies". Enquanto se embrenhavam na mata munidos de binóculos, eu ficava na cama até as 8h da manhã, depois levava uma pilha de livros morro abaixo até um hotel da vizinhança, alugava uma cadeira de praia e passava o dia comendo guacamole, bebendo margueritas e me dividindo entre cochilos e romances. Para mim foi a solução perfeita: eu era uma moradora de Nova York cansada e minha família passava o dia com o carro, naqueles tempos pré-Uber. No entanto, a maneira como gastei meu tempo naquela semana irritou meu pai, que tinha pagado pelas férias e claramente queria que eu *fizesse alguma coisa* dos meus dias. Eu não entendi muito bem *o que* ele queria que eu fizesse enquanto eles estavam fora, mas meu ócio o tirou do sério. Talvez fosse a soneca da tarde ou a extravagância de pagar por uma cadeira. Também não ajudou – pasmem – o fato de minha mãe ter decidido pular fora das aventuras com os passarinhos por um dia e, em vez disso, dormir até depois das 4h e me fazer companhia na praia. Enquanto bebericávamos a segunda rodada de drinques, protegidas do sol do meio-dia por um guarda-sol gigantesco, ela me olhou por sobre a borda salgada do copo de marguerita.

– Isso é bom demais. Agora entendi por que você vem aqui. É *muito* relaxante.

Eu a observei por um bom tempo, processando a informação. *Uau! Até parece que ela nunca tirou férias na vida.* E então me dei conta: ela nunca havia tirado mesmo.

QUANDO A PREGUIÇA SE TORNOU O MAIOR DOS PECADOS

Em seu livro *Não faça nada*, publicado em 2020, a jornalista Celeste Headlee conta a história do trabalho em nossa cultura e revela como ele se tornou esmagador, uma esteira que nunca se desliga. Ela põe boa parte da culpa em Martinho Lutero e no que viria a se tornar a ética do trabalho para os protestantes: a ideia de que o trabalho pode fornecer alívio para o sofrimento, uma forma de penitência. Como escreve Headlee: "Fomos convencidos pelas forças da economia e da religião de que o propósito da vida é o trabalho árduo."[5] E esse trabalho árduo não precisa acontecer necessariamente no escritório: pessoas como minha mãe atestavam sua existência livre da preguiça por meio de uma casa impecável e de filhos muito bem-sucedidos. Minhas colegas mães que também trabalham fora se sentem compelidas a alcançar a excelência nas duas esferas para provar que conseguem dar conta de tudo sem se esquivar de nada.

Headlee ressalta também outra reviravolta essencial na maneira como começamos a quantificar o trabalho e como ele passou a ser vinculado à virtude. Com a Revolução Industrial, tempo se transformou em dinheiro. Em vez de sermos pagos por tarefas ou por cestos de grãos, passamos a ser monitorados pelo relógio. Como escreve Headlee: "Até nosso vocabulário refletiu essa mudança. Até o século XVIII, a palavra *pontualidade* significava 'exatidão'. Em algum momento por volta de 1777, as pessoas começaram a usar a palavra com o sentido de 'na hora certa'. Durante séculos, a palavra *eficiência* significou 'o poder de fazer alguma coisa', do verbo latino *efficere*, que significa 'fazer'. Mas na década de 1780 passamos a usá-la como sinônimo de *trabalho produtivo* e, em 1858, um artigo a usou pela primeira vez com o sentido de 'a proporção entre trabalho útil realizado e energia despendida'. *Tempo bem gasto* começou a significar 'o tempo durante o qual se ganha dinheiro.'"[6] Outro efeito colateral da Reforma Protestante para as mulheres, de acordo com a historiadora da religião e professora Beth Allison Barr, foi o reforço da crença de que o trabalho árduo da boa mulher cristã *deve* ser realizado no lar.[7]

Ao longo dos anos, a maioria dos líderes culturais contribuiu para a ideia de que nossa identidade deve corresponder ao valor de nossa produtividade. Ainda que os Sete Pecados Capitais sejam hoje vistos em grande medida como remanescentes da tradição confessional católica, os esforços de Martinho Lutero no século XVI e a Reforma Protestante, que resultaram numa ruptura do domínio da Igreja Católica Romana hierárquica e no surgimento do cristianismo protestante em suas muitas formas, mantiveram a visão da preguiça como pecado no centro dessa ideologia. Os primeiros protestantes acreditavam que a graça, que garantiria a salvação, viria do trabalho árduo e diligente. O economista Max Weber considera essa ideia a base do capitalismo.[8] Uma "classe trabalhadora" batedora de cartão de ponto, supervisionada por soberanos assalariados, definiu os primórdios do capitalismo, mas hoje em dia quase todos nós participamos de uma economia que nos mede pela produtividade. Os computadores de executivos são cada vez mais monitorados com "ferramentas de produtividade" que rastreiam a atividade da máquina e os momentos em que o mouse permanece inativo.[9] Nosso tempo pertence ao nosso empregador. A promessa inicial da tecnologia era melhorar a eficiência a fim de nos libertar da lida constante. Na verdade, ela fez o contrário disso. A ideia de tempo inativo, tempo criativo, tempo para pensar ou visitar a sala de um colega sugere que você não está maximizando sua produção, que há espaço para oferecer ou fazer mais.

E você deveria fazer mais, nos dizem, porque é pela graça do trabalho que vai escalar a montanha erguida com seu talento e então será capaz de olhar para trás e avaliar o somatório de sua vida, de seu valor. Essa escalada se baseia em vários mitos. Um deles é o mito da meritocracia, do poder do indivíduo, da responsabilidade pessoal, segundo o qual o esforço é a métrica mais significativa. O outro mito, claro, é o de que essa escalada é a parte mais importante da jornada, o melhor uso do nosso tempo. Muitos de nós reconhecemos que executamos trabalhos tolos e inúteis – que ao "fazer" não fazemos nada. Pois, ao determinar o valor de nossos minutos, o capitalismo também determina nosso valor. Um diretor financeiro ganha 300 dólares por hora, o talento de um designer gráfico pode render 50, e o ensino das mentes das futuras gerações garante... um salário mínimo insuficiente para a sobrevivência.* E, se você optar por ficar inteiramente distante do "trabalho" para tomar conta dos filhos, então o valor de sua contribuição é nenhum – ou talvez seja negativo, caso você compute as perdas salariais ao longo da vida. Nada disso faz sentido.

---

* Em 2021, de acordo com a Secretaria de Estatísticas Trabalhistas dos Estados Unidos, profissionais da educação infantil ganhavam em média 27.490 dólares por ano. A média salarial anual para um professor do ensino fundamental era de 61.400 dólares.[10]

Obviamente, o que a equação "tempo é dinheiro" não mostra é que o tempo é um recurso não renovável. É insano colocar preço em algo tão valioso. Na melhor das hipóteses, podemos influenciar seu desdobramento – comendo bem, fazendo exercícios físicos, evitando esportes de altíssimo risco –, mas ele está fora do nosso controle e segue adiante de maneira implacável. Talvez seja por isso que sentimos tanta vontade de marcar sua passagem com nossa produtividade, de deixar uma medida de nosso tempo, de buscar a permanência num mundo que é tudo menos permanente.

De vez em quando penso em minha amiga que trabalhou como advogada no ramo de falência e recuperação judicial. Como ela ganhava por hora trabalhada, não havia dúvida de que seu tempo era dinheiro, o que naturalmente a encorajava a desvalorizar qualquer atividade pela qual não fosse paga. Ir ao banheiro lhe renderia 125 dólares?

– O ritmo era tão intenso que eu ia de uma ligação para uma reunião e para a reunião seguinte até que de repente o dia terminava e eu me sentia fora do meu corpo – recorda ela.

E não tinha ido ao banheiro. Nas primeiras férias em dois anos, ela estava num ônibus de turismo quando olhou para baixo e descobriu que tinha feito xixi na calça. Sem nem mesmo perceber. Depois de uma bateria de exames – suspeitava-se de câncer –, os médicos lhe disseram que ela havia enfraquecido a parede da bexiga. Ela havia trabalhado demais, detonado a tireoide e desenvolvido incontinência urinária (e isso sem nunca ter passado por um parto natural!). Precisou de meses de tratamento – e de outro emprego.

Se, por um lado, minha amiga contabilizava cada minuto do dia, nós também temos a impressão de que trabalhamos o tempo todo. Costumamos estimar que trabalhamos sessenta ou oitenta horas por semana, mas estudos revelam que as pessoas com emprego integral "trabalham" muito menos que isso.[11] Nós não trabalhamos o tempo todo – apenas temos essa sensação porque perdemos o controle dos dias. O trabalho parece constante porque ele vai junto com a gente para a academia, o quarto, a mesa de jantar, o banheiro às duas da madrugada. O trabalho se transformou numa extensão, numa coisa que fazemos e sobre a qual pensamos o tempo todo, em vez de ser relegado ao confinamento do escritório ou aos contornos de um dia tradicional de trabalho. Graças à tecnologia, o trabalho permeia e invade cada cantinho da vida, nos fulminando com uma ansiedade sem fim. Não existe mais distinção entre casa e trabalho, razão pela qual, quando me sento diante da TV com meu marido, fico inevitavelmente remoendo boletos, listas de pendências, memorandos, e-mails para professores e amigos, notas de agradecimento, apresentações e agendamentos de reuniões até que ele me repreenda:

– Será que dá para relaxar? Dá para ficar sentada aqui comigo sem fazer nada?

Não, infelizmente não consigo. Carrego comigo a convicção subconsciente de que, se eu diminuir a ansiedade, vou reduzir a produtividade – e acabarei sem teto e sem rumo. Meu marido não compartilha dessa perspectiva (irracional), suspeito eu, pelo simples fato de que, sendo homem, ele é imune à doutrinação que determina que ele seja mais produtivo a fim de provar seu valor. Ele não se sente compelido a estabelecer um valor verificável a cada minuto do seu tempo. Para ele, basta cumprir o trabalho do dia e botar as crianças para dormir. Eu me sentirei para sempre apreensiva acerca da minha adequação, contaminada pela ideia de que podia e deveria fazer mais. E não estou sozinha.

Meu filho mais novo, Sam, estudava numa escola cooperativa que exigia que os pais e responsáveis trabalhassem lá duas manhãs por mês. Numa segunda-feira, quando eu estava servindo lanches, dando uma olhada rápida nos e-mails do trabalho, uma das professoras se aproximou "para me contar uma história engraçada". Os pais da melhor amiga de Sam estavam se divorciando e a criança havia contado na escola que tinha passado a ter duas casas.

– Quantas casas você tem? – perguntara ela a Sam.

– Eu tenho uma casa – respondera ele. – Eu durmo com o papai. A mamãe dorme no trabalho.

Essa doeu. Eu mantinha uma rotina razoável quando trabalhava em tempo integral: costumava chegar em casa às sete da noite, antes de Rob. Só que eu viajava muito. E no início daquele ano, quando tivemos que evacuar o bairro por causa de um incêndio no meio da noite, levei os meninos para o trabalho até descobrir que hotel acolheria nossos dois gatos furiosos e frenéticos. (Rob ficou para trás para ajudar os vizinhos mais idosos – sim, a despeito das bobagens que falo, ele é um sujeito maravilhoso.) Naquela noite tentei fazer Sam voltar a dormir num sofá do escritório. Quando a professora me contou que meu filho achava que eu dormia no trabalho, eu disse a mim mesma que ele estava confuso porque tinha dormido no escritório recentemente. Mas a ideia de que não sou tão presente quanto achava que fosse ficou me rondando. Quando eu de fato *estava* em casa, talvez ficasse tão absorta nas tarefas pendentes que Sam mal percebia que eu estava por perto.

A ANSIEDADE EXISTENCIAL DE SER MÃE

Verdade seja dita, meus filhos são as únicas pessoas capazes de me arrancar da mesa de trabalho, mas por causa deles eu fico presa no mesmo pensamento: *Será que estou fazendo o suficiente? Porque eu provavelmente deveria fazer mais.* Afinal de contas, não existe fórmula para educar uma pessoa nem garantia de que tudo vai dar certo: quantas horas são necessárias para criar um filho? Como saber se a tarefa está cumprida? Uma amiga quer saber: como não oscilar entre a sensação de terrível negligência e uma patologização da criança com base no que você não viu, pois estava ocupada demais? Eu me pergunto se meu filho de 8 anos tem TDAH ou disgrafia, ou se ele escreve com dificuldade porque não lhe dediquei as horas necessárias para desenvolver sua excelência acadêmica. Não sei onde ele termina e eu começo, qual a minha responsabilidade ou a sina dele. Não sei a quem culpar ou agradecer. O mais confuso de tudo é que me sinto sozinha no redemoinho de ansiedade maternal. Meu marido não parece aflito como eu e, ainda que eu saiba que minhas "amigas mamães" também se sentem assim, estamos tão consumidas pelas necessidades da nossa família que não nos resta muito tempo para oferecer apoio umas às outras. Eu oscilo entre ajudar meus filhos a organizar o horário da escola e reconhecer que muito do futuro deles está fora do meu controle. É uma incerteza nebulosa na qual nenhuma quantidade de esforço ou recurso é capaz de projetar resultados. Mas isso não me impede – ou a qualquer mulher que conheço – de tentar.

No mundo lá fora, é fácil "fazer" coisas, medir os dias com base no que concluímos ou conquistamos. O vício no trabalho é *como se fosse* um antídoto para a ansiedade existencial. Eu trabalho por segurança e estabilidade, para provar meu valor, para provar que sou relevante e causo impacto no mundo. O esforço mantém o medo a distância. Antes de ter filhos, gastar toda a minha energia no trabalho parecia um bom negócio. Agora, no entanto, não sei o que meus esforços *lá fora* estão custando aos meus filhos *aqui dentro*. Não sei o que vale mais. Nossa sociedade patriarcal dita que meu foco deveria estar nos meus filhos e que uma carreira seria lucro. Nossa cultura capitalista me faz acreditar que o somatório de uma vida valiosa está na conta do banco: o que ganhamos, criamos e monetizamos. Contudo, minha alma argumenta que não é uma questão de isso ou aquilo, que a virtude dos meus filhos não deveria ser usada como medida da minha e que minha contribuição não deve ser assim tão predeterminada.

Talvez eu considere confortável ter uma carreira profissional porque nela é mais fácil estabelecer um valor à minha contribuição. Quanto aos filhos, o esforço não garante resultados positivos. O que está sob meu controle é apenas ganhar dinheiro, pagar as contas e aproveitar oportunidades, e esse é o provável motivo de eu me agarrar à carreira com unhas e dentes, como se ela fosse um antídoto para o medo de que meus filhos não fiquem bem. Pois não há fim para a maternidade, nenhuma linha de chegada a ser cruzada. Não posso parar para descansar; sempre há algo mais a fazer, algo que *poderia* ser feito. É uma empreitada apavorante. Até pouco tempo atrás, ser mãe era tudo, o limite da ambição – embora as donas de casa dos anos 1950, especificamente as brancas de classe média, se ocupassem menos da educação dos filhos do que nós nos ocupamos atualmente.[12] Hoje em dia, parece haver uma ansiedade rondando as mulheres que não precisam trabalhar, o que de vez em quando gera a maternidade espalhafatosa: quartos perfeitos, panquecas perfeitas, festas de aniversário perfeitas. Essas mães profissionalizam a arte, usando tabelas de Excel e conhecimentos jurídicos na organização de eventos escolares beneficentes e atividades extracurriculares que mais parecem provas de resistência. Todas nós estamos tentando mostrar ao mundo que fazemos o bastante: estamos em busca de segurança, estabilidade e expressão do nosso valor. Nós trabalhamos, nos esforçamos e atuamos com uma postura defensiva, tentando provar ao mundo que ganhamos nosso sustento e que, ao fazer o suficiente, somos suficientes. Ninguém sequer saberia dizer o que é uma "boa mãe" hoje em dia; a maioria de nós se limita a reconhecer que não passaria no teste.

O FARDO DE ESTAR SEMPRE OCUPADA

Na primavera de 2014, eu era mãe de um bebê de 1 ano. Além disso, era novata numa startup, trabalhava meio período para outra startup e passava os fins de semana sendo ghost-writer de uma celebridade. Foi quando Brigid Schulte, jornalista ganhadora do Pulitzer, escreveu o livro *Sobrecarregados*, que entrou para a lista de mais vendidos do *The New York Times* descrevendo a experiência que eu não conseguia pôr em palavras, mas que sentia na pele. Eu sabia que estava sofrendo e, como todo mundo ao meu redor, sempre que me perguntavam como eu estava, eu respondia "Ocupada" como se isso fosse uma medalha de honra. E eu *estava* ocupada. Mas *sobrecarregada* descreveria melhor.

Recentemente me encontrei com Schulte, e nós duas discutimos se alguma coisa havia mudado nos últimos anos desde o lançamento do livro. Ela admitiu que, apesar de haver mais consciência em torno das desvantagens que mulheres e famílias enfrentam – como o fato de nós, nos Estados Unidos, *ainda não termos licença-maternidade remunerada* –, o progresso tem sido lento, em parte por causa da atual batalha contra o mito de que lugar de mulher é em casa. Ela ressalta nossa herança afiliativa e aloparental, um estilo comunitário de viver que desapareceu com o patriarcado.

A aloparentalidade é um conceito amplamente em voga no reino animal.[13] É a ideia de que em muitas espécies de animais os indivíduos atuam juntos em clãs estendidos para cuidar da prole e atender às necessidades da sobrevivência – um método que abrange primatas e humanos. A antropóloga e estudiosa de primatas Sarah Blaffer Hrdy trouxe o principal estilo de parentalidade de nossos ancestrais à luz da consciência contemporânea.[14] Sua visão, hoje amplamente aceita, é a de que nós nunca deveríamos dar conta desse trabalho sozinhas, confinadas numa estrutura familiar nuclear na qual o bem-estar de todo mundo, inclusive dos filhos, cabe unicamente aos pais e, via de regra, principalmente às mães. Somos reprodutores cooperativos naturais. Do mesmo modo que coletávamos, plantávamos, caçávamos e processávamos alimentos juntos em tribos nômades, também cuidávamos dos filhos em grupo.

Mas não foi isso que nos ensinaram. Durante milênios, embora de modo mais insistente nos últimos séculos, aprendemos que a saúde dos filhos depende dos cuidados da mãe. Como trabalhar fora virou uma possibilidade para as mulheres nas últimas décadas, surgiram outras complexidades emocionais, mas a realidade é que as mulheres sempre trabalharam. Muitas delas – em particular as de baixa renda e racializadas – trabalhavam para os outros *e* para a própria família. Mulheres negras escravizadas não apenas trabalhavam "de graça", mas pagavam por esse trabalho com a própria vida. Antes da Revolução Industrial, o trabalho das mulheres brancas sustentava as famílias. Elas cultivavam e preparavam alimentos, costuravam roupas, fermentavam cerveja – apenas não faziam parte do mercado capitalista. Entretanto, a partir do momento em que se tornou possível comprar bens em vez de produzi-los, o mundo começou a mudar. Quando as guerras mundiais levaram para o conflito a maioria dos homens, as mulheres assumiram a força de trabalho remunerada e muitas não quiseram mais sair. Foi só nos anos 1950 que surgiu a fantasia do papai trabalhador e da mamãe dona de casa, num arranjo que era prerrogativa específica das famílias brancas de classe média. Ainda que olhemos para esse período com nostalgia, essa foi a realidade dos Estados Unidos por *apenas* dez anos. Uma única década passou a representar "os bons e velhos tempos" para milhões de americanos. A televisão chegou bem na hora de captá-la para a posteridade.[15]

Embora muito do crédito pelo surgimento de opções para as mulheres seja concedido ao movimento pelos direitos femininos dos anos 1960 e 1970, Schulte ressalta um fator essencial, ainda que muitas vezes desconsiderado, que levou muitas de nós para a força de trabalho, um fator não relacionado às provocações da revolução feminista: nos anos 1970, tornou-se impossível para uma pessoa só ganhar dinheiro suficiente para sustentar uma família. "As mulheres ingressaram no mercado de trabalho apenas para manter o mesmo padrão de vida", me explicou Schulte, citando o trabalho da economista Heather Boushey. "Se as mulheres não tivessem saído para trabalhar e tivessem permanecido em casa, cumprindo o *sonho* do conservadorismo, muitas famílias americanas teriam caído na pobreza. Nós tínhamos escolha e, ao mesmo tempo, não tínhamos."[16]

Em 1971, o presidente Richard Nixon vetou o chamado CCDA (Comprehensive Child Development Act), um projeto com significativo apoio bipartidário que implementaria um programa de creches de alto nível, nacional e estatal, e forneceria uma ajuda significativa para mães solo e famílias da classe trabalhadora.* Ele o considerou uma ameaça à estrutura da família tradicional – e o equiparou ao comunismo. Conforme afirma a economista Heather Boushey: "Os executivos nos Estados Unidos tinham uma sócia silenciosa. Essa sócia nunca aparecia nas reuniões da diretoria ou fazia demandas, mas era fundamental para a lucratividade. Essa sócia era a Esposa Americana. Ela garantia que o Trabalhador Americano chegasse ao trabalho descansado, [...] com roupas limpas, [...] com uma marmita impecável com sanduíches, café e biscoitos caseiros. [...] Esse acordo tácito está rompido."[17] A realidade do custo de vida nos Estados Unidos rompeu o contrato, não as ambições das mulheres. As famílias não conseguiam se virar com um único contracheque. Muitas esposas certamente *queriam* trabalhar e, em diversos casos, também *tiveram* que trabalhar.

O fator mais marcante, ou talvez mais insidioso, nessa mudança foi que, conforme os papéis das mulheres mudavam, os dos homens permaneciam quase intocados. Ainda que hoje eles se envolvam mais com a casa do que uma ou duas gerações atrás, o nível de resultado de suas novas contribuições (seus pontos extras) não se compara ao que se espera das mulheres em todos os âmbitos. Como explica a ativista e escritora Soraya Chemaly: "Nos Estados Unidos [...] os homens se envolvem com atividades relaxantes e de lazer durante 35% do tempo que as mulheres dedicam às tarefas domésticas. Entre as mulheres, esse número cai quase pela metade: 19%. [...] Nos fins de semana os pais se envolvem em atividades de lazer durante 47% do tempo que as mães dedicam ao cuidado dos filhos. [...] Uma pesquisa no Reino Unido [...] descobriu que as mulheres têm cinco horas a menos de lazer por semana em relação aos homens. Além disso, desde 2000, o tempo livre dos

---

* A conservadora Phyllis Schlafly, que começou a acumular poder nos anos 1970 e integrou a onda de republicanos que pressionaram Nixon a vetar o CCDA (a maior parte do crédito vai para Pat Buchanan), descreveu o projeto como "uma proposta radical de legislação" que na verdade pretendia "que o governo tomasse conta da criação dos filhos". Ironicamente, a mãe de Schlafly sustentava a família. O pai tinha perdido o emprego durante a Grande Depressão, por isso a mãe passou a trabalhar como bibliotecária e professora a fim de proporcionar à jovem Schlafly uma vida de classe média. A batalha que ela atiçou entre "donas de casa" e "feministas" ainda reverbera na sociedade, como se uma escolha impedisse ou negasse a outra.

homens tem aumentado, enquanto o das mulheres tem diminuído."* De acordo com uma pesquisa da Gallup que examinou os papéis de homens e mulheres nos lares americanos de 1996 a 2019, ainda que a lacuna esteja diminuindo, os papéis de gênero permanecem enraizados: as mulheres são mais propensas a lavar roupa (58% contra 13%), preparar as refeições (51% contra 17%), limpar a casa (51% contra 9%), fazer as compras de mercado (45% contra 18%) e lavar a louça (42% contra 19%). Ambos os sexos têm a mesma propensão a pagar as contas da casa. E os homens assumem a dianteira quando o assunto envolve gestão do dinheiro (31% contra 18%), manutenção do carro (69% contra 12%) e cuidados com o quintal (59% contra 10%).[19] É deprimente.** Essas estatísticas batem com meu casamento, e eu sou uma mulher branca, casada, de classe média alta, que gasta uma pequena fortuna por mês com ajuda extra para cuidar dos filhos. Mesmo com o apoio da babá, eu me sinto como se trabalhasse o equivalente a dois empregos, enquanto meu marido tem apenas um. Por outro lado, 23% das famílias dos Estados Unidos são comandadas por mães solo, e 29% não pertencem à classe média. Estamos todas lascadas.

Com todo o meu privilégio, eu me sinto mal em reclamar da vida e admitir que me sinto cansada e muitas vezes triste, irritada e frustrada. Sei que muitas, muitas mulheres não têm o apoio que eu tenho. Contudo, a escala

---

* O surpreendente é que a mesma tendência aparece em países conhecidos por serem mais igualitários. Chemaly relata que os homens arcam com apenas um terço do trabalho não remunerado na Noruega, na Suécia e na Dinamarca, acrescentando que "na Irlanda, na Itália e em Portugal as mulheres arcam com 70%. As italianas continuam com uma carga de trabalho maior que a de outros países europeus. As diferenças no tempo remunerado, não remunerado e de lazer são maiores no mundo árabe e nos países da África subsaariana".[18]

** O mais perturbador é que, segundo Chemaly, muitos homens da dita geração millennial sustentam visões tradicionalistas. A respeito dos homens sem filhos, ela afirma: "35% deles acreditam que as mulheres 'deveriam tomar conta da casa e dos filhos', um aumento de 9% em relação à chamada geração X e um salto de 14% em relação a homens com mais de 45 anos." Ela cita a pesquisa de Yasemin Besen-Cassino e Dan Cassino, os quais explicam que nos Estados Unidos há uma resistência entre os homens quando o assunto é divisão de tarefas. Um estudo conduzido por eles constatou "que os homens fazem um terço da quantidade de trabalho que as mulheres fazem em casa. Ao contrário do que se poderia imaginar, homens cuja esposa ganha mais executam ainda menos tarefas do que aqueles cuja esposa ganha menos".[20]

de comparação de dores é parte do problema: a consciência de que poderia ser pior impede que muitas de nós deem nome à sobrecarga e lutem contra ela. Temos que admitir que isso não é maneira de se viver e que precisamos de soluções sistêmicas reais para todas as famílias, incluindo licença-maternidade e licença-paternidade remuneradas e creches públicas. Sem isso, as mulheres não terão qualquer chance.

Um fardo extra que as mulheres carregam por aí é a ideia de que somos de algum modo responsáveis pela destruição da sagrada estrutura familiar; que, ao nos esquivarmos da criação dos filhos como nosso único objetivo de vida, não estamos cumprindo nosso papel *verdadeiro*; que, apesar da dura realidade econômica dos Estados Unidos, aquelas que trabalham fora optam por colocar os filhos em segundo plano e deveriam ser penalizadas por seu egoísmo. Ainda lutamos para nos libertar do nosso passado profundamente patriarcal em meio a chamas que foram atiçadas nos anos 1970, quando as mulheres precisaram trazer um contracheque para casa.

Brigid Schulte me contou que certa vez ela fez uma longa lista de todo o trabalho doméstico que ficava sob sua responsabilidade, além do cuidado com os filhos e do emprego como jornalista (o marido dela é jornalista também).

> O resultado foi mais ou menos o seguinte. Pediatra: eu. Dentista: eu. Creche: eu. Caronas: eu. Compras: eu. Boletos: eu. Acampamento de verão: eu. Férias: eu. E por aí vai. Meu marido até conversava comigo sobre o assunto de vez em quando, mas as conversas não eram muito produtivas. Ele ficava irritado e na defensiva e dizia que eu era muito exigente, então eu fervia de raiva e fazia acusações, e voltávamos à estaca zero: um beco sem saída. Isso fazia muito mal a mim e ao nosso casamento. Ele ajudava, mas só se eu pedisse ou fizesse algum comentário.[21]

Esse trabalho invisível mantinha minha mãe na labuta, e é com isso que todas as minhas amigas lidam quando tiram o terninho e vestem uma camiseta. Normalmente o fardo diário de manter o leite na geladeira, uma agenda funcional e cuecas limpinhas consome o tempo das mulheres; os maridos podem levar as crianças para as aulas de futebol e se sentar na arquibancada para assistir, venerados por serem ótimos pais. Para as mulheres, a preguiça *não* é uma opção, e não é só isso: estamos sobrecarregadas porque outras mulheres, a sociedade e nós mesmas acreditamos que deveríamos sempre fazer *mais*.

O MITO DE QUE AS MÃES SÃO MAIS IMPORTANTES

Muita gente olha para a divisão desigual do trabalho doméstico e diz coisas como "As mulheres têm um talento natural para isso". Bem, além do velho mito de que os homens são valentes e as mulheres são dóceis, existe a ideia dominante de que elas são as únicas a passar por alterações hormonais na gravidez e na maternidade a fim de criar um vínculo com os recém-nascidos. Isso é falso. De acordo com o biólogo e antropólogo Lee Gettler, a testosterona cai nos homens que acabaram de se tornar pais, em parte, acredita-se, para que a oxitocina possa subir.[22] Os homens são biologicamente programados para estar ao nosso lado, trocando fraldas e evitando golfadas. Em vez disso, alimentamos a ideia cultural de que as mulheres devem instintivamente saber fazer isso melhor que eles. O ato de manter os homens a distância é chamado de vigilância materna: a ideia de que devemos nos virar sozinhas porque nosso marido é atabalhoado demais para trocar uma fralda *do jeito certo*. Ao alimentar esse conceito, cumprimos uma falsa profecia, mantendo papéis de gênero definidos pela cultura, não pela natureza.

Quando Max, meu primeiro filho, nasceu, eu fiquei exausta. (Sem qualquer ironia, eu li *Faça acontecer*, de Sheryl Sandberg, enquanto esperava a injeção de oxitocina fazer efeito para poder empurrar um bebê de 4 quilos para fora do meu corpo.) Naquela manhã, no caminho para o hospital, meu marido Rob confessou que estava com medo de não sentir... nada. Eu lhe assegurei que isso era normal, que os sentimentos viriam e que eu também não sabia se sentiria muita coisa além do alívio de conseguir voltar a dormir de bruços. Mais tarde naquela noite, quando meu dever já estava cumprido e eu apaguei, Rob ficou com Max retirando líquido amniótico da boquinha dele com um aspirador nasal, fazendo vídeos e chorando. As enfermeiras ensinaram Rob a enrolar o bebê e a trocar a fralda. Rob assumiu o controle.

Minha grande amiga Liz tinha me instruído a *permitir que isso acontecesse porque o resultado seria um casamento mais igualitário*, e eu tentei seguir suas instruções.

Hoje em dia, Liz é uma bem-sucedida roteirista de TV, mas ela batalhou muito para conseguir o primeiro trabalho na série *Nurse Jackie* após uma longa e dolorosa trajetória escrevendo para revistas. Ela não tinha planos de engravidar, mas *aconteceu* – logo depois de conseguir o sonhado emprego. (Como dizem por aí, o homem planeja e Deus dá risada. Usem camisinha, amigos!) Três semanas após dar à luz, ela precisou voltar à sala de roteiros. Ela e o marido, Jeff, também roteirista, entraram em pânico, mas ele a empurrou para fora de casa garantindo-lhe que os cuidados com o bebê estavam sob controle. Meses depois ele nos contou que *os cuidados com o bebê não estavam sob controle coisa nenhuma*, mas que ele deu um jeito. Eles não apenas sobreviveram, como a situação consolidou Jeff como um pai formidável; ele é tão competente quanto a esposa, se não mais. (E os filhos do casal – no plural, porque eles repetiram a dose! – são uma graça.) Embora a história seja uma "loucura", nas palavras de Liz, "ainda mais quando eu tive mastite e a febre bateu 39,5", a mudança forçada nos papéis de gênero acabou sendo uma bênção para os dois.

Infelizmente, casais como Liz e Jeff são raros: apenas 23% das pessoas empregadas e menos de 20% dos homens têm direito a licença nos Estados Unidos, e os homens são menos propensos a requerer a integralidade do benefício (62% deles tiram licença contra 93% das mulheres,[23] de acordo com um estudo realizado em 2019).* A realidade é que, quando homens têm acesso à licença-paternidade mas se recusam a usufruir dela, eles reforçam a velha história de que os bebês precisam da mãe, e não do pai. Esse mito é traiçoeiro: não apenas compromete o vínculo entre o pai e os filhos, garantindo que o pai nunca seja *o mais* essencial, como também coloca ainda mais pressão sobre a mãe. Sem falar que é um desserviço para os casais homossexuais. Os bebês precisam se apegar a corpos acolhedores e amorosos, a despeito do gênero.

---

* De acordo com estudo desanimador, "um em cada três homens consultados alega que sua posição seria prejudicada" caso usufruísse dos benefícios de uma licença-paternidade remunerada.[24]

Enquanto eu estava no hospital após o nascimento de Max, a história de Liz e Jeff sempre me vinha à cabeça. Achei que, caso resistisse à tentação de microgerenciar Rob, estaria no lucro – teria um companheiro mais competente e confiante ao meu lado. E foi o que aconteceu, pelo menos por um tempo. Durante os primeiros três anos de vida, Max preferia Rob. Isso me magoava e às vezes feria meu orgulho, mas eu me sentia grata por não ser a única capaz de acalmar a choradeira. Vicky, a babá, logo me superou também. Quando ela veio nos conhecer, Max tinha acabado de passar pela primeira rodada de vacinas e não parava de chorar. Eu o coloquei em seus braços e ele adormeceu. Desde então ela tem sido o terceiro elemento na criação dos nossos filhos, a que cuida de todos nós, a maquinista que mantém o trem nos trilhos. Temos muita sorte, uma vez que conseguir contar com ela, pagar bem pelos seus serviços e oferecer benefícios é um privilégio, além de ser um dos pontos motivadores da minha carreira. Nosso relacionamento é um dos mais importantes da minha vida: seu carinho por minha família é o que me permite escrever e fazer meu trabalho. E todos os dias ela me ensina a aceitar seu importante apoio. Se os filhos dela já não fossem adultos, eu sentiria uma culpa implacável por afastá-la da própria família para tomar conta da minha – embora, assim como nós, ela responda por metade da renda da casa e precise do salário e do seguro-saúde.[25] Ainda que racionalmente eu saiba que o que estou fazendo é correto e necessário – criar uma rede de cuidado para meus filhos e mostrar a eles que outros adultos também os amam –, a culpa e a vergonha permanecem, como um lembrete de que eu sempre poderia fazer mais. A ênfase fica no *eu*: meus filhos têm todo tipo de oportunidade, são saudáveis e felizes; ainda assim, isso não basta para banir o fantasma da inadequação que me assombra.

COMO DEVE FUNCIONAR UMA PARCERIA

Quase uma década atrás, entrevistei uma especialista em tantra chamada Michaela Boehm sobre o assunto "parceria". Eu já estava preparada para uma conversa sobre orgasmos de sete horas de duração, mas tantra, afirmou Boehm, não se refere a sexo. Tantra tem a ver com intimidade e com o cultivo da tensão sexual porque, com o tempo, os casais se tornam muito parecidos, *amigáveis* demais. E o que mantém a atração em alta não é essa amizade, mas a *diferença* entre as pessoas. Um dos parceiros deve estar no polo "masculino" e o outro, no polo "feminino" – ambos os tipos de energia (dar e receber) devem ser representados a despeito do gênero dos participantes. Não importa quem escolhe o quê, mas, para Boehm, quando se trata de sexo bom, um parceiro deve "mobilizar um dos lados do espectro, enquanto o outro se posiciona na extremidade oposta o máximo possível".[26]

É essencial criar esse tipo de tensão: excesso de mesmice não é sexy. Um estudo de 2013 aparentemente comprovou esse argumento e causou furor ao descobrir que homens que executam mais tarefas domésticas, como lavar roupa e louça, fazem menos sexo por mês do que aqueles que não as executam.[27] Como mulher heterossexual que quer um parceiro que assuma pelo menos metade das tarefas, minha vontade é discordar da descoberta, mas de certa forma não posso. Quando questionei Boehm sobre o assunto, ela entendeu o que eu queria dizer. "Para muitas mulheres, a ideia de chegar em casa depois de um dia de trabalho e ser recebida por um marido sorridente e de avental parece desconcertante – embora a ideia de um marido que faça o jantar pareça atraente. Uma pequena alteração já seria bastante sexy, como chegar em casa e ser recebida por um marido que lhe peça para servir o vinho enquanto ele termina de preparar o jantar. [...] O comando da situação – o que se espera da masculinidade – é uma necessidade sutil, mas essencial", disse-me Boehm.[28]

A distinção fez sentido para mim. Sim, um marido comandando a cozinha seria meio sexy mesmo. Isso só não fez sentido no contexto da minha vida doméstica e dos desejos conflitantes em casa. Mas me ajudou também a perceber que na minha vida "lá fora" eu costumo ocupar o lado masculino do espectro. Eu comando o trabalho, tomo decisões, digo aos outros o que fazer. Minha mãe também faz isso, assim como muitas outras mulheres. O lado feminino é mais difícil para mim. Por exemplo, tenho dificuldade para *receber* qualquer coisa, seja ajuda ou consolo, e não nasci para ser dona de casa.

No fim das contas, cada um de nós, a despeito do gênero, precisa encontrar o equilíbrio entre o masculino e o feminino, adequar-se a cada aspecto em diferentes momentos do dia, da semana e da vida. Muitos homens parecem reconhecer automaticamente que são fora da curva, ainda que o patriarcado insista em nos confinar a um gênero predeterminado. Muitos homens querem se dedicar aos cuidados com os filhos, ser pais e parceiros criativos e fazer a parte deles.

De certa forma, como acontece com muitas colegas, meu casamento é uma recriação do casamento dos meus pais, apesar das melhores intenções de modernizar a instituição. Na minha casa, ao contrário do que acontecia na casa dos meus pais, eu sou a principal provedora, o que achei que significaria uma subversão nos papéis de gênero. Não imaginei toda a pressão que eu ainda sentiria para me comportar adequadamente – devido à autodoutrinação e à cultura como um todo – e para lutar pelo título de mãe e esposa do ano, mesmo ganhando mais que meu marido.

Até quando meu marido *diz* que vai cuidar mais da casa e dos filhos – como quando falou que me deixaria com mais tempo livre para escrever este livro nos fins de semana, enquanto eu estava às voltas com um emprego em tempo integral, consultoria e aulas via Zoom em meio à covid-19 –, isso acaba não se concretizando. Todas as atividades demandam minha orientação e participação contínua, nem que seja apenas enviando mensagens e respondendo a perguntas. É como se ele estivesse acostumado a não dar conta, pois sabe que eu mesma vou lá resolver se ele continuar me pedindo ajuda. E funciona. Noite dessas pedi que ele aquecesse as tortilhas e picasse um abacate enquanto eu terminava de preparar o jantar. Depois de ele perguntar qual abacate estava mais maduro e por quanto tempo deveria aquecer as tortilhas, eu o expulsei da cozinha.

Pouco tempo atrás, Rob e eu estávamos conversando sobre nossos planos para o fim de semana. Minha intenção, para surpresa de ninguém, era encontrar um tempinho entre o mercado e a mercearia para trabalhar.

– O que você vai fazer com as crianças? – perguntei.

– Vamos curtir uma preguicinha durante toda a manhã – respondeu ele, sem qualquer sinal de ironia.

Aquilo me irritou – e isso é um problema. Eu sei que ficar babando em frente à TV não faz bem para os meus filhos, mas quando eu era criança até que teria sido bom aprender a "ficar sentada sem fazer nada". Eu estou exausta – preciso de mais uma semana na praia em Zihuatanejo com minha mãe, algumas margueritas e uma pilha de romances. Por que eu desejaria esse estado perene de agitação e esgotamento para meus filhos? Isso não é vida. Quero experimentar algo diferente. E talvez o "diferente" exija que meu marido conduza o dia sem achar que eu preciso estar no comando. Talvez "diferente" signifique cuidar desse sentimento de culpa que me domina como uma ressaca patriarcal que eu preciso expelir do meu corpo. Talvez eu não precise *agir como mãe* e, em vez disso, possa encontrar paz e alegria apenas por *ser mãe*, por mais abstrata e genérica que essa atividade pareça.

Celeste Headlee relata que "de acordo com a Secretaria de Estatísticas Trabalhistas dos Estados Unidos, as mães que trabalham fora gastam oitenta minutos a mais do que os pais cuidando dos filhos e da casa, enquanto os pais passam cinquenta minutos a mais do que as mães vendo TV ou fazendo outras atividades de sua preferência".[29] De acordo com a autora, os homens também tendem a pegar mais leve do que elas no escritório: "Mesmo quando estão no trabalho, as mulheres tendem a exigir mais de si. Dados coletados pela empresa de mídia Captivate Network mostram que os homens têm 35% mais chances de fazer um intervalo no trabalho 'apenas para relaxar'. Eles também são mais propensos a sair para almoçar, dar uma caminhada e cuidar de assuntos pessoais durante o expediente."[30]

Certa noite fui à casa de uma mulher da vizinhança tratar dos cursos extracurriculares dos nossos filhos – saltava aos olhos que nenhum pai estava presente na reunião. Quando estávamos reunidas do lado de fora, a porta se abriu e eu pude ver que a casa estava... um verdadeiro desastre. Essa mulher tem três filhos e administra o próprio negócio, e mesmo assim fiquei impressionada com a bagunça e com o fato de ela não dar a mínima. Percebi também que *eu não atribuí a bagunça ao marido dela*, nem depois de ele ter saído pela porta de pijama para nos cumprimentar (a esposa estava adequadamente vestida para a reunião). Na volta para casa, eu me dei conta de que a estava julgando de uma forma que não ajudava em nada. Se eu pudesse voltar no tempo, faria um brinde à liberdade dela em relação aos cuidados com a casa e pediria dicas de como abandonar expectativas inatingíveis.

OS BENEFÍCIOS DO DESCANSO

Aquele pai de pijama sabia das coisas. Como também sabem os homens que fazem intervalos no trabalho para dar uma caminhada ou relaxar. Srini Pillay, psiquiatra e professor de Harvard, escreveu vários livros sobre o poder do descanso para o cérebro. Tempo livre é obviamente um conceito que entendemos muito bem quando o assunto é o corpo – ninguém consegue correr uma maratona no ritmo de arrancada final e sabemos que precisamos dormir –, mas relutamos em dar uma folga para a mente. Ao conversarmos, Pillay me contou que, quando era aluno de medicina, fazia questão de estudar o tempo todo. E seus orientadores o repreenderam por causa disso: "Estamos muito preocupados com você, porque não queremos criar pensadores robóticos. Queremos desenvolver pessoas que mudem o mundo, e você nunca vai mudar o mundo se não tirar um tempinho para espairecer", lhe disseram. Esse tempinho para espairecer inclui tempo ocioso, cochilos após o almoço, caminhadas ao ar livre. Essa recomendação mudou a vida de Srini e ele começou a estudar o inconsciente, que por acaso é a camada mais poderosa do cérebro: o cérebro consciente é capaz de processar 60 bits por segundo, ao passo que o inconsciente é capaz de processar *11 milhões de bits por segundo*.[31] Estamos tão ocupados tentando manter o foco, fazer tudo que precisa ser feito, que não só deixamos nosso potencial intocado como também nos exaurimos.

"Muita gente acredita que descobertas importantes acontecem apenas quando recebem foco total", explica Srini. E então acrescenta:

> Pense em Albert Einstein quando descreve o modo como descobriu a teoria da relatividade. Ele diz que foi uma percepção musical. Ele não diz que foi o resultado do foco na matemática e na física. [...] Steve Jobs [...] disse que "você não pode ligar os pontos se movendo para a frente; você só pode ligá-los se movendo para trás". Em outras palavras, ele disse que você precisa usar outra coisa, como coragem, carma, destino, o que for – que existe outra força propulsora que nos leva a algum lugar. [...] Recentemente, quando alguém perguntou a Jeff Bezos "Como você decide onde serão as novas sedes da Amazon?", ele respondeu: "A gente coleta um monte de dados e então toma a decisão final de modo intuitivo." Muita gente reconhece que essa intuição, o inconsciente, é a inteligência que realmente precisamos acessar.[32]

Não acho que seja coincidência o fato de Srini ter mencionado apenas homens brancos e poderosos como exemplo de pessoas que conseguiram usar o repouso e a intuição para aproveitar o poder do inconsciente. Em nossa sociedade, são eles que fazem intervalos, procuram os outros em busca de apoio e cuidado e não se punem por dar uma caminhada pelo quarteirão. Talvez o que mais me interesse na fala de Srini seja o fato de que a intuição feminina é mais precisa. Existe embasamento científico para acreditarmos que a intuição não é balela, e sim uma confluência de mudanças fisiológicas.[33] Como explica Srini, as mulheres "são complexas integradoras de informação. [...] Elas captam muitas variantes sutis e depois integram esses dados". Imagine o que poderíamos criar se incluíssemos tempo em nossos dias para bater perna pela vizinhança e tirar um cochilo.

Felizmente o sono, outrora domínio de fracassados que não conseguiam concluir o trabalho – "Deus ajuda quem cedo madruga!" –, voltou a ser priorizado como essencial para a produtividade. O número insuficiente de horas de sono, em especial entre crianças e adolescentes, é considerado um problema de saúde e um fator importante no aumento vertiginoso das taxas de doença de Alzheimer. Quando dormimos, o sistema linfático "lava" o cérebro, removendo os detritos. E os pesquisadores acreditam que outros distúrbios modernos, como TDAH, são, ao menos em parte, distúrbios do sono.[34] Todo mundo precisa descansar.

A SUPERIORIDADE NATURAL DA MULHER*

Existe mais uma consequência traiçoeira da roda-viva na qual as mulheres se meteram: como somos consumidas por muitas ocupações e boa parte

---

* Consegui chamar sua atenção? Esse é o título de um artigo que o antropólogo Ashley Montagu publicou no *The Saturday Evening Post* em 1952, seguido de um livro que vem sendo atualizado ao longo das décadas. Conforme ele nos explica, enquanto o termo *superioridade* soa desagradável para as mulheres, essa é a verdade – por qualquer ângulo que se olhe, nós somos mais bem adaptadas para a sobrevivência. Ele escreve: "Meus muitos anos de trabalho e pesquisa como biólogo e antropólogo social deixaram bem claro para mim que, do ponto de vista evolutivo e biológico, a fêmea é mais avançada e, constitucionalmente, mais bem-dotada que o macho. Parece-me importante esclarecer os fatos. E são fatos comprováveis. As mulheres, enquanto organismos biológicos, são superiores aos homens. Se alguém tiver qualquer evidência do contrário, que se pronuncie. A atitude científica da mente não é de crença ou descrença, mas do desejo de descobrir o que existe e de descrevê-lo, independentemente de quais crenças tradicionais restarão desafiadas ou ofendidas no processo."[35]

da nossa atenção envolve atender às expectativas de sobrevivência da sociedade, é impossível encontrar tempo para cogitar e planejar uma saída. Estamos sobrecarregadas demais. Não temos tempo de lutar por nossos direitos reprodutivos, por igualdade salarial, por licença-maternidade e licença-paternidade remuneradas e por leis razoáveis de controle de armas de fogo que mantenham nossas crianças em segurança. Não temos tempo para nos expandir. Negar espaço e quietude às mulheres é a forma mais perniciosa que aqueles que estão no topo do patriarcado encontram para nos manter com a corda no pescoço. Eu entendo o medo deles. Os que se beneficiam desse sistema de dominação sabem que, quando as mulheres e outras comunidades marginalizadas se erguerem com fúria justificada e, no processo, puxarem umas às outras em direção à resistência absoluta, a era de poder deles chegará ao fim. Nós vamos fazer mais – que as páginas anteriores sejam prova da nossa competência infalível – e melhor.

Quando as aulas via Zoom se tornaram um novo normal inesperado e invasivo, isso evidenciou algo que a maioria das mulheres já sabia há muito tempo: quando os meninos estão indo, as meninas já estão voltando. Vendo meu filho assistir à aula pela tela do computador, notei que as meninas pareciam estar vários anos à frente – em leitura, em matemática, na capacidade de ficar sentada quieta e prestar atenção, de vestir a própria roupa e pentear o cabelo. Como mãe de dois meninos, eu me pergunto se deveria temer pelo futuro dos meus filhos: eles não estão preparados para um mundo pós-patriarcal.

O trabalho dos sociólogos Thomas DiPrete e Claudia Buchmann atesta que as meninas vêm superando os meninos na escola há um século.[36] Mas você não perceberia isso olhando para a distribuição de poder na sociedade ou para o modo como as mulheres acham que são incapazes de vencer. Fora dos corredores da escola, as mulheres ainda são muito sub-representadas: todos sabemos que há mais CEOs chamados John (e David) na *Fortune 500* do que mulheres com o mesmo cargo.[37] Em 2021, as mulheres representavam apenas 27% do Congresso dos Estados Unidos e ocupavam somente 18% dos governos estaduais do país. Dos empregos que pagam menos de 11 dólares por hora, 58% são ocupados por mulheres, e 56% das mulheres vivem na pobreza, em particular as racializadas.[38]

Sabemos que nada parece sistematicamente justo ou equilibrado. Sabemos que essa maneira de viver e de fazer as coisas não é sustentável. Ainda que devamos ser incansáveis em nossos esforços na luta por *mais* do que igualdade nas salas de reunião e nos tribunais – afinal de contas, não se consegue representação igualitária mirando o meio a meio, em particular quando as coisas são tão desequilibradas em nosso desfavor –, o foco na mudança sistêmica não é nossa única tarefa. Não se trata apenas de um jogo de números; faz-se necessária uma mudança energética, uma equalização entre o Sagrado Masculino (estrutura, ordem) e o Sagrado Feminino (cuidado, atenção, criatividade) em cada um de nós e em nossos sistemas. Precisamos alterar os padrões da sociedade, e isso não vai acontecer enquanto as mulheres continuarem fazendo tudo. Precisamos passar a bola e forçar os outros – os homens – a pegá-la. Precisamos nos livrar da culpa, cultivar o amor-próprio e aprender como projetá-lo em outras mulheres – sem qualquer pudor, com fervor, com toda a força de nossa empatia e compaixão. Precisamos do nosso descanso, das nossas reservas de energia, para colocarmos o mundo de volta nos trilhos. Precisamos abandonar o medo de não estarmos fazendo o suficiente e nos posicionar uma ao lado da outra de modo que possamos crescer juntas.

Essa tarefa requer descanso, autocuidado e apoio. Requer limites e o abandono da perfeição ou de qualquer expectativa que vá além do que precisa absolutamente ser feito – e do que nos distrai daquilo que nos sentimos impelidas a fazer. Nosso planeta e nosso futuro dependem do nosso cuidado afetuoso e da nossa capacidade – inata ou não – de ajudar a arrumar a bagunça que fizemos. Não é que não precisemos dos homens – certamente precisamos –, mas precisamos também que a energia deles seja dedicada a amenizar a carga do cuidado: a limpeza da bagunça em casa e fora dela deve ser compartilhada.

O VALOR DO NOSSO TRABALHO

A pandemia tirou milhões de pessoas do mercado de trabalho por uma série de razões: algumas perderam o emprego, outras se demitiram... só que isso aconteceu de maneira desigual. Só em setembro de 2020, quatro vezes mais mulheres do que homens deixaram a força de trabalho nos Estados Unidos (865 mil contra 216 mil).[39] E, de acordo com o portal de notícias

Politico, "uma em cada quatro mulheres que relataram ter perdido o emprego na pandemia disse que o motivo foi a falta de creche – índice duas vezes maior que o dos homens".⁴⁰ A pandemia trouxe à tona o desencanto latente que tantas de nós sentimos em nossa carreira diante de tudo que está acontecendo no mundo. Muitas pessoas enfrentam a pressão de serem necessárias em casa, mas há também questões de ética pessoal: a saber, o fato de que não é confortável ser um empresário de sucesso, ou trabalhar para um empresário de sucesso, quando o que você faz não se alinha com seus valores. Vi muitas mulheres dispensarem empregos porque sentiam que estavam danificando ainda mais nosso já combalido mundo. Elas não conseguiam mais tolerar o desconforto – mas essas mulheres tinham o privilégio da escolha.

A maioria não tem. Então muitas são forçadas a trabalhar em empregos mal remunerados nos quais a vida se converte numa luta incessante. E que fique muito claro: um número desproporcional dessas mal remuneradas é formado de mulheres racializadas. Enquanto parte da diferença salarial é puro preconceito – mulheres com a mesma experiência ganham menos que homens na mesmíssima função –, a diferença salarial é tão drástica assim porque muitos dos ditos "empregos de cuidado" (ensino, creche, enfermagem e atendimento domiciliar, preparo de refeições, limpeza) têm os piores salários. Esse tipo de apoio essencial é visto como subalterno, sem status, "trabalho de mulher". (Os homens nas categorias de cuidado costumam ganhar mais que as mulheres, o que é um golpe duplo.)* Culturalmente não pensamos que um "trabalho de mulher" seja valioso, produtivo ou importante, e então, remuneramos de acordo com essa visão. Nossas prioridades

---

* De acordo com uma pesquisa de 2021, enfermeiros (que compõem apenas 12% da força de trabalho na enfermagem) ganhavam em média 38,61 dólares por hora contra os 35,88 dólares das enfermeiras – essa diferença de 2,73 dólares chega a quase 6 mil dólares anuais.⁴¹ Enquanto isso, de acordo com um relatório de 1996, "professores em escolas públicas ganham 10% a 13% mais que as professoras, em média. [...] Mulheres casadas recebem salários mais baixos que as não casadas, enquanto nenhuma diferença associada ao estado civil é identificada entre os homens em contextos semelhantes".⁴² Há muitos fatores em jogo aqui, inclusive o fato de que a falta de licença remunerada faz com que muitas mulheres fiquem em desvantagem no período considerado e nos aumentos proporcionais. No entanto, há certamente um preconceito cultural também, que sugere que o emprego não é ou nunca deveria ser a prioridade de uma mãe.

estão invertidas. Também é importante observar que as mulheres cujos salários são mais afetados pela disparidade salarial são mães; mulheres sem filhos têm remuneração mais próxima à dos homens, sugerindo uma "taxa de maternidade" maior e ainda mais insidiosa.*

Aliás, não devemos ignorar o fato de que existe muita desigualdade salarial entre diferentes tipos e "classes" de mulheres. É difícil vencer como grupo. De modo intencional ou não, o patriarcado conseguiu nos colocar a todas num redemoinho, lutando por soberania sobre nossa própria vida, disputando quem tem valor, quem distribui o próprio tempo de modo responsável e eficiente. Esse empurrão rumo à ação ininterrupta, esse medo da preguiça que nos foi incutido – ou, em termos mais práticos, a ideia de que não merecemos *descanso* – tem nos deixado frenéticas, exaustas, esgotadas, deprimidas. Na grande mentira mítica que contamos a nós mesmas acerca de quem somos, espera-se que as mulheres recuem e sejam protegidas dos tigres, alimentadas pelos espólios da caçada. Historicamente temos sido tachadas de aproveitadoras e de úteros ambulantes. Mas a realidade da cultura patriarcal é diferente. Se você é solteira ou não tem filhos, seu valor no mercado capitalista se aproxima do de um homem – no entanto, socialmente, você é vista como fracassada ou egoísta. Escolha um caminho. Se você é uma mãe que não trabalha fora, está desperdiçando seu potencial. Se é uma mãe que trabalha fora, está prejudicando seus filhos. Acima de tudo, a marcação constante do nosso ritmo de vida diz que, ao menos em uma das esferas, *não estamos fazendo o suficiente*. Quem sequer tem tempo para a preguiça?

Acho que esse ritmo marcado, esse aguilhão persistente que deixa as mulheres numa terrível encruzilhada, é uma reverberação patriarcal que chega a ser brilhante. Os homens que conheço e amo se beneficiam da nossa insistência em fazer tudo e em ser tudo para todo mundo. Meu marido, por exemplo, *não apenas consegue descansar, mas descansa com tranquilidade*, sabendo que dou conta das minúcias da nossa vida e que minha hipervigilância não deixa passar nada essencial. Assim como outras mulheres, eu sou o bastião contra as tempestades da vida, ainda que nossa

---

* De acordo com a pesquisa de Henrik Kleven, economista da Universidade de Princeton, as mães se deparam com uma forte queda de salário após ter filhos, mesmo na Dinamarca, um dos países com maiores índices de igualdade de gênero do mundo. Ele relata que as mães dinamarquesas ganham 20% menos que os homens ao longo da carreira.[43]

cultura insista que estou apenas sendo protegida pelo patriarcado, e não usando meus próprios ombros para sustentá-lo. É um tipo de gaslighting. O patriarcado traça as expectativas em torno do nosso desempenho; nós as atendemos todos os dias, elevando nossos padrões enquanto seguimos. Poucas de nós, ao contrário da minha vizinha com a casa bagunçada, sentem-se fortes o bastante para quebrar o ciclo e dizer: "Hoje não. Hoje vou tomar sorvete de pijama em frente à TV enquanto as crianças espalham todos os brinquedos pelo chão da sala." Em vez disso, tenho amigas que chegam ao cúmulo de desejar uma febre para que tenham um motivo para faltar ao trabalho e ir dormir. E, para as mulheres sem licença remunerada, sem seguro-saúde e sem apoio, não existe qualquer tipo de tempo livre ou de diminuição de ritmo.

Dediquemos nossos esforços a fazer melhor por nós mesmas e pelas outras. Para nos conectarmos com algo mais verdadeiro e sustentável, algumas de nós precisam enfrentar a própria ambivalência e saber quando estão agindo a favor do patriarcado. A doutrinação patriarcal se revela quando atribuímos a nós e a outras mulheres padrões diferentes dos que atribuímos aos homens, como quando condenamos a maternidade, os cuidados com a casa ou as contribuições no trabalho umas das outras. Devemos nos recusar a julgar outras mulheres para tentar diminuir a ansiedade em torno de não fazer o suficiente – e diminuir também os sentimentos de tristeza em torno das decisões que gostaríamos de ter tomado. Em vez de nos sentirmos envergonhadas, vulneráveis ou julgadas diante de outras mulheres que fizeram escolhas diferentes das nossas – dentro e fora de casa –, devemos nos unir e lutar por algo que permita mais oportunidades a todas e que garanta famílias e comunidades mais fortes, independentemente de sua composição heteronormativa ou nuclear. Precisamos rever nossa atitude acerca do cuidado e começar a venerar (ou pelo menos respeitar) aquelas pessoas dispostas a cuidar das nossas necessidades básicas *e* essenciais – em todo o espectro de gênero – enquanto também pavimentamos o caminho para que nossos filhos iluminem trilhas que nos conduzam ao próximo nível de consciência. Esse esforço inclui nossos filhos homens também, a quem devemos ensinar a distinguir suas qualidades "masculinas" e "femininas", e então ensinar a cultivar as últimas com o mesmo empenho com que foram ensinados a alimentar as primeiras.

ESCOLHA A LUTA CERTA

Para planejar os próximos passos como sociedade, precisamos reduzir a marcha, exatamente como a covid-19 nos obrigou a fazer. E, ao mesmo tempo, devemos nos comprometer enfaticamente com a mudança do sistema. As duas coisas parecem excludentes. No entanto, quando nos obrigou a nos exercitar dentro de casa, quando nos colocou numa folga forçada, numa pausa sagrada, a pandemia lançou nova luz sobre nossas "ocupações" e nos incitou a observá-las mais de perto. Avaliamos a qualidade dos nossos relacionamentos, os produtos que nos cercavam dentro de casa e nos perguntamos se nossa vida fazia sentido ou se não passava de um redemoinho de dias sucessivos. E admitimos que, ao andar com pressa, estávamos nos escondendo daquilo que não queríamos ver.

Na minha conversa com Brigid Schulte, a jornalista que escreveu *Sobrecarregados*, percebi minha resistência em desacelerar. Eu disse a mim mesma que andava preocupada com o que estava perdendo na vida dos meus filhos; que tinha a impressão de que minha produtividade estava vinculada à minha autoestima; que eu atribuía minha pressa perpétua à luta por segurança financeira. Mas essa não é a história completa. Como qualquer pessoa viciada em trabalho, uso minha ocupação para me anestesiar – para encobrir sentimentos difíceis. Eu me volto para o trabalho em busca de socorro nos momentos em que me sinto emocionalmente soterrada; no trabalho tenho a impressão de conseguir controlar meu feudo e segurar as rédeas do destino. Vivo correndo porque assim consigo medir as horas por meio de uma lista de pendências muito bem monitorada, uma cozinha arrumada, uma geladeira abastecida, prateleiras cheias de livros que inalei mais do que saboreei. Fazer muitas coisas é a contagem dos meus dias. Eu quero acreditar que isso me revigora mais do que me esgota. Quero acreditar que *fazer*, em vez de me contentar em apenas *ser*, tem sido a escolha certa e que, na minha pressa frenética, não deixei passar nada. Schulte foi direto ao ponto: "Ser alguém e estar vivo é doloroso porque não temos certeza do que estamos fazendo aqui. Sei que um monte de gente tem fé e acho isso maravilhoso, mas não sabemos o que vem depois. A única coisa que sabemos é que a vida é curta, que vamos morrer e que existe uma dor real nisso. Ter um monte de ocupações de fato encobre parte dessa dor."

A ocupação constante nunca vai me permitir o poder da quietude de simplesmente ser. Reconheço que o descanso não vem automaticamente depois do trabalho, a não ser que você assim decida; não se trata de *fazer tudo até terminar*. Não há ninguém no fim da linha acenando com um joinha; não há uma fita para você romper nem uma grande faixa que diz LINHA DE CHEGADA, AGORA DESCANSE. Admito que, em vez de garantir que nunca sou preguiçosa, em vez de ser veementemente uma pessoa "antipreguiça", preciso reivindicar o direito de simplesmente parar e ser.

Pois quando me permito algum espaço, quando paro de encher o dia com tarefas e, em vez disso, paro para pensar de verdade, para sentir e ser criativa, vejo com clareza o que precisa ser feito e como podemos fazer as coisas juntos. Eu não tenho medo do trabalho árduo; *mulheres* não têm medo de trabalho árduo. No fundo entendemos que a vida não é para ser fácil. Reconhecemos e admitimos a necessidade da dor e do trabalho duro. O tipo de dor, o desconforto que experimento quando desacelero, quando faço uma pausa no meu frenético combate à preguiça, traz empatia, entendimento e sabedoria. Dói, sim, mas faz com que eu me dedique com mais afinco aos momentos de alegria desimpedida e lute por tudo de maravilhoso no mundo. Quando não há um yin para o yang, ficamos sem perspectiva e nosso espectro de sentimentos se torna limitado, expresso apenas em parte, inadequado para os caprichos da vida. É como a famosa ideia de que quando alguém parte seu coração não destrói sua capacidade de amar; em vez disso, força e reforça o músculo de modo que você possa amar mais. Quando resistimos ao que é difícil, quando não mergulhamos fundo, dando voltas e nos debatendo na lama e na bagunça, nós nos apequenamos. Nós nos atrofiamos. Para muitas de nós, o trabalho é o antídoto para a dor da vida, o caminho mais claro rumo à autoevolução. Só conseguimos *ser* quando *fazemos*.

Mas em vez de gastar toda nossa energia fazendo coisas *lá fora*, onde nunca estamos *prontas*, precisamos reservar alguma força para nós mesmas. Precisamos de descanso para sermos capazes de nos dedicar ao que importa para nós, seja lá o que isso signifique no momento.

Existem coisas importantes a serem feitas. Precisamos colocar de lado parte da trabalheira, a minúcia perfeccionista que não merece nossa atenção, e assumir "O Trabalho", a batalha contra a entropia que atua como uma contracorrente em nossa vida. A *apatia*, não a preguiça, seria o "pecado" mais apropriado, aquele contra o qual deveríamos protestar coletivamente. "O Trabalho" é a razão de estarmos aqui, perambulando numa rocha no espaço sideral. Precisamos deixar de lado tudo que não queremos que consuma nosso tempo – seja lavar roupa, organizar uma despensa impecável, assar brownies para uma festa, planejar cada detalhe das férias ou executar uma tarefa infinita e nada gratificante – para que tenhamos energia, recursos e a força necessária para alocar nossos ombros sob a rocha da nossa emancipação coletiva.

Há muita coisa em jogo: a possibilidade de um planeta que não mais nos castigue com seus espasmos mortais; a possibilidade de uma igualdade verdadeira na qual as necessidades básicas de todos sejam atendidas; a libertação de todos nós da labuta enfadonha graças à abundância. A promessa real é a paz. Precisamos admitir que estamos confundindo paz com estabilidade, acreditando que, ao garantir esta última por meio de um esforço interminável, alcançaremos a primeira. Isso é uma falácia. Quando trabalhamos o tempo todo, teoricamente pausamos o medo, mas isso não dura muito. A paz virá quando entrarmos juntos no rio da vida, quando aceitarmos que estamos conectados uns aos outros, quando compartilharmos os fardos – e a beleza – do cuidado em nome de um futuro com mais equilíbrio.

Ao aceitar que a preguiça é fundamental, podemos solicitar apoio, aproveitar o descanso e reservar nossas forças para o trabalho que mais importa.

3
INVEJA

*Ao acreditar que inveja é pecado,
renegamos nossas carências*

A INVEJA É MAL COMPREENDIDA

"Ela só está com inveja de você." Quantas vezes já ouvimos essa frase na infância a respeito do mau comportamento de uma coleguinha? O problema não é com você, é com ela: "Ela está se mordendo de inveja e por isso quis te magoar." Eu não me lembro de ter refletido muito sobre a validade dessa explicação quando era mais nova; eu me satisfazia com a lógica da coisa. Aquela menina que tinha zombado de mim no parquinho provavelmente estava com inveja! Mesmo que não fosse verdade, essa conclusão era um curativo emocional.

Nossa cultura confunde ciúme e inveja, embora haja uma diferença crucial. O ciúme não ocorre entre duas pessoas. Ele requer uma terceira. Pode acontecer quando dois rapazes chamam a mesma menina para uma festa, quando um irmão recebe mais atenção do pai ou quando uma colega de trabalho tem uma relação melhor com a chefe. O ciúme tem relação com o medo e com a ameaça da perda, e costuma ter um alvo definido. É uma palavra que se presta a vários usos – o ciúme parece algo natural e compreensível, até respeitável.

Já a palavra *inveja* é muitas vezes usada num elogio vago, passivo-agressivo, para disfarçar nosso aborrecimento: "Seu marido lhe deu brincos de presente e não uma cafeteira? Que inveja! Você foi para o Havaí? Ah, que inveja! Seus filhos leem livros sem você precisar mandar? *Que inveja!*" Alguns casais até gostam do frisson que esse tipo de inveja causa, por serem lembrados de que o parceiro é atraente e pode despertar o interesse de outra pessoa.

No entanto, ao contrário do ciúme, a inveja é repugnante; pensamos nela como algo malicioso e em grande parte inconsciente.* Ela também é pessoal, de uma pessoa para outra: alguém tem algo ou está fazendo algo que *você gostaria de ter ou fazer*. Talvez uma amiga anuncie o noivado enquanto você continua tentando conhecer alguém na internet, ou está grávida depois de você ter enfrentado vários abortos espontâneos. Talvez outra pessoa tenha conseguido a vaga no emprego que você achava que seria sua ou o sucesso dela esteja ofuscando suas conquistas. Sua inveja nessas situações é dolorosa. Conforme aprendemos em contos de fadas como "Branca de Neve" – a mais marcante e traiçoeira história de inveja intergeracional –, a inveja é tão poderosa e nociva que pode levar alguém a matar e a devorar o coração da vítima. Ainda que, de modo geral, aceitemos a ideia do ciúme num relacionamento – o amor nos leva à loucura! –, mal toleramos a vergonha que a inveja nos causa. "Ai, que inveja" só cai bem quando o tom é de brincadeira. Do contrário, soa malévolo.

Brené Brown explica em seu livro *Atlas of the Heart* (Atlas do coração) que a inveja costuma andar de mãos dadas com a hostilidade e a reprovação. "Eu quero isso para mim e não quero que você consiga. Também quero que você se dê mal." Talvez pareça exagero, mas acredito que seja assim – o modo como apreendemos a noção de inveja não a torna palatável nem aceitável. Brené reflete: "Eu me pergunto se, de modo inconsciente, evitamos o termo por ele ser um dos 'sete pecados' e porque dois dos dez mandamentos são advertências sobre a inveja. *Será que faz parte da nossa criação e da nossa cultura sentir vergonha da inveja?*"[1]

Acho que a resposta para essa pergunta é: sim. Essa vergonha faz com que deixemos de explorar e até de identificar a inveja quando ela tenta dar as caras. Atribuímos o desconforto a outra coisa, normalmente aos defeitos da pessoa que desperta nossa irritação. No entanto, reconhecer nossa inveja

---

* A etimologia de cada uma das palavras também é bastante esclarecedora. *Inveja*, do latim *invidia*, remete a "más intenções, rancor", enquanto *ciúme* vem do latim *zelumen*, que tem a mesma raiz de *zelo*.

pode ser um ato de emancipação e acolhê-la por inteiro é uma das coisas mais importantes que podemos fazer.

Por nos obrigar a lidar com nossa vontade, a inveja é a essência ou a base de todos os outros pecados capitais: nomear o desejo, querer alguma coisa é a primeira etapa da ação. *Querer* é um verbo essencial – essa compulsão para atender a nossas necessidades, para desejar oportunidade e entusiasmo, nos leva adiante. É o primeiro passo no caminho para nos impormos. Ainda que a inveja seja a porta de entrada para os outros pecados, ela também tem a honra de ser um pecado que, ao contrário da gula, do orgulho ou da luxúria, oferece zero prazer continuado. A inveja testa nossa tolerância ao sucesso de outras pessoas – e nos lembra daquilo que temos medo de perseguir.

COMO DIAGNOSTICAR A INVEJA

Na primavera de 2019, entrevistei a psicoterapeuta e escritora Lori Gottlieb e lhe perguntei que razões levam as pessoas a fazer terapia: o mal-estar, o sofrimento e a confusão que marcam nossa vida, além do uso que fazemos da comparação e da competição como pontos de referência para definir nosso progresso, não raro como desculpa para não conseguirmos o que achamos que deveríamos. Conversamos sobre como é mais fácil treinar os olhos para ver o que está acontecendo *ali* do que lidar com o que está relativamente dentro do nosso controle, a vida diante do nosso nariz, *bem aqui*. Falamos da percepção da escassez e das limitações, como quando alguém tem alguma coisa que queremos – um ótimo emprego, um relacionamento estável, filhos – e isso pode parecer uma ameaça à nossa segurança. Discutimos também como nossas opções parecem de algum modo mais limitadas diante do sucesso do outro. É o velho jogo das cadeiras, o mito da escassez: se uma coisa pertence a alguém não pode ser minha também.

"Eu sempre digo às pessoas: 'Siga a inveja. Ela diz o que você quer'", me contou Gottlieb. "Em vez de ficar sentado falando 'Ah, como eu queria ter o que aquela pessoa tem', e em seguida achar defeitos na pessoa para se sentir melhor, diga: 'O que isso me diz e como posso conseguir o que quero?'"[2] Essa foi a primeira vez que ouvi alguém falar da inveja dessa forma, e o tema grudou na minha cabeça. Fiquei pensando, refletindo e me perguntando se aquilo não era, na verdade, uma porta de entrada para algo maior. Perguntei se, na experiência dela, a inveja tinha relação com questões de gênero – ou seja, se mulheres e homens lidavam com isso de maneira diferente – e ela me respondeu que havia um pouco de tudo, com uma distinção sutil mas significativa: a inveja, para as mulheres, era contraposta por uma onda imediata e não declarada de vergonha. As mulheres, ela notara, "são muito cuidadosas acerca dos sentimentos que julgam inaceitáveis". Gottlieb acredita que elas costumam reservar a inveja não diagnosticada para outras mulheres (não para os homens) e em especial para as que mais se parecem com elas. Sinto essa tendência no meu âmago. Os homens que fazem grandes conquistas pelo mundo não me despertam muitas emoções, mas as mulheres são algo inteiramente diferente, em particular aquelas que nadam na mesma raia que eu. Mas só depois de conversar com Gottlieb comecei a admitir essa verdade para mim mesma e a perceber como ela me fazia mal.

Nos meses que se seguiram, refleti muito sobre essa ideia, testando-a sempre que me encontrava com alguma pessoa que parecesse um pouco incomodada, remoendo pensamentos sobre outro alguém e suas escolhas. Aquilo era inveja? Quando eu me via criticando minha chateação/irritação/ressentimento/julgamento sobre a roupa, a postagem no Instagram ou a criação dos filhos de outra mulher, eu me perguntava: "Isso é inveja se esgueirando pelas beiradas? É uma inveja que tenho vergonha de admitir?"

Comecei também a refletir sobre por que a inveja – tão maléfica, vergonhosa e difícil de admitir – é uma coisa boa. Eu não conseguia parar de pensar no assunto, me perguntando se aquilo não seria um ponto-chave. Notei ainda que a repressão da inveja é algo tão profundo que, mesmo quando eu me esforçava para percebê-la, era comum ignorar suas pistas; eu não tinha consciência do modo como a inveja operava dentro de mim. Eu me via expondo ao meu marido todas as razões válidas pelas quais eu não gostava de alguém, para, no fim das contas, perceber que tinha, mais uma vez, errado o alvo: ah, ela não é pretensiosa; sou eu que estou com inveja porque os alunos dela, do ensino fundamental, resolvem problemas matemáticos do ensino médio e ainda ganham prêmios! Ah, ela não é uma vendida; sou eu que estou com inveja porque ela tem mais sucesso que eu *e* vive de férias! Em lugares distantes e românticos! Mas... que... vaca.

Certa tarde, perguntei à minha amiga e mentora Jennifer Rudolph Walsh se ela já havia sentido algo semelhante de maneira consciente. Jennifer já trabalhou com alguns dos influenciadores culturais mais proeminentes do nosso tempo, então poucas portas e oportunidades se fecharam para ela. Imaginei que a inveja seria algo desconhecido para uma pessoa tão bem-sucedida, mas ela entendeu imediatamente o que eu estava falando.

– Ah, sim – disse Jennifer.

A inveja é uma seta apontando para as pegadas deixadas no caminho e para meu eu futuro, me cutucando no ombro e dizendo "Presta atenção aqui". Durante uma década, Tina Brown organizou uma cúpula de líderes chamada Women in the World. A Tina sempre havia sido muito amável comigo e organizava essa conferência linda e bem-intencionada que destacava todas aquelas pessoas incríveis e discussões necessárias, inclusive muitas vozes que nunca haviam recebido a devida atenção. E *mesmo assim* eu ficava naquele ambiente com os braços cruzados, supercrítica, procurando todos os motivos para considerar o evento inautêntico ou supérfluo. Era um sentimento tão profundo que levei anos até perceber que a Tina estava realizando um sonho que era meu. Eu precisava admitir aquilo. Quando admiti, me tornei a cocriadora da turnê Life You Want, com a Oprah, depois criei a conferência Thrive, com a Arianna Huffington e, por fim, fundei a turnê Together Live, com a Glennon Doyle. Mas naquela época, de braços cruzados e cheia de julgamento, eu não percebia que a inveja estava tentando me convencer a dar um passo em direção ao meu próprio sonho. Eu estava procurando uma razão para criticar a Tina, em vez de admitir meu sentimento. Quando penso no assunto, acho impressionante como eu estava cega.

MULHERES QUE "SE ACHAM"

Em janeiro de 2020, fui à Flórida entrevistar Glennon antes do lançamento de seu livro *Indomável*, que logo se tornaria um best-seller meteórico. Falei de uma passagem do livro que foi um soco no meu estômago: ela escreveu que estava assistindo à partida de futebol da filha, observando uma jogadora rival, uma jovem adolescente que se pavoneava na lateral do campo toda cheia de si. A menina sabia que estava chamando a atenção das mães do outro lado e chegava a quase provocá-las, levando-as a ferver de raiva e repulsa. E era o que elas faziam: "Como ela se atreve? Quem ela pensa que é?" Assim como outras mães, Glennon sentiu uma onda crescente de reprovação e repugnância, a qual, conforme Gottlieb teria sugerido, ela confrontou com um grandessíssimo "Por quê?". Em *Indomável*, Glennon escreve: "Meninas e mulheres fortes, felizes e confiantes estão quebrando a regra tácita da nossa cultura que diz que elas precisam ser inseguras, reservadas, tímidas e humildes. As que têm a coragem de quebrar essas regras nos *irritam*. A rebeldia descarada e a recusa em seguir certas instruções nos fazem querer colocá-las de volta na jaula."[3] Nossa reação diante de mulheres e meninas como essa é dizer coisas como "Eu simplesmente não gosto dela". É automática, inconsciente e muito vaga, mas é a frase genérica à qual de fato recorremos para encobrir qualquer mulher que nos deixe desconfortáveis com sua grandeza.

A história de Glennon invoca o clássico de Rachel Simmons, *Garota fora do jogo*, que trata da infância das meninas nos Estados Unidos. Simmons fala da condenação que vem implícita na acusação de que uma colega é "metida", "se acha", cuja suposição subjacente é a de que ela deve acreditar que é superior às demais – ou, se não melhor, ao menos diferente e, de algum modo, feliz por isso. Simmons explica: "Existem regras para a feminilidade: as meninas devem ser modestas, abnegadas e recatadas; devem ser gentis e colocar os outros em primeiro lugar. As meninas adquirem poder por meio de quem gosta delas, de quem as aprova, de quem elas conhecem, mas não por conta própria. [...] A menina "metida" costuma resistir à abnegação e ao comedimento que definem as 'boas meninas'. A fala e o corpo, até as roupas, sugerem que os outros não são uma prioridade para elas."[4] Ela não está preocupada em se adequar ou em permanecer no grupo, um grupo definido pela expectativa de *não* "se achar". O poder dessa menina não vem de fontes indiretas: baseia-se nela mesma, não na aprovação alheia.

Contudo, na realidade, boa parte das meninas *quer* pertencer ao grupo; a exclusão social equivale a um tipo de morte. Tanto pelo modo como enxergo a inveja quanto pela maneira como nós a relacionamos à vilania nas meninas ("Ela está com inveja!"), acho que a maioria de nós fez o que pôde – e talvez opere da mesma forma na vida adulta – para evitar qualquer coisa que possa gerar rejeição. Reconhecimento padrão desenvolvido na infância: agir como se fôssemos "isso tudo" inspira censura, patrulha, exclusão. Demonstre grandiosidade e você será colocada de volta em seu lugar. Não desperte a inveja.

Simmons escreve principalmente sobre adolescentes, mas suas palavras servem para mulheres de quase todas as idades, conforme ilustrado pelas mães no futebol da filha de Glennon. Por nos incomodarmos demais com o comportamento de alguém "que se acha" e como nosso primeiro instinto é julgar, criticar e condenar (em vez de explorar os próprios sentimentos em relação ao que a menina "metida" faz de tão depreciativo e ameaçador), deixamos de aprender a lição. De acordo com Simmons, "aprendemos a calar os sentimentos de inveja e competição. [...] A inveja e a competição não desaparecem, mas, em vez disso, assumem formas 'aceitáveis'. [...] Para permanecerem firmes na versão 'boa' e 'legal', as meninas devem recorrer a códigos ocultos. Elas aprendem, em outras palavras, a manifestar a competição e a inveja de modo indireto".[5] Pode-se argumentar que a competição – o desejo de vencer ou de conseguir alguma coisa – é um impulso essencial, afirmativo, que não deveria ser reprimido, muito menos policiado. Em vez disso, quando depreciamos, menosprezamos ou sabotamos, sofremos em dobro: essas ações parecem terríveis porque também violam nossos desejos conflitantes de sermos vistas como boas, de sermos mulheres gentis e carinhosas. É um beco sem saída. E é algo profundamente humano. Até que não seria ruim poder admitir e revelar nossa inveja, poder discutir com franqueza o que a desperta em cada uma de nós e depois seguir em frente: "Tudo bem, já entendi, ela é perfeita e faz com que eu me sinta inadequada", em vez de, por exemplo, "Ela é uma pessoa horrível".

Perguntei a Glennon o que gera essa antipatia automática, esse instinto de derrubar umas às outras, e lhe contei da alegação de Gottlieb, de que a inveja disfarçada de julgamento ou rejeição funciona como uma sinalização para o que queremos.

"Por que não conseguimos identificar e revelar nossa inveja? Por que isso é tão difícil?", perguntei a ela.

"Em parte, é difícil para as mulheres admitir o que querem porque fomos condicionadas a acreditar que, na verdade, não temos vontades", foi o que ela respondeu.[6] Uau.

Glennon já escreveu amplamente sobre como a ideia da "mulher altruísta" que sacrifica a própria vontade por uma vida melhor para o cônjuge, os filhos e os colegas é central para nossa cultura e quão estranho, ou mesmo controverso, é ver mulheres que se colocam em primeiro lugar, que lutam para realizar os próprios sonhos.

Pensei na sensação de querer oportunidades e experiências para nós mesmas – simplesmente porque queremos! – e como nós as enterramos no fundo do subconsciente. Pensei em como as mulheres acham constrangedor expressar desejo em todas as áreas da vida e em quantas prefeririam cortar a ambição pela raiz a passar pela humilhação de ser exposta por se achar capaz de acrescentar algo significativo ao mundo. Consideramos o querer perigoso, para nós e para as outras, pois quando depreciamos a outra talvez o façamos porque queremos o que ela tem. Mas quando esse anseio não é censurado, e sim analisado, ele pode ser um farol para um desejo verdadeiro, iluminando com seus raios nossa determinação e nosso potencial.

COMO ELA SE ATREVE?

Prontamente rejeitamos por completo esse querer dentro de nós. Com a mesma rapidez, nós o monitoramos e o policiamos umas nas outras. Agimos por meio de ataques *ad hominem* ("Ela é maldosa"), comentários maliciosos ("O que ela precisou fazer para conseguir aquilo?") e dedos apontados ("Ela quebrou as regras"). Tudo se resume ao seguinte: "Quem ela pensa que é?" E também: "*Por que ela e não eu?*" A inveja é involuntária – e, por estarmos tão mal preparadas para entendê-la, deixamos de identificá-la antes que ela saia pela boca. Normalmente vem embalada em crueldade e disfarçada de opinião. Manifesta-se de modo deturpado e inconsciente, na forma de ataques contra outras mulheres, mulheres que não nos parecem muito contidas. No entanto, quando uma de nós age com grandiosidade e tentamos depreciá-la, será mesmo por não gostarmos dela? Ou por não gostarmos do que ela está fazendo? E o que ela está fazendo é danoso ou ameaçador, ou nos desagrada apenas porque nunca nos permitiríamos – ou teríamos autoconfiança para – fazer o mesmo? Aquelas que superaram a barreira das aspirações consideradas adequadas para uma mulher evidenciam até que ponto ainda estamos confinadas. Somos como caranguejos no balde, puxando umas às outras para baixo.

Não aprendemos a parar para sentir e diagnosticar essa emoção. Conversei recentemente com minha amiga Emma sobre mulheres que tinham o poder de nos irritar de modo descomunal. Ela me contou que, quando tinha 20 e poucos anos, uma das colegas de trabalho acionava nela um gatilho tão intenso que ela costumava fantasiar a demissão da mulher. Emma chegou a admitir ter pensado em formas de acelerar o processo. Estava consumida pela antipatia.

– Era algo muito forte. Meu namorado na época chegou a me pedir que parasse de falar nessa pessoa.

– E qual era o problema dela? – perguntei, olhando por cima da xícara de café. – Ela era incompetente? Cruel? Preguiçosa?

– Não – refletiu Emma. – Ela não era nada disso, embora não fosse muito simpática nem tentasse ser minha amiga, o que provavelmente fazia com que eu me sentisse mal. Mas também não era esse o problema. Ela era muito... muito autoconfiante. Sempre pedia para tocar os melhores projetos e conseguia, o que me deixava louca por causa da injustiça, pois eu me considerava melhor no serviço. Mas acho que nunca cheguei a pedir. Eu esperava que meu trabalho falasse por si só..., mas ela falava pelo trabalho dela. E eu achava ruim ter que fazer isso. – Então Emma fez uma pausa e me encarou. – Espera aí, será que era só inveja?

Ao processar a experiência, vinte e tantos anos depois, foi como se o peso saísse de seus ombros, liberando uma lufada de raiva e ressentimento enquanto ela destilava a verdade. O problema não era a colega de Emma; era a forma como a fazia se sentir a respeito de si mesma. Anne Lamott descreve uma revelação semelhante no livro *Palavra por palavra*, quando ela enfim começa a processar a inveja inquietante que sente por outra escritora de mais sucesso que ela: "Às vezes essa coisa humana é nojenta e patética [...], mas é melhor senti-la, falar sobre ela e atravessá-la do que passar a vida inteira sendo envenenada em silêncio."[7] Admitir que sentimos inveja é o bastante. É um testemunho da ideia de que, se nos equiparmos para encarar o incômodo que surge quando outra mulher nos deixa desconfortáveis – sem reagir no piloto automático –, talvez saibamos reconhecer o lado bom dessa mágoa.* Talvez possamos ver o que ela nos oferece em termos do que nosso coração deseja fazer ou ser. É um chamado à ação, não um castigo. E é um chamado específico – as mulheres que nos dão nos nervos costumam nos mostrar o que queremos. São elas que seguram o espelho.

SCHADENFREUDE

Identificar a inveja é difícil: fazemos quase qualquer coisa para evitar admitir que aquilo que nos incomoda é um chamado que vem de dentro. É muito mais tentador amaldiçoar a outra pessoa. Como escreveu o professor de filosofia Gordon Marino no *The New York Times*: "Nietzsche pregava que aqueles entre nós que forem chamados a olhar para dentro de si precisam adentrar o labirinto interior e caçar os instintos e as paixões que brotam e invadem nossas teorias favoritas e nossos julgamentos morais. Nesse labirinto, Nietzsche identificou a caligrafia da inveja por todos os lados, observando que 'a inveja e o ciúme são as partes privadas da alma humana.'"[8] Em vez de negar a inveja, é preciso deixar que ela seja nossa bússola, deixar que ela aterrisse nos pontos mais delicados que apontam a direção da satisfação do desejo. Esse não é um caminho fácil contudo, uma vez que as "teorias favoritas" e os "julgamentos morais" serão sempre os primeiros instintos, pois a inveja é desconfortável. É muito mais fácil culpar e projetar do que se conhecer de modo mais profundo e esbarrar na própria vontade e no risco de não conseguir o que se quer.

Afinal de contas, culpa e projeção são formas de autoproteção. Quando começamos a sentir inveja de outra mulher, é comum tentarmos definir os motivos pelos quais ela *merece* nosso rancor. Listamos as razões para desejar-lhe mal ou vê-la fracassar. Ao rotular a outra de má, acalmamos nosso próprio pânico e nossa própria dor. Geralmente começamos esse ataque

---

* O professor Richard Schwartz, pioneiro numa linha poderosa de terapia denominada Sistemas Familiares Internos, chama essas pessoas de "mentoras-irritadoras". Só depois de nos sentirmos irritadas é que podemos encarar as revelações que nossas "mentoras" nos deixaram.

acusando a outra mulher de ser pretensiosa por ousar querer alguma coisa: "Como ela pode acreditar que merece?" Seria melhor que ninguém conseguisse essa "coisa" que nos parece fora de alcance – mas a verdade é que pouquíssimas de nós *sequer queremos as mesmas coisas*. Ou, de forma ainda mais marcante, deixamos de ver que a vida não é um jogo de ganhar ou perder; não é verdade que, quando uma mulher "vence", outra precisa necessariamente perder.

Acredito que essa sensação de escassez seja o motivo de eu conseguir sentir uma espécie de satisfação perversa ao ver uma mulher se dar mal em público – Martha Stewart sendo presa por abuso de informação privilegiada, por exemplo –, embora eu não deseje nada da vida de Martha para mim (com exceção do talento com o saco de confeiteiro). O sucesso dela não me fez perder nenhuma oportunidade. Na verdade, ela ajudou minha carreira e a tornou possível: transformou "estilo de vida" num negócio multifacetado. Ela se expandiu para além do rótulo de organizadora de bufês e se transformou numa gigante. Muitas seguiram seus passos. E mesmo assim eu me lembro do deleite que senti quando sua prisão virou notícia. *Bem-feito*. Culturalmente estava claro que ela estava sendo punida pela perfeição, não por um crime de colarinho branco. Na minha cabeça eu tinha decidido que ela era arrogante e ambiciosa, e que o que ela havia conquistado no quesito "cuidados com a casa" era uma afronta para todas nós. É muito mais fácil odiar Martha pelo sucesso – e rir da pena de prisão – do que admitir que tenho sonhos semelhantes aos dela: quero crescer, me expandir e compartilhar tudo que aprendi. Quero ser um exemplo de excelência. E me sinto feliz por ser paga para isso.

A alegria perversa de ver as outras fracassarem, falharem ou serem um pouco humilhadas tem um nome: *schadenfreude*, palavra alemã que significa, numa linguagem coloquial, a alegria que sentimos quando coisas ruins acontecem a outras pessoas. Ocorre de modo desenfreado em nossa cultura e vence a barreira do tempo. Queremos ver outras pessoas serem diminuídas; preferimos nos sentir superiores às nossas colegas a achar que somos inferiores. Não queremos que *morram* ou coisa parecida, apenas que sejam colocadas em seu devido lugar, abaixo de nós. (É interessante observar que, segundo pesquisas, *schadenfreude* é mais comum entre homens, embora isso possa significar que seja um sentimento mais facilmente expresso por eles, uma vez que as mulheres tendem a sentir vergonha de admiti-lo.) Seja como for, inveja recheada de *schadenfreude* é algo profundamente humano. Não queremos que outras pessoas consigam aquilo que desejamos tanto. A gente se sente melhor quando elas também não conseguem – ou perdem – o que querem.

QUANDO AS MENINAS PERDEM A VOZ

Terapeutas e acadêmicos consideram o livro *Uma voz diferente*, da psicóloga Carol Gilligan, um texto definitivo sobre o desenvolvimento cultural e moral das meninas. Gilligan analisa uma série de experimentos sociais que medem as maneiras como meninos e meninas percebem questões morais e se desenvolvem psicologicamente – e, o mais assustador, a forma como um mundo dominado pelos homens planta as primeiras sementes de insegurança nas meninas. A pesquisa documenta "o estado de não saber o que se sabe, a dificuldade de ouvir ou de prestar atenção na própria voz, a desconexão entre mente e corpo, entre pensamentos e sensações, e o uso da própria voz para mascarar, não para expressar, o próprio mundo interior".[9] Gilligan se concentra no que acontece com as meninas na adolescência à medida que vão se moldando com o intuito de atender às expectativas da cultura. O trabalho de Gilligan aborda o momento da repressão, quando as meninas param de dizer o que sentem e começam a dizer o que acham que devem sentir.

Gilligan mostra como esse silenciamento de si continua a se manifestar nas mulheres na vida adulta, como nós modulamos o que dizer e como dizer, suprimindo o que "sabemos" para ajustar as palavras ao nosso público a fim de preservar a conexão e o conforto. Por fim, por meio da asfixia literal e metafórica da nossa voz, perdemos a conexão com aquele saber, e o que queremos nunca respira. Morre sufocado dentro de nós:

> A decisão da mulher de não falar, ou melhor, de se dissociar do que ela mesma diz, pode ser deliberada ou involuntária, uma escolha consciente ou decretada pelo corpo por meio do estreitamento das passagens que conectam a voz à respiração e ao som, mantendo a voz alta dentro da cabeça (de modo que ela não carregue as profundezas das sensações humanas ou um misto de sensações e pensamentos) ou mudando a

voz e alterando-a para um registro ou tom mais contido e impessoal. A decisão de não falar costuma ser bem-intencionada e psicologicamente protetiva, motivada por preocupações com sentimentos alheios e pela consciência da realidade da própria vida e da vida dos outros. Mesmo assim, ao reprimir a própria voz, muitas mulheres perpetuam consciente ou inconscientemente uma civilização de voz masculina e um modelo de vida fundado na desconexão com as mulheres.[10]

A desconexão que Gilligan menciona é necessária para existir e batalhar dentro do patriarcado. Ela persiste porque nosso mundo é definido pelas vozes e pelas experiências dos homens – uma olhada na história *registrada* sugere que as mulheres mal estavam presentes. Falar nossa verdade, honrar nossas histórias, dizer o que sentimos e o que queremos é uma experiência relativamente nova, e ainda estamos aprendendo a compartilhar e a receber as histórias umas das outras sem julgamento. Embora o livro de Gilligan tenha sido publicado quarenta e tantos anos atrás, numa época em que o ônus da criação dos filhos recaía sobre a mãe, pouquíssima coisa mudou de lá para cá. À medida que crescem, os meninos aprendem que são diferentes da mãe e são ensinados a definir a própria masculinidade em oposição ao feminino; as meninas, por outro lado, têm dificuldade de se distinguir da mãe – *mesmo que* os contos de fadas e os filmes de Hollywood lhes ensinem que as mães são ameaçadas pelas gerações mais novas e, portanto, são uma ameaça a elas. Gilligan explica que as meninas veem perigo no afastamento, em se destacar da multidão diante da ameaça de exclusão. Ela escreve: "O perigo que os homens descrevem na intimidade é o risco de serem enganados ou traídos, de se verem presos num relacionamento asfixiante ou humilhados pela rejeição e pela mentira. Por outro lado, o perigo que as mulheres descrevem quando falam de suas conquistas é o risco do isolamento, um medo de que, ao se sobressaírem ou serem destacadas pelo sucesso, elas sejam abandonadas."[11] Além disso, a pesquisa de Gilligan descreve o modo como os meninos moldam a própria moralidade em torno da ideia de *ser alguém* no mundo, aderindo aos códigos lógicos e legais, enquanto as meninas são condicionadas a ver a própria moralidade em torno da ideia de *estar a serviço* do mundo. Gilligan afirma que, para se atingir a totalidade dos direitos das mulheres, algo que ainda não conseguimos, é necessário permitir que "as mulheres considerem moralmente adequado se preocuparem não apenas com os outros, mas também consigo mesmas".[12] Isso significa que devemos começar a priorizar e a afirmar nossas vontades e necessidades, a lhes dar voz, a deixar que os outros ouçam nossos desejos.

A IMPORTÂNCIA DE SABER O QUE SE QUER

De certa forma, querer é humilhante. Para início de conversa, passa a ideia de que achamos que merecemos e somos dignas daquilo. Conota arrogância ou *orgulho*. Não existe um modelo para que as mulheres saibam o que querem e saiam em busca disso sem se deparar com o rótulo de "egoístas". Fomos condicionadas a acreditar que o egoísmo é algo ruim, imoral, errado; que devemos recuar e servir por meio da obediência. Um sintoma desse estado de coisas é que atribuímos qualquer êxito ou sucesso a algo além de nós, como se *não tivéssemos culpa* de ser bem-sucedidas, inteligentes e atraentes. Esse tipo de depreciação é uma forma de autoproteção. A luta deve ser imperceptível, uma pernada discreta sob a fina lâmina de água. Sabemos que não conseguimos muita coisa – sexo (ver capítulo 7, "Luxúria"), dinheiro (capítulo 6, "Ganância"), boa comida e a aparência que quisermos (capítulo 5, "Gula") – sem repercussão social negativa. A manifestação mais traiçoeira da misoginia pode ser encontrada no modo como nos criticamos e nos detonamos mutuamente. Como a caça às bruxas demonstra, fizemos isso durante séculos e continuamos a fazer. Como escrevem Carol Gilligan e Naomi Snider em *Why Does Patriarchy Persist?* (Por que o patriarcado persiste?): "Podemos muito bem acreditar na igualdade feminina e, ainda assim, enquanto mulheres, nos sentirmos culpadas ao colocar nossas necessidades em primeiro lugar ou desconfortáveis quando outras mulheres o fazem."[13] E, ao responder à pergunta que dá título ao livro, elas nos lembram que o domínio do patriarcado depende da cumplicidade e da conformidade das mulheres bem como do modo como *nós* reforçamos essas regras em conjunto, treinando as crianças para que também obedeçam ao sistema. Conforme elas ressaltam, as crianças passam a inserir a palavra "não" antes de outras palavras cruciais: para os meninos, trata-se de *eu não ligo*; para as meninas, *eu não sei*.[14]

Essa é a forma como fomos doutrinadas, assim como nossas mães e avós antes de nós. Essa revelação assombrosa mostra um padrão intergeracional, e não é fácil quebrá-lo. Levar a vida de um jeito diferente parece algo desleal – a mãe de muitas de nós aderiu ao ditame cultural de que cuidar dos filhos era seu principal destino. Rejeitar esse destino como se fosse uma ambição pequena demais para nossa vida soa no mínimo ingrato.

Muitas dessas mães se preocupavam com a família de maneira compulsiva, seguindo os ditames da sociedade que decretavam que cuidar dos filhos deveria ser o *único* trabalho desejado por uma "boa" mulher. Elas deveriam ser altruístas, devotadas ao nosso desenvolvimento e à nossa segurança, atendendo a nossas necessidades, encorajando-nos a exauri-las. A sociedade não evoluiu muito. Nossa cultura ainda insiste que as ambições das mulheres deveriam pelo menos em parte ser coroadas pelos filhos e que não desejar uma família sugere que há alguma coisa errada conosco. Isso de fato segue colocando as meninas numa encruzilhada: você deve ser a maior conquista da sua mãe, a prisão e a alegria dela, e depois se espera que você passe a honra para a próxima geração. Além disso, enquanto menina, ao depender da mãe para ter suas necessidades prementes atendidas, para se iniciar na sociedade e na cultura, para aprender a ser uma mulher, você integra a doutrinação pela qual ela continua passando. De certa forma, o que define nossa capacidade de prosperar é a percepção da nossa mãe de ter ou não ter tido permissão para ela mesma prosperar. A maioria das mulheres de uma certa idade não teve qualquer permissão. Ou se sentiram forçadas a optar por não prosperar. À medida que o patriarcado persiste – mesmo que ele pareça estar perdendo forças –, ainda somos uma geração criada por mães cansadas, que muito provavelmente punham os próprios desejos de lado em troca de nossa segurança, estabilidade e conforto. Muitas dessas mulheres não conseguiram priorizar as próprias vontades e ambições para poderem nos servir de modelo de uma vida plenamente livre. Afastar-se em outra direção requer a ruptura com esse passado.

Isso nos leva ao tênue relacionamento com nossa mãe, ao que significa deixá-la para trás e à sensação de usar a devoção dela como trampolim para tocar nossa vida de outro jeito. Essa tensão é capturada na magnífica coleção de artigos *Falso espelho*, de Jia Tolentino, na qual ela escreve, poética e dolorosamente, sobre a "liberdade complicada, ambivalente e essencial que uma filha sente quando olha para a mãe, entendendo-a como a figura à qual ela resiste ao mesmo tempo que dela depende; uma figura que ela usa de forma cruel, amorosa e grata como base a partir da qual possa se tornar algo mais".[15] Essa verdade devastadora aponta para a tensão silenciosa entre mães e filhas, o fato de que as escolhas de vida da filha têm o potencial de impugnar as escolhas da mãe. Ainda que a rivalidade entre gerações seja frequentemente retratada por Hollywood e por outras mídias com base na beleza e no desejo sexual – vide a mãe que inveja a juventude da filha ou que se veste como ela e tenta seduzir o genro –, esse é um estereótipo nocivo e ridicularizante. A verdadeira rivalidade entre mães e filhas passa despercebida: ela se baseia na mãe que vê a filha adorada fazer conquistas que vão além da sua moderada ambição e levar uma vida que não esteve necessariamente disponível para ela. É possível desejar fervorosamente que sua filha tenha acesso a isso e, ao mesmo tempo, sentir inveja, em particular por não haver qualquer abordagem cultural por meio da qual se possa explorar essa ambivalência. Ela é vergonhosa e repulsiva.

Enquanto isso, no que se refere ao fato de saber o que se quer, poucas mulheres hoje em dia tiveram mães que pudessem apresentá-las ao conceito e que pudessem servir de modelo para esse ato sagrado. A maioria das mães não teve permissão para se expressar por inteiro. Como poderiam nos ensinar a fazê-lo? Os desejos e vontades da nossa mãe costumavam ser enfiados na mala e armazenados nos porões do inconsciente.

Carl Jung dizia que nada influencia mais a vida de uma criança do que a vida não vivida dos pais, uma ideia que a psicoterapeuta junguiana Marion Woodman investiga como componente de muitos relacionamentos entre mãe e filha. Ela escreve: "A mãe [...] costuma ser a que deixou de ter esperança na própria vida criativa e, em meio às decepções, projetou a vida não vivida na própria filha. De modo expresso ou não, o luto e a frustração desse sacrifício pesam demasiadamente na filha. A mãe se sentia presa na jaula do casamento, cujas grades não são o marido, que ela já percebeu não se tratar do Príncipe Encantado, mas a criança em seu útero. A culpa que a criança sente pelo crime nunca cometido tem sua etiologia no mero fato de sua existência."[16] Muitas meninas carregam o peso desse fardo, a percepção do sacrifício da mãe, sem entender todo o contexto histórico no qual ele foi criado: minha mãe, provavelmente como a sua, achava que tinha poucas escolhas acerca do que ela poderia ser. E minha mãe lidou de forma sutil, porém perceptível, com esse sacrifício ao longo de todo o nosso relacionamento. Foi quando eu mesma me tornei mãe que percebi que a frustração às vezes evidente dela com a maternidade não era nada pessoal, apenas uma função do tempo e do lugar no qual nos encontramos agora.*

Afinal de contas, estamos a apenas algumas gerações de distância da total ausência de escolhas. Ainda estamos nos livrando disso, decidindo que rumos tomar, aprendendo qual a sensação de competir com a mãe da mesma forma que os meninos foram culturalmente preparados para suceder os pais, para superá-los no escritório e para instruí-los na quadra de basquete. Eles são celebrados por isso, pressionados a se sobressair. Essa é uma parte venerada do código da masculinidade patriarcal. Para as mulheres, superar a mãe tem ares de usurpação, de algo não natural – injusto, grosseiro e errado, como se o jogo tivesse sido burlado.

Hoje em dia, minha mãe e eu tentamos falar com franqueza sobre a profunda ambivalência que ela sente como mãe, a inveja casual das oportunidades que ela tão arduamente me proporcionou e a maneira como ela se censura pelo próprio potencial desperdiçado. Minha mãe cresceu num lar turbulento, sem estabilidade financeira. Ainda que tivesse a sensação de não ter opções, hoje ela reconhece que tem amigas vindas de contextos tão ou mais empobrecidos que seguiram em frente e se tornaram advogadas, professoras e médicas bem-sucedidas. Minha mãe nasceu em 1950 e vivenciou o movimento de liberação feminina. Caso ela tivesse se esforçado o suficiente, se tivesse apostado em si mesma, não tivesse sido seduzida por meu charmoso pai médico e seu leve sotaque sul-africano e pelas promessas da vida que ele lhe proporcionaria, quem sabe aonde teria chegado? Ela acredita ter tomado a decisão inteligente, segura e garantida: fazer o papel de esposa do

---

* Há outra entrelinha perversa na maneira como nossa sociedade insiste que o cuidado seja a principal função das mães, pois quando elas não estão preparadas para essa função – mental, emocional, social, fisicamente – não há qualquer rede de proteção para as crianças. (E as mães são sempre criticadas.) A psicoterapeuta Galit Atlas, que estuda a transmissão do trauma intergeracional, diz que essa lacuna no cuidado costuma surgir em seu consultório: "Não é incomum que mães que não tiveram mãe ou aquelas que tiveram mãe abusiva se ressintam de suas filhas por terem a mãe que elas mesmas nunca tiveram. Na terapia, a mãe costuma explorar os sentimentos acerca do fato de a filha ter mais do que ela teve; ela inveja a filha por tê-la como mãe."[17]

médico. Nessa decisão, assim como em muitas decisões que lembram bifurcações bruscas na estrada, ela perdeu o-que-poderia-ter-sido. Enquanto eu me arrastava na casa dos 20 – sem grana, solteira, triste e tentando transformar um emprego em carreira –, ela parecia mais conformada e em paz com as próprias escolhas. Ao viver minha vida indiretamente, ela entendeu que os sonhos da cidade grande nem sempre são o que parecem. A inveja diminuiu.

Uma amiga, personalidade conhecida da TV a quem chamaremos de Jill, viveu algo semelhante. Quando ela trabalhava para noticiários de cidades do interior e jantava macarrão instantâneo todas as noites, a mãe era sua salvadora, sempre preenchendo os vazios do guarda-roupa e da geladeira. No entanto, assim que Jill "chegou lá" e passou a trabalhar no noticiário nacional, o ressentimento apareceu. Jill acredita que, uma vez que ela passou a se manter sozinha e saiu do sufoco, a mãe se sentiu desnecessária e despojada da única identidade que conhecia. (A mãe de Jill tinha sido dona de casa para cuidar da filha.) Era difícil para ela se relacionar com a filha de outra maneira. Além disso, Jill decidiu não ter filhos, o que exacerbou a diferença entre as duas. Ao se distinguir de modo tão radical, Jill aumentou a distância entre ela e a mãe.

O DESEJO COMO ATO DE INDIVIDUAÇÃO

Estamos educando filhos – e sendo educados – numa era sem precedentes, num momento em que as mulheres podem, em teoria, ser e fazer o que bem entenderem. Mesmo assim, ainda sentimos as reverberações da resistência contra nossas ambições. Queremos que mais mulheres sejam alçadas às diretorias das empresas, mas continuamos a julgá-las sem dó pelo preço que o sucesso delas (certamente) cobra das famílias. O mais importante: julgamos a nós mesmas sem dó. As opções com as quais deparamos – e nenhuma delas parece segura ou excelente – não são um assunto que as mulheres da minha geração discutem. Também não falamos muito sobre a turbulência intergeracional causada por agirmos de modo diferente. Recusamo-nos a admitir a culpa da sobrevivente que muitas de nós sentimos: nossa existência comprometeu a vida da nossa mãe, exigiu o sacrifício de suas ambições para que ela pudesse cuidar da nossa. A culpa gerou em nós ambivalência em relação a tudo que conquistamos e incerteza acerca do que perdemos quando seguimos por um caminho diferente e deixamos para trás a mulher que nos deu tudo. É como se estivéssemos sendo julgadas, e o processo é doloroso.

Em *The Hungry Self* (O eu faminto), clássico dos anos 1980, num contexto de possibilidades recém-conquistadas, a terapeuta Kim Chernin explorou com genialidade a luta das filhas para se separarem da mãe e se individualizarem. Quarenta anos depois ainda tentamos reconhecer, abarcar e processar esse impacto:

> E então essa mãe dos dias modernos, com um senso emergente, frustrado e ambivalente de individualidade e um senso silenciado de fracasso, não pode se tornar a colega-conspiradora da filha e unir forças com ela contra um sistema tirânico e patriarcal que fez tão pouco para articular ou resolver o dilema da mãe-mulher, uma pessoa com uma necessidade imperativa de vida e de desenvolvimento para além do casamento e da maternidade. Para se tornar a colega-conspiradora da filha ela teria que admitir o conflito e a ambivalência, reconhecer a proximidade ou a realidade do colapso, tornar-se consciente de seu descontentamento, de seu silencioso e tácito sentimento de fracasso em relação à própria vida. Ela precisaria voltar ao momento da vida em que também enfrentou essas questões e parou para ruminar sobre a vida da mãe. Ela precisaria de bastante conhecimento político, de muita coragem, de um estoque nada modesto de astúcia e, acima de tudo, de permissão para falar a verdade sobre a própria inveja e o próprio ressentimento em relação à filha.[18]

Ela precisaria de permissão para falar a verdade sobre a própria inveja e o próprio ressentimento em relação à filha. Uau! Acredito que a cada geração de filhas resolvemos um pouco mais essa questão, entendendo melhor a bênção de poder se expressar e fazer *escolhas* e de tudo que isso nos permite: ficar em casa com os filhos, trabalhar mais que o tempo integral, adotar uma criança numa fase posterior da vida, optar pela alteridade, escolher um parceiro que esteja disposto a fazer mais que a metade do trabalho doméstico. Estamos tentando chegar a um lugar no qual possamos avaliar nossa vida sem nos depararmos com gatilhos acerca do modo como nossas necessidades subjugaram a vida daquelas que foram obrigadas a atendê-las. Estamos tentando chegar a um lugar no qual nossos desejos e nossas vontades sejam defendidos, não como uma reprimenda à geração anterior, mas como uma extensão do que é ser menina e mulher hoje em dia. Como mães, esse propósito demanda o abandono do julgamento automático que fazemos de outras mulheres para deixar claro que qualquer coisa que nossas filhas queiram fazer é plausível, factível e maravilhoso – que elas não estão perseguindo nossos sonhos, que elas não são uma expressão de nossos sonhos não realizados e que estão numa jornada exclusivamente delas. Demanda que examinemos se temos ou não a sensação de que suas escolhas de alguma forma nos reprovam. O conceito subjacente é revolucionário: ajudá-las a descobrir o que querem e então incentivá-las a conseguir exatamente isso, sem pressão exterior para que sigam por outro caminho. (E sabe o que mais? O que elas acham que querem também pode mudar – e tudo bem.)

Acredito que, à medida que nos tornamos mais capazes de nomear o que sentimos, também nos tornamos mais conscientes da maneira como monitoramos o que outras mulheres expressam. Querer coisas para si é um ato essencial de individuação. Devemos aprender a expressar nossos desejos de modo verdadeiro, a priorizar sua expressão e a normalizar esse gesto entre as meninas da mesma forma que fazemos com os meninos. E precisamos admitir nossa tendência a solapar esse instinto em outras mulheres em vez de nos identificar com elas; precisamos aplaudi-las em vez de castigá-las. Essa tendência pode ter sido a cangalha em nosso pescoço durante muitas eras, mas na verdade não é função da mulher fazer todo mundo feliz. Não é trabalho nosso servir às necessidades dos outros à custa das nossas. Não nos cabe reprimir e sufocar nossos desejos por medo de ofender ou perder aqueles que mais amamos. Abrir caminho para essa possibilidade demanda um novo nível de honestidade e clareza da voz, uma voz conectada ao nosso lado mais profundo.

AQUELE EMPURRÃOZINHO

Um bom jeito de evitar pensar no que queremos é fingir que somos iluminadas – que transcendemos o desejo e nos satisfazemos com o que a vida nos oferece, como se a solução para tanta vontade fosse deixar de querer de uma vez por todas. Valorizamos muito essa ideia: afinal de contas, aprendemos que os monges budistas que abandonaram o caos da vida são um exemplo a seguir. De acordo com o psiquiatra e praticante budista Mark Epstein, no entanto, a Segunda Nobre Verdade do Budismo é traduzida equivocadamente como "A causa do sofrimento é o desejo". Ele argumenta que isso leva a uma suposição incorreta de que, no budismo, o ascetismo é obrigatório; de que uma de suas premissas fundamentais requer que nos desconectemos das vontades; de que o *querer* é diametralmente oposto a todo o conceito de budismo. Segundo Epstein, essa é uma interpretação incorreta, pois o Buda não pregava o ascetismo. Ele o experimentou por um período em seu caminho espiritual, mas, à medida que seu corpo envelhecia, ele admitiu que deixaria de viver se tivesse que negar todos os desejos físicos. E a autonegação que se converte em autoabnegação *não* era o propósito. Em vez disso, o Buda ensinou as pessoas a distinguir entre autoexpressão e apego: como saber quem você *é* e o que você *quer* sem se apegar a determinado *resultado*. Você é responsável pela sua parte, pela flor de lótus que nasce da lama, por assim dizer – mas a forma como o mundo se relaciona com você está fora do seu controle e tem origem em outro lugar. Nesse ínterim, você deve fazer o melhor possível para expressar seus talentos. Você deve se posicionar.[19]

Para sermos donas do nosso desejo, esse convite à plenitude, precisamos também assumir a responsabilidade pelas nossas reações, em particular nos momentos em que nos sentimos ameaçadas pelo comportamento de outra mulher. Precisamos entender como essa irritação pode estar refletindo um desejo não atendido. Se essa outra mulher está fazendo alguma coisa que jamais nos permitiríamos fazer, em vez de atacá-la devemos nos libertar. E devemos fazer isso com elegância, principalmente se não tivermos sido generosas ou gentis com outras mulheres no passado. Devemos emergir da contração do patriarcado. Devemos nos livrar da ideia de que ele é um destino. É possível escolher algo diferente. Ainda que essa transição seja dolorosa e difícil, ainda que *todas* tenhamos nos ferido em algum nível ao longo do caminho, estamos juntas nessas zonas não hierarquizadas da sociedade, como irmãs. E juntas podemos expandir o conceito e a ideia do que é possível para todas nós, inclusive para as futuras gerações.

Talvez precisemos também de um pouco de mentoria reversa, pois as gerações mais novas estão na vanguarda das possibilidades: muitas já estão fazendo as coisas de modo diferente, encarando a inveja como algo bom, como uma força motivacional. Nos últimos anos tenho ouvido a expressão *"expandidora"*, usada especialmente por mulheres para descrever outras mulheres que lhes servem de inspiração.

Lacy Phillips, uma especialista em manifestação, criou (e registrou) o termo para descrever um conceito que faz parte do seu método, chamado To Be Magnetic. Ouvi falar em Lacy pela primeira vez anos atrás conversando com amigas que tinham achado o trabalho dela terapêutico e eficiente: à medida que frequentavam os seminários de Lacy, essas amigas viam mudanças significativas acontecerem nos seus relacionamentos enquanto novas oportunidades batiam à sua porta.

– Eu me sinto como se estivesse numa convenção de bruxas, mas funciona – me contou uma amiga.

Lacy, que no passado foi professora de pré-escola e aspirante a atriz, tentou usar o velho método da manifestação – "Pense positivo! Abandone a negatividade! Mentalize a casa dos seus sonhos em Malibu!" – e descobriu que ele não só não realizava suas fantasias como a fazia se sentir paranoica, preocupada com a possibilidade de um pensamento negativo causar um desastre. Lacy é toda alternativa, mas para ela manifestação parecia superstição. Então ela arregaçou as mangas e desenvolveu o próprio método que, segundo ela, se baseia em princípios da psicologia e da neurociência, colocando a pessoa em contato com o subconsciente e todas as suas crenças limitantes. Lacy me explicou que temos essas limitações, em parte, porque fomos condicionadas a pensar que a satisfação, a abundância, a segurança e a estabilidade não são possíveis. Se nunca vemos, não conseguimos acreditar. Na concepção de Lacy, para tornar possível o impossível, para tornar todas as nossas vontades plausíveis, devemos mergulhar fundo em nossa mente a fim de remover os obstáculos – e então substituí-los por exemplos concretos de pessoas que representem nossos maiores sonhos. Essas pessoas atuam como nossas "expandidoras", iluminando um caminho possível. É um processo diametralmente oposto ao que tantas de nós fomos condicionadas a pensar: "É ela ou eu. Só existe espaço para uma de nós. Escassez, escassez, escassez." No mundo de Lacy, o pensamento é: *Se ela tem, eu também posso ter.*

Estes são os critérios para identificar as mulheres expandidoras:

1. Elas já estiveram no exato lugar em que você se encontra no momento, enfrentando dificuldades, escassez ou limitação, ou sem ter o que queriam.
2. Elas seguiram em frente e se tornaram bem-sucedidas naquilo que você almeja, são donas de alguma coisa que você quer ou representam o que você deseja.
3. Elas seguiram um caminho de sucesso que lhe parece real e factível.
4. Elas provocam em você uma epifania que soa egoísta, mas não é. Você sabe que foi expandida num nível subconsciente quando finalmente se dá conta: "Meu Deus... Se elas fizeram, eu também posso fazer."[20]

Já as *"expandidoras parciais"* podem ter em mãos um pedaço do seu sonho – comprar uma casa incrível ou escrever um livro, por exemplo –, mas talvez não haja nenhuma outra parte da vida dessas pessoas que lhe pareça atraente. Ambos os tipos de expandidoras são úteis. Lacy fala ainda das *"expandidoras da realidade"*, que podem ajudar a minimizar as reclamações ou a falta de paciência ao nos mostrar o lado difícil do nosso sonho (por exemplo, você quer muito ter um restaurante, mas aí conhece uma expandidora que leva essa vida e percebe que ser chef é muito difícil – talvez você não abandone seu sonho, mas, agora que está ciente dos desafios, pode fundamentá-lo melhor). Eu adoro a lista de Lacy e o conceito de expansão em vez de inveja: ao renomear o sentimento, podemos ajudar umas às outras a crescer cada vez mais. É no apoio e na abundância que se baseia a sororidade.

O MAIOR PRESENTE QUE PODEMOS DAR a todas as mulheres – mães, irmãs, filhas e amigas – é um novo paradigma de expressão do desejo; um paradigma que o desvencilhe da vergonha, do constrangimento e do julgamento que costuma acompanhar quem ousa ter um sonho. É claro que não conseguiremos tudo que desejamos – mas nunca sequer chegaremos perto enquanto estivermos envergonhadas demais para admitir o que queremos, sem falar aberta e francamente sobre as complexidades de ser mulher. Precisamos fazer isso umas com as outras e umas pelas outras nos reunindo como antigamente: para compartilhar informação, recursos e segredos; para abrir espaço; para desejar o melhor umas às outras na esperança de que, se *você* conquistar o que *eu* quero para mim, isso apenas reafirmará nosso potencial. Em vez de funcionar como reprovação ou ataque, a inveja pode ser uma luz de possibilidades: um convite para que nos expressemos por completo nesta nova era.

Antes de fazermos mau uso da inveja e a usarmos para apontar o dedo do julgamento, procurando motivos que justifiquem nosso desconforto diante do comportamento de outra mulher, precisamos descobrir se essa reação tem a ver com nossos ressentimentos, com as oportunidades e experiências que queremos para nós, com o medo de que outra pessoa nos roube o que achamos ser nosso por direito. E precisamos levar em conta outro fato inquestionável: conforme explica Brené Brown, a condenação é a arma do opressor. Essa condenação vem envolta na moralidade dos pecados e está inserida em nossa cultura, invisível aos olhos. Acredito que a inveja é o nascedouro dos conflitos entre mulheres, a coleira que restringe nossa autoexpressão. Embora não pareça, é um feitiço que podemos quebrar. Precisamos reconhecer a inveja, arrancar a coleira e jogá-la fora. Quando condenamos outra mulher por "sonhar grande", por ousar sentir-se especial, é nosso potencial que estamos oprimindo. Paremos de condenar irrefletidamente para que possamos conquistar o que nós mesmas desejamos.

Ao aceitar que a inveja é fundamental, podemos abrir a porta para as possibilidades e acolher nossa vontade.

4
ORGULHO

*Ao acreditar que orgulho é pecado,
renegamos nossos talentos*

A OBRIGAÇÃO DE SER AMÁVEL

"E virou realidade."

Essas foram as três palavras ditas por Anne Hathaway enquanto ela segurava e admirava a estatueta do Oscar. Era 2013 e ela havia acabado de ganhar o prêmio de melhor atriz coadjuvante por sua interpretação de Fantine em *Os miseráveis*. Hathaway então se dirigiu ao público com a voz trêmula, agradecendo cuidadosamente a uma longa lista de pessoas. Era evidente que ela havia ensaiado o discurso. Na ocasião ela usava um vestido Prada justo e rosa-claro, levemente pontudo na região dos seios. O mundo não conseguiu suportar essas ofensas: por um lado, a confissão sincera de que se tratava de um velho sonho que ela esperava realizar; por outro, a escolha de um vestido questionável. Os *haters* de Hathaway (*hathahaters*, como gostam de ser chamados) entraram em ação, ridicularizando-a por ser uma atriz "esquisita", "deslumbrada" e "forçada". Não ajudou o fato de a outra vencedora da noite – Jennifer Lawrence, por sua participação em *O lado bom da vida* – ter tropeçado na escadaria e se levantado rindo junto com o público antes de proferir um discurso desarticulado, surpresa com a conquista do prêmio. Lawrence, que estava iniciando a ascensão na carreira, era engraçada, "autêntica", espontânea e amável, enquanto a velha conhecida Hathaway (que já havia sido indicada ao prêmio em 2009) revelara em sua fala ensaiada que *sabia* que seu sonho se tornaria realidade. Ela acreditava no próprio talento; o prêmio reconhecia algo que ela já esperava.

Depois das críticas ao vestido e ao discurso, Hathaway lamentou ter descoberto, na noite anterior à cerimônia do Oscar, que outra atriz estaria usando um vestido semelhante ao seu, motivo pelo qual fizera uma troca de última hora para evitar críticas a *essa* gafe: "Eu precisava de outro vestido, *e agora todo mundo me odeia*, mas eu só precisava de outro vestido."[1] Quanto ao discurso, Hathaway argumentou que, na verdade, estava desolada por ter aceitado o prêmio – interpretar Fantine tinha sido exaustivo e difícil, e ela ainda estava se recuperando do trabalho. Ao contrário do que pensaram, ela havia fingido entusiasmo; e deu a entender que por isso, sim, ela merecia ser criticada: "Eu tentei fingir que estava feliz e acabei levando uma baita repreensão por causa disso."[2] Foi um contorcionismo forçado para se redimir de crime nenhum, tudo por causa de uma gloriosa vitória conquistada a duras penas. E ela continua a se contorcer: após tantos anos, toda aparição na mídia por causa de suas atuações ainda inclui perguntas sobre o porquê de as pessoas a odiarem. Enquanto tenta brilhar e compartilhar seu talento, Hathaway continua ouvindo que não deveria fazê-lo.

O declínio de Hathaway na opinião pública teve início alguns anos antes, em 2011, quando a atriz foi convidada a apresentar a cerimônia do Oscar ao lado de James Franco, que parecia pretencioso e estava claramente chapado. Ela tentou compensar a atitude esnobe e nada charmosa do colega com uma atuação, em suas palavras, "levemente maníaca e exageradamente animada".[3] Hathaway foi chamada de "estridente", "entusiasmada demais" e "exibida", enquanto os mesmos críticos descreveram Franco como um artista "versátil com cara de sono".[4] Essa não foi a primeira vez que uma mulher levou a pior por causa do mau comportamento do colega numa apresentação ao vivo: o que dizer de Justin Timberlake rasgando um pedaço da roupa de Janet Jackson no show do intervalo do Super Bowl, em 2004, gesto pelo qual somente *ela* foi criticada e por fim banida da CBS pelo então presidente da empresa, Les Moonves?* Jackson recebeu xingamentos misóginos e foi acusada de simular um escândalo para se promover. Enquanto isso, a revista *People* chamou Timberlake de "Homem-Teflon".[5] Ele não foi

---

* Quatorze anos depois do "Mamilogate", Les Moonves foi obrigado a se afastar da CBS Corporation após diversas alegações de assédio e abuso sexual.

responsabilizado, continuou a se apresentar e reclamou que sua imagem havia sido manchada. Assim como Hathaway, Jackson enfrentou tanta pressão por causa do ocorrido que sua carreira acabou degringolando.

Infelizmente conhecemos bem esse ciclo cultural.[6] É a história de Ícaro, o rapaz que voa até chegar perto demais do Sol: suas asas de cera derretem e ele cai para a morte. A história é uma parábola sobre a arrogância de quem tenta ir longe demais; ela mostra o que acontece àqueles que voam muito alto. Enquanto o destino de Ícaro não impediu que homens tentassem voos reais à Lua – três bilionários privatizaram a viagem espacial durante a pandemia –, as mulheres parecem ter entendido a mensagem e aprendido a manter a cabeça baixa e ser discretas. Ou, ao que parece, o público vai se encarregar de mantê-las discretas, especialmente as mais expostas de todas: as famosas.

A jornalista Sady Doyle escreveu um livro sobre o assunto chamado *Trainwreck: The Women We Love to Hate, Mock, and Fear... and Why* (Problemáticas: as mulheres que amamos odiar, ridicularizar e temer... e por quê). Nele, Doyle apresenta muitos estudos de caso de mulheres bem-sucedidas aos olhos do público que a princípio são amadas e celebradas, mas depois viram alvo por voarem alto demais. Como a maioria das mulheres já entendeu, nossos planos de voo devem ser traçados com uma trajetória perfeita, que se mantenha abaixo do radar na maior parte do tempo. Caso contrário, estamos fadadas à queda, de cujas cinzas só em ocasiões *muito* raras conseguimos nos reerguer (#FreeBritney), ou quem sabe a ser veneradas depois da morte, como Amy Winehouse, Billie Holiday, princesa Diana ou Whitney Houston. Muitas das mulheres cuja vida Doyle descreve como "problemática" são mulheres que outrora foram consideradas paradigmas de pureza e bondade e mais tarde (para deleite do público) entraram para a lista de vagabundas, perdidas, *loucas* e más.

Em 2013 a revista *Star* lançou sua lista anual de "celebridades mais odiadas". Das vinte pessoas mencionadas, apenas sete eram homens. A revista *The Cut* as classificou em três categorias: "forçam a barra" (todas mulheres); "não fazem o mínimo necessário" (na maioria mulheres); e "cometeram crimes contra outras celebridades" (na maioria homens). Isso foi antes do #MeToo, então os "crimes" eram quase sempre traição ou um comentário maldoso (por exemplo, Jay Leno soltando indiretas sobre

David Letterman), mas a lista incluía celebridades como Chris Brown, Jesse James, Shia LaBeouf e Matt Lauer. Nenhuma das mulheres da lista jamais foi acusada de qualquer transgressão.[7]

O maior crime de todas as mulheres que alcançaram algum tipo de poder, foram aceitas pelo sistema e depois jogadas para escanteio pelo público foi se expor. Elas nos convidaram a avaliar e a julgar seus talentos e habilidades e desfrutaram da nossa admiração momentânea. A censura pública que receberam é um aviso. Como escreve Doyle: "Mulheres que conseguiram alguma visibilidade sempre foram punidas de maneira vigilante e vigorosa e transformadas em espetáculo. E essa, acredito eu, é uma tentativa não muito velada de empurrar as mulheres de volta a lugares designados como 'delas'."[8] O lugar historicamente considerado nosso é o lar, longe dos olhares alheios. É perigoso cruzar a porta, sair para a vida pública, tentar fazer algo significativo, ousar ser vista.

Nossa antipatia por mulheres fortes e notáveis – mesmo quando a aversão escapa à nossa consciência – não reflete apenas visões adotadas por homens. As mulheres estão aí, difamando outras mulheres (ver capítulo 3, "Inveja"). A questão é cultural e sistêmica. Assim como outras mulheres, eu sei que é melhor manter a discrição. Devemos ser agradáveis e simpáticas *o suficiente* para garantir que todo mundo se sinta confortável – nosso poder deve ser suavizado. *Quem, eu? Imagina, quem sou eu?* Educar qualquer menina para ser forte e amada por todo mundo é a busca por um equilíbrio impossível. A força é associada ao respeito; já o amor tem a ver com doçura, obediência e cuidado. Meninas que se destacam precisam andar na corda bamba e ainda correm o risco de ostracismo e exclusão. Na infância eu mesma fui aconselhada a ser *humilde* acima de tudo. Ninguém gosta de arrogância. Ninguém gosta de quem quer aparecer. Quando você vencer ou se destacar, seja modesta, fique meio sem jeito, de preferência um pouco constrangida. Depois saia de cena. Uma menina "cheia de si" não tem amigos. A expressão, que data do século XVII, sugere alguém estufado pela autoestima, tão cheio das calorias falsas e vazias do amor-próprio que não há espaço para mais nada nem ninguém. Se você estiver muito cheia, tampouco conseguirá assimilar as expectativas e exigências para caber na sociedade. Uma menina cheia de si será isolada, evitada, deixada de lado. Ela pode ser "a melhor", mas vai celebrar isso sozinha. Somos treinadas para, acima de tudo, priorizar a capacidade de agradar como o caminho mais seguro rumo à segurança e à sobrevivência.

A necessidade de sermos amáveis permeia a cultura por todos os lados; ir contra isso é um ato revolucionário. A célebre roteirista Shonda Rhimes, numa conversa com Betsy Beers, sua colega de produção de longa data, explica que por mais de vinte anos tem ouvido a seguinte sugestão: *Não dá para tornar essa personagem mais SIMPÁTICA?* "Ninguém jamais nos pediu para tornar um homem mais simpático... E desde quando ser simpática é o objetivo? É como dizer 'Dá para deixá-la mais insossa? Ela não poderia ser um pouco mais sem graça?' Por que a simpatia é importante nas mulheres?"[9] Shonda se recusa a atender a essas recomendações, confrontando uma norma inclemente. Afinal de contas, ser agradável oferece estabilidade dentro do patriarcado – significa que você não perturba o *status quo*, que você se dá bem com tudo e com todos, do jeito que as coisas são. No entanto, todas as vezes que Shonda e Betsy rejeitam a armadilha da amabilidade, quando criam e celebram personagens femininas complexas, elas libertam mais mulheres fora das telas para que relaxem no mundo real. É uma lasca arrancada do muro do patriarcado. Mas essa sugestão que Shonda – mesmo com seu viés fortemente feminista – recebe dos executivos da TV diz muito sobre o modo como esperam que usemos a simpatia como forma de aceitação; diz muito sobre como suavidade e humildade são meios de prender a audiência. (Rhimes também fica indignada com a maneira como os críticos a elogiam por criar "mulheres fortes" – "Eu não conheço nenhuma mulher que não seja forte!" – e ressalta o fato de que nunca alteram a descrição dos homens acrescentando adjetivos como *forte* ou *inteligente*.)

ORGULHO DE QUEM SOMOS

A expressão "o sucesso subiu à cabeça", associada ao orgulho, não é nova. Quando o papa Gregório oficialmente codificou os Pecados Capitais, ele considerou o orgulho a *principal* fraqueza, a "cabeça" da lista a partir da qual todas as outras brotavam. Ele considerou o orgulho o pecado mais terrível porque dava a ideia de que a pessoa não precisava de Deus. O orgulho sugeria que a pessoa podia se virar sozinha, ou achava que podia – e que ela acreditava merecer a glória reservada apenas ao Divino. Alguns séculos antes, Evágrio Pôntico descreveu um sentimento semelhante em *Praktikos* (Práticas): "O demônio do orgulho é a causa da queda mais danosa da alma. Pois ele induz o monge a negar que Deus é seu salvador e a considerar que ele mesmo é a causa de ações virtuosas. Ademais, a ideia de que seus confrades são estúpidos lhe sobe à cabeça por não compartilharem da mesma opinião que ele."[10] Por fim, o orgulho enfraquece o relacionamento – com Deus e com outros homens. A ironia que não podemos ignorar é que hoje em dia homens bem-sucedidos supostamente "por conta própria" são admirados, enquanto mulheres são criticadas por reconhecerem os próprios méritos.

E assim as mulheres deixam de reconhecê-los, trabalhando duro sem demonstrar que esperam elogios. Na luta pelo poder, priorizamos a competência, convictas de que o esforço e a excelência são o melhor caminho: só levantamos a mão e falamos quando temos certeza da resposta; mantemos a cabeça baixa e fazemos hora extra; esperamos ser reconhecidas pelo nosso valor, em vez de precisar registrar o fato. Isso não tem nos levado muito longe no sistema capitalista. Continuamos sub-representadas e mal pagas (ver capítulo 2, "Preguiça"). Acadêmicos e gurus do mundo dos negócios apontam que a falta de autoconfiança ou de ambição é uma das principais razões para a desigualdade, encorajando as mulheres a ir mais fundo em busca da autoestima; a erguer a voz; a exigir promoções, aumento de salário e votos.[11] O problema está em nós, ao que parece; na falta de confiança para afirmar nosso valor. Mas somos espertas o suficiente – ou deveríamos ser – para não aceitar a culpa pela nossa opressão: aprendemos bem a lição e sabemos o que acontece com mulheres que voam alto, que ousam pedir mais.

Num estudo recente e muito citado, 156 pessoas avaliaram dois CEOs fictícios – um homem e uma mulher – que ora falavam demais, ora de menos. Os participantes mantiveram a expectativa de que o homem emitisse sua opinião e o elogiaram por dominar a conversa, enquanto a mulher recebeu duras críticas por falar demais. Tanto os participantes homens quanto as mulheres avaliaram negativamente a CEO.[12] O mais perturbador, para mim, é que as mulheres sabem que serão penalizadas por *demonstrar* confiança. Quando pergunto a amigas se elas acham que a confiança é um problema, elas me garantem que não. Elas sabem que são mais bem preparadas e mais competentes do que a maioria dos homens com quem trabalham; basta não demonstrar que sabem.

As ressalvas quanto a expressar confiança aparecem na pesquisa conduzida por Christine Exley e Judd Kessler: mesmo quando as mulheres sabiam ter um desempenho semelhante ao dos homens, relutavam em fazer essa afirmação – fomos treinadas para não verbalizar isso.[13] E o tiro sai pela culatra: um estudo confirmou que a influência das mulheres está tão ligada às noções de acolhimento, afeição e sociabilidade que a fórmula "desempenho + confiança = poder e influência", tão eficaz para os homens, explode na cara delas. A autora do estudo conclui: "A autoconfiança serve para os dois gêneros; as consequências de parecer autoconfiante, não."[14] A demonstração de confiança não funciona para as mulheres, portanto é cruel simplesmente dizer a elas: *Sejam mais confiantes*.

Você consegue se lembrar da última vez que ouviu uma mulher dizer que estava orgulhosa de si mesma? Orgulhosa do parceiro, do filho, dos colegas e dos amigos – com certeza! Mas orgulhosa de si mesma? Talvez tenha ouvido algo do tipo ao final de uma maratona ou coisa assim – orgulho da *superação* –, mas é raro ouvirmos uma mulher admitir o orgulho de si mesma diante de uma conquista. Em vez disso, há sempre outros a quem agradecer: todas as pessoas que a levaram até lá e que são corresponsáveis pela vitória dela. Quando digo que estou orgulhosa de mim, quase me engasgo de tanto constrangimento. Eu me sinto muito mais confortável fazendo ressalvas, minimizando o evento. "Vou deixar para sentir orgulho quando..." ou "Não fiz lá grande coisa". Tudo que fiz foi atender às expectativas. Tive pais que me apoiaram e estudei em boas escolas. Sou branca, construí minha carreira em empresas famosas e sempre contei com o apoio de uma rede de proteção financeira. Numa sociedade construída para pessoas como eu, parece perverso eu me sentir orgulhosa por minhas conquistas. Mas eu não fico com nenhum crédito?

Alguns anos atrás entrevistei Arlan Hamilton, uma capitalista de risco negra e queer interessada em empreendedores pertencentes a grupos sociais sub-representados. Quando estava na casa dos 30, ela passou a maior parte do tempo morando de favor e sobreviveu graças ao auxílio-alimentação do governo enquanto lutava para sair da pobreza. Trabalhou sem parar, *sem* ter onde morar, para levantar os primeiros fundos,* e mesmo ela se irrita com a ideia de que fez tudo "por conta própria".¹⁵ Ser um criador solitário é um mito ao qual os homens se agarram sem pestanejar, mas Hamilton insiste que a mãe, o irmão, seus colegas e a comunidade de amigos que a alimentaram quando ela não tinha dinheiro para comer também merecem crédito.¹⁶ E diante de tudo que ela conquistou, a despeito de sua modéstia inabalável, os críticos adoram insinuar que ela é cheia de si; estão desesperados para derrubá-la. A manchete de um artigo sobre ela na revista *Inc.* reflete isso: "O hype sempre esteve à frente de Arlan Hamilton, e finalmente ele a alcançou."¹⁷ (Não é verdade; ela segue prosperando e ajudando outros fundadores racializados a prosperar também.) Mas as ressalvas de Hamilton fazem sentido: as mulheres devem agir com discrição na estrada da sobrevivência e do sucesso.

O RECEIO DE VENCER E SE DESTACAR

Minha família é competitiva. Peter, o marido do meu irmão, costumava brincar dizendo que seríamos capazes de competir pela cestinha de pão do restaurante. Ele ficava por perto nos observando, fosse na mesa do jantar ou numa trilha, rindo e balançando a cabeça enquanto tentávamos arrastá-lo para qualquer atividade que tivéssemos inventado no momento. Meus pais costumavam medir a "vitória" não pelos troféus, mas pelo resultado – páginas lidas, esportes praticados, promessas mantidas – para ressaltar o fato de que a ética do trabalho era mais importante que os prêmios. Esse combo – o mais eficiente, o mais esforçado – me confundia. Passei a detestar jogar para

---

* Homens ficam com 98% do dinheiro de capital de risco, de acordo com dados da plataforma Crunchbase. Dá vontade de vomitar. Não por acaso, os autores do artigo "Male and Female Entrepreneurs Get Asked Different Questions by VCs – and It Affects How Much Funding They Get" (Homens e mulheres ouvem perguntas diferentes dos capitalistas de risco – e isso afeta a quantidade de fundos que recebem), publicado na *Harvard Business Review*, avaliaram 140 interações entre capitalistas de risco e empreendedores numa conferência e afirmaram: "A tendência era fazer aos homens perguntas sobre o potencial de ganho, e às mulheres, sobre o potencial de perda. Encontramos evidências dessa tendência entre todos os capitalistas de risco, fossem homens ou mulheres." Os autores também descobriram que o financiamento para os homens era sete vezes maior que o das mulheres.

vencer, preferindo em vez disso me concentrar em quanto eu me esforçava. Havia humildade e virtude no esforço – a glória, por outro lado, me deixava desconfortável. E meus pais reforçavam isso. Por mais que eu tenha certeza de que eles estavam orgulhosos de mim e dos meus feitos, eles relutavam em me dizer isso por medo de que "o sucesso me subisse à cabeça". Essa era a ladainha que eu repetia sem parar enquanto treinava, estudava e me saía bem. Mais tarde, quando as coisas ficaram intensas e começaram a dar certo, percebi que eu não era de aço. Era comum eu me recolher e implodir. Eu me autossabotava. Mesmo assim, a despeito do profundo desconforto, eu também me dava bem com bastante frequência. Eu sabia como dar o melhor de mim, trabalhar duro, treinar o corpo e a mente, provar meu valor por meio do desempenho e ser impecável. Isso de fato era recompensado com troféus.

Eu competia em várias frentes – tênis, natação, equitação, matemática. Eu me destacava especialmente em esqui estilo livre, modalidade na qual fui ranqueada em primeiro lugar no país quando tinha 10 anos.* Sou uma esquiadora excelente. Mesmo ao escrever essa frase, quero corrigi-la e trocar por "muito boa". Sou precisa em cada giro, mantenho as pernas alinhadas, sou rápida e tendo a seguir a encosta mais íngreme até o fim. Passei mais tempo da vida esquiando que fazendo qualquer outra coisa. Eu ia até a montanha, numa pequena estação de esqui com dois sistemas de elevação, perto de casa, noventa dias por ano – nos fins de semana, nas quartas-feiras durante metade do dia e em toda e qualquer hora disponível nos dias de folga. Eu saltava do teleférico e entrava em ação: volta após volta. E repetia. Eu costumava esquiar sozinha, treinando para me fazer companhia, treinando para não me sentir esquisita quando comia sozinha no chalé. Eu frequentava acampamentos de esqui no verão. Fazia treinos em terra firme. Antes de ir para o internato, quando tinha 15 anos, pude escolher: tentar entrar para a seleção nacional ou ir para o leste e ter uma educação melhor.

---

* Sem qualquer ironia, quando leu um rascunho deste capítulo, meu pai sugeriu que talvez eu estivesse exagerando as conquistas... Eu tinha ficado em primeiro lugar no ranking nacional ou regional? (Fui a primeira no país quando tinha 10 anos, num tempo em que realmente havia poucas meninas no esporte – os rankings eram definidos pela pontuação das competições regionais, não por competição direta entre todas as atletas. É provável que eu tenha ficado com a pontuação mais alta por ter enfrentado menos competição no noroeste do país.) Viu o que acabei de fazer?

Talvez eu tivesse chegado à Olimpíada, mas meu corpo decidiu por mim. O músculo flexor do quadril começou a oscilar sobre o osso, e acabei saindo da competição nacional no primeiro ano em que tinha chegado tão longe. Eu sentia dor e estava infeliz, sem me divertir nem um pouco. Os montes de neve eram imensos e acidentados. Voltei para casa aliviada, grata por ter saído. Meu corpo disse "não", uma vez que minha boca não se abriria para falar por mim.

Kate Fagan, escritora, ex-jogadora da liga feminina de basquete dos Estados Unidos e comentarista da ESPN, foi criada por um pai que jogava basquete profissional e que faleceu recentemente de esclerose lateral amiotrófica. Ela escreveu uma autobiografia em forma de carta que é um estudo de como Fagan e o pai construíram o relacionamento entre pai e filha na quadra ao longo de décadas – um relacionamento complicado pela puberdade, pelo desejo de espaço e independência, pela ansiedade de sair do armário e pela crescente insatisfação com o esporte. Kate, que não joga mais, nem por diversão, foi uma grande jogadora, mas a despeito de suas proezas o pai insistia que ela minimizasse o próprio desempenho. Ela diz: "Uma das filosofias centrais de meu pai era: não diga às pessoas que você é boa; deixe que elas descubram sozinhas. [...] Mesmo quando era pequena, eu considerava qualquer tipo de autoelogio um defeito."[18] Para Fagan, o basquete foi a primeira identidade, e eu me pergunto se seu esgotamento e afastamento do esporte poderiam de alguma forma ser atribuídos ao fato de ela ter sido impelida a não exaltar o próprio talento, a não se autocelebrar, um pouquinho que fosse. Descobri que uma certa dose de terror vem com os holofotes e estraga a festa.

Depois de adulta, voltei a esquiar e tornei a prática uma prioridade para mim e para meus filhos. E voltei a sentir prazer em esquiar, sem ninguém para conferir os pontos, os saltos desvairados, o tempo de descida até o pé da montanha. Mas ainda me sinto desconfortável quando as pessoas me observam esquiando. Eu espero, correndo o risco de congelar os dedos já frios, até que outros esquiadores saiam do meu campo de visão. É conflitante: quero ser reconhecida como boa esquiadora, pois talvez isso seja o que faço de melhor, ao mesmo tempo que ouço a voz do meu pai me alertando para que nada me suba à cabeça. Eu me lembro de uma viagem em família para a estação de esqui Jackson Hole. A neblina estava forte, eu tinha 10 anos e estava descendo a toda velocidade uma encosta chamada Toilet Bowl, famosa pelos minipenhascos, quando acidentalmente voei direto por cima de um deles. Eu não me machuquei, aterrissei em neve fofa, mas meus pais, embora estivessem rindo aliviados por me encontrarem intacta do outro lado, me lembraram que é isso que acontece aos exibidos: eles mergulham para a morte, como Ícaro.

Na infância, eu esquiava a maior parte do tempo com meninos; eu era uma sombra silenciosa enquanto eles faziam o possível para chamar a atenção para suas proezas: giros de 360 graus embaixo do teleférico, gritos altos, perseguição na neve sem qualquer cuidado com a segurança. Os meninos nunca se abstinham de bater no peito, exibindo suas habilidades. Não me lembro de ninguém repreendê-los por se exibirem, talvez apenas uma advertência para que desacelerassem, uma vez que podiam muito bem matar um removedor de neve que de repente cruzasse o caminho. Eu adorava a companhia dos meninos. Eles me incentivavam a melhorar, me fazendo passar por baixo das cordas de elevação, por entre as árvores e, às vezes, pelos penhascos – e com meus cabelos curtos eu me camuflava entre eles sem dificuldade. Todos eram mais rápidos e mais fortes que eu. Eu me esforçava para acompanhar o ritmo – e, portanto, não era uma ameaça; era uma espécie de café com leite. Além disso, nunca competíamos uns contra os outros. Havia liberdade – e muito mais diversão.

Meus pais tinham razão em temer que o sucesso me subisse à cabeça, pois, aos olhos da sociedade, eu me tornaria insuportável, desagradável, afastada das outras meninas. Esse ensinamento – faça o melhor possível, mas seja invisível e não espere crédito ou atenção – me acompanhou por toda a vida. Era reproduzido por uma cultura obcecada por "olheiros", a ideia disseminada de que um caça-talentos que sabe das coisas me descobriria e me arrancaria da obscuridade. São muitos os relatos de pessoas que foram descobertas em shoppings do subúrbio ou no interior: Rosario Dawson sentada num degrau, Kate Moss num avião, Cindy Crawford tirando a palha do milho numa fazenda em Illinois. A ideia de que na meritocracia dos Estados Unidos o talento surge naturalmente nos treinou para a passividade. Se você construir alguma coisa, eles virão; se você tiver talento, será descoberta. Tentar conseguir atenção ou aprovação é no mínimo inadequado.

Recentemente conversei com uma atleta quase olímpica, a última mulher cortada de uma equipe que acabou ganhando medalha de ouro em Tóquio. Embora o time tenha treinado junto por três anos, depois de ser cortada ela só teve contato com uma pessoa da equipe e nenhum dos técnicos. Enquanto assistíamos a um grupo de meninos jogar softbol, numa noite dessas, ela me contou a história por trás da história. Sim, ela se sentia um pouco magoada pelo fato de as colegas não entrarem em contato, mas se sentia mais traída por si mesma. Ela havia engolido a ideia de que a equipe estava acima de tudo, de que a ambição pessoal deveria ficar em segundo plano em relação à glória da conquista em conjunto.

– Na próxima vez terei mais determinação – afirmou ela. – Vou pensar mais em mim e me concentrar em fazer o melhor possível, em vez de me preocupar tanto com a felicidade dos outros e com a forma como as pessoas me enxergam. – E logo em seguida se retratou: – Mas é claro que vou prestar atenção na equipe e nas colegas.

Ficamos alguns instantes em silêncio antes de ela continuar.

– Nossa, é engraçado pensar nisso. Nos esportes femininos é desconfortável falar sobre cada uma de nós. O foco é *sempre* a equipe, aconteça o que acontecer. Os técnicos sempre nos dizem para trazer o foco de volta para a equipe quando estamos dando entrevista: "Sempre falem da equipe." Eu não faço ideia se eles fazem isso com os homens.

Enquanto ela lidava com a própria ambivalência ali na minha frente, havia tristeza e um pouco de raiva na revelação. Embora ela parecesse decidida a priorizar o próprio desejo de vencer, *vencer para si*, ela admitia que o simples fato de falar isso era vergonhoso.

– Eu sei que não posso vencer sem a equipe.

Sim, e ela não pode vencer se não estiver no time. Às vezes o jogo é assim, faz parte da vida, mesmo que digamos às mulheres que não. Em vez de ser treinada para usar a competição como forma de afiar os desejos, como um mecanismo para vencer de vez em quando e perder de vez em quando, mas *continuar tentando*, o que se ouve é a narrativa cultural implícita de que, se você não é capaz de sublimar o próprio desejo em nome do bem maior, é melhor ficar de fora. Assim você não precisa tirar nada de ninguém nem ficar com raiva por tirarem de você. Quando vemos alguém conseguir o que queremos e acusamos umas às outras de arrogância ou censuramos a outra por ousar vencer, impedimos muitas de nós de sequer entrar em campo.

O DESEJO DE SER VISTA

Minha amiga Jane aparece na TV quase todas as manhãs. Comunicativa por natureza e incrivelmente linda, ela tem sido a face e a voz de muitas revistas. O país a adora. No entanto, por mais confortável e acostumada aos holofotes que ela esteja, Jane não consegue receber um elogio. O bloqueio é tão intenso que ela devolve a gentileza antes que a outra pessoa termine de falar.
– Como você está linda, Ja...
– *Não*, quem está linda é *você*!
Certa noite, numa visita a Nova York, nós duas fomos a um restaurante em frente ao Central Park. Ficamos até tarde, matando o tempo, muito depois de os outros clientes terem ido embora. Insisti para que ela explicasse essa ansiedade diante da atenção dos outros, uma vez que ela é tão divertida na frente das câmeras, uma pessoa tão interessante. E ela é convidada a aparecer na TV *o tempo todo*! Ela admitiu que os produtores a convidam toda semana, mas logo fez uma ressalva:
– Eu facilito as coisas para eles.
(Essa não é a razão.)
Quando lhe perguntei por que é tão difícil para ela reconhecer o próprio talento, Jane pensou um instante e então respondeu que tinha sido atriz e modelo quando era mais nova e que tinha participado de alguns comerciais. Seu estrelato precoce causou um tremendo desconforto na mãe, que a advertiu para não deixar a irmã ou as colegas da escola se sentindo mal. Jane internalizou tão bem a lição que se tornou visivelmente constrangida por ser quem é. Não existe alegria ou validação nos elogios – em vez disso, ela passa tempo demais tentando mostrar ao mundo que ela não é "isso tudo". É uma perda para todas nós: é uma perda de tempo para Jane ofuscar a própria luz, e nós deixamos de ver um exemplo público de alguém que celebra os próprios talentos. Eu queria que ela tivesse *orgulho de ser quem é*. Por outro lado, compreendo sua tendência a baixar a cabeça para não ser degolada. Recusar elogios e aplausos é uma forma conhecida de brilhar e

sobreviver ao mesmo tempo. Eu entendo, pois também tenho medo de ser vista. A maioria de nós tem.

Entrei no mercado de trabalho como assistente editorial da revista *Lucky*, fazendo serviços auxiliares: empacotando e enviando amostras, escrevendo pequenas sinopses não creditadas para matérias e, por fim, editando e escrevendo seções de várias páginas. Mas eu nunca me atreveria a me considerar uma escritora – embora fosse esse o meu trabalho e eu estivesse sendo publicada! Como atividade paralela, comecei a fazer ghostwriting para celebridades e outros "especialistas". O dinheiro extra era essencial para minha sobrevivência em Nova York, mas além disso eu me sentia confortável sendo a voz de outra pessoa, como se o fato de não receber os créditos não me tornasse uma farsante. Eu mirava o alcance público das pessoas para as quais escrevia, a capacidade que elas tinham de espalhar as ideias que eu não podia espalhar. Por que não escrever em nome de alguém com visibilidade? Eu sabia que escrevia bem, mas era seguro filtrar as palavras por meio da "autoridade" de outras pessoas e depois ficar nos bastidores, escondida atrás da cortina, esperando para ver como elas seriam recebidas. Fiz ghostwriting ou coescrevi mais de dez livros e não me importo de meu nome nunca aparecer nos créditos. Há uma sensação de segurança em deixar as palavras passarem por mim sem tocar o ego, em permanecer desconectada do resultado, em me sentir fora do alcance dos julgamentos, indetectável e invisível.

Em todos os meus empregos me sinto animada com a perspectiva de me esconder por trás das marcas e de seus criadores famosos. Eu me revelo no anonimato. No entanto, em minha função mais recente, quando lançamos um podcast, saí da toca; e depois da série da Netflix me tornei visível, não mais um fantasma sussurrando no ouvido dos outros. Nos meses que antecederam o lançamento da série, fui tomada pela ansiedade; não que eu não achasse que a série fosse boa, mas eu estava apavorada diante da ideia de abandonar o manto da invisibilidade. Eu sabia que me tornaria alvo de críticos e trolls da internet e que, por me tornar visível, poderia ser facilmente destruída. E meus pais reafirmaram esse medo simplesmente agindo como se nada estivesse acontecendo. A certa altura, talvez depois de eu aparecer em reportagens do *The New York Times* ou do *The Wall Street Journal*, meu pai me enviou uma mensagem brincalhona, mas sem abrir mão de um comentário afiado: "Com toda essa atenção, será que o sucesso não vai lhe subir à cabeça?" E então, no dia da estreia da série, nada. Meus pais não fizeram qualquer comentário. Ou eles não acharam grande coisa ou não queriam que *eu* achasse grande coisa. (Opção 3: eles estavam apavorados diante da possibilidade de eu ser decapitada e devorada pelos lobos, então inventaram uma amnésia.)

Talvez não seja coincidência o fato de, no dia do lançamento da série, eu ter entrevistado o psicólogo Craig Malkin, especialista em narcisismo. Todos nós conhecemos a história de Narciso, o rapaz que se apaixonou pelo próprio reflexo numa lagoa – ficou tão fascinado pela própria beleza que se deixou abater pelo sofrimento e morreu. Ouvimos falar menos de Eco, a ninfa do bosque que se apaixonou por Narciso. O desejo insaciável de se entregar a ele a condenou a viver sem voz própria pelo resto da vida, ecoando apenas o pensamento de outras pessoas. Narciso e Eco passaram a representar dois extremos no espectro cultural: aqueles que são perigosamente obcecados por si mesmos e aqueles em completa negação de si.

No mundo real, o transtorno de personalidade narcisista, que demanda diagnóstico médico, é tipificado por exibicionismo, necessidade de admiração, noção exagerada da própria importância, tendência a monopolizar e dominar conversas, sensibilidade a críticas e outros fatores semelhantes. Lembra muito a descrição que Evágrio Pôntico faz do orgulho. É interessante observar que, enquanto as mulheres são condenadas caso tenham um ego muito inflado, não há penalidade para os homens – eles podem até se tornar presidentes.*

Em seu consultório, Malkin atende principalmente ecoístas ou pessoas a quem falta um "narcisismo saudável", um termo que ele não criou, mas ajudou a popularizar. O fato de haver mais mulheres do que homens ecoístas não chega a ser surpreendente. Conforme Malkin me explicou: "Pessoas ecoístas vivem de acordo com a seguinte regra: quanto menos espaço eu ocupar, melhor. Elas têm medo de ser um fardo. E, em nossa pesquisa, o

---

* De acordo com o professor Ernesto Reuben, da Columbia Business School, que criou o termo *excesso honesto de autoconfiança*, os homens se beneficiam da autoexaltação, em particular quando se trata de recrutamentos e promoções. Quando pediram a alunos de MBA que analisassem o próprio desempenho, "foi comum os homens superestimarem em cerca de 30% o desempenho real".[19]

que descobrimos foi que seu *principal aspecto definidor era o medo de parecer narcisista*." E então Malkin foi direto ao ponto: "As pessoas acabam confundindo orgulho com arrogância. E elas punem ou criticam manifestações de orgulho, especialmente nas meninas, mas também nos meninos. Quando esses sentimentos normais de orgulho são criticados, as pessoas os reprimem, desconectam-se deles e aprendem a se relacionar deixando o orgulho completamente de fora. Eis a receita para o ecoísmo."[20] A descrição de Malkin me faz pensar na minha amiga Jane e em tantas mulheres que conheço: temos tanto medo de ser consideradas orgulhosas que impedimos nossa completa autoexpressão – e às vezes impedimos *qualquer* autoexpressão. Malkin trabalha para que seus pacientes cheguem ao meio-termo entre ecoísmo e narcisismo: o tal "narcisismo saudável". O orgulho é um componente essencial e importante da autoestima salutar: é um indicativo de que reconhecemos nossos talentos, nossa singularidade, e nos sentimos capazes de empregar esses talentos no mundo.

Malkin e seus colegas da área da autoestima e da psicologia acreditam que a sensação de ser especial – seja ela justificada ou não – é não só positiva, mas essencial. Ele ressalta: "Nos últimos 25 anos, os psicólogos compilaram incontáveis evidências que mostram que as pessoas, em sua maioria, parecem convictas de que são melhores do que quase todo mundo no planeta. A opulência dessa pesquisa só pode nos levar a uma conclusão inevitável: o desejo de se sentir especial não é um estado da mente restrito aos canalhas arrogantes e sociopatas."[21] Todos precisamos nos sentir especiais, mesmo que só nos sintamos seguros para admitir isso para nós mesmos.

Mas e se for mais que isso? E se essa sensação de ser especial – o orgulho – for um imperativo da humanidade? E se esse for o sentido de tudo? Desejamos igualdade: direitos iguais, oportunidades iguais, os mesmos recursos em todas as escolas. E esses são objetivos admiráveis e fundamentais. No entanto, devemos reconhecer que não somos iguais: cada um de nós tem o próprio estilo, os próprios talentos e as próprias habilidades. Estamos aqui para contribuir, fazer nossa parte, dar e receber. Essas são qualidades egoicas, nada do que se envergonhar. É nosso ego que nos dá senciência e que nos distingue como animais capazes de entender e declarar "Eu sou". O ego – como marca de identidade e de racionalidade singular – inclui o eu. E ele deve se expressar. Quando conversei com Malkin, no dia em que me vi exposta a uma audiência de milhões na Netflix, teria sido bom ouvir de meus pais que eles estavam orgulhosos de mim por ter coragem de me expor; e que, independentemente do que acontecesse, era mais importante usar meus talentos do que me esconder. Num mundo ideal, eu mesma teria conseguido me oferecer esse apoio. Mas aí é que está: nossos talentos são significativos somente na medida em que tocam outras pessoas e servem a suas necessidades. É um chamado e uma reação. Somos todos, gostemos ou não, um coletivo. O ego como ponto de distinção é essencial, porque é ele que nos torna uma comunidade global de seres humanos, não uma colmeia de abelhas eficientes. As mulheres são preparadas para servir ao todo – é assim que somos condicionadas. O principal aspecto da sobrevivência da nossa espécie gira em torno do imperativo de que as mulheres usem seus talentos em todas as esferas. E que seus ecos nos alcancem de volta.

COMO ENTENDER NOSSO DIFERENCIAL

O problema com nosso diferencial começa quando o utilizamos como ferramenta de opressão ou dominação: "Sou melhor que...", "Sou superior a...". A distinção por si só não é o problema. Nosso eu verdadeiro, aquela semente minúscula de potencial, precisa ser resguardada, protegida e cuidada desde o nascimento para que possa permanecer um pouco selvagem e natural. O problema com a identidade individual começa quando permitimos que ela se torne uma ilusão, desconectada da realidade na qual nos encontramos. O ego se torna um problema quando se insurge em direção à supremacia e à dominação em vez de tender à comunhão e à concriação. Afinal de contas, não nos cabe ser bons em todas as coisas; é essa a biodiversidade humana. E, assim como árvores e fungos têm uma complexa relação de interdependência – umas estendendo os ramos para o céu e outros espalhando uma rede micelial por baixo da terra –, quem é capaz de julgar qual contribuição é mais essencial ou importante?

Os instintos nos encorajam a deixar nossa marca, a imprimir nosso legado no mundo e a fazer da nossa vida passageira algo permanente. A natureza divina de cada um de nós anseia por ser vista, reconhecida, ratificada e passada adiante. Como escreve Malkin: "Um ego levemente inflado tem seus benefícios. Na verdade, muitos estudos revelam que pessoas que se consideram melhores que a média são mais felizes, mais sociáveis e costumam ser mais saudáveis fisicamente do que os colegas mais humildes. Uma postura imponente é associada a inúmeras qualidades positivas, incluindo criatividade, liderança e autoestima, fatores que podem impulsionar o sucesso no trabalho. A autoimagem otimista nos imbui de confiança para enfrentar dificuldades, mesmo após um fracasso devastador ou uma perda terrível."[22] Isso é narcisismo saudável. É quando nos sentimos comprometidos, devidamente reconhecidos e então percebemos que nossa presença *importa*. A fé em nosso diferencial é imprescindível para que permaneçamos empenhados em fazer e ser melhor. É essencial crer que podemos melhorar o mundo, que somos capazes de superar obstáculos que costumam nos parecer extraordinários.

O narcisismo saudável, ou ego saudável, é diferente da autoestima, embora os conceitos sejam muitas vezes confundidos. Como todos os conceitos do "eu", eles são inexatos – e, em essência, têm um parentesco distante. Afinal, narcisistas extremos tendem a carecer de autoestima; exibicionismo e imponência são disfarces para sentimentos de inadequação e insegurança.* O instinto de se proteger da realidade é desenvolvido na infância, normalmente semeado por pais que *também* são narcisistas e incapazes de segurar o espelho para que os filhos possam se observar com cuidado. Em vez disso, a criança se torna uma tela para a projeção e as expectativas do pai ou da mãe. No outro lado da balança, o ecoísmo acontece quando ninguém vê a criança – quando ela convive com um pai ou mãe abusivos ou quando a própria realidade é desconfortável demais para ser encarada. Talvez uma das feridas mais fundamentais da infância ocorra quando os pais, as primeiras pessoas que a criança idolatra e reverencia, não a veem ou não celebram seu verdadeiro eu. Nos primeiros anos da infância, confiamos nos pais para nos dar uma explicação bem embasada de quem somos, para nos ajudar a compreender nossa essência antes de sermos capazes de fazê-lo. Isso não nos leva a uma

---

* Em seu livro *Nós*, publicado em 2022, o terapeuta Terrence Real faz uma ressalva a essa afirmação, considerando-a generalizante, e escreve: "Pesquisas mostram que cerca de metade das pessoas consideradas narcisistas é movida por insegurança. A outra metade simplesmente acredita que é melhor que todo mundo. Traços exibicionistas de superioridade podem ser um escape para sentimentos de inadequação, mas podem também ser apenas o legado do falso empoderamento."[23]

identidade final, mas é um primeiro passo importante. Conforme explica Malkin: "Crianças pequenas só sentem que importam – só sentem que *existem* – quando os pais as fazem se sentir especiais. Pais que prestam atenção na vida interior dos filhos – com suas esperanças e sonhos, tristezas e medos e, acima de tudo, com sua necessidade de admiração – fornecem o 'espelho' necessário para que a criança desenvolva uma noção saudável de quem ela é."[24]

Meus pais fizeram um ótimo trabalho; de verdade, eles se saíram muito bem. Entretanto, como acontece com todo mundo que conheço, é perfeitamente possível receber muito dos pais e ainda assim não receber o suficiente. Como tantos outros, meus pais viviam concentrados, ocupados, e se recusavam a nos "mimar" com atenção, com demasiado interesse no que estávamos aprontando ou com celebrações por nossas conquistas. Eles não estavam errados em nos preparar para um mundo que não manifesta admiração constante, mas uma criança precisa de validação. Ela vai procurar onde puder por sinais de que está se saindo bem e vai descobrir o que precisa fazer para receber amor e para experimentar uma conexão emocional segura. Algumas pessoas que amo tiveram a experiência oposta – foram iludidas quanto à própria excelência, quanto ao seu talento para a escrita, ao primor da sua arte, ao que deveriam estar sentindo: "Você é ótima, querida", "Está tudo maravilhoso, meu bem", "Não há problema algum, meu anjo". Não que essa rasgação de seda tenha levado meus amigos e amigas ao fracasso quando depararam com o mundo real e descobriram que não eram necessariamente tão talentosos quanto tinham sido levados a acreditar. Parece, todavia, que isso comprometeu a habilidade deles de confiar na própria realidade. Na infância, nós *sabemos*: sabemos quando nosso desenho de maçã parece um cocô tristonho; sabemos quando estamos tristes, com medo ou sozinhos – e ouvir que isso não é verdade é no mínimo confuso. Na pior das hipóteses, significa que perdemos a confiança no autoconhecimento. Desejamos uma avaliação precisa; queremos que nossa percepção de quem somos no mundo seja equivalente ao modo como somos percebidos pelo mundo.

Para muitas das mulheres que conheço, parece mais seguro e garantido ser subestimada, ignorada e não receber valorização alguma. E não acho que nos subestimamos porque temos um medo natural da pressão; acho que o fazemos porque fomos treinadas para seguir adiante com nossas piores qualidades ou para nos subestimar por meio de ressalvas: "Talvez essa seja uma pergunta idiota, mas...", "Eu estava *só* pensando se...", "Desculpa se vocês já pensaram nisso antes...", "Talvez eu esteja errada, porém...". Também somos rápidas em ressaltar todas as nossas prováveis limitações antes que elas sejam ressaltadas por outras pessoas. Afinal de contas, não é possível nos ferir se já estivermos feridas.

Encontramos segurança e estabilidade ao não acreditarmos em nós mesmas – não só porque existe um mundo que nos diz que não deveríamos acreditar, mas também porque assim temos menos a perder. Então permanecemos contidas e confinadas, inclusive atacando outras mulheres que tentam se erguer. "Como ela ousa fazer isso enquanto estou aqui, na defensiva?"

EU VERDADEIRO E EU ILUSÓRIO

Quando nos desconectamos desses "sentimentos normais de orgulho", criamos um eu à parte. Enterramos nosso lado que parece mais frágil e verdadeiro e optamos pela versão segura, a que difere de quem realmente somos. Isso ficou claro para mim em outubro de 2020, quando, junto com outras sessenta pessoas, embarquei numa jornada de uma semana num centro de convenções em Utah. Estávamos lá para presenciar uma incorporação de Yeshua (sim, Jesus) feita por Carissa Schumacher, e outra incorporação de Nossa Senhora, feita por Danielle Gibbons, que nos conduziram por uma série de palestras e meditações acerca do verdadeiro eu e do "eu ilusório", ou do eu que projetamos.* Àquela altura eu havia passado sete anos em missões desse tipo, a trabalho, experimentando *de tudo*. Ainda assim, aquela semana foi um pouco diferente; ela trouxe uma série de revelações inteiramente novas e profundas. No segundo dia, Carissa falou longamente sobre o eu ilusório, o espaço que a maioria de nós ocupa e no qual passamos a maior parte dos dias. Fazemos isso de modo inconsciente, agindo com base na crença profunda ou no entendimento de que viver separadas de quem realmente somos evitará que nosso eu autêntico se machuque. Essa é uma postura de hipervi-

---

* De certa forma, a distinção ecoava a versão do antropólogo Ashley Montagu do primeiro eu (biologia) e do segundo eu (cultura).

gilância, um escudo contra a hipótese da dor, da rejeição e de não ter nossas necessidades atendidas. Como disse Carissa: "Na infância, muitos tiveram que abandonar o eu verdadeiro porque ele não era seguro. Naturalmente, a criança assume uma identidade baseada no que ela considera 'seguro.'"[25]

Em suma, faremos quase qualquer coisa para não encarar a realidade de quem somos, nem que seja pelo fato de que ficar em silêncio e olhar para dentro de nós é muito mais difícil do que permitir que os outros nos definam. Como explicou Carissa: "Sua missão é ser *exatamente quem você é*, ser vista e percebida *por si mesma*." Nesse processo, somos chamadas a deixar de lado a armadura do eu ilusório – armadura que não nos protege de coisa alguma – e assumir a armadura divina do nosso eu autêntico. Isso requer um ato profundo de fé e vulnerabilidade, mas também é a porta estreita da liberdade e da alegria.

Precisamos encontrar um jeito de ficar em paz com nosso eu – de mostrar a nós mesmas exatamente quem somos e de celebrar isso. Ao acolher nosso eu verdadeiro, podemos apoiar melhor outras mulheres enquanto elas também se celebram. E talvez, por nossos filhos, sejamos capazes de ser doulas de seus propósitos, em vez de profetizar como eles precisam se adaptar à sociedade em busca de segurança. Como seria bom viver num sistema no qual valorizássemos as pessoas não pela adequação, mas pela contribuição singular, pelo modo como elas conseguem ser exatamente quem são... Como explicou Carissa: "Quanto menos você precisar ser para o mundo, mais será para si." Pense nisso por um instante, em particular as companheiras mulheres para quem o próprio valor é medido com base em quanto vocês *fazem* e, portanto, *são* para o mundo lá fora. E se cada uma de nós nos dedicássemos a nós mesmas primeiro? E se aprendêssemos a nos amar antes de dar amor aos outros? E se nos conhecêssemos e nos acolhêssemos de modo que pudéssemos oferecer esses talentos para o mundo? E se, em vez de ficarmos ressentidas com outras mulheres que festejam a própria singularidade, segurássemos o espelho para elas? E se, em vez de "Será que mereço?", aprendêssemos "Eu dou e recebo"? Seria incrível se pudéssemos apreciar e celebrar nossos diferenciais sem a onda de constrangimento que parece acompanhar cada manifestação de amor-próprio. Eu fui criada para ser eu. Você foi criada para ser você. É uma traição do eu viver o destino de outra pessoa. Precisamos nos entregar a quem somos de verdade, não a quem achamos que deveríamos ser. Quando tentamos evitar o rótulo de "orgulhosas" e nos escondemos do mundo, perdemos a chance de embarcar no verdadeiro autoconhecimento.

DESCUBRA E CANALIZE SEUS TALENTOS SINGULARES

Por causa da nossa tendência de pensar de forma linear, sempre buscando mais, acabamos esquecendo que a vida se dá em ciclos e estações, qual não é ranqueada ou hierarquicamente ordenada, como o patriarcado nos faz acreditar. É claro que a natureza tem sua cadeia alimentar, mas na vida selvagem ela é determinada pela força *num momento específico,* não por um sistema de opressão no qual o poder é acumulado e exercido de acordo com uma lei arbitrária. No mundo natural, o ecossistema entra em equilíbrio – e algumas plantas e animais dão a vida para garantir que isso ocorra. No best-seller *A maravilhosa trama das coisas,* a poeta e bióloga Robin Wall Kimmerer mergulha fundo no ciclo de reciprocidade segundo um sistema adotado por nativos americanos. Um exemplo que ela nos dá é o das Três Irmãs – milho, feijão e abóbora – e os motivos pelos quais as comunidades indígenas as plantavam não em fileiras bem definidas, meticulosas e em sistema de monocultura, mas sempre misturadas. Dessa forma, cada planta garantia que as outras duas irmãs tivessem suas necessidades atendidas; juntas, elas floresciam. O milho fornece o andaime; o "curioso" feijão se esgueira em muitas direções distintas, mas não pode ultrapassar o espaço que o milho demarca para ele; e a abóbora, com suas grandes folhas, fornece sombra e um microclima ideal. O solo vigora, garantindo um ambiente saudável para a estação seguinte.

Ainda que gostemos de histórias de autoconfiança e de responsabilidade individual e que tenhamos nos isolado de nossas irmãs simbólicas – e literais – em nossos lares e em nossas propriedades particulares, há uma lição aqui para todas nós. Ela reside na dívida individual e coletiva para com os bens do planeta e na profunda confiança mútua. O mecanismo por trás do ciclo de reciprocidade é o reconhecimento e o emprego dos talentos individuais a serviço do todo coletivo. Como escreve Kimmerer: "O método das Três Irmãs me lembra os ensinamentos básicos do nosso povo. A coisa mais importante que cada um de nós pode conhecer é seu talento único e a forma de utilizá-lo no mundo. [...] As irmãs nos oferecem uma manifestação visível do que uma comunidade pode se tornar quando seus membros entendem e compartilham os próprios talentos."[26] Precisamos ter orgulho de nossos talentos para compartilhá-los com o mundo; quando nos envergonhamos do desenvolvimento dos nossos poderes, eles morrem no pé.

Nossa cultura parece não entender isso. Em vez de celebrar a sororidade cultural, vivemos reverenciando machos alfa. Adoramos homens líderes, vencedores, finalistas – festejamos os que se sobressaem com visibilidade, independentemente do que eles possam ter feito para chegar lá. Adoramos acreditar em sistemas e seus figurões, naqueles que parecem árbitros do próprio poder: presidentes, padres, professores. Ao longo do processo, é comum desmerecermos nosso arbítrio. Permitimos que os outros nos digam como ser, que ditem nossos valores; aderimos ao que dizem, a despeito do que sentimos em nosso coração. No livro *Casta*, a jornalista Isabel Wilkerson, vencedora do prêmio Pulitzer, fala da ciência das alcateias e do entendimento equivocado acerca do que mantém os cães unidos: ela descobriu que, ainda que o alfa atraia a atenção e os aplausos, é o ômega que atua como coração do grupo, o canino mais essencial, aquele cuja perda é a mais sentida. Isso me parece um indicativo de que nossa obsessão com os que se destacam nos leva a perder de vista os talentos de todas as outras pessoas – deixamos de perceber como o trabalho é feito, quem o faz e qual o papel essencial desempenhado por cada um de nós.[27]

Todo mundo importa. Não podemos deixar que as mulheres fiquem de fora. Precisamos de sua liderança, sua sabedoria, sua compreensão do todo. Conversei recentemente com Julia Boorstin, repórter da CNBC, e com Jasmina Aganovic, uma jovem fundadora e CEO. Jasmina, formada no Instituto de Tecnologia de Massachusetts e já à frente de uma empresa de sucesso, admitiu sofrer de síndrome da impostora, muito embora tivesse acabado de concluir a primeira rodada de um robusto levantamento de fundos no ramo da biotecnologia aplicada a cosméticos. Boorstin, que já traçou o perfil da maioria das mulheres em cargos de liderança no mundo dos negócios, aconselhou Jasmina a dar uma olhada na pesquisa da psicóloga cognitiva Therese Huston, que sugere que as melhores líderes são capazes de calibrar a própria confiança: elas a reduzem quando precisam buscar informações e considerar outras perspectivas e, então, quando passam à ação e à tomada de decisões, voltam a aumentá-la.²⁸ Boorstin, que escreveu um livro chamado *When Women Lead* (Quando as mulheres lideram), sobre as excepcionais habilidades de liderança das mulheres, acredita que a modulação da confiança seja uma das razões pelas quais empresas lideradas por mulheres se saem bem no mercado. Como escreve Boorstin: "O excesso de confiança quase sempre atrapalha a tomada de decisão racional"; e continua: "CEOs homens se saem melhor em avaliações típicas de autoconfiança, enquanto líderes mulheres são mais precisas na avaliação das próprias habilidades e muito mais abertas a diferentes tipos de feedback. Também há evidências de que, diante de notícias ruins e em antecipação a resultados negativos, as mulheres reagem de forma mais decisiva que os homens."²⁹ Foi um grande consolo para Jasmina saber que o melhor caminho para obter sucesso nos negócios era ser ela mesma, em vez de assumir a postura de uma persona masculina mais assertiva.

Afinal de contas, as mulheres se saem muito melhor quando a questão é ouvir os outros, admitir aquilo que não sabem e não interromper.³⁰ No que se refere ao pecado do orgulho e ao que pode vir a ser sua representação mais adequada, eu gostaria de recorrer à expressão "engula seu orgulho". Ela sugere que você deve abandonar a postura de certeza, desculpar-se por ter entendido algo errado e reconhecer que talvez não tenha captado direito a perspectiva de outra pessoa. É claro que isso tem seu valor, em particular se pensarmos em crenças e convicções inflexíveis. "Eu não sei" e "Eu me enganei" são mantras poderosos. Assim como a maioria das mulheres que conheço, sonho com o dia em que seremos liderados por pessoas – homens e mulheres – com autoestima equilibrada, que priorizem a preparação, as perguntas, a escuta e o poder da comunicação em vez do "individualismo arraigado" que é a marca de tantos homens narcisistas e exibicionistas. Em nossa sociedade patriarcal, o comportamento de homens (brancos) é considerado normal e tudo o mais é desvio, mas me recuso a aceitar a ideia de que meninas e mulheres precisam se comportar mais como homens. A sociedade deve buscar a autocorreção e levar em conta as qualidades do feminino, priorizar e recompensar a colaboração, o trabalho árduo e o cuidado com o mesmo afinco com que apoia o "excesso honesto de autoconfiança".

Na ânsia de adular apenas os líderes que mais se destacam, é comum negligenciarmos as pessoas que mais importam em nossa vida. Não são elas nós mesmas e os vizinhos, a prefeita da cidade, os professores dos nossos filhos, as pessoas que trabalham ao nosso lado? De quem sentiríamos mais falta: do profissional que recolhe o lixo da calçada ou faz as colheitas no campo, ou do CEO que mora logo ali? Não é difícil saber quem tem mais impacto na saúde e no bem-estar coletivo. Ao priorizar os papéis e funções errados, deixamos de perguntar quando recuperaremos nosso arbítrio e nossa autonomia e quando começaremos a estudar as ondulações causadas pelas pedrinhas que nós mesmas atiramos. Não podemos renunciar nossa participação no ecossistema, nosso papel nas engrenagens que movem a roda do mundo. É imperativo prestar atenção no que nos diferencia e nos torna únicas. Sem querer soar como uma professora dando sermão, o mais importante é que cada uma faça sua parte. O chamado é diferente para cada uma e nos leva adiante, rumo a papéis que nos foram predestinados. Tentar ser *menos* do que somos é negar a fonte, ou o universo.

AS RAÍZES DA HUMILDADE

Meu terapeuta me contou que as mulheres levam o livro *Indomável*, de Glennon Doyle, para as sessões e leem trechos em voz alta. É um livro que toca fundo, dizendo verdades que não sabíamos muito bem como articular até que a autora nos fornecesse a linguagem adequada. Quando conversei com Glennon, ela contou a história, relatada no livro, de quando se encontrou com Oprah pela primeira vez, ocasião em que ela, Glennon, minimizou o sucesso da própria obra, questionando seu impacto. Em resposta, Oprah disse: "Se fazer de burra, fraca e tola é um desserviço a você mesma, a mim e ao mundo. Cada vez que você finge ser menos do que é, rouba o direito de outras mulheres existirem por completo. Não confunda modéstia com humildade."[31]

Esse me parece um erro muito comum. Poucas mulheres conseguem achar um ponto de equilíbrio. Poucas acertam o alvo do "narcisismo saudável", o padrão-ouro da autoestima adequada e precisa. Não sabemos o que atribuir ao mérito próprio e o que se deve aos ancestrais genéticos, aos mentores, ao universo – o que somos nós e o que é resultado da criação, da sorte, do privilégio, das oportunidades. É um ciclo também. Nossos pais nem sempre souberam como segurar firme nossa mão enquanto descobríamos quem somos, mas não podem levar a culpa. As chances são grandes de que ninguém tenha segurado a mão deles. É difícil oferecer a alguém o caminho da autodescoberta quando também estamos perdidos. Da mesma forma que não podemos deixar que os outros nos definam, estabeleçam nosso valor, nos avaliem e nos validem, não podemos atribuir a responsabilidade por nossa felicidade a outras pessoas e às condições sociais.

Penso naqueles conselhos que meu pai me deu na infância para que eu me mantivesse humilde a qualquer custo. Ele não estava exatamente errado, mas eu faria um pequeno ajuste: não equipararia minha habilidade de ser bem-sucedida à suposição de que isso me tornaria arrogante. Ele me dizia para não me tornar alguma coisa antes de eu ter a chance de sequer tentar. Dizia que, se eu acreditasse estar "pronta" ou ter cruzado a linha de chegada, seria errado parar. Ele me colocou numa encruzilhada: seja impecável, seja útil, maximize seu potencial – e não sinta orgulho de nada disso. Ele me fazia parar com uma placa de perigo, sugerindo que a jornada rumo à autoexpressão seria certamente minha derrocada final. Ele me advertia por meio de críticas antecipadas para que as críticas não partissem de alguém que não me amasse.

Em *Indomável*, Glennon escreve: "A palavra humildade deriva da palavra latina *humilitas*, ou seja, 'do solo'. Ser humilde é estar enraizada no autoconhecimento. Implica a responsabilidade de se tornar aquilo para o qual você foi feita – crescer, alcançar, florescer por inteiro tão alta, forte e grandiosa quanto foi criada para ser. Não é honroso para uma árvore definhar, encolher e desaparecer. Não é honroso para uma mulher, tampouco."[32] Humildade não significa se esconder na coxia; significa apenas manter os pés no chão enquanto mira o céu. Os talentos, afinal de contas, pertencem à terra: humildade, húmus, o solo sob nossos pés. Robin Wall Kimmerer leva seus alunos para o campo para que possam sentir a natureza e a fecundidade das suas oferendas, o esplendor com o qual a terra produz. A respeito de seus jovens discípulos, ela afirma: "As dádivas que talvez eles ofereçam em troca para as ervas são tão diversas quanto aquelas que as ervas lhes deram. Este é nosso trabalho: descobrir o que podemos oferecer. Não é este o propósito da educação: conhecer a natureza de nossos talentos e o modo de usá-los para o bem comum?"[33] Bem que gostaríamos.

É comum ouvirmos dizer que o mundo seria diferente se as mulheres liberassem seu potencial e todos os seus poderes criativos. O que aconteceria se cada uma de nós exercesse os próprios talentos e apoiasse cada mulher na libertação dos seus? Aparentemente poderíamos criar um mundo mais perfeito, mais integrado e completo. Conhecemos e sentimos essa promessa. Em 1992, Marianne Williamson pressentiu o conselho de Oprah para Glennon Doyle, escrevendo: "Nosso medo mais profundo não é o de que sejamos inadequadas. Nosso medo mais profundo é o de que sejamos poderosas demais. O que mais nos assusta é nossa luz, não nossa escuridão. Nós nos perguntamos: 'Quem sou eu para ser brilhante, linda, talentosa, fabulosa?' Na verdade, quem somos nós para não sermos assim? Você é filha de Deus. Agir como se fosse menor não ajuda o mundo. [...] Quando deixamos que nossa luz brilhe, inconscientemente damos permissão para que outras pessoas façam o mesmo. Quando nos libertamos do próprio medo, nossa presença automaticamente liberta outras pessoas."[34]

Acredito que o antídoto para o medo é a fé. É uma crença em algo maior, algum sistema de alinhamento que nos peça para equilibrar as maravilhas do mundo natural com a libertação da nossa divindade. Fomos projetadas para o equilíbrio, para a reciprocidade e para trocas generosas. Esse é um trabalho profundamente pessoal. Não é um trabalho sistemático, estrutural ou que possamos fazer por outra pessoa. Não é um trabalho que pode ser feito por representantes eleitos, CEOs ou líderes comunitários. Não pode ser feito por nossa mãe, nosso pai, nossos irmãos ou irmãs. Eu não posso libertar você; você não pode me libertar. Mas, se você se libertar, talvez eu possa basear minha liberdade na sua. Podemos mostrar umas às outras como seria viver num estado de amor-próprio, de autocelebração, a serviço de um propósito e cumprindo nossa profecia singular, orgulhosamente nos colocando no mundo por inteiro.

Ao aceitar que o orgulho é fundamental, podemos desenvolver e acolher nossos talentos individuais.

5

GULA

*Ao acreditar que gula é pecado,
renegamos nossa fome*

O QUE ACHAMOS QUE PODEMOS CONTROLAR

Meus pais se conheceram na Clínica Mayo, em Rochester, Minnesota. Meu pai era um elegante judeu sul-africano concluindo sua residência em pneumologia; minha mãe, uma enfermeira bonita de cabelos curtos da ala de psiquiatria. Uma história nada original. Quando se casaram, tentaram matar dois coelhos com uma cajadada só: cada um deles teria acesso ao mesmo rendimento anual para gastar como bem entendesse, sem críticas ou comentários. Mas, para usufruir desse direito, eles se pesavam todo mês de janeiro e a oscilação de peso tinha que se manter dentro da margem de 2,5 quilos em relação ao peso que tinham aos 30 anos. A ideia foi do meu pai, algo pouco usual entre os homens – não conheço muitos caras que policiam o próprio corpo dessa forma. No consultório, ele via pacientes se tornarem obesos quase sem perceber. Eles engordavam de modo lento e sutil e, de repente, se descobriam 25 quilos acima do peso recomendado e ficavam perplexos ao ouvir que precisariam emagrecer. Meu pai estava determinado a se manter ativo na velhice.

As pesagens funcionaram – na casa dos 70, os dois se mantêm em forma e ativos, em comparação com a maioria dos cidadãos dos Estados Unidos. No entanto, a preocupação do meu pai com o peso criou uma baita vigilância em nossa casa, ainda mais frustrante devido ao fato de ele ser uma daquelas pessoas que podem comer, e comem, o que bem entendem. Apesar de ter pouco mais de 1,70 de altura e pesar 68 quilos, ganhou dos amigos o apelido de "Bubba", como o chiclete, porque ele parece ter um estômago de elástico. Ele é tipo o Pac-Man, um compactador humano, sempre em busca de um lanchinho, uma frutinha, dando uma mexida no que sobrou no prato dos outros. Sua manobra mais irritante é se abster do menu de sobremesas e, então, atacar o pedido dos outros, como se garfo e boca formassem um aspirador de pó que suga tudo que vê pela frente. Ele é o glutão do grupo, sem qualquer autocontrole, mas ironicamente abençoado com um metabolismo acelerado. Minha mãe, enquanto isso, mantém o peso oscilando entre a permissividade e as restrições. Muito antes de o jejum intermitente entrar na moda, ela já o adotava como estilo de vida, só que ao contrário: comia um enroladinho de canela bem gorduroso no café da manhã e depois mais nada.

A despeito de não precisar fazer esforço, ou talvez *por causa disso*, meu pai critica as pessoas gordas,* sem entender que, para a maioria de nós, a manutenção do peso demanda esforço e às vezes privação. Meu pai não faz ideia de como uma pessoa normal – ou uma mulher – se relaciona com a comida. Tenho amigos que dizem que só de sentirem o cheiro de um doce já engordam meio quilo; à medida que envelheço, estou me tornando uma dessas pessoas. Em defesa do meu pai, a pouca formação em medicina nutricional que ele recebeu cinco décadas atrás – mesmo na Clínica Mayo – já

---

* Eu uso o termo *gordas* aqui de acordo com as instruções de Aubrey Gordon, @yrfatfriend no Instagram, apresentadora do podcast *Maintenance Phase* e autora de *What We Don't Talk About When We Talk About Fat* (O que não falamos quando falamos de gordura). Ela afirma que *gordo* é "uma descrição usada predominantemente para pessoas de tamanho grande. Ainda que seja um termo usado para insultar pessoas de qualquer tamanho, muitos ativistas como nós – pessoas que são inegavelmente e sem qualquer sombra de dúvidas gordas – reivindicam que o termo seja usado como um adjetivo para descrever nosso corpo objetivamente, como *alto* ou *baixo*. [...] *Gordo* se contrapõe a uma série infinita de eufemismos – *fofinho, curvilínea, cara grandão, moça grandona, rechonchudo, de estrutura larga, robusto, voluptuosa, pesado, corpulenta, cheinho, gordinha, gorducho, com excesso de gostosura, acima do peso, obesa* –, termos que só servem para evidenciar quanto as pessoas magras têm pavor de nossos corpos, de nomeá-los, de tê-los". Gordon explica que a palavra *obeso*, que eu uso neste livro por ainda se tratar de um termo médico corrente, é recebida por alguns ativistas como um insulto. (É um termo de etimologia latina que significa "aquele que comeu até engordar".) Da mesma forma, dizer que alguém está "acima do peso" é considerado problemático pois sugere que existe um peso normal e que qualquer coisa fora disso seria um desvio.[1]

foi superada há algum tempo. Meu pai, assim como muita gente hoje em dia, partia do princípio de que as pessoas gordas estavam errando as contas, enchendo demais o prato, surrupiando doces e batatas fritas no meio da noite. Ele atribuía o excesso de peso à falta de educação nutricional, à falta de autocontrole e à recusa em se exercitar (sabe como é, gula e preguiça).

A visão médica do meu pai é clássica – gordofóbica, com certeza – e agora estamos começando a perceber nossos erros e simplificações. Temos desconsiderado a individualidade de cada corpo. É engraçado partir do pressuposto de que temos tanto controle assim, ainda que nada possamos fazer acerca da cor da pele, da cor dos olhos, da textura do cabelo, da altura, do tamanho dos pés, do tamanho das partes íntimas. Quando os bebês nascem e medimos sua curva de crescimento, conferindo peso e altura, não esperamos que todas as crianças sigam a mesma linha – na verdade, a expectativa a cada pesagem é que elas permaneçam dentro da própria curva.

A variação também ocorre no nível químico, uma vez que não podemos controlar a reação do nosso corpo aos medicamentos, quase sempre apresentados como panaceias. Para alguns, um remédio pode ser eficaz, enquanto para outros a mesma droga pode não surtir qualquer efeito. Os efeitos colaterais são sempre uma surpresa. A despeito das rédeas soltas com as quais conduzimos a saúde, fomos convencidas de que devemos dominar a balança, de que, como os alquimistas de outrora, cada uma de nós pode transformar a matéria fazendo partes do corpo crescerem ou desaparecerem ao nosso bel-prazer. Caso não tenhamos a aparência que a sociedade prefere, a culpa é nossa: falhamos ao tentar seguir alguma regra essencial, deixamos de agradar e de nos ajustar, de expressar nosso valor por meio da obediência às expectativas em torno do nosso tamanho. Sim, algo alarmante está acontecendo coletivamente à medida que continuamos a nos expandir – mas não é nada tão simples quanto fomos levadas a acreditar.

A CULTURA GORDOFÓBICA

Culturalmente, desprezamos as pessoas gordas. A gordofobia é o último bastião do preconceito aceitável, camuflada em meio à moralidade da saúde. A rejeição que sentimos em relação aos corpos grandes continua em voga mesmo com o advento do movimento de positividade corporal. De acordo com o famoso teste de preconceito implícito da Universidade Harvard, a positividade corporal não se converte em aceitação da gordura. Analisando dados coletados entre 2007 e 2017, os pesquisadores documentaram que o preconceito explícito contra a gordura foi o que menos sofreu alterações entre todas as atitudes declaradas, enquanto o preconceito implícito – dentre as seis categorias avaliadas – piorou.[2] A descoberta não me surpreende. Passei a maior parte da minha vida profissional trabalhando para revistas femininas e na indústria do bem-estar – ambientes nos quais admito ter contribuído para promover corpos irreais. Sempre que publicávamos alguma matéria que questionasse a ideia de que a obesidade é um bom critério para avaliar a saúde (nem sempre é), eu era bombardeada nas redes sociais por mulheres que achavam que, ao sugerir que a magreza não deveria ser o objetivo final, eu estava promovendo um estilo de vida perigoso: "A gordura mata e a obesidade é uma epidemia! O que você está fazendo?! Isso não é saudável!!!", escreviam elas.

Estremecemos e às vezes protestamos quando pessoas gordas se sentam ao nosso lado no avião; lançamos olhares indiscretos quando elas ousam exibir o próprio corpo; balançamos a cabeça quando elas passam nos corredores do supermercado; rimos enquanto elas continuam a ser alvo de piadas na televisão. Não acredita em mim? Basta olhar ao redor. Basta conversar com pessoas gordas que detalham o abuso diário que sofrem enquanto caminham pelo mundo – em meio a estruturas e sistemas que não foram contruídos para elas. Continua sendo perfeitamente legal discriminar pessoas com base no peso.* A ativista Aubrey Gordon pesa 158 quilos.[3] Ela se vê forçada a lidar com o que chama de "tribunal da magreza", também conhecido como "trolagem bem-intencionada", no qual as pessoas retiram comida do seu carrinho de supermercado com admoestações gentis ("As frutas contêm açúcar") e sugerem dietas que ela deveria experimentar. Diz ela: "Os trolls bem-intencionados lamentam nosso tamanho e só fazem elogios seguidos de ressalvas cheias de julgamento. *Você tem um rosto tão bonito; basta perder um pouco de peso.* Eles ficam observando cada

---

* Michigan é o *único* estado americano com leis explícitas que condenam a discriminação com base no formato e no tamanho do corpo.

garfada que damos no prato e às vezes se sentem inteiramente à vontade para fazer comentários sobre o que comemos, se comemos e quanto comemos."[4] Gordon acredita que o tamanho dela provoca medo nas pessoas que conhece. Ela explica: "O jeito como as pessoas magras falam com as gordas é tranquilizador para elas mesmas, o que chega a ser cruel. São advertências que *elas fazem para si*. Eu sou o futuro que as aterroriza, então elas precisam falar comigo como se eu fosse o fantasma da gordura futura."[5]

Ainda que em todo o mundo a obesidade infantil seja mais prevalente nos meninos do que nas meninas,* na fase adulta há mais mulheres consideradas obesas do que homens[7] – e a maioria das pessoas gordas é racializada e de baixa renda. De acordo com Gordon e outros especialistas, como Paul Campos, autor de *The Obesity Paradox* (O paradoxo da obesidade), a gordofobia se tornou uma "postura política que permite que o desdém e a intolerância direcionados a pessoas pobres e racializadas persistam de modo ininterrupto, apenas com outro nome".[8] É um mecanismo do racismo, do sexismo e do classismo disfarçados de "preocupação com a saúde". Gordon cita a advogada Fall Ferguson, ex-presidente da Associação pela Diversidade de Tamanho e Saúde, que explica que o "salutarismo", ou seja, a noção de saúde como responsabilidade exclusivamente individual, "inclui a ideia de que qualquer pessoa que não esteja saudável simplesmente não está se esforçando o bastante ou tem algum defeito moral ou pecado com o qual precisa lidar".[9]

A gordura é tão temida em nossa cultura que, de acordo com uma pesquisa conduzida pelo Centro Rudd para Políticas de Alimentação e Saúde, da Universidade de Yale, 46% dos 4.283 participantes (dos quais 83% eram mulheres) preferiam abrir mão de um ano de vida a se tornar obesos. Além disso, 15% sacrificariam dez anos para escapar desse destino, 30% preferiam o divórcio, 14% escolheriam o alcoolismo, 25% abririam mão de poder ter filhos, e 15% preferiam uma depressão severa. Façamos uma pausa aqui: 15% dos participantes preferiam morrer dez

---

* A despeito das estatísticas que sugerem o contrário, no livro *The End of Bias* (O fim do viés), de Jessica Nordell, a autora relata que os pais pesquisam no Google "Minha filha está acima do peso?" duas vezes mais do que pesquisam "Meu filho está acima do peso?". Assustadoramente, ela também relata que os pais pesquisam "Meu filho é talentoso?" duas vezes e meia mais do que pesquisam "Minha filha é talentosa?".[6]

anos antes a ser gordos.* Gordon destaca um estudo do programa SELF, da Universidade da Carolina do Norte, que rastreou a insatisfação com o corpo ao longo da vida de mulheres, escrevendo: "Mulheres de todas as idades relatam níveis astronômicos de insatisfação com o corpo, variando do índice mais baixo de 71,9%, na faixa etária a partir de 75 anos, ao índice mais alto de 93,2%, naquelas com 25 a 34 anos."[11] A pessoa precisa estar perto da morte para que esse "descontentamento normativo", nas palavras dos pesquisadores, comece a se dissipar. As estatísticas refletem o incômodo de se ter um corpo que seja considerado um desvio, ou longe do ideal. Isso me entristece e me deixa estranhamente grata por não ter filhas. Diz Gordon: "A maioria de nós assume o papel esperado de discípula do evangelho da magreza. Segundo esse evangelho, corpos como o meu são pecados capitais. Pessoas gordas são fábulas de ensinamento moral, e nossos corpos são profetas selvagens da gordura que alcançará qualquer pessoa devota ou magra que abandone a vigilância, ainda que por um breve instante."[12] Descrever a gordura como uma "epidemia" faz parecer que ela é contagiosa. É como ouvir os alertas do meu pai: se você baixar a guarda, vai cair na obesidade como numa areia movediça. É um caminho sem volta.

A MAGREZA COMO PORTA-ESTANDARTE CULTURAL DA BELEZA

Nenhum homem jamais vai passar por algo tão traiçoeiro quanto o modo como o corpo e a aparência das mulheres são avaliados e julgados.** Nossa "beleza" é uma moeda social, um ingresso para a adoração, a aceitação e para a fidelidade dos nossos parceiros (não se iluda, você será trocada por uma modelo mais nova!), além de melhores salários e oportunidades

---

* Um olhar mais cuidadoso nos dados revelou que essa gordofobia era mais extrema entre os participantes considerados magros (33,4% deles abririam mão de pelo menos dez anos de vida). Pouco mais de 10% dos considerados obesos ou extremamente obesos estavam dispostos a fazer essa troca.[10]
** Esse julgamento alcança os tribunais: um estudo revelou que jurados homens eram mais propensos a considerar culpada de fraude uma mulher obesa. As juradas não apresentaram essa tendência.[13]

na carreira.* Manter-nos fisicamente atraentes é uma das nossas tarefas. Adoramos julgar o valor das mulheres com base em fatores que podemos apreender com os olhos e, pelo menos na minha experiência de vida, esse valor tem sido atrelado à leveza e a um corpo sob controle. Equiparamos bondade e pureza a beleza: é assim que saúde e vaidade se tornam interconectadas, como se encontrássemos um escudo por trás do qual criticar os outros por existirem de um modo diferente do aceitável. Além disso, equiparamos magreza a obediência, a ser alguém que se importa – com a aceitação, a aparência e a disciplina. Se uma mulher é grande demais, nós a castigamos por ser um fardo para a coletividade e a advertimos de que jamais será valorizada, uma vez que está claro que ela mesma não se valoriza.

A relação das mulheres com a comida é uma história muito, muito antiga. É o mito de Eva, cuja única mordida na maçã nos expulsou do paraíso e abriu sob nossos pés o alçapão da condenação. Toda vez que comemos somos julgadas – por quem se senta à mesa conosco, por nossos pais, por nós mesmas. Em vez de prestar atenção no que a fome sinaliza, nós a condenamos e a criticamos, negamos sua existência e nos recusamos a levar em consideração o que ela está tentando expressar.

Toda geração produz novas ferramentas de comparação: do pincel do pintor (e do olhar masculino por trás dele) ao Photoshop, ao Facetune e aos filtros de "beleza" no TikTok. É impossível ter ideia do que é real. Vivemos num parque de comparações. Até meados do século XX, as mulheres faziam vestidos à mão – eles eram costurados a partir de moldes e ajustados para caber no formato do corpo de cada uma. Somente nos anos 1950 as roupas começaram a ser produzidas em massa, e uma tabela de tamanhos com base na qual todas nós poderíamos nos comparar passou a ser usada. E essa tabela mudou nos anos 1980, o que criou ainda mais confusão. Ainda que as pessoas adorem bater na tecla de que Marilyn Monroe era um símbolo sexual tamanho grande, mesmo com a cintura de ampulheta e tudo o mais, nos moldes de hoje ela usaria tamanho 36 ou 38. Com 1,67 de altura, ela pesava apenas 54 quilos e tinha uma cintura de 56 centímetros, que ela aparentemente mantinha comendo dois ovos crus batidos com leite

---

* De acordo com um estudo de referência, um aumento de 30 quilos no peso de uma mulher foi associado a uma diminuição no salário na ordem de 9%.[14]

no café da manhã e filé grelhado ou fígado com cenouras no jantar. Uma dieta muito cetogênica.[15]

Assim como Marilyn, as modelos e atrizes que representam a beleza na cultura ocidental são sempre *minúsculas* – às vezes incompreensivelmente magras. Eu era pré-adolescente quando Kate Moss surgiu dando um golpe sutil nas supermodelos "mais saudáveis" que a antecederam, como Cindy Crawford e Claudia Schiffer. Aos 14 anos, eu lia as páginas da *Vogue* constrangida diante do fato de que Moss, com 1,70 de altura, pesava 48 quilos. Na época eu tinha altura semelhante, mas já pesava 10 quilos a mais que ela – foi minha primeira revelação sobre peso e mulheres, o momento em que percebi que talvez eu não fosse magra *daquele jeito* e que ficaria ainda maior. Essa percepção me deixou com medo da balança por pelo menos uma década, o que talvez tenha me feito bem. Em retrospecto, acho engraçado o fato de Kate ter gerado tantas críticas, ganhando reprimendas do presidente Clinton por dar início ao estilo *"heroin chic"*. As moças das capas atuais são como Kate Moss, porém alongadas. De algum modo, elas ficaram mais altas e mais magras, e as curvas que as distinguem como mulheres, ainda mais achatadas. No entanto, é preciso lembrar, boa parte delas ainda nem chegou à idade adulta – são normalmente adolescentes, mesmo que celebradas como paradigmas de beleza da mulher madura.

Enquanto quase todo mundo se preocupa com as mensagens que a magreza passa para as meninas – de que ser atraente é prerrogativa das muito magras e de que é normal julgar e falar sobre o corpo de outra mulher –, sempre achei mais nocivo o fato de modelos, celebridades e outros ícones de beleza passarem adiante a mensagem de que a magreza vem sem esforço, sem privações: de que elas nasceram assim. Com certeza elas foram abençoadas pela genética – pernas e braços longos, altura –, mas estacionar o peso requer uma tremenda força de vontade em detrimento das necessidades naturais do corpo, mesmo para quem tem um metabolismo acelerado. Eu entendo o paradoxo. Se essas mulheres admitirem que a elegância demanda fome e policiamento do corpo, serão acusadas de estabelecer padrões prejudiciais à saúde. Por outro lado, se elas não forem capazes de aderir aos padrões, não vão trabalhar nem conseguir estabelecer os tais padrões de beleza, para início de conversa. Esse ciclo não empodera ninguém. Ele requer uma batalha contra as medidas que consiste em alimentação restrita, ou nenhuma alimentação, e uma eternidade na academia. Que envolve truques de dieta, como doses semanais de Ozempic, um medicamento para diabetes, além de inibidores de apetite. Envolve cirurgias plásticas. É um trabalho em tempo integral. Demanda uma obsessão extrema. E mesmo assim a *única* parcela de tudo isso que parece errada é a falta de transparência e de honestidade. O impulso de ser magra a qualquer custo é compreensível em nossa cultura. Eu só gostaria que isso fosse dito e que os meios ficassem claros. Vemos imagens dessas mulheres com corpo minúsculo e tonificado e ouvimos dizer que elas comem "o que querem", mas ninguém nos conta que o que elas "querem" é apenas uma saladinha, doze amêndoas e um peito de frango entre uma aula de Pilates e uma corrida de 10 quilômetros. Nós nos perguntamos por que também não comemos o que queremos e ficamos daquele jeito. Queremos saber onde estamos errando, por que nossa conta não fecha. Seria tão mais tranquilizador saber que estamos numa sala repleta de espelhos distorcidos. Ah, você tem cintura de ampulheta porque congelou a gordura, fez cirurgia e passou duas semanas sem comer. Talvez "Eu como o que quero" não pareça desonesto para quem tenta negar a própria fome.

SOMOS GULOSAS?

O papa Gregório I, que codificou os Sete Pecados Capitais no século VI, definiu gula como o ato de comer "com muito refinamento, com muita suntuosidade, com muita pressa, com muita avidez, em excesso".[16] Como saber se estamos comendo do modo correto? Gregório sugere que devemos comer apenas para suprir o sustento do corpo, para mantê-lo, mas não para agradá-lo – afinal de contas, de acordo com o pensamento da época, o corpo é vulgar, e priorizar seus apetites alimenta a imoralidade. Hoje em dia não equiparamos a gula ao refinamento, à suntuosidade, à pressa ou à avidez; acreditamos que ela se aplica apenas ao *excesso*, sendo a obesidade, obviamente, seu resultado visível. Entretanto, como todos sabemos, é possível comer em perfeita contraposição à lista de Gregório – simples, modesta, vagarosa, calma e moderadamente – e ainda assim não se encaixar. É difícil controlar e manter um corpo subserviente.

Ainda que os níveis crescentes de obesidade sejam preocupantes, é difícil avaliar o que está acontecendo: será um combo de gula e preguiça? Ou será um misto de fatores genéticos e ambientais? Lee Kaplan, diretor do Instituto de Obesidade, Metabolismo e Nutrição do Hospital Geral de Massachusetts, identificou quase sessenta tipos de obesidade. E pesquisadores de Cambridge descobriram cerca de 25 genes nos quais uma única mutação garante o sobrepeso. O título de uma matéria publicada em 2016 no *The New York Times* resume o enigma: "O mesmo método de emagrecimento serve para todo mundo? Não, nem de longe."[17] Pesquisas indicam que a perda de peso é um labirinto individual, não uma saída tamanho único.

Outra coisa que adoramos são as narrativas em torno da responsabilidade pessoal, que preferem condenar aqueles que não cabem nos parâmetros prescritos pela sociedade. E, ainda que descrevamos a obesidade como uma epidemia, não tratamos as pessoas obesas como se fossem vítimas de uma doença crônica. Nós as culpamos pelas escolhas ruins. Podemos falar em crise de saúde pública e discutir como os contribuintes vão arcar com os altos custos médicos da obesidade; mesmo assim, daqui a poucas décadas, mantendo-se o ritmo atual, metade dos contribuintes *estará* obesa, assim como muitos legisladores já estão.[18] Enquanto isso, nós nos mantemos coletivamente relutantes em admitir que a ciência tem ressalvas em relação à narrativa de que toda pessoa considerada gorda está prestes a bater as botas ou que todo mundo deveria querer ser magro. Pesquise no Google "paradoxo da obesidade" e você encontrará diversos estudos mostrando que, ainda que a obesidade seja um fator de risco para o desenvolvimento de doenças vasculares e cardiovasculares, pacientes obesos podem se sair melhor ou viver mais que os de peso "normal" – particularmente após intervenções cirúrgicas ou câncer. Eles também se saem melhor que os de peso "normal" quando se trata de hipertensão crônica.[19] No fim das contas, tiramos muitas conclusões precipitadas com base em nossos preconceitos.

Somos culturalmente obcecados com essa ideia de que nos tornamos mais sedentários e de que ficar sentado é o novo cigarro. Entretanto, a biologia evolutiva não confirma isso. Por mais que a gente adore romantizar a imagem de nossos ancestrais como triatletas escaladores de rochas, perpetuamente em movimento, a coisa não foi bem assim. Enquanto animais, sempre estivemos programados para conservar calorias para a reprodução, para limitar os movimentos desnecessários e para ficar parados. Não fomos feitos para desejar os exercícios – muito pelo contrário. A despeito da onda de CrossFit que invadiu a nação, aqueles que caminham alguns poucos quilômetros por dia são tão ativos quanto nossos ancestrais caçadores-coletores. Eles também passavam um bom tempo sentados, descansando. De acordo com Daniel Lieberman, Ph.D., biólogo especializado em exercícios físicos e professor de Harvard que escreveu o livro *Exercised* (Exercitado), o nível de atividade física (ou seja, o nível total de dispêndio dividido pela taxa de metabolismo básico) de um caçador-coletor era 1,9 nos homens e 1,8 nas mulheres; um cidadão dos Estados Unidos que fica sentado na frente do computador o dia inteiro oscila normalmente entre 1,4 e 1,6. Não é necessário muito esforço para ultrapassar nossos ancestrais.[20] Sim, mover o corpo faz bem e seria bom tentar fazer isso todos os dias; mas precisamos aceitar que uma corridinha rápida de 5 quilômetros antes do café da manhã nunca será – e nunca foi – nosso instinto natural.

O professor Bruce Blumberg, que estuda produtos químicos obesogênicos – fatores ambientais que podem estar nos engordando[21] – ressalta que a "epidemia de obesidade" invadiu os Estados Unidos juntamente com a explosão de academias de ginástica. É inquestionável que damos mais importância aos exercícios físicos do que as gerações passadas.[22] E a preponderância de dietas e suplementos sugere que nos preocupamos mais com o peso também. Ainda assim, pesamos 10% a mais. Um americano típico, com pouco mais de 1,75 de altura, pesa 91 quilos, em comparação aos 82 quilos que pesava em 2001; uma típica pós-adolescente americana, com cerca de 1,63 de altura, pesa 78 quilos, em comparação aos 69 de antes.[23] Enquanto isso, o mercado da perda de peso em 2019 girava em torno dos 70 bilhões de dólares, bem mais que os 34,7 bilhões de dólares de 2001. Em 2000, havia 32,8 milhões de membros matriculados em academias e centros de treinamento; em 2019, esse número tinha quase dobrado.[24] As pessoas parecem estar se empenhando mais por uma recompensa menor na balança. Por que estamos na direção errada?

Nosso peso está escalando *junto* com a conscientização e a hipervigilância. Algumas pesquisas convincentes indicam que o estigma do peso leva a ganho de peso – e piora os resultados na saúde. Nas palavras de Gordon:

> Um estudo chamado "Os efeitos irônicos do estigma do peso" revelou que o estigma *aumenta* a probabilidade de ingestão de comidas calóricas, como doces e batata frita. [...] Outro estudo, publicado em 2018 no periódico *Body Image*, constatou que quanto mais gorda é a mulher, maiores são as chances de ela internalizar o estigma antigordura, desenvolver culpa e vergonha do próprio corpo e negligenciar os cuidados com a saúde. [...] Pesquisas também têm vinculado a gordofobia internalizada ao pré-diabetes e a "um conglomerado de fatores de risco de doenças cardiovasculares que aumentam muito as chances de desenvolver diabetes, doenças cardíacas e AVC". Ou seja, aquilo que consideramos risco à saúde associado à gordura pode, na verdade, ser um fator de risco advindo da experiência da discriminação e do estigma internalizado.[25]

A dieta é uma das fronteiras da medicina nas quais clínicos e médicos seguem sem respostas definitivas. O adágio de calorias que entram e saem ainda atrai muita gente, mas é terrivelmente ultrapassado e extremamente simplista. Diga a qualquer mulher que o simples cálculo de queimar mais calorias do que ela consome vai transparecer na balança, e ela vai rir. Estamos cansadas dessa mentira, da ideia de que nosso corpo é uma máquina, imune ao efeito dos hormônios, da história e de outros sistemas complexos que ainda não entendemos. A diversidade de corpos ao nosso redor comprova o fato de que não existem dois iguais – não carregamos o peso da mesma forma, tampouco metabolizamos os mesmos alimentos no mesmo ritmo. Não somos uma massa homogênea. Mulheres que passam por qualquer alteração hormonal – adolescência, ovulação, gravidez, amamentação, menopausa, até mudanças na marca do contraceptivo – reconhecem o impacto que as modificações nos níveis de estrogênio, testosterona e cortisol têm em suas medidas. E esses são apenas os hormônios principais. Acrescente uma vida de estresse e dietas a essa mistura e observe o modo como o metabolismo se desorganiza ainda mais.

A CULTURA DA DIETA É UMA MENTIRA

Quando o assunto é a relação entre corpo e comida, a coisa não tem fim. Se as muitas pílulas, bebidas, suplementos e programas disponíveis tivessem o efeito emagrecedor que prometem, em pouco tempo sairiam de linha. Em vez disso, o ônus da falha recai sobre nós, por não sermos suficientemente disciplinadas. As pessoas ficam condenadas, tornam-se usuárias contínuas desses produtos e nunca alcançam os objetivos de peso e medidas. Não existe pó mágico, nenhum atalho, nenhum meio material de garantir que você vai calcificar o corpo na forma ideal para sempre. Além disso, todo mundo conhece a verdade nua e crua de que magreza não é garantia de felicidade: não existe bálsamo ou solução capaz de assegurar a aparência desejada até a eternidade. É preciso perguntar, antes de tudo, por que ser magra é um objetivo.

Marisa Meltzer, autora de um livro sobre Jean Nidetch, fundadora da organização Vigilantes do Peso, descreve a própria vida como uma perpétua dieta e suas rebeliões. Os pais de Meltzer começaram a ficar obcecados com o peso dela ainda na infância. Ela escreve:

> Não consigo me livrar do pensamento mais mágico de todos: a ideia de que desta vez vai ser diferente. Fazer dieta é pedir a si mesma que controle algo selvagem e desgovernado como o corpo, usando o cérebro, que está apenas um pouco mais sob controle. [...] A perda média de peso em programas de modificação do comportamento se limita a cerca de 5% ao longo de seis meses, e a maioria dos participantes recupera um terço desse peso após dois anos. [...] Eu sei que a banca sempre ganha! E, nesse caso, a banca é tanto a marca da dieta quanto meu corpo gordo. Eu me mantenho cética no início e ao mesmo tempo fico pensando, de novo e de novo, que talvez a dieta funcione desta vez. [...] Ainda acho que não sou magra porque não desejo o bastante, porque não sou dedicada o bastante, porque simplesmente não estou me esforçando o bastante.[26]

Meltzer tem razão: a banca sempre ganha. Uma equipe da Universidade da Califórnia em Los Angeles examinou criteriosamente décadas de estudos sobre dietas de restrição calórica e descobriu que elas não funcionam:

83% das pessoas que perdiam peso ganhavam de volta mais do que tinham perdido antes.[27] Mesmo assim, ainda aderimos à fantasia de que, desta vez, vai ser diferente.

A fixação nas dietas, na magreza e em esculpir o corpo consome uma grande quantidade da nossa finita energia criativa. Ela nos afasta da vida e direciona o foco para o lado errado: ela nos faz pensar apenas no exterior em detrimento do interior. Como explica Geneen Roth, terapeuta e autora de *Women Food and God* (Mulheres, comida e Deus), é um trabalho de Sísifo: "Você tem sempre alguma coisa para fazer. Contanto que esteja se dedicando, lutando e se esforçando para fazer algo que nunca pode ser feito, você sabe quem você é: alguém com problemas de peso que está fazendo o possível para ser magra. Não precisa se sentir perdida ou indefesa, pois sempre tem um objetivo."[28] A promessa aqui é que, caso consiga as coxas que deseja, você finalmente se sentirá feliz, segura, aceita, ultrapassando algum tipo de linha de segurança invisível que a separa do pertencimento.

A obsessão com a balança nos distrai do verdadeiro trabalho de ouvir nosso corpo e entender a fome. Corpos não são máquinas cujo controle depende unicamente de termos os manuais adequados. Eles são a casa da alma, e quando existe dissonância, quando a energia e a emoção não são bem direcionadas, eles ficam bloqueados e estagnados. Esse bloqueio, por sua vez, se reflete no modo como nos mostramos, ou não, ao mundo. Se pudéssemos parar de anestesiar essas emoções "ruins", talvez conseguíssemos entender como nosso corpo se sente – e o que ele está tentando nos dizer.

O ESPECTRO DOS TRANSTORNOS ALIMENTARES

Quando eu tinha 15 anos, fui para o internato. Na época eu achava que dois bagels – cobertos de manteiga e açúcar com canela – eram um bom café da manhã. E que um copão de sorvete antes de dormir era um toque final perfeito para um dia intensivo de estudos. Eu não tinha problemas com o peso e era uma pessoa ativa, então me alimentei assim até perceber como meus hábitos eram diferentes dos das minhas novas amigas, que rondavam o bufê de saladas e a máquina de frozen iogurte ou que pulavam refeições sob o argumento de que a comida era "nojenta". Ninguém me disse nada, mas eu tive uma revelação ouvindo o que essas adolescentes bonitas, magras e ricas falavam de si mesmas: reclamavam que estavam gordas ou que ficariam gordas a qualquer momento e então exibiam pneuzinhos imaginários. Eu me lembro de ter ficado perplexa ao ouvir essa queixa pela primeira vez. Porque, se aquele fiapo de menina do outro lado da mesa se achava gorda demais para merecer uma sobremesa ou carboidratos, o que isso dizia de mim? A compulsão para se estabelecer uma conversa a partir de autocríticas não é privilégio exclusivo dos internatos; é um código secreto no mundo das meninas que equivale a "Nem pense em me criticar porque faço isso primeiro". É a linguagem que usamos para evitar que os outros pensem que estamos nos achando o máximo (ver capítulo 4, "Orgulho"). Conforme explica Rachel Simmons, em *Garota fora do jogo*: "As meninas dizem 'Estou tão gorda' para barrar a possibilidade de serem vistas como alguém que 'se acha'. Pesquisadores descobriram que, se uma menina não dissesse que se achava gorda, estaria dando a entender que era perfeita."[29] Resumindo, se você não estivesse de dieta, pressupunha-se que você achava que seu corpo não precisava de ajustes. É revelador o fato de que, em nossa cultura, equiparamos magreza a perfeição, impecabilidade e satisfação com quem se é.

No entanto, para se sentir satisfeita não é preciso se sentir cheia? A palavra *satisfação* sugere que merecemos comer o suficiente, merecemos parar de nos esforçar tanto, de negociar cada porção, cada passo, cada minuto. Mesmo assim, até quando um corpo esguio nos pertence, refutamos sua existência: questionamos nossa magreza e passamos a ideia de que podemos melhorar.

No internato, os transtornos alimentares pareciam mais contagiosos do que amigdalite, embora hoje em dia, com mais conhecimento de mundo, talvez eu os categorizasse de outra forma. Alimentação extremamente disciplinada ou "anorexia elegante",[30] nas palavras da psicoterapeuta junguiana Marion Woodman, nem sempre tem a mesma dimensão de um transtorno alimentar compulsivo totalmente desenvolvido. O que aprendi no internato é o que testemunhei em almoços e jantares de trabalho com colegas nos anos que se seguiram: não uma abstenção completa, mas uma hipervigilância em relação à comida semelhante a uma dieta perpétua cheia de *Não posso* e *Não vou*. Agora, convivendo com outras mães na casa dos 40 em meio à desaceleração do metabolismo, passamos da dieta anual ou da bulimia ocasional para a restrição permanente ou para a ortorexia nervosa. Mas nem isso afasta a angústia. Ninguém está doente; é apenas uma obsessão que não tem a ver com saúde, mas tem um pouco a ver com vaidade. É, na verdade, algo relacionado ao medo de perder o controle.

Uma das minhas amigas mais queridas na escola me explicou que só sabia que estava com o peso ideal quando conseguia se deitar de lado à noite e colocar as duas mãos entre as coxas – sem encostar nas coxas. Depois de passar no teste, ela tremia de frio até dormir, desfrutando da queima extra de calorias de que o corpo precisava para vibrar e se aquecer. Quando ela fez essa confissão, eu não soube como reagir; não sabia se eu também deveria querer coxas côncavas ou se o melhor era arrastar minha amiga para a terapia. Será que eu deveria ligar para a mãe dela, a mulher que a ajudou a fazer a mala e a levou de carro até o interior de New Hampshire, que talvez elogiasse a silhueta exígua duramente conquistada pela filha? Na época eu não sabia o que minha amiga estava perseguindo. Hoje em dia, depois de conhecer terapeutas que trabalham com transtornos alimentares, acho que compreendo que qualquer distúrbio compulsivo – seja passar fome ou comer em excesso, geralmente uma combinação das duas coisas – é um ato de resistência à vida, uma recusa de se estar no corpo, com todos os seus ruídos, desejos e necessidades.

Em seu arcabouço junguiano, Marion Woodman acreditava que a pessoa anoréxica quer ser leve, livre da matéria, quer se sentir vazia e limpa, como o interior escovado de uma garrafa. Por outro lado, aquelas que comem compulsivamente querem ser enterradas vivas, querem se concretizar em volume. As duas posturas são rotas para o entorpecimento e para a dissociação – e, ao mesmo tempo, são uma batalha por controle. Geneen Roth quase se matou depois de ganhar e perder 450 quilos ao longo da vida. Ela argumenta que todos nós oscilamos ao longo do espectro da restrição e da permissão. Enquanto os "Permissivos" usam o alimento para abandonar o corpo, comendo até ficar inconscientes, os "Restritivos" acreditam no controle. Ela escreve: "Se possível, essas pessoas gostariam de também controlar o mundo inteiro. Os Restritivos operam a partir da convicção de que o caos é iminente e de que algo precisa ser feito *agora* para minimizar o impacto. [...] Se limito o tamanho do meu corpo, (acredito que) posso limitar o sofrimento. Se limito o sofrimento, posso controlar minha vida. Faço com que as coisas ruins não aconteçam. Mantenho o caos a distância."[31] Na experiência de Roth, o mesmo corpo oscila entre as duas condições – restringindo-se até colapsar em comilança, quando então o indivíduo tenta se aniquilar por meio da comida. É como soltar uma das bolas no pêndulo de Newton: uma vez que o movimento é acionado, o ciclo começa. Para algumas, é um pequeno estalo no meio do estranho e moralizante "Eu me comportei mal ontem à noite, então vou me comportar bem hoje". Para outras, é uma catástrofe. Como podemos interromper o tique-taque dessas bolas?

O CORPO COMO MEDIADOR ENTRE A ALMA E O MUNDO

Estar num corpo é difícil. Ele é o prisma através do qual estabelecemos nosso relacionamento com o mundo. É a casa das nossas sensações e da nossa alma, da qual nos afastamos com frequência, optando por viver lá em cima, na mente. Espiritual e energeticamente, não sabemos onde nós acabamos e os outros começam. Temos dificuldade de entender quanto espaço merecemos ocupar. Admitimos que estamos sempre em transformação e, ainda assim, queremos viver em algo imperturbável: um lar que não envelhece, não racha, não se expande, não vaza. E qual é o tamanho adequado?

Às vezes, usar a comida como mecanismo de defesa resulta de um trauma, da sensação de que o corpo e o mundo não são lugares seguros. Pesquisas recentes sobre eventos adversos na infância e obesidade são taxativas: abuso emocional, físico e sexual, negligência, distúrbios mentais, parentes encarcerados, divórcio e vícios – todos esses fatores aumentam o risco de problemas de saúde física e mental, inclusive obesidade.[32]

A escritora Roxane Gay descreve em *Fome*, sua autobiografia franca e arrasadora, como ela foi estuprada por um bando de rapazes quando tinha 12 anos. Durante décadas, ela carregou consigo esse segredo devastador e embaraçoso, um segredo que ela enterrou por meio da alimentação compulsiva até chegar aos 262 quilos. Em suas palavras: "Aqueles rapazes tinham me destruído, e eu mal sobrevivi. Eu sabia que não conseguiria suportar outra violação daquele tipo, então comia porque achava que, se meu corpo se tornasse repulsivo, eu conseguiria manter os homens a distância. Mesmo com tão pouca idade, eu entendia que ser gorda significava não ser desejada pelos homens, significava ficar abaixo da linha do desprezo, e eu já conhecia muito bem o desprezo deles."[33] Gay se transformou numa armadura para proteger a menina de 12 anos, cujo pequeno corpo não tinha conseguido se defender de um grupo de rapazes agressores.

O corpo é o meio pelo qual entramos em contato com o mundo e com os outros. A comida é simplesmente um recurso mediante o qual muitos de nós nos expressamos, quase um antídoto para as expectativas nocivas que são projetadas acerca de como deveria ser nossa aparência e de como deveríamos ser. Quando comemos além da fome ou quando desprezamos por completo o instinto da fome, é como se disséssemos: "Não posso metabolizar meus sentimentos e emoções, não mereço nenhum prazer, quero desaparecer, quero morrer."

Os Sete Pecados Capitais são o ponto de partida do controle – se conseguirmos extirpar todos os impulsos humanos, estaremos seguras, quiçá seremos divinas. A gula, assim como a luxúria, tem o corpo como campo de batalha; sob seu estandarte, cometemos atos de guerra contra nós mesmas, nos julgando boas ou más, exageradas ou adequadas. Idolatramos o controle – em particular o autocontrole –, especialmente quando se trata das mulheres. Somos iniciadas no comedimento, no constrangimento e no olhar dos outros desde muito cedo. Qualquer forma de alimentação punitiva é cruel, certamente, e é também uma renúncia de quem somos e de quem tentamos ser. É uma rejeição profunda do eu. Nós nos tratamos como prisioneiras que devem ser punidas com o confinamento solitário, que devem ser empurradas para dentro das celas. Não confiamos em nós mesmas o suficiente para nos deixarmos em paz.

Quando dizem que não podemos ou não deveríamos ter acesso a alguma coisa, o resultado é que a desejamos mais. Quando se trata de comida, a restrição nos coloca em pé de guerra com nossa natureza; tentamos eliminar vontades e desejos. Especialmente quando partimos para julgamentos morais: "Eu me comportei bem a semana inteira, então agora posso me comportar mal." A noção de bondade perdeu toda a relatividade. Ser boa em relação a quê? Ou talvez a pergunta mais apropriada seja: Ser boa para quem? Quando investigamos as causas da escalada global de peso, precisamos levar em conta nossa crescente autocrítica. A comparação que fazemos a cada olhada no celular nos causa um dano psíquico. Antes, tínhamos poucas oportunidades para nos comparar, mas agora elas estão por toda parte. É demais: isso atiça o autodesprezo e a aparente falta de disciplina, talvez o suficiente para criar uma reação inversa da balança. Nas minhas batalhas pessoais com a balança digital, percebi que quanto maior a fixação com o peso, mais ele parece fugir ao meu controle. Pensar nele nunca me ajudou, assim como também não ajudou o fato de querer que ele mudasse, mesmo com jejuns, desintoxicações e contagem de mastigações. Depois do segundo filho, ganhei 7 quilos. E assim fiquei, apesar dos bravos esforços para apagar do meu corpo o rito de passagem da maternidade, para "ter meu corpo de volta". Sempre que tento me privar, sinto a revolta do corpo; como se, ao ganhar alguns quilos, ele me mostrasse o dedo do meio. Ele está pedindo para se libertar das limitações e das restrições. Está me pedindo para que eu aceite as mudanças – e para que eu me ame mesmo assim.

A RECONEXÃO COM A FOME

Alguns anos atrás, filmei um episódio para uma série da Netflix no qual eu ficava de barriga para baixo em cima de uma maca portátil enquanto o quiroprata John Amaral mantinha as mãos sobre meu corpo e manipulava meu campo energético como se fosse um titereiro. De modo automático e sem qualquer controle, meu corpo reagia com movimento – ele queria se mover numa onda, mas sempre empacava na lombar, ficando meu traseiro projetado para cima. Era doloroso e eu não conseguia obrigar meu corpo a relaxar.
– Faça barulho – instruía John. – Você precisa fazer barulho. Deixe *fluir*!
Eu não conseguia. O que saía da minha boca parecia uma liberação esquisita e prolongada de gases. Eu não conseguia relaxar nem convencer meu corpo a se soltar – meus braços ondulavam como se eu fosse uma lunática. Enquanto as câmeras se moviam ao meu redor, permaneci contorcida, me perguntando quando aquilo teria fim e o que eu precisava comunicar ao meu corpo para que ele voltasse à postura plana. Foi o lembrete de uma lição que eu tinha aprendido havia pouco tempo: a de que eu não tenho controle sobre meu corpo.
Algumas semanas antes, eu tinha participado de uma longa sessão de psicoterapia assistida com MDMA, conduzida por um terapeuta holístico.

A ideia é tomar duas doses medicinais de ecstasy – administradas ao longo de duas horas –, usar máscara nos olhos e fones de ouvido e se concentrar no próprio corpo. A sessão inteira dura oito horas, embora pareça durar bem menos. É uma maratona de terapia, e muitas pessoas a equiparam a anos de divã. O MDMA silencia a amígdala, que controla a reação ao medo, de modo que você consegue acessar memórias do subconsciente sem ativar gatilhos ou sofrer novo trauma. O terapeuta permanece em silêncio, supervisiona o espaço e deixa que você fale, anotando coisas que serão processadas depois – não existe qualquer indução. A primeira sensação que tive foi a de um calor acolhedor descendo lentamente a partir do topo da cabeça.

– Acho que é a primeira vez que entro no meu corpo – falei, com a máscara sobre os olhos.

Era essa a sensação. Uma verdade arrebatadora que me fez chorar. Então, depois de recordar um antigo trauma sexual, meu corpo começou a se mexer: minhas pernas se agitaram para cima e para baixo, meus quadris vibraram rapidamente e, em seguida, minhas costas se arquearam e meus ombros giraram furiosamente. Isso aconteceu em looping durante horas, como um longo relaxamento. O terapeuta me ajudava a me alongar, mas os movimentos retornavam, controlando todo o corpo enquanto eu liberava o que quer que estivesse preso aqui dentro. Eu me sentia refém dos movimentos – o "eu" em mim estava indefeso diante daquela manifestação. Ainda que tenha sido bom liberar tudo, foi estranho não saber de onde as coisas vinham nem sequer o que elas eram; tive a impressão de que o que estava se desfazendo, se desenrolando e se soltando dentro de mim eram anos de tentativa de controle e de silenciamento do meu corpo. Foi como se a rolha da garrafa de champanhe tivesse saltado ou como se eu fosse uma gazela me livrando da tensão logo após quase ter sido capturada por um guepardo. Para o terapeuta, eu repetia como um mantra:

– Eu sou eu; não sou minha biologia.

Naquele momento, isso me pareceu a compreensão mais sábia e mais verdadeira que eu já tivera em toda a minha vida.

Parte do trauma que eu havia reprimido envolvia a sensação de prazer quando eu conscientemente não a desejava. Percebi que eu sempre me sentira traída por isso, profundamente envergonhada desses sinais trocados

– uma voz dizendo "não", um corpo dizendo "sim". No entanto, sob o efeito do MDMA, quando eu estava me amando e me acolhendo, eu me conectei num nível mais profundo com o fato de que meu corpo é uma entidade em si, não totalmente sujeita ao meu domínio. Ele faz o que faz. Tem linguagem própria. Porém eu nunca havia tentado conversar com ele ou ouvi-lo. Eu tinha ignorado suas tentativas de comunicação durante anos, enchendo-o de vergonha e de outros sentimentos negativos.

Após várias horas de movimentos incessantes, o terapeuta me ajudou a me alongar mais uma vez e então pediu que eu emitisse um som que representasse o que estava acontecendo em meus quadris. E, pela primeira vez, eu consegui liberar um pequeno porém longo barulho. O barulho lembrava o choramingo de um recém-nascido – não vindo do meu aparelho fonador, mas de algum lugar mais profundo. Ao liberar esse ruído, o movimento do meu corpo diminuiu. Mas eu soube que aquilo era só o início. Anos depois ainda trabalho com meu corpo, tentando entender o que ele diz quando sinto dor, desconforto ou fome. Fico em silêncio quando ele fala. Antes eu não sabia ouvi-lo, então ignorava a angústia, permitindo que ela se acomodasse nos quadris, na mandíbula, na lombar, no coração. Às vezes, quando fico em silêncio – meditando durante uma aula de ioga, dormindo à noite – meu corpo começa a se mover. Não faço nada: deixo acontecer; deixo que ele se desenrole. "Desculpa, de vez em quando meu corpo age sozinho", digo ao estranho no tapetinho ao lado. Numa noite dessas, meu marido acordou e pulou da cama achando que havia um terremoto: nada disso, eram só as minhas pernas enlouquecendo ao lado dele.

Eu sei que meu corpo se expressa a despeito da minha vontade. E sei que, quando se trata do que ele quer e precisa, o melhor a fazer é prestar atenção. Ainda não sei a melhor forma de me alimentar. De vez em quando me pego pulando refeições por estar ocupada ou estressada, ou fico parada diante da pia da cozinha, enfiando batata frita na boca porque estou morta de fome e atrasada. Estou apenas começando a conversar com meu corpo, a entender no que somos iguais e em quais aspectos ele tem inteligência própria. Ele me diz que preciso desacelerar ou me sentar e mastigar com calma. É comum eu estar ocupada a ponto de me esquecer de saborear as coisas, deixando passar um dos maiores prazeres da vida: estar presente numa refeição e fazer o sabor se demorar na língua – deixar o corpo sentir o aroma e o sabor.

James Gordon, terapeuta e médico, trabalhou em diversas partes do mundo ajudando grupos de pessoas a lidar com o trauma. Segundo ele, temos um kit de ferramentas para lidar com o trauma guardado no nosso corpo, e isso inclui respiração abdominal, respiração caótica, sacolejos, dança e desenho. Todas essas práticas permitem que emoções há muito tempo ignoradas venham à tona para que possam ser metabolizadas e integradas. Ele fala do impacto do trauma na digestão e explica que, quando comemos compulsiva e rapidamente, as enzimas não têm tempo de quebrar a comida; além disso, engolimos ar, o que nos deixa estufados e desconfortáveis. Para desacelerar, ele recomenda colocar um pedaço de fruta e um de chocolate amargo num prato e então meditar. À medida que respira, a pessoa deve perceber o que vem a seguir: memórias, preconceitos, focos de atenção, sentimentos em relação à comida. Depois a pessoa pega a porção de comida que quiser e a aproxima do nariz. Sente o cheiro, toca, fecha os olhos, deixa que ela role pela boca e, por fim, mastiga a porção muito, muito devagar. "Gradativamente, as pessoas se dão conta do pouco que saboreiam, apreciam ou mesmo notam a comida que estão ingerindo. Também se dão conta da rapidez com que costumam comer. Muitas pessoas traumatizadas tomam consciência da ansiedade que acelera o ato de se alimentar e lhes nega uma imensa fonte de prazer", diz ele.[34] A prática que ele ensina se torna um modelo para o modo de fazer todas as refeições: devagar, com consciência, prestando atenção nas sensações – especialmente nas boas.

A REJEIÇÃO AO CORPO FEMININO

Gordon acredita que todo mundo tem traumas – às vezes com T maiúsculo, às vezes minúsculo – e que todo mundo enfrenta suas batalhas. E num país que claramente tem problemas com o peso, não é difícil argumentar que uma das maneiras como isso se expressa é pela comida; quase todos nós temos algum transtorno alimentar. Nossa ansiedade e inquietação em torno do corpo é um tipo de trauma, a despeito de outros fatores. Ainda que os índices de diagnóstico clínico de anorexia e bulimia sejam baixos, a maioria das mulheres americanas se qualifica como portadora de algum distúrbio: 75%, na verdade, ao longo de espectros de raça e etnia, de acordo com uma pesquisa conduzida em 2008 pela Universidade da Carolina do Norte e pela revista *Self*.[35]

Toda boa feminista sabe que a objetificação do corpo da mulher é outro sintoma de uma cultura opressiva que nos força o autocontrole e nos leva a vigiar o apetite e o peso. Admitimos que a pressão para mantermos um corpo *mignon* é problemática; nós de fato acreditamos que devemos ocupar o tanto de espaço que quisermos. Mesmo assim, não há sinais de que estejamos quebrando o ciclo. Se pararmos de nos controlar, como a estrutura patriarcal poderá garantir que permaneçamos controladas?

O contraponto vem na forma do argumento em prol da positividade corporal, da ideia de amarmos os pneuzinhos e as curvas de qualquer tamanho, da celebração da nossa força, não do tamanho. Isso me parece um discurso bastante vazio, pois ainda dita o modo como devemos nos sentir: positivas! E ainda mantém o foco voltado para o corpo como porta-estandarte da identidade e dos valores da mulher. Como escreve Roxane Gay em *Fome*: "Eu odeio o meu corpo. Odeio a fraqueza de não ser capaz de controlá-lo. Odeio a maneira como me sinto dentro do meu corpo. Odeio o modo como as pessoas o enxergam. Odeio o jeito como as pessoas o encaram, como o tratam, como falam dele. Odeio equiparar meu valor individual ao estado do meu corpo e odeio a dificuldade de resolver esse impasse. [...] Detesto o fato de desapontar tantas mulheres quando não consigo aceitar meu corpo em qualquer tamanho."[36] A positividade corporal parece um decreto: para muitas mulheres, amar o próprio corpo não é algo que ocorra naturalmente, mesmo quando os outros consideram que temos um corpo "bom". Nosso corpo abriga muitos de nossos traumas, muitos dos quais não são processados, muitos dos quais tentamos manter trancafiados dentro de nós. Como alguém com um corpo adequado aos padrões em voga, que cabe com precisão no centro da escala "normal" da tabela de IMC, eu ainda me sinto tocada pelas palavras de Gay, porque nem tudo é questão de balança. O corpo é apenas o meio através do qual projetamos a angústia. Nas palavras de Geneen Roth: "Ser magra não resolve o vazio que não tem forma, peso ou nome. Mesmo uma dieta loucamente bem-sucedida é uma falha colossal, porque dentro do novo corpo bate o mesmo coração apertado. A fome espiritual nunca pode ser saciada no nível físico."[37] Em vez de positividade, precisamos de neutralidade. A tarefa de se sentir de uma certa maneira, de qualquer maneira, precisa ser revista, equalizada e equilibrada.

Ao aceitar a crença de que podemos mudar os padrões e resolver os problemas exibindo vários formatos e tamanhos de corpo nas páginas das revistas, estamos apenas mudando o alvo. Sentir-se bem em relação ao próprio corpo é mais primitivo e profundo do que não se sentir mal em relação ao maiô que aparece na *Sports Illustrated*. Para início de conversa, imagens mais diversas ainda são imagens de corpos, do exterior, não do duro trabalho requerido interiormente. Clamar para que as pessoas se aceitem em qualquer tamanho sugere que não há necessidade de olhar sob a superfície, de nos conhecermos, de começar a tarefa de escuta e, talvez, de cura. Não podemos pular essas etapas quando nosso corpo está literalmente morrendo de vontade de falar, de nos contar o que não conseguiu digerir depois de todos esses anos.

Quando contemplamos os pecados e todos os apelos sociais para que nos encaixemos nos padrões, para garantirmos a segurança por meio do pertencimento, é importante não usar a palavra "inclusão" como uma nova roupagem para um construto que nunca será outra coisa que não exclusivo por natureza. Devemos considerar as consequências de serem estabelecidas *quaisquer* normas sociais. Ainda que nos esforcemos para tornar a sociedade mais "inclusiva" por meio da linguagem, isso ainda cobra o preço de alienar pessoas que não entendem o que essa linguagem quer dizer. As novas regras podem ser mais acolhedoras e melhores, mas não resolvem o problema inerente à prescrição de valores sociais, para início de conversa. Precisamos de uma estrutura na qual possamos todos nos encontrar, uma que seja desprovida de qualquer padrão, onde sejamos livres para simplesmente ser, exatamente como somos, sem a necessidade de comentário ou rótulo.

Liberdade me parece o termo apropriado, pois sugere um caminho para a paz. Talvez o objetivo seja, na verdade, uma trégua ou um ponto de equilíbrio com nosso corpo, no qual possamos viver pacificamente. A ciência ainda não sabe se temos um ponto preestabelecido: um peso preferencial para o qual nosso corpo retornará quando for deixado por conta própria. É provável que nunca saibamos. Não existe um gabarito preciso de como deve ser nossa aparência a cada ano da vida: onde a pele deve murchar; onde devemos carregar peso extra; ou onde nosso corpo se tornou tóxico, encorajando nossa extinção. O método de meus pais – submeter-se à balança para um tapa anual na cara – me parece um modo de negar os efeitos do tempo. Como alternativa, podemos encontrar outra forma de negociação: podemos comer o que quisermos até saciar nosso apetite; podemos deixar nosso corpo à vontade; podemos deixar que ele nos guie rumo ao futuro, sem tentar controlar o que ele quer ser.

Ao aceitar que a gula é fundamental, podemos metabolizar as emoções e saciar a fome mais profunda.

6
GANÂNCIA

*Ao acreditar que ganância é pecado,
renegamos nossa estabilidade*

AS RAÍZES DO ASCETISMO

Antes de Evágrio Pôntico se tornar monge, ele era um membro ativo da sociedade em Ibora (na atual Turquia): tinha dinheiro, propriedades e escravos. Seus biógrafos alegam que ele abdicou da vida mundana e fugiu para o deserto depois de se apaixonar por uma mulher casada; uma vez no deserto, Evágrio decidiu passar o resto da vida controlando as próprias paixões.[1] Ele abraçou o ascetismo extremo: passava o inverno ao relento, abrigando-se num poço durante as noites e sobrevivendo à base de pequenas porções de pão e azeite.[2] Evágrio e seus colegas monges viviam ao deus-dará, recusando-se a poupar recursos para o futuro e insistindo que podiam contar com a providência divina. Talvez eles percebessem as armadilhas das posses materiais: uma vez que surge a ideia de *mais*, é difícil saber quando se tem o *suficiente*.

Embora, em teoria, seja possível acumular qualquer coisa, para Evágrio a avareza e a ganância giravam em torno do acúmulo de dinheiro. Em *Antirrhêtikos* (Réplicas), Evágrio deu ao capítulo sobre avareza o título "Sobre o amor pelo dinheiro". E no guia específico para monges, chamado *Praktikos* (Práticas), advertiu que o amor pelo dinheiro arrancava os monges do momento presente e os afastava da fé: "A avareza sugere à mente uma velhice longa, a incapacidade de executar trabalhos manuais (em algum momento vindouro), fomes futuras, doenças que nos visitarão, a fisgada da pobreza, a grande vergonha que acompanha quem aceita dos outros as necessidades da vida."³ Na visão de Evágrio, para que a pessoa não seja escravizada pelos demônios emocionais da mente, faz-se necessária a dependência *completa* de Deus.

Alguns séculos mais tarde, quando chegou a hora de o papa Gregório I transformar os pensamentos de Evágrio nos Sete Pecados Capitais, suas alterações evidenciam uma adaptação à vida no mundo mais amplo. Gregório incentivava que a elite fizesse grandes doações para caridade, argumentando que a Igreja era a administradora da riqueza, uma vez que sua verba pertencia, na verdade, aos destituídos. Administrador perspicaz, ele deu ao Vaticano a forma de governo que, em certa medida, reconhecemos hoje em dia. A classificação da avareza como Pecado Capital se tornou um apelo muito útil para convencer cidadãos ricos a doar dinheiro à Igreja; a falta de generosidade se tornou a dimensão mais evidente do pecado, *não* o acúmulo de riqueza. Gregório argumentava ainda que o vício poderia se converter em criminalidade, escrevendo: "Da avareza brotam deslealdade, fraude, falsidade, perjúrio, inquietação, violência e frieza do coração em detrimento da compaixão."⁴ No entanto, ele tinha o cuidado de fazer uma distinção entre as dimensões espiritual e prática da avareza. Isso possibilitou que o Vaticano viesse a acumular uma riqueza imensa. Assim, Gregório permitia a riqueza de indivíduos desde que eles destinassem parte do dinheiro à Igreja.*

São famosas as palavras de Jesus "É mais fácil um camelo passar pelo fundo de uma agulha do que um rico entrar no Reino de Deus" (Mateus 19:24).⁶ Esse aforismo, é claro, tem gerado muita controvérsia e consternação dentro do cristianismo: o que seria uma quantidade apropriada de riqueza material? Teólogos cientes da riqueza da própria Igreja contornaram o ensinamento de Jesus explicando que é o *apego* ao dinheiro que gera a avareza ou a ganância – a energia de se apegar –, não a riqueza em si, particularmente se essa riqueza for distribuída com frequência. A professora Rebecca Konyndyk

---

* É difícil ter uma noção muito clara da riqueza da Igreja Católica. Estima-se que a Santa Sé, central administrativa da Igreja Católica Romana, controle sozinha mais de 70 milhões de hectares de terra, sem falar nas igrejas, monastérios, obras de arte e outros objetos de valor incalculável. De acordo com um relatório de 2020, divulgado pelo Vaticano numa tentativa de demonstrar transparência, seus bens líquidos giram em torno de 4 bilhões de euros.⁵

DeYoung escreve sobre Tomás de Aquino: "Aquino contrapõe o vício da ganância à virtude da generosidade, mas adota o nome latino dessa virtude, 'liberalidade', que tem a mesma raiz latina da palavra 'liberdade'. A conexão linguística nos dá a dica: generosidade tem a ver com *liberdade* – nesse caso, liberdade em relação ao vínculo com o dinheiro e à promessa do que ele pode comprar. A atitude livre e franca da pessoa liberal contrasta com a preocupação com as posses e com a mesquinharia em torno do dinheiro como algo 'meu' da pessoa gananciosa."[7] Portanto, não há problemas com a riqueza, desde que você apenas a administre, sem monopolizá-la.

Mas a Igreja logo se perdeu, ou esse foi o argumento de Martinho Lutero ao desencadear a Reforma em 1517. A principal objeção de Lutero foi a de que a Igreja tinha passado a aceitar e até a exigir indulgências em troca da salvação: de fato, ela estava encorajando a congregação a *pagar* pela redenção dos pecados. A confissão e a penitência não eram mais suficientes. Lutero considerava isso não apenas avareza por parte da Igreja, mas também uma imoralidade – a fé e a graça de Deus eram o único caminho para a salvação. Ele também acreditava que a ganância tinha passado a ser considerada uma virtude, pregando em 1535 que "hoje em dia a ganância passou a ser vista como administração habilidosa, inteligente e cuidadosa".[8] Ele achava que o mercado encorajava as pessoas a roubar e a trapacear, protegidas sob o conceito de comércio respeitável, e que as fazia violar o mandamento "Não roubarás". Além disso, ele achava que, ao lucrar à custa de outros cidadãos, algumas pessoas que se diziam "perspicazes nos negócios" estavam apenas cometendo roubo descarado.

Lutero também se ressentia da antiga ideia de que a riqueza seria um sinal do favorecimento de Deus, enquanto a pobreza seria uma punição justificada para a vulgaridade. Ele teve o cuidado de distinguir entre riqueza espiritual e material, argumentando que a segunda tinha muito pouco a ver com a primeira – que a riqueza era uma dádiva de Deus para ser compartilhada, não almejada ou mantida. Embora seja evidente que Lutero acreditava no trabalho, ele não acreditava que a riqueza estivesse vinculada ao mérito – ou que tivesse qualquer valor espiritual.[9] A crença de Lutero parece estranha hoje em dia por causa da "teologia da prosperidade", uma cria do protestantismo popularizada nos anos 1980: televangelistas famosos – e incrivelmente ricos – garantem que "riqueza e saúde" são recompensas de Deus para as pessoas boas.* Se você não tem nenhuma das duas, isso se deve a uma falha moral da sua parte.

Em nossa cultura atual, a riqueza é muito associada à oportunidade e ao acesso e, consequentemente, ao poder. Vivemos numa época de extrema disparidade entre quem tem e quem não tem, na qual o meio-termo está desaparecendo. Mais que isso, somos uma cultura caracterizada pela ganância e pela avareza: pelo acúmulo de bens** fundado no consumo descontrolado com o qual o planeta não pode mais arcar. Homens, na maioria brancos, criados para correr atrás do dinheiro, dominam a lista das pessoas ricas: na lista de bilionários da *Forbes*, que monitora os valores *diariamente*, apenas seis mulheres figuram entre as primeiras quarenta pessoas (com montantes entre 33,5 bilhões e 232,7 bilhões de dólares).[10] E são herdeiras de fortunas acumuladas por homens. São elas: Françoise Bettencourt Meyers (herdeira da fortuna da L'Oréal), Alice Walton (herdeira da fortuna da rede Walmart), Julia Koch (viúva de David Koch, das Indústrias Koch), MacKenzie Scott (ex-esposa de Jeff Bezos), Beate Heister (herdeira da cadeia de supermercados alemã Aldi) e Jacqueline Mars (herdeira de empresas de chocolate e pet food).***

Bill Gates e Warren Buffett ocupam o topo da lista. Todos sabemos que em 2010 eles fundaram a organização The Giving Pledge para encorajar outros bilionários a direcionar 50% de sua riqueza à filantropia. (Parece uma atitude bacana, mas algumas perguntas não calam: É correto que *alguém* tenha tamanha quantidade de dinheiro, ainda que dividida pela metade? Alguns dos problemas mais complexos e inclementes do mundo deveriam ficar a cargo da iniciativa própria de algumas pessoas brancas, em sua maioria homens? E como é possível que muitos desses bilionários sejam muito mais ricos do que uma década atrás?) Por enquanto, apenas 10% dos 2 mil bilionários do mundo se comprometeram com a causa.[12] Os cidadãos mais

---

* Joel Osteen, pastor do evangelho da prosperidade cuja riqueza é estimada em mais de 50 milhões de dólares, viu-se em maus lençóis quando fotos de sua Ferrari de 300 mil dólares apareceram na internet.
** É interessante observar que a etimologia da palavra *assets* (*bens*, em inglês) remete a "suficiente", à ideia de que a pessoa já tem o bastante.
*** De acordo com uma matéria publicada na *Forbes* em 2022, apenas 327 dos 2.668 bilionários do mundo são mulheres – e, dessas, 226 herdaram sua fortuna.[11]

ricos, que indiscutivelmente obtiveram o máximo possível, não acreditam na redistribuição da riqueza.* A exceção, claro, é a ex-esposa de Bezos, MacKenzie Scott, que, na época da separação do casal, em 2019, ficou com metade das ações da Amazon. Scott já providenciou a doação de 18% de sua fortuna, ressaltando que enviará cheques a instituições respeitáveis até que o cofre esteja vazio. Enquanto isso, durante o mesmo período, o ex-marido doou 1% da própria riqueza, embolsou 130 bilhões de dólares durante a pandemia e anda enviando aeronaves em formato de pênis para o espaço. Elon Musk – que se juntou a Bezos na corrida espacial particular – doou 150 milhões de dólares durante os primeiros quatro meses de 2021, o que equivale a... 0,08% de seu patrimônio total líquido.[14]

Culturalmente, não apenas permitimos essa ganância absurda, mas veneramos esses homens por serem bons nos negócios, qualquer que seja o custo para as outras pessoas. Nossas expectativas são de que os homens gerem riqueza, e louvamos o sucesso profissional que eles alcançam; ao mesmo tempo, esperamos que as mulheres sejam generosas. Pesquisas indicam que as mulheres com grande patrimônio líquido pensam muito mais nos outros do que seus colegas homens: de acordo com um relatório do banco multinacional Barclays, as mulheres doam quase duas vezes mais que os homens.[15] E, segundo uma pesquisa dos anos 1980, socialites ricas – quase sempre esposas de barões dos negócios – eram as pessoas por trás das doações e do voluntariado, embora atuassem em nome do marido, lustrando o legado do cônjuge em vez do próprio legado.[16]

Ao longo da história, as mulheres não acumularam riqueza. Até meados da década de 1970, uma mulher casada não podia ter crédito em seu nome – nada de conta bancária ou hipoteca. Elas eram uma extensão das propriedades dos homens, celebradas por serem troféus passivos e resplandecentes, evidências do sucesso do marido, cartazes da proeza financeira. Ele ganha,

---

* Há muitas pesquisas interessantes sobre generosidade e diferenças de gênero, bem como estudos que relacionam riqueza e empatia. É meio assustador saber que, de acordo com vários estudos dos professores Paul Piff e Dacher Keltner, da Universidade da Califórnia em Berkeley, as pessoas mais ricas têm menos compaixão. Talvez isso também explique em parte a lacuna existente nas doações para a caridade. Segundo um relatório sobre doações, de 2020, as mulheres eram responsáveis por quase dois terços das doações on-line e por cerca de 53% a 61% dos dólares doados.[13]

ela gasta – e usa o dinheiro com bom gosto, um reflexo do valor *dele*. Que legado esquisito. Dentro desse construto, há pouco espaço para as mulheres criarem um relacionamento direto com a riqueza. E então somos duplamente importunadas pela ganância: por um lado, somos treinadas para ficar longe do dinheiro, porque ele não foi feito para nós; por outro, somos doutrinadas por nossa própria mensagem cultural a acreditar que é tarefa nossa aquecer a economia comprando coisas. A sociedade premia nosso consumismo. As mulheres que conheço são profundamente ambivalentes em relação ao dinheiro: atraídas pela promessa de estabilidade e poder e repelidas pela desigualdade que ele perpetua.

COMO SOMOS ENCORAJADAS A CONSUMIR

Tenho um ótimo faro para lojas de presentes. Uma lojinha na esquina, uma banca, o quiosque de lembrancinhas de um parque, a butique decorada com lustres de cristal e com o indispensável recipiente cheio de rolinhos de calcinhas fio dental em cores vivas ao lado do caixa... não importa. Sempre fui uma consumidora sem preconceitos. Afinal de contas, passei o início da carreira na *Lucky*, revista dedicada a compras e estilo, escrevendo guias para as melhores butiques de Paris, Montreal, Los Angeles, Atlanta. Eu era capaz de encontrar algo que valesse a pena comprar numa loja de artigos médicos. Uma das minhas lembranças favoritas é do dia em que convenci Rumaan Alam, colega de trabalho na época e hoje romancista reverenciado, a carregar uma cabeça de veado empalhada pelas ruas de Staten Island; eu a tinha "resgatado" da parede de uma casa de penhores.

Ainda criança, enchi um porta-joias de madeira com brincos que eu fazia usando pinhas e contas. Nenhum deles servia para ser usado; eu só queria ter coisas, o máximo possível. Sempre que juntava 10 dólares de mesada, eu implorava para ir ao shopping gastar o dinheiro na loja de lembrancinhas.

Depois que cresci, sempre que tinha a chance de viajar – normalmente a trabalho –, eu arrumava espaço na mala para trazer qualquer coisa que eu achasse que nunca teria a chance de comprar outra vez. As compras não pareciam ter muito valor, mas eu cismava que eram imperdíveis: pilhas de tecido, blusas vintage, coraçõezinhos bordados à mão que eu procurei feito louca num mercado de rua no Laos. A aquisição era o que importava. Quando chego em casa, o encanto se desfaz. Nada funciona *in situ*. Descubro que não uso tecidos exóticos no escritório, e a promessa daquele monte de almofadas nunca se concretiza.

Não sei se essa urgência para acumular vinha das propagandas ou da criação que recebi dos meus pais: eles se recusavam a comprar para mim qualquer coisa que ultrapassasse o orçamento anual de volta às aulas. Quando eu já estava "crescida", pus a culpa no grupo editorial Condé Nast, onde eu trabalhava. Eu aparecia na TV de manhã cedo usando blusas de seda, mal me equilibrando em saltos altíssimos, e consumia uma quantia nada modesta com moda vintage e lojas de departamento: 200 dólares na J.Crew, 150 dólares da H&M, 100 dólares na ZARA, 250 dólares no outlet da Neiman Marcus. Eu dizia a mim mesma que precisava estar "na moda" para trabalhar e que, se usasse roupas de poliéster ou viscose, estaria cheirando mal às 10h30 da manhã. Embora eu tenha crescido valorizando a natureza, não me ocorria que eu estivesse poluindo o planeta a cada compra nem que meu dinheiro seria mais bem utilizado se eu comprasse menos roupas que fossem melhores e mais duráveis. Eu estava violando uma regra preciosa para mim: não dá para ser bom, rápido e barato ao mesmo tempo. Nada do que eu comprava era bom, no verdadeiro sentido da palavra. Mas o problema não era esse. A mera quantidade de coisas no meu armário organizado por cores fazia com que eu me sentisse confortável, segura e *abastada*.

Hoje em dia consigo olhar para trás e ver que havia uma história mais profunda e subconsciente me encorajando a comprar. Existe em mim a ideia arraigada de que consumir para alavancar a economia é um dever patriótico – afinal, sou a CEO da vida doméstica. Até a etimologia da palavra *economia* remete a "lar": em grego, ela é *oikos* (casa) + *neimein* (administração). Talvez seja o fato de ter passado pelo Onze de Setembro, pela Grande Recessão e pela covid-19, mas minha reação automática a qualquer ataque à economia dos Estados Unidos é pensar que vou *perder tudo* se não *gastar tudo* para manter o mercado funcionando. Fomos levadas a acreditar que a condução da economia é *nossa* responsabilidade, não dos políticos em Washington. Essa ladainha é tão inconsciente quanto traiçoeira, mas quando pergunto a minhas amigas elas dizem sentir a mesma coisa, como se coubesse a cada uma de nós gastar além do confortável para garantir o emprego e a segurança da família.

No livro *The Soul of Money* (A alma do dinheiro), a filantropa Lynne Twist relembra o impacto social imediato do Onze de Setembro: o país se mobilizou para ajudar, doar sangue e compartilhar o luto. Interrompemos a correria da vida diária para chorar juntos – até que a economia começou a falhar, e então o presidente George W. Bush nos incitou a cumprir a tarefa patriótica de ir ao shopping em vez de se alistar na luta. Entendi o chamado. Nas palavras de Twist: "Ir às compras foi considerado um gesto patriótico, uma forma de mostrar aos terroristas que eles não conseguiriam destruir nossa economia, nosso consumismo, o espírito do povo dos Estados Unidos ou nosso estilo de vida."[17] Essa tarefa patriótica foi conduzida pelas mulheres: nós gastamos mais.*

Vinte anos depois, essa reação se repetiu na pandemia. Assim como muitos, reagi impetuosamente ao ver meus compatriotas disputando rolos de papel higiênico e produtos enlatados no supermercado e, em especial, ao me ver trancada em casa junto com todas as minhas coisas. Eu sentia a energia de tudo ao meu redor vibrando dentro dos armários e atrás das paredes. Sim, por mais que eu quisesse me livrar de tudo e ficar sozinha com minha família, ainda assim me sentia estimulada a acumular produtos essenciais e a comprar mais para evitar o colapso da economia. Estava claro que as empresas – e seus funcionários logo dispensados – precisavam mais do meu apoio que o fundo de aposentadoria.

Moro com minha família em Los Angeles, perto da área de incêndios, e nos últimos anos quase fomos atingidos pelo fogo duas vezes. Em 2018, passamos vários dias sob ordens de preparar-para-evacuar. Providenciei bolsas para transportar os gatos e uma carteira com documentos importantes. Enchi uma mochila pequena com roupas e pus as joias e algumas obras de arte no carro. Mandamos as crianças para a casa da babá, Vicky, em Riverside, longe das chamas. Rob e eu ficamos em casa e enfiamos a cara nos laptops, com o noticiário local ligado o tempo todo. Cogitamos embalar

---

* De acordo com um relatório da organização Catalyst sobre poder de compra, "em média 89% das mulheres ao redor do mundo dizem fazer ou dividir as compras cotidianas, contra apenas 41% dos homens".[18]

mais coisas, mas decidimos que elas eram substituíveis – ou algo que não voltaríamos a comprar. Eram só coisas. Eu precisava do meu vestido de noiva? Rob precisava da coleção de tênis? Optamos por deixar tudo queimar, se fosse o caso. Um ano depois, quando tivemos que evacuar o bairro no meio da noite, já estávamos preparados. Pegamos os meninos, os gatos e os documentos e fomos embora. Assistindo à cobertura do incêndio no quarto do hotel – nossa casa no cantinho esquerdo da tela, quase ao alcance das chamas –, só nos restou segurar as mãos e dar de ombros. Estranhamente, naquele quarto às três da manhã, havia paz. Conversamos sobre o acordo inconsciente que tínhamos feito, sobre quem éramos para além das armadilhas da vida, se aquela vida servia para nós e se a escolheríamos outra vez. Nossa casa, milagrosamente, sobreviveu, coberta de cinzas tóxicas. Limpamos o que foi possível, jogamos fora o resto e voltamos ao normal: a correria de pais que trabalham fora e duas crianças que querem e precisam de coisas. Mais, mais e mais.

O PROBLEMA DA MULHER COM O DINHEIRO

Faz sentido que as mulheres se preocupem com a escassez – ela é central para nossa identidade no patriarcado e alimenta a ilusão de dependência em relação aos homens e às estruturas autoritárias. Quando homens (em particular os brancos, cis e heterossexuais) iniciam a carreira, eles não são culturalmente levados a acreditar que só existe espaço para alguns deles. Eles se sentem à vontade diante das numerosas cadeiras em torno da mesa de reuniões, a trilha bem traçada rumo à diretoria. Para eles, é como se fosse um direito inato. É "natural" para os homens desejar dinheiro, persegui-lo, falar dele abertamente sem constrangimento. Espera-se que um homem negocie em causa própria – caso ele não consiga um contrato, haverá outras oportunidades. Homens são instruídos não só a jogar, mas a jogar para vencer. Para eles, ambição e ganância são coisas boas – ou, caso não sejam exatamente virtudes, são ao menos características esperadas, respeitadas e admiradas.

Sallie Krawcheck, que já foi uma estrela solitária em Wall Street, tem hoje em dia uma empresa chamada Ellevest, dedicada a ajudar mulheres a conquistar liberdade financeira. Sallie quer mudar a relação que as mulheres têm com o dinheiro e quer que fiquemos mais à vontade ao falar sobre o assunto. "As mulheres sentem vergonha quando ganham ou têm pouco dinheiro", comentou ela comigo, "e sentem vergonha quando têm ou ganham muito."[19] O equilíbrio no fio da navalha será impossível enquanto continuarmos andando em círculos. Nossa renda anual, nosso "valor" – determinado em grande parte por autoridades inacessíveis, porque pouquíssimas de nós ocupam posições de liderança – é a interseção perfeita entre ganância, preguiça e orgulho: Nós merecemos essa quantia? Ela reflete nosso valor? Trabalhamos o suficiente por ela? Não vemos mulheres se vangloriando dos segredos de suas operações na bolsa, de seus investimentos em bitcoins ou de seus bônus. Não ouvimos mulheres falando do dinheiro que elas pretendem ganhar investindo num imóvel ou numa obra de arte. Mesmo mulheres casadas e provedoras subestimam a própria capacidade e tentam reequilibrar a balança do relacionamento para o lado masculino, fazendo com que o marido se sinta "mais homem".

Sallie me contou que uma pessoa que tivesse investido mil dólares em 1900 – a despeito de tudo que aconteceu ao longo dos anos, incluindo guerras, recessões e depressões – teria 57 milhões para esbanjar hoje em dia. "Sempre falamos da diferença de salário entre os gêneros: ganhamos 82 centavos por cada dólar que um homem ganha, o que é muito frustrante", explicou ela. "No entanto, você sabe qual é a diferença de riqueza entre os gêneros? É da ordem de 32 centavos por cada dólar deles. Pelo menos a diferença salarial está diminuindo aos poucos. Já a diferença de riqueza só aumenta. Parte do motivo é o fato de os homens terem investido mais que as mulheres, e a riqueza se retroalimentar, mesmo em mercados difíceis."[20] Parte dessa desigualdade vem da falta de uma orientação financeira para as mulheres: somos menos informadas sobre questões monetárias e mais pressionadas a gastar e a consumir bens em vez de comprar ações. Mas não acho que seja só isso. Acredito que as mulheres não participam do mercado tanto quanto os homens porque elas acham que é errado materializar dinheiro sem esforço.[21] Quando encaramos o dinheiro como um agente equilibrador, finito, territorializado, trocado por bens ou serviços, a ideia de uma renda passiva parece imoral. Se nos envolvêssemos de verdade, o mais provável é que ganhássemos terreno: as mulheres superam o desempenho dos homens quando investem, tanto profissionalmente quanto em fundos de investimento.* Só que pouquíssimas de nós têm confiança inicial, recursos suficientes para entrar no mercado ou disposição para se empenhar nele. Parece que o primeiro instinto feminino nunca será ganhar dinheiro fazendo... nada. Para nós, a riqueza está enraizada no mundo material, não numa ilusão mágica sem qualquer vínculo com um resultado, talento ou trabalho.

Alguns anos atrás, entre um drinque e outro, Sally me falou sobre o condicionamento que sofremos desde a infância, quando aprendemos que é falta de educação falar de dinheiro. Ela me perguntou na lata:

– Quanto você ganha?

Sally tem uma personalidade forte, então respondi sem rodeios; afinal, pensei, estávamos treinando como falar de dinheiro. Ela quase caiu da cadeira.

– Você é a primeira mulher que me responde isso. Eu não estava esperando. O normal é eu receber evasivas como "Muito" ou "Não o suficiente" e depois mudarmos de assunto.

Essas respostas vagas nos cobram um preço muito alto. Basicamente concordamos em ser niveladas por baixo, pois nos venderam uma história de constrangimento em torno do dinheiro, e não sabemos pedir mais, lidar bem com ele nem o exigir. Não temos parâmetros para avaliar se estamos recebendo um pagamento justo e adequado, a despeito do gênero. Ficamos constrangidas por simplesmente querer dinheiro. Não sabemos se o merecemos. E, por termos sido encorajadas a gastar em vez de guardar, perdemos a oportunidade de acumular riqueza e garantir que não seremos destruídas por um evento cataclísmico. É disso que a economia precisa – autossuficiência para todos nós, para todo mundo. Como a sociedade não quer fornecer uma rede de segurança, cabe a cada uma de nós providenciá-la por conta própria.

O QUE DIZEMOS A NÓS MESMAS SOBRE O DINHEIRO

Minha mãe foi criada num lar com limitações financeiras, o que a deixou com um medo contínuo da escassez. Apesar do poder aquisitivo do meu

---

* Pesquisadores acreditam que isso ocorre porque pesquisamos mais, fazemos *menos* transações e não temos tanta testosterona turbinando o excesso de confiança.[22]

pai – para os padrões de Montana, éramos ricos –, o dinheiro nunca parecia suficiente. Minha mãe permaneceu hipervigilante, preparada para um desastre financeiro iminente. Ela oscilava entre falta e abundância – um pouco como comer em excesso e em seguida entrar em abstinência. Ela é incrivelmente generosa e fazia doações frequentes para causas relevantes, mas o medo sempre voltava com força. Tínhamos dinheiro, mas ela temia que ele evaporasse um dia, sabe-se lá por quê. Dava para perceber seu conflito interior: comprar ou não o café italiano? E ela era tão avessa à ideia de dever dinheiro *a quem quer que fosse* que, se demorássemos para devolver um filme na locadora, ela me fazia entrar lá para pagar a multa de 1 dólar (o pessoal da locadora me achava maluca – todo mundo sabia que dava para descontar a multa na locação seguinte!). Eu fazia piada, tentando me convencer de que a maluca era ela, mas a ansiedade da minha mãe não era só palpável; era também contagiosa. Nos primeiros anos de casada, fiz meu marido passar por situações semelhantes. Saíamos para jantar num restaurante bacana e depois eu voltava para casa reclamando da conta. "Estou confuso", dizia ele, "porque o jantar foi ideia sua." Sim, de fato. Eu era igual à minha mãe: um saldo positivo no banco não anulava a sensação de que me divertir e ser um pouco permissiva destruiria a promessa de estabilidade.

Numa sequência inesperada de eventos, minha mãe participou do programa de TV *Donahue* nos anos 1980 como uma "dona de casa relativamente rica" para falar das fobias em torno do dinheiro e do medo da penúria ou, para usar uma expressão da época, do medo de virar a "mulher da sacola", alguém que carregava seus pertences numa bolsa por não ter onde morar. O público a questionou: a esposa branca de um médico não estava nem perto da pobreza para falar num medo daqueles. Embora eu tivesse apenas 8 anos na época, senti um profundo constrangimento. Como minha mãe ousava falar em escassez quando era relativamente tão bem de vida? O público não percebia, pelo menos olhando para minha mãe, que a ansiedade costuma ser irracional – vinculada a um futuro incerto – e que muitos de nós nadamos nela, varrendo o horizonte com o olhar frenético em busca do próximo bote salva-vidas. Não importa se somos "ricos" aos olhos dos outros, a ansiedade está lá.

Em 2019 conheci Gloria Steinem, que também havia participado do *Donahue* no mesmo dia. Ela não só se lembrou do episódio, como foi enfática sobre sua importância – e sobre a bem fundamentada fobia a que minha mãe deu voz. Ela me contou como era crucial para as mulheres da época, de todos os níveis socioeconômicos, falar do medo da pobreza e como era traumatizante ser dependente dos outros para a própria subsistência num mundo em que dinheiro equivalia a segurança. Depender financeiramente de um cônjuge é assustador, e essa dependência é a raiz do poder do patriarcado. Para minha mãe era uma regra cultural: as mulheres não controlavam os gastos nem o próprio futuro. Steinem também ressaltou como o episódio foi revolucionário porque as mulheres estavam condicionadas a não falar em dinheiro, a esconder a vontade de tê-lo, a silenciar os medos reais de serem trocadas por outra mulher mais nova e serem deixadas sem nada – e, nesse meio-tempo, serem acusadas de aproveitadoras. O trabalho invisível dentro de casa nunca foi computado como parte do PIB. Nos últimos 35 anos, pouca coisa mudou.

Esses e outros fatores fizeram com que as mulheres raramente experimentassem o luxo da estabilidade que vem com a autodeterminação. Nosso valor é cheio de contingências. Somos acostumadas não só a ficar com menos, mas também a ficar com menos e com a mensagem de que ganhar dinheiro demanda bom comportamento, andar na linha e fazer a nossa parte. Somente assim podemos justificar o contracheque, a mesada, o auxílio social. Devemos ser gratas. Melhor não estragar tudo. Fomos criadas e doutrinadas no mundo do "se isso, então aquilo". Se eu me casar com o cara certo, terei uma aposentadoria garantida. Se trabalhar duro, serei promovida. Se for uma boa pessoa, meu filho não ficará doente e meus pais alcançarão a imortalidade. Se eu ganhar o suficiente, economizar o suficiente, gastar o suficiente... ficarei bem. Estarei em segurança.

Assim como outras crianças, meu irmão Ben e eu recebíamos uma mesada semanal dos nossos pais por tarefas como alimentar os cavalos e cortar a grama, mas eu sempre "trabalhei" também. Eu preenchia tabelas e preparava a sala de exames em consultórios médicos; botava uma touca na cabeça e distribuía bandejas de refeições no hospital; preenchia formulários de ajuda financeira no Departamento de Psicologia da Universidade Yale. Quando me formei na faculdade, em 2002 – apesar de me permitir o luxo de um diploma na área de humanas e não me graduar em nada prático –, eu sabia que pagar as contas precisava ser o foco principal da minha busca por emprego. Eu achava que um emprego remunerado estaria garantido porque, nos anos antes de eu me formar, Wall Street estava tão desesperada por formandos das universidades de prestígio que eles ofereciam emprego para qualquer um que fosse capaz de multiplicar 16 por 16. Quem se deu bem com isso foi meu irmão Ben, graduado em Religião Comparada, que trabalhou com fusão e aquisição de empresas durante dois anos antes de migrar para o mercado editorial. Apesar de ter me formado em Letras e Belas-Artes, achei que um emprego desse tipo pagaria minhas contas enquanto eu decidia o que fazer da vida. Em vez disso, em 2001, quando o Onze de Setembro destroçou o país e a economia, a primeira bolha da internet estourou. O maior dos bancos, o Goldman Sachs, rescindiu todas as novas contratações, inclusive para gerentes financeiros. O mercado de trabalho ficou sombrio; eu me hospedei na casa de amigos, enviei centenas de currículos, implorei por entrevistas informais e entrei em pânico por causa do celular cuja conta não parava de crescer e que nunca tocava de volta. Depois de quatro meses assustadores e deprimentes, assumi como freelancer uma função de iniciante na revista *Lucky*, fazendo serviços administrativos básicos para um punhado de editores. Apavorada com a possibilidade de voltar ao desemprego, aproveitei todas as chances de me tornar indispensável.

Ao longo dos anos seguintes, transformei uma série de empregos em revistas numa carreira: na maior parte do tempo eu escrevia sobre compras, com um toque de viagens para me sentir menos vendida, e diversifiquei um pouco os clientes para faturar mais num mercado que não é muito bem pago. Dei um jeito de fazer ghostwriting de livros. Como acontece com quase todo mundo que tenta se virar em Nova York, eu vivia mês a mês, na iminência de me endividar, muitas vezes me recusando a passar um domingo fora do apartamento que eu compartilhava com estranhos em cima do Burger King da Canal Street porque eu sabia que não conseguiria sair de casa sem gastar pelo menos 25 dólares – com comida, café, um livro, a passagem do metrô.

Achei que quisesse ser resgatada, até perceber que não – que a dependência só serviria para alimentar minha insegurança e que eu precisava andar com minhas próprias pernas. Eu não teria a carreira que tenho hoje se não fosse por alguns homens com quem saí nos meus 20 e poucos anos e que, sem se darem conta, praticaram psicologia reversa comigo. Eu atraía jovens ricos e descolados, advogados empresariais entediados e investidores que adoravam meu pedigree acadêmico e meu currículo de funcionária da Condé Nast, mas achavam que minha leve esquisitice e minhas raízes forasteiras de Montana irritariam a vovó na casa de praia da família. Eles se referiam ao meu trabalho como apenas isso, um trabalho – mais como um "bico" –, algo que eu certamente largaria quando me casasse, a não ser que eu quisesse mantê-lo para ter "uma graninha extra". Um deles chegou a oferecer para mim – *e* para a amiga que nos apresentou – uma bolsa Birkin se tudo desse certo. Mesmo com sérias limitações financeiras, eu percebi que preferia o longo e árduo percurso rumo à autossuficiência, com ou sem uma bolsa de grife, à ideia de colocar meu destino nas mãos de outra pessoa. Eu não estava interessada em me sentir propriedade de ninguém. Ser financeiramente estável e independente se tornou a coisa mais importante. Fiz uma promessa a mim mesma de que o dinheiro que eu ganhasse faria diferença.

Conheci meu marido, Rob, quando eu tinha 29 anos. Logo nos apaixonamos e, como nenhum de nós ganhava muito, tratamos de ir morar juntos... em *Nova Jersey*. Tínhamos um loft de 170 metros quadrados com vista para a ilha de Manhattan e quase a mesma distância para o trabalho por um pouco mais do que eu pagava por um cubículo no bairro de Nolita, em Nova York. Continuei a fazer compras e achava difícil economizar para o futuro. Parecia errado não colocar de volta em circulação o que eu havia ganhado.

MEU CONSUMISMO

Eu conhecia a sensação que me invadiu no saguão amarelo do spa ayurvédico Ananda, no pé da cordilheira do Himalaia, durante a visita que fiz para uma matéria. A emoção familiar que encheu meu peito era o cheiro das compras. No primeiro dia do panchakarma, o processo sagrado de limpeza corporal indiano com duração de cinco dias, eu deveria transferir meu poder de tomada de decisão ao médico ayurvédico local, que eliminaria meus males. Eu estava sozinha: meu marido e meu filho de 2 anos tinham ficado no outro lado do planeta. Minhas únicas obrigações eram usar uma túnica branca, engomada e substituída todas as manhãs, e caminhar em silêncio do meu quarto para a sessão de hatha ioga, para o spa, para as aulas de meditação e para o restaurante. Os tratamentos prometiam livrar meu corpo das toxinas; graças a numerosos enemas (e lavagens nasais), eu deixaria tudo para trás e emergiria melhor, mais reluzente, mais leve e certamente mais vazia. Entretanto, após a consulta de admissão, quando o médico determinou meu dosha (Vata – éter e ar –, em vez de Pitta – fogo e água – ou Kapha – água e terra), eu me vi na loja de presentes, atrás da recepção, rondando caixas e caixas de joias vindas do famoso Gem Palace, na cidade de Jaipur. Havia colares de diamante, pingentes de rubi e anéis de ouro em formato de serpente. Pelo preço, não dava para comprar no impulso, então experimentei todos com calma. Saí. Voltei na manhã seguinte.

De lá mandei uma mensagem para minha mãe, cujo aniversário estava mais ou menos próximo: *Mãe, queria presenteá-la com este colar aqui. Ou este.*

Não, querida, respondeu ela. *Tenho vários colares lindos que não uso. Adorei a ideia, mas, por favor, guarde seu dinheiro.*

E este anel?

Não, querida, eu não vou usar. Guarde seu dinheiro. Não quero nem preciso de nada. Só quero que você venha me visitar.

Ela estava certa, é claro; eu também não precisava de nada daquele mostruário. E eu sabia, apesar do intenso desejo de possuir todas aquelas peças, que eu não usaria nenhuma delas. Eu já havia acumulado anéis e correntes para duas encarnações; mesmo assim fotografei cada peça e analisei as imagens durante o jantar, pensando em qual seria minha escolha. Porque eu sabia que compraria alguma cedo ou tarde.

Alguns dias depois, um jovem (bem jovenzinho mesmo, de 18 anos) se aproximou de mim e se apresentou como Carlin, aluno residente do Instituto de Vedanta, uma escola criada nos anos 1980 por Swami A. Parthasarathy, em Mumbai. Ele me convidou para assistir à sua palestra e, como minha programação do dia não incluía massagens nem ioga nidrá, eu o segui até o auditório. E então ele mudou minha vida. Vedanta, uma antiga filosofia indiana, é baseada na porção final dos quatro Vedas (um conjunto de textos religiosos em sânscrito); significa "a essência do conhecimento". E, ainda que tenha surgido no século V, é impressionantemente moderna. A tese central é a de que nos sentimos mal porque não desenvolvemos o intelecto (não confundir com inteligência) e deixamos nossa mente propulsora conduzir nossa vida. Na visão de mundo do Vedanta, um intelecto desenvolvido vem da meditação e da percepção consciente através da qual podemos nos separar dos pensamentos. A mente é a casa das emoções – ou dos gostos e aversões. A mente nos exaure e nos enlouquece. Não podemos controlá-la.

Mais de oito anos depois, ainda penso em três das declarações de Carlin:

1) Quando permitimos que a mente se encha de gostos e aversões, ficamos desapontados sempre que o mundo não corresponde às nossas preferências. A única parte da equação que conseguimos controlar somos nós mesmos e nossas reações, e em vez disso insistimos que o mundo e as outras pessoas mudem.
2) A mente gasta uma energia imensa ruminando o passado e se preocupando com o futuro. A não ser que você exercite o foco no presente, sempre se sentirá cansado.
3) Uma coisa lhe dará mais prazer imediatamente antes de ser adquirida. Assim que se torna sua, ela se deprecia de várias formas. O homem que comprou um iate de 50 pés agora deseja um de 100. A mulher que comprou a passagem executiva lamenta que não seja de primeira classe. A moça que escolheu o colar de diamantes na loja vai querer algo mais opulento na próxima vez. É a falácia do ponto de chegada, enraizada no consumismo: o que você finalmente compra nunca satisfaz.

Diante disso, o encanto se desfez. Imaginei o colar, esquecido e abandonado no meu porta-joias em Los Angeles, e perdi a vontade de tê-lo. Eu não queria *nada*. Percebi que as compras saciavam um apetite momentâneo mas persistente, e não faziam nada para resolver minha fome ou necessidade mais profunda. Eu estava comprando só pelo prazer de ter, de colecionar. Depois da palestra de Carlin, a loja de presentes perdeu a graça.

A DIFERENÇA ENTRE VALOR E MÉRITO

Culturalmente equiparamos valor e mérito, mas aprendi que estão longe de ser sinônimos. O mérito é uma validação externa: o mundo decide o que você merece e qual deve ser o seu status. Tem a ver com quanto custa algo, inclusive o tempo. O valor, por sua vez, é um cálculo interno; é muito mais profundo e pessoal. É a importância que algo tem para você especificamente.

A coisa complica quando as mulheres decidem definir o próprio mérito no mercado de trabalho e são obrigadas a advogar em causa própria. É constrangedor declarar que nosso tempo, nosso talento e nossa energia deveriam ser muito mais valorizados financeiramente. Conversei com recrutadores e profissionais de RH e lhes perguntei como as mulheres negociam contratos e aumentos salariais, e as respostas não foram positivas. Mori Taheripour, especialista em negociações pela Faculdade Wharton, explicou que as mulheres são ótimas em fazer acordos – é uma arte que depende de entender as emoções, a empatia e os interesses em comum –, mas *não* quando estão negociando em causa própria. Nesse caso elas têm dificuldade de se impor. A tendência é se explicar demais, ficar nervosa ou desistir. (A arte da negociação requer a ousadia de adotar um silêncio confortável, uma prática difícil para todo mundo, em especial para as mulheres, normalmente treinadas para deixar todo mundo feliz e satisfeito.) Taheripour citou também uma pesquisa que indica que as mulheres têm dificuldade em ser generosas com outras mulheres, talvez como parte de uma espécie de ciclo.[23]

Outra executiva de RH com quem conversei disse que é comum ela fazer ofertas em nome de empresas com a expectativa de receber uma contraproposta – e não receber nenhuma.

"As mulheres não negociam em causa própria", explicou ela. "Fico louca quando vejo a proposta inicial ser aceita sem qualquer discussão e, como estou representando a empresa, não posso dizer à candidata que me peça mais."

Não pedir uma proposta melhor de salário estabelece um precedente difícil de ser contornado, uma vez que o pagamento sofre alterações ao longo do tempo. Ela também destaca o argumento de Taheripour acerca da nossa má vontade para facilitar a vida de outras mulheres: "Por outro lado, percebi que as mulheres tendem a ser mais avarentas e implacáveis quando se trata de oferecer aumentos salariais e feedbacks positivos. Não estou me baseando em nenhum dado concreto, mas acho que isso vem do sentimento de que elas tiveram que lutar muito para chegar ao topo, então nada de facilitar as coisas para mais ninguém."

Como se houvesse caminho fácil. Mas eu sei que isso acontece. Anos atrás, fiz o que julguei ser uma oferta generosa a uma jovem editora, e ela respondeu com uma contraproposta bem fundamentada e contundente que indicava que minha oferta inicial não tinha sido tão generosa assim. Tenho vergonha de admitir, mas minha primeira reação foi: *Quem ela pensa que é?* Eu queria contratar aquela jovem, mas fiquei tentada a retirar a oferta imediatamente. Controlei o impulso, aceitei sua sugestão e ela se tornou uma das nossas maiores estrelas editoriais. Mais tarde, passei a valorizar sua bravura e disposição para se impor. Precisei repensar: tudo que ela havia indicado era que a oferta inicial não correspondia ao real valor de seu trabalho. E ela estava certa.

Refleti muito sobre o valor medido em salário quando descobri que um colega ganhava o dobro que eu.* Qualquer disparidade salarial incomoda, mas, a despeito do valor no contracheque, trabalhar com essa pessoa também era um incômodo. Ele não tinha nada de especial – não apresentava nenhuma ideia construtiva, não produzia nenhum trabalho significativo e isolava a equipe. Ainda assim, não fazia a menor ideia da própria irrelevância: branco, heterossexual, de meia-idade, agia como um semideus, como se sua presença fosse uma dádiva para a empresa. Enquanto isso, grata por estar ali, eu me desdobrava para mostrar meu real valor – para prová-lo, ilustrá-lo, ressaltá-lo e então fazer tudo de novo só por garantia. Essa é a impressão que passa a maioria das mulheres com quem tenho trabalhado ao longo dos anos. A gente se esforça para provar o próprio mérito, todo santo dia (ver capítulo 2, "Preguiça"). Não sei o que era mais frustrante: o fato de ele fazer tão pouco ou de eu me sentir obrigada a fazer demais.

Em 2017, atrizes botaram a boca no trombone por igualdade salarial como parte do movimento TIME'S UP, uma iniciativa para combater a discriminação de gênero em Hollywood. Várias celebridades tinham levantado essa bandeira antes do movimento oficial, em especial Jennifer Lawrence, depois que e-mails vazados da Sony revelaram que ela e Amy Adams receberam

---

* Não é raro eu descobrir disparidades salariais por acidente. Já aconteceu diversas vezes na minha carreira, normalmente por algum erro administrativo – certa vez meu gestor deixou escapar numa conversa. A questão é: a informação sempre escapa, então seria muito melhor se as empresas fossem transparentes acerca das remunerações, em especial porque elas deveriam ser justificáveis.

menos do que Jeremy Renner, Christian Bale e Bradley Cooper pelo filme *Trapaça*, de 2013. Como escreveu ela para o boletim feminista *Lenny Letter*, em 2015: "Admito que querer ser bem-vista influenciou minha decisão de aceitar o acordo sem lutar de verdade. Eu não queria parecer 'difícil' ou 'mimada'. Na época isso pareceu uma boa ideia, até eu ver as cifras na internet e perceber que nenhum dos homens com quem eu estava trabalhando tinha qualquer preocupação em parecer 'difícil' ou 'mimado.'"[24] Em seu artigo em primeira pessoa, Lawrence admite que se sentia constrangida negociando, pois certamente não precisava do dinheiro. Essa foi minha reação automática quando ouvi dizer que atrizes riquíssimas estavam brigando por igualdade salarial – parecia que elas estavam quebrando o pau por causa de milhões. *Elas já não têm o bastante?* E então percebi até que ponto esse tipo de reação perpetua o problema. Não, Jennifer não *precisava* do dinheiro, mas ela também não *precisava* ser conivente com um sistema injusto ao priorizar a própria imagem de garota gentil e agradecida. Seria um péssimo precedente para todas as mulheres, uma tendência que precisamos afastar para bem longe.

E aqui voltamos ao mundo da simpatia e da aceitação, pois o patriarcado insiste que sejamos conciliadoras o tempo todo, obedientes, mantendo as coisas em ordem. Quando as apostas aumentam e as pressões se acumulam, essa expectativa significa que as mulheres devem priorizar o conforto das outras pessoas em detrimento das próprias necessidades. É uma boa estratégia de sobrevivência. É o patriarcado em ação. Mas isso nos mantém pequenas, quietas e gratas por nossa fração. Enquanto milhões de questões sistêmicas envolvem nosso dinheiro, a insistência para que nos contentemos com o que ganhamos – para não parecermos *gananciosas* – é uma das manobras mais traiçoeiras. Nossa cultura nos condiciona a priorizar o cuidado, a acolher, proteger e alimentar – tanto dentro quanto fora do útero. Isso não é um instinto ruim, mas é errado que ele seja continuamente estimulado ao ponto de recebermos menos para que os homens possam receber mais.

O MITO DA ESCASSEZ E A AMEAÇA DA DEPENDÊNCIA

Conheço poucas pessoas com autoconhecimento e autocontrole suficientes para pegar apenas o que precisam e pretendem usar, seja na seção de hortifrúti ou em negociações no trabalho. Nada de moderação: na cultura atual, mais é *sempre* melhor. A tendência a estocar e a comprar mais que o necessário não é irracional. Pelo contrário, foi entranhada em nós nos primórdios da espécie, quando colhíamos e armazenávamos recursos para sobreviver aos longos invernos e períodos de seca. Nossa mente primitiva não se adaptou à abundância e à disponibilidade dos supermercados. Quando participei de um grupo de mães, a líder, uma mulher sábia chamada Tandy, ouviu o choro aflito e angustiado de uma mãe de primeira viagem, desesperada com a baixa produção de leite materno.

"Você se sente assim", disse Tandy, "porque seu corpo não sabe que existe fórmula infantil no mercado da esquina. Seu corpo faz você acreditar que sua bebê vai morrer. Ela não vai. Alimento não falta."

E Tandy tem razão. Há bastante alimento para quem pode comprá-lo e ter acesso a ele.* Basta compartilharmos.

Nossos ancestrais se protegiam e cuidavam uns dos outros. Com certeza havia competição, mas havia também colaboração, pois eles entendiam que esse era o único meio de sobrevivência. Esse entendimento – e a noção de que sozinhos podemos morrer – permanece em nosso corpo, em nosso DNA.

Já pertencemos a sociedades comunais, em que a sobrevivência dependia do trabalho coletivo. Plantávamos, colhíamos e preparávamos nossa comida; fazíamos nossas roupas; construíamos nossos abrigos. Confiávamos em nós mesmos e nos outros. As mulheres não só tinham "ocupações", como também atuavam diretamente garantindo a segurança e a sobrevivência das famílias. Ao mesmo tempo que a modernidade nos liberou da luta pela subsistência, permitindo-nos usar nossas habilidades com outros fins e automatizar muitas das árduas tarefas necessárias à vida, essa dependência da tecnologia nos deixou vulneráveis e desconectados. Havia poder e estabilidade em depender apenas das nossas mãos. Agora nossa subsistência – até mesmo nossa saúde – está atrelada ao nosso emprego e, portanto, a uma economia fora do nosso controle. Não me surpreende o fato de nos sentirmos perdidas. Estamos à mercê de outras pessoas, obrigadas a provar a elas

---

* Conforme ficou provado em 2022 pela terrível falta de fórmula infantil em todo o país – atrelada à pandemia, aos recalls por contaminação e a problemas na cadeia de fornecimento –, as famílias nem sempre podem contar com uma prateleira abastecida. Não ser capaz de alimentar um recém-nascido é uma experiência terrível e traumática.

nosso valor e nosso mérito; ao mesmo tempo, consideramos todo mundo ao nosso redor uma ameaça. Isso está entranhado em nosso corpo traumatizado. Não podemos metabolizar essa ansiedade, então a transmitimos aos outros, como um fardo coletivo. São ciclos difíceis de quebrar.

Povos indígenas da América do Norte administraram o planeta e seus recursos durante mais de 14 mil anos antes da chegada do homem branco. Ao longo de todo o livro *A maravilhosa trama das coisas*, Robin Wall Kimmerer evoca o Windigo, uma criatura mítica e gananciosa que assombrava as culturas nativas da região: "Nos velhos tempos, indivíduos que ameaçavam a comunidade ao estocar coisas demais para si eram primeiro aconselhados, depois isolados; por fim, se a ganância persistisse, eram banidos. O mito Windigo pode ter surgido da lembrança dos banidos, condenados a vagar famintos e sozinhos, buscando vingança dos que os haviam rejeitado. É uma punição terrível ser banido de uma rede de reciprocidade, sem ninguém com quem compartilhar e ninguém de quem cuidar."[25] Na visão de Kimmerer, o Windigo circula descontroladamente hoje em dia. Vivemos num mundo no qual nos sentimos compelidos a pegar não aquilo de que precisamos, mas o mesmo ou mais que os outros – caso contrário, *não é justo*.

O início da pandemia mostrou que, quando somos deixados por conta própria com nossos recursos e nosso arbítrio – sem regras nem estrutura comunitária, sem leis ou encargos –, não conseguimos lidar com a escassez, mesmo que ela não passe de uma possibilidade. Perdemos a cabeça, somos consumidos pela ganância, pegando o máximo que conseguimos, mesmo que seja muito mais do que precisamos. Vide os mercados depenados durante a pandemia e as despensas pessoais lotadas de uma quantidade vertiginosa de papel higiênico. Quando pressentimos a falta, traímos nossos valores. A ideia da escassez – a sensação, real ou imaginária, de que não há o suficiente – tem um efeito significativo em nosso cérebro. O economista Sendhil Mullainathan e o psicólogo Eldar Shafir descobriram que a escassez faz com que criemos um "túnel" em nossa mente, um tipo de pensamento obsessivo superconcentrado, e que essa diminuição na "largura de banda mental" tem um profundo efeito no modo como funcionamos: "A largura de banda mental mede nossa capacidade de raciocinar, de prestar atenção, de tomar boas decisões, de manter os planos e de resistir às tentações. Ela influencia tudo: nossa inteligência, nosso desempenho no vestibular, até o controle dos impulsos e o sucesso das dietas."[26] A percepção da escassez nos faz perder treze pontos de QI. Quando a ameaça desaparece, o QI volta ao normal. A paralisia causada por não ter o suficiente afeta nossa capacidade de pensar, operar e tomar boas decisões.

As mulheres têm uma tendência particular a se perder no túnel da escassez – de tempo, de dinheiro e de oportunidades. Os sistemas que nos cercam enfatizam a ideia de que há uma quantidade finita que deve ser dividida de alguma forma entre nós, como se estivéssemos participando da mais aterrorizante dança das cadeiras, na qual, se você não garantir um lugar para se sentar, estará destinada a vagar sozinha.

A FILOSOFIA DO TUDO OU NADA E A PERCEPÇÃO DO QUE É SUFICIENTE

Lynne Twist explica que, quando as autoridades "lá em cima" controlam os recursos, elas introduzem o chamado mito tóxico da escassez: *Não há o suficiente*, *Mais é melhor* e *É assim que as coisas são*. É o jogo do tudo ou nada no qual para uma pessoa ganhar, a outra tem que perder. Essas declarações nos mantêm presos num mundo do tipo "você *ou* eu" em vez de "você *e* eu".[27] Isso resume o Ocidente, onde alguém sempre tem algo a mais ou algo melhor. No livro *Não faça nada*, Celeste Headlee explica: "Americanos só consideram uma pessoa rica se a renda dela girar em torno de 2,5 milhões de dólares por ano. Isso é trinta vezes o montante necessário para que alguém ocupe a faixa de alta renda no país e é trinta vezes a renda líquida média das famílias nos Estados Unidos."[28] É uma loucura; mesmo assim, entendo o raciocínio. Embora eu venha recebendo um salário razoável ao longo dos anos, suficiente para me alçar da classe média para a classe média-alta, eu me sinto empobrecida em comparação aos meus vizinhos de Los Angeles. Reconheço que enfrento algumas dificuldades, mas contexto é fundamental. Nos Estados Unidos, há gente demais endividada, vivendo com o salário do mês ou em situação ainda pior. O país oferece pouco auxílio social – não há licença-maternidade remunerada, licença-nojo nem licença para cuidar de um familiar debilitado. É um país com pouco foco comunitário sistematizado no "nós". É um país que valoriza o bem-estar corporativo ao mesmo tempo que nos deixa à mercê de campanhas de arrecadação de fundos. Estamos todos por conta própria, afastados da tribo, nos defendendo com um sorriso falso no rosto porque é vergonhoso demais admitir nosso pavor.

Enquanto o desejo por *mais* tem uma energia masculina – a energia de conquistar, tomar para si, pilhar –, para as mulheres, a sensação é outra. Não conheço muitas mulheres, pelo menos no Ocidente, que achem que têm o *suficiente*: seja dinheiro, tempo, apoio ou oportunidades. E, na maioria dos casos, não têm mesmo. Andamos no limite, ansiosas, inseguras, temendo talvez não sermos capazes de garantir o básico. Conhecemos o mundo bem o bastante para entender que não há garantias – raramente nos iludimos com a crença de que alguma coisa está sob controle. E então enfrentamos uma onda de vergonha. Primeiro, é humilhante dar voz a questões de estabilidade financeira; dinheiro é algo sujo, vulgar, sem qualquer camada espiritual. Se você o tem, deveria abrir mão, gastar, doar. Além disso, é humilhante expressar o desejo por qualquer coisa além das necessidades básicas enquanto tanta gente vive em escassez extrema. Como posso merecer mais se tenho mais que os outros? Somos condicionadas a aceitar a noção de que aquilo que conseguimos invariavelmente saiu do bolso de alguém que o merecia ou de que deixamos menos para outras pessoas. É uma situação estranha, um tipo de abuso psicológico coletivo – nenhuma atitude parece correta. Sou a única a quase entrar em pânico? Acho que não: essa sensação de escassez, ironicamente, é abundante.

Fomos doutrinadas a pensar no dinheiro como se fosse uma lagoa com margens definidas, enquanto os homens o veem como um rio selvagem e caudaloso. A maneira como vemos isso é problemática por várias razões: não só costumamos ficar presas na parte rasa, preocupadas com o acúmulo de dinheiro numa cultura que define poder pelo acesso à riqueza, como também consideramos o dinheiro um recurso cada vez mais escasso. A fonte secou; ela não se expande, não é cheia e infinita. Conforme Twist me explicou: "Se você pensar na água em movimento, fluindo, verá que ela é purificadora. Faz as coisas crescerem, retira a sujeira. Mas, quando fica acumulada, contida ou presa, ela se torna estagnada e tóxica."[29]

Não é loucura pensar no dinheiro como algo finito. Ele já foi vinculado ao ouro, um material esgotável e precioso que precisava ser extraído da terra e garimpado nos rios. Ele foi roubado da natureza a um alto custo. E, sim, agora o dinheiro é energia, um amontoado de 0s e 1s na tela do computador, raramente contado em cédulas de verdade. Mas ainda não nos parece uma boa ideia pensar nele como algo que pode ser expandido ao infinito – vivemos num mundo material, afinal de contas. E, ainda que vivamos num planeta que consegue muitas vezes se renovar de um jeito mágico, sabemos que recursos esgotáveis impõem limites. Lidamos com esse paradoxo em muitos aspectos da vida. Devemos valorizar o que temos ou sempre haverá mais? Devemos gastar ou economizar?

As mulheres, criadoras por natureza, curiosamente parecem resistir mais à ideia de gastar. Talvez nossa ansiedade não seja irracional, mas apenas o reconhecimento de que estamos tão acima do orçamento, tão coletivamente desequilibradas, que acreditamos ser essencial restringir novos anseios. Nós nos identificamos com a Mãe Terra – sabemos que tudo tem um fim, o que, por sua vez, alimenta um novo ciclo de crescimento. Essa noção contradiz a economia de mercado: para o alto e além, na qual sempre haverá lugar para mais riqueza e avanço. Em reação a essa ideia masculina de crescimento exponencial, talvez caiba ao lado feminino de cada um de nós segurar as rédeas, desacelerar um pouco e abandonar o descontrole do acúmulo sem fim.

DESEJOS E NECESSIDADES

A covid-19 nos lembrou de uma verdade implacável: não existe certeza, apenas a ilusão de controle. Nos primeiros meses da pandemia, o medo de um colapso econômico de larga escala atiçou toda a minha ansiedade existencial acerca da segurança. Então, em reação às ondas de medo que se insurgiram dentro de mim, fiz o que sempre faço: procurei formas de me garantir, de proteger minha família e de ter certeza de que teríamos tudo de que precisássemos. Comecei arremessando o anzol: além de manter um emprego em tempo integral, concluí um projeto de livro e assumi uma função de diretoria. E durante um mês inteiro experimentei a abundância e o que achei que fosse estabilidade. Eu tinha me colocado numa posição invejável.

– Quero viver intensamente dentro das nossas possibilidades – expliquei ao meu marido. – Quero ter o gostinho da abundância.

Um mês depois, eu não tinha mais o emprego de tempo integral. Junto com o contracheque, a facilidade de me definir numa única frase desapareceu. O desemprego é um dos fatores mais estigmatizantes da nossa cultura, mais do que a infidelidade ou o divórcio. Além disso, durante muito tempo o trabalho foi a expressão da minha criatividade. Perdi o senso de comunidade e lamentei por isso.

Com o tempo percebi que estava passando por uma inversão que remetia aos dias agrários: eu não podia mais contar com uma estrutura de apoio; eu precisava *ser* essa estrutura. Para isso, sabia que precisava melhorar minha relação com o dinheiro, aprender a mantê-lo sem acumulá-lo, gastar com tranquilidade, mas sem precipitações nem culpa, e administrá-lo sem apego exagerado. Eu também queria melhorar minha relação com as outras *coisas* em minha vida. Queria entender a diferença entre vontade e necessidade.

Diante dessas mudanças financeiras, criei um orçamento com três abas: *Atual*, *Ideal* e *Próximos cinco anos*. Foi difícil. Registrar e quantificar as necessidades em dinheiro mexeu comigo – *e eu me senti gananciosa*. Assim como muitas mulheres que conheço, sou rápida em afirmar que não tenho o suficiente ou que não tenho todo o necessário – mas eu nunca tinha me dado ao trabalho de articular a definição de "suficiente" ou "necessário". É difícil demandar algo se você não consegue expressar essa necessidade para si mesma. Como eu poderia quantificar algo que eu não conseguia admitir? Na aba *Ideal*, eu me obriguei a fazer uma lista de alguns desejos ou luxos. Anotei cinco coisas e então me senti tão constrangida que quase ateei fogo no computador, mas me forcei a encarar e manter a lista. No fim das contas, consegui perceber que, ainda que eu nunca venha a ser uma entusiasta da ganância como virtude, devo ao menos me sentir confortável com o conceito de suficiente, pois não são a mesma coisa. Não há problema em desejar para além das necessidades básicas.

Mesmo que eu contemple coisas que talvez eu "queira" e nunca consiga, reconheço como é gratificante e como eu me sinto *contente* por ser capaz de atender às necessidades da minha família. É como se esse fosse o objetivo, esse padrão de suficiência, a definição de dar-e-receber, em particular nos Estados Unidos, onde carregamos a crença básica de que nossas necessidades não serão atendidas a não ser que lutemos por elas. Nos últimos quarenta anos, temos nos definido como o lar do "eu". E a pandemia deixou claras as implicações do que nosso estilo de vida causa à comunidade: a falha da economia nos pareceu mais assustadora do que a perda de nossos avós para uma pneumonia sufocante. Enquanto isso, os países mais comunitários – baseados na ideia de "nós" –, muitos deles *administrados por mulheres*, saíram-se muito melhor sob qualquer critério de comparação.[30] Imagino que os cidadãos desses países se sentiram cuidados como se suas necessidades fossem importantes, mesmo que talvez eles não "quisessem" ficar em casa nem usar máscara.

E se usássemos as necessidades e a suficiência como ferramentas de equilíbrio? Madre Teresa transformou a vida de centenas de milhares de pessoas simplesmente ajudando uma por vez. Ela se concentrou na pessoa diante dela, nas necessidades daquele indivíduo e, a partir dali, seu impacto se irradiou como o calor de uma lâmpada. Sua organização, que manteve mais de quatrocentas filiais ao redor do mundo, nunca operou com saldo positivo nem com ajuda de custos. Para Twist, que trabalha angariando fundos, isso parece, na pior das hipóteses, uma abominação, e na melhor, um enigma. Quando lhe perguntavam sobre o assunto, Madre Teresa respondia que sempre que precisava de alguma coisa ela rezava, e suas necessidades eram atendidas.[31] É uma ideia insana, talvez radical – e é certamente apavorante imaginar ter que recorrer a ela diante de contas a pagar. Mas e se registrarmos nossas necessidades num papel, colocarmos a lista numa garrafa e a lançarmos ao mar, na esperança de que elas sejam atendidas? Talvez isso aumente o nosso foco, destilando nossas necessidades ao seu estado mais elementar. Em vez da nebulosidade dos conceitos de "mais" e "suficiente", talvez pudéssemos articular uma imagem mais precisa, além de conseguir uma folga para nos prepararmos para todos os imprevistos que a vida arremessa em nossa direção.

Analisando dados de 174 países, cientistas da Universidade Purdue e da Universidade da Virgínia descobriram que 95 mil dólares por ano seria a renda ideal para um indivíduo conseguir uma "vida satisfatória" (famílias com filhos precisam de mais que isso). Acima de 105 mil, a felicidade se deteriora. Muito abaixo de 60 mil, as pessoas sofrem.[32] Como seria se mais famílias se aproximassem dessa linha de base – ou se tivéssemos um sistema de saúde universal, creches de qualidade acessíveis e um salário mínimo viável? Quantas pessoas seriam tiradas do túnel da escassez – quantas teriam acesso à largura de banda mental e ao tempo livre necessários para perseguir o tal "sonho americano"? Esse sonho teria a forma não de McMansões com salas de jantar solenes e vazias e sótãos imensos abrigando plantas trazidas pelo vento, mas de uma vida de suficiência garantida, com espaço para gastos extras com aventuras divertidas.* Todos teriam espaço, ar para respirar e sonhar, para retribuir, para aproveitar o tempo, as amizades, a família e o planeta.

Vivemos num mundo de abundância, embora estejamos exaurindo seus recursos rapidamente, acumulando a dívida ecológica. Se pudéssemos interromper o excesso e o frenesi e decidíssemos colocar tudo em equilíbrio, haveria muito para todos nós. Estamos agindo com base no equívoco de que ficaremos sem nada – de que, se não estocarmos papel higiênico para um ano de uso, teremos que coletar folhas do chão, e que, se nossa despensa não estiver lotada de enlatados que jamais abriremos, morreremos de fome. É tudo mentira, uma função do mercado que faz o meio de campo entre nós e o abastecimento. Precisamos parar de desperdiçar uma das únicas fontes não renováveis – nosso tempo – tentando controlar o futuro e, em vez disso, voltar nossa atenção para o momento presente. Aqui e agora, do que *precisamos*? Nas palavras de Kimmerer: "Aceitamos o banimento até de nós mesmos sempre que dedicamos nossa vida linda e única a ganhar mais dinheiro para comprar mais coisas que alimentam, mas nunca satisfazem. É o jeito Windigo de pensar que nos leva a acreditar que pertences vão saciar nossa fome, quando nossa fome é de pertencimento."[33] Não só pertencimento, mas também uma simples vontade de ser.

Ao aceitar que a ganância é fundamental, podemos entender nossas necessidades e trabalhar juntos para garantir que elas sejam atendidas.

---

* Há 50 mil depósitos pessoais nos Estados Unidos. Como ressaltou Twist numa conversa que tivemos em 2019, temos centenas de milhares de pessoas sem teto, mas pagamos aluguel para dar um teto às coisas com as quais não queremos mais conviver.

7
LUXÚRIA

*Ao acreditar que luxúria é pecado,
renegamos nosso prazer*

OPS, ME DISSOCIEI

É o primeiro ano da faculdade e estou no dormitório do meu namorado. Assim como outros colegas país afora naquela noite, estamos fazendo amor numa cama de solteiro. Que romântico. Esse encontro ficou marcado na memória porque eu estava muito embriagada – tão bêbada e relaxada que tive um orgasmo de corpo inteiro. Não faço ideia do que disparou tamanho êxtase, pois meu namorado não tinha feito nada extraordinário. "Nossa, é assim que tem que ser", lembro-me de ter pensado. Nunca mais experimentei semelhante estado de completa desinibição – somente naquela vez, graças à vodca com suco de laranja da cafeteria. Mas nunca me esqueci da *sensação*, um nebuloso estado de possibilidades. Até onde me lembro, com exceção daquela única noite, sempre que faço sexo me sinto hipervigilante e extremamente insegura – uma "voz" dentro de mim me objetifica, me confina na mente e me separa do corpo. Às vezes, quando fecho os olhos, sinto como se estivesse girando, um processo que, agora sei, chama-se dissociação.

Precisei de anos me sentindo vagamente "deslocada" durante o sexo para admitir que alguma coisa estava errada – eu não estava só preocupada com meu dia ou com a lista de afazeres. Eu tinha dificuldade de admitir o problema porque (1) não queria pensar no assunto, (2) não tinha um parâmetro cultural com o qual comparar minha experiência e (3) sexo não era um assunto sobre o qual eu e minhas amigas conversávamos. Recentemente eu estava caminhando com um amigo e ele comentou que, às vezes, fazer sexo era como se masturbar na companhia de um corpo quentinho. Fiquei chocada, porque era isso que um ex-namorado me dizia quando brigávamos. E entendi o que esse amigo quis dizer: já vivi a experiência inversa de me sentir um acessório para outros rapazes, como se eu me resumisse a uma perna com a qual eles tentavam trepar até se esquecer da vida – agindo como se fossem cães alucinados. Esses rapazes pareciam não se importar se eu estava no quarto, que dirá em meu corpo. E eu provavelmente não estava nem um pouco ali.

Depois de quase vinte anos vivendo assim, acessei uma memória da infância que eu havia bloqueado no fundo da mente: eu me dei conta de que tinha sido molestada pelo amigo de um amigo da família. A revelação foi o suficiente para eu pensar "A-ha!" e buscar terapia, na qual conectei a memória a um incidente traumático na escola sobre o qual nunca tinha conseguido falar. (Voltarei a esse assunto mais tarde.) Durante muito tempo acreditei ter sido responsável pelas duas experiências. E esse medo me levou a "controlar" a energia sexual e reprimi-la. Infelizmente, conforme aprendi depois, sufocar nossa sensualidade inata também nos leva a bloquear nossa vitalidade.

Não estou sozinha. Não estou contando minha história porque ela seja particularmente devastadora – não é. Minha história não tem nada de extraordinário, é "normal" no contexto das experiências sexuais de uma adolescente – e "normal" para muitos rapazes também. Por mais preparada que eu esteja para elaborar essas lembranças agora, durante décadas elas geraram uma onda de vergonha em torno do prazer e do contato sexual, e ainda geram. Durante anos me esforcei muito para calar a voz hipervigilante na minha cabeça que me diz não ser seguro relaxar. Silenciei meu desejo porque acreditei ser esse o preço da segurança. O medo da luxúria e a aversão ao seu chamado me feriram e me limitaram, privando-me do direito inato ao prazer.

QUANDO A RELIGIÃO CONDENOU A SEXUALIDADE

A religião nos aculturou e nos levou a acreditar que o sexo é imoral e pecaminoso, mas o problema não é o Gênesis. O problema é o modo como essas histórias foram interpretadas, passadas adiante, concretizadas numa tradição na qual o celibato se tornou uma exigência. O único sexo condenado no Velho Testamento é o sexo homossexual, e mesmo isso é contestado.[1] No entanto, no século IV, enquanto o cristianismo se organizava, Santo Agostinho criou a teoria do "pecado original" baseado no sexo, vinculando à luxúria a consciência de Adão e Eva em relação à própria nudez. Sabe como é, *aquele* tipo de "conhecimento". (Talvez isso tenha sido uma coisa pessoal. Em *Confissões*, Agostinho escreve a respeito de sua vida pregressa: "O amor e a luxúria entraram juntos em ebulição dentro de mim, [...] arrastaram-me para o precipício dos apetites do corpo e atiraram-me num turbilhão de pecados. [...] Debatendo-me no mar fervente da fornicação, [...] um frenesi me dominou e eu sucumbi à luxúria.")[2] Não há nada na Bíblia sugerindo que Deus tenha expulsado Adão e Eva do paraíso por outra coisa além de comer o fruto da Árvore do Conhecimento, gesto que abriu seus olhos humanos e lhes apresentou o sofrimento e a mortalidade. No entanto, Agostinho sustentava que a dupla teria visto alguma coisa e então *sentido* alguma coisa, algo semelhante aos sentimentos de vergonha que ele mesmo nutria em relação ao sexo. Para ele, Adão e Eva perceberam a própria nudez pela primeira vez e então "voltaram o olhar para a genitália um do outro e avançaram com intenso desejo, adotando gestos estimulantes até então desconhecidos".[3] Parece-me um argumento um pouco forçado. Agostinho difundiu a ideia de que o pecado original infectou todo mundo, com exceção de Jesus – graças ao nascimento por meio de uma mãe virgem, uma mulher que, conforme a Igreja depois decidiu, também tinha nascido de uma virgem. E, embora fosse o esperma propriamente dito o responsável por transmitir a vulgaridade, foi Eva, é claro, quem sofreu a queda (literalmente) por incitar o desejo de Adão, estabelecendo o precedente das mulheres como sedutoras de homens, um crime pelo qual ainda estamos sendo punidas.

A condenação da sexualidade por Agostinho – nossa função humana mais essencial – encaixou-se no papel do cristianismo na época: a instituição moral do Estado romano.[4] O cristianismo institucionalizado estabeleceu um sistema no qual as pessoas se autocensuravam, inclusive pelo mais básico impulso gerador da vida, algo que antes havia sido culturalmente celebrado, considerado até mesmo sagrado. Segundo a historiadora cultural Riane Eisler:

A condenação "moral" da sexualidade pela Igreja foi [...] parte integral da sua estratégia altamente política para impor e manter o controle sobre as pessoas que ainda se lembravam vagamente de tradições religiosas muito mais antigas e se mantinham vinculadas a elas. Se a Igreja quisesse consolidar seu poder e se estabelecer como a única fé, não poderia tolerar a persistência de mitos e rituais de sistemas religiosos mais antigos e bem sedimentados – nos quais a Deusa e seu filho ou consorte divino eram venerados, mulheres eram sacerdotisas e a união sexual entre a mulher e o homem tinha uma forte dimensão espiritual. Esses vestígios tinham que ser erradicados a qualquer custo, fosse por meio da cooptação ou da repressão.[5]

A Igreja conseguiu transformar o sexo numa coisa suja e marcou as mulheres como instigadoras da imundície; foi então que passamos a ser vistas como a raiz da depravação humana.

Apesar dos esforços da Igreja para vincular uma atitude assexuada a Jesus, ele não pregou nesse sentido nem falou muito sobre sexo, o que é estranho, levando-se em conta o modo como o assunto tem sido obsessivamente discutido e debatido em círculos religiosos durante milênios. Jesus condenou o adultério e sugeriu que nem todos os homens são adequados para o casamento; a crença fervorosa na ideia de que ele defendeu o celibato veio de um trecho das escrituras no qual ele mencionou que alguns homens são "eunucos" e devotam a atenção ao Reino dos Céus.[6] Jesus também se pronunciou contra a luxúria, especificamente contra a objetificação das mulheres, em seu famoso Sermão da Montanha: "Eu, porém, vos digo: todo aquele que lançar um olhar de cobiça para uma mulher, já adulterou com ela em seu coração" (Mateus 5:28).[7] Mais conhecida é a passagem na qual, diante de uma multidão que se apresenta para apedrejar uma mulher acusada de adultério, ele encoraja quem não tiver pecado a "atirar a primeira pedra" – e então se recusa a condená-la.[8]

No que se refere à união sexual, Jesus remete seus seguidores ao Gênesis, texto no qual o sexo propriamente dito era dádiva e obra de Deus: um exercício espiritual e *criativo* para a multiplicação da espécie. "Não lestes" – perguntou ele, referindo-se ao Gênesis, "que o Criador, no começo, fez o homem e a mulher e disse: Por isso, o homem deixará seu pai e sua mãe e se unirá à sua mulher; e os dois formarão uma só carne? Assim, já não são dois, mas uma só carne. Portanto, não separe o homem o que Deus uniu" (Mateus 19:4-6).[9] Jesus acreditava na união sexual – e nunca condenou o sexo como algo pecaminoso.

A CULTURA DE SLUT-SHAMING

Nos meus 20 e poucos anos, eu tinha consciência do número de pessoas com quem havia dormido. Era um cálculo mental que todas nós fazíamos. Minhas amigas e eu vivíamos com medo de acumular mais de dez parceiros antes do casamento. Por alguma razão, dez era um número crítico: ultrapassar esse número e avançar para a casa dos vinte era definitivamente um sinal de que você era vadia, fácil ou não se dava ao respeito, mas menos de dez podia levar um pretendente a pensar que havia algo errado com você.

Ainda estamos mergulhados na crença de que uma vida sexual ativa na solteirice é algo bom para os homens e ruim para as mulheres. Em 2020, pesquisadoras resumiram estudos anteriores numa metanálise com o ótimo título "Ele é garanhão, ela é galinha!", na qual ressaltaram que os parâmetros com dois pesos e duas medidas continuam em vigor. "Tradicionalmente se espera que homens/rapazes sejam sexualmente ativos, dominantes e que tomem a iniciativa da atividade (hetero)sexual, e que mulheres/moças sejam sexualmente reativas, submissas e passivas. Além disso, tradicionalmente é permitida aos homens maior liberdade sexual do que às mulheres. Como consequência, homens e mulheres podem ser tratados de modo diferente por causa de comportamentos sexuais idênticos. Por exemplo, a condenação por causa da vivência da sexualidade (ou *slut-shaming*) é algo experimentado por 50% das moças em comparação com 20% dos rapazes."[10] Essa revelação não surpreende ninguém e confirma que minhas amigas e eu tínhamos razão de querer manter a fama de "difícil".

Quando perguntei ao meu marido se ele teria se assustado caso eu tivesse dormido com trinta pessoas antes de conhecê-lo, ele disse que não, embora provavelmente nunca fosse admitir o contrário. De todo modo, pesquisas sugerem que a reação que mais devemos temer sobre esse assunto é a de outras mulheres. Segundo pesquisadores da Universidade Cornell, "um homem que consegue atrair muitas parceiras é [visto como] particularmente bem-sucedido e é considerado [por homens] alguém confiante e emocionalmente seguro. A conquista de muitos parceiros sexuais por uma mulher, por outro lado, não é considerada [por mulheres] uma façanha e é, portanto, interpretada como sinal de baixa autoestima".[11] Quero ressaltar que nesse estudo as mulheres foram julgadas por outras mulheres; os homens, por outros homens. Os pesquisadores atribuem parte da negatividade à "reserva de parceiros", a ideia de que não queremos conviver com uma amiga que possa chamar a atenção do nosso namorado com sua vagina mágica. É interessante observar que os homens que traem não são o foco da preocupação das mulheres: a culpa é das mulheres-sereias que comprometeriam a lealdade deles afogando-os no mar do desejo.

São essas as ideias que nos doutrinam acerca do sexo e nos regulam em nível subconsciente. A aversão que sentimos em relação a outras mulheres sexualmente mais liberais não passa de patriarcado internalizado, um reflexo de como temos sido programadas para nos policiar segundo regras de moralidade. Se vou me confinar na gaiola da pureza, é melhor você se confinar também. Uma das pesquisadoras responsáveis por essa pesquisa admitiu mais tarde ter ficado surpresa ao ver que "mulheres promíscuas condenavam outras mulheres promíscuas em seus círculos de amizade – justamente aquelas que mais poderiam oferecer apoio". Ela ressaltou ainda outras pesquisas que sugerem que homens não consideram mulheres promíscuas adequadas para relacionamentos duradouros, o que também contribui para isolar essas mulheres.[12]

A sociedade vem punindo mulheres consideradas sexualmente livres há muito tempo. Lembre-se de que, sob o Código de Hamurabi, um dos artefatos legais que codificava o patriarcado muito claramente, as mulheres podiam ser punidas pelo adultério com a pena de afogamento, enquanto não havia sentença de morte para os homens. E, se uma mulher pedisse o divórcio e o marido se recusasse a atender o pedido, ele podia se casar com outra pessoa e fazer da primeira esposa sua escrava. Não matamos mulheres por adultério hoje em dia nem as forçamos a usar uma gigantesca letra "A" escarlate, mas continuamos a perseguir mulheres que consideramos "fáceis demais". A ideia de mulheres como criaturas sexualizadas e donas do próprio desejo é perturbadora.

Nossa cultura se sente mais confortável em considerar as mulheres objetos sexuais estáticos da luxúria masculina. Primeiro vieram as "pinups" e as "sex symbols", como Marilyn Monroe, Bettie Page, Josephine Baker, Eartha Kitt e Brigitte Bardot, relegadas aos pôsteres e quartéis. Ao longo dos anos, a objetificação se tornou mais explícita – *Playboy*; *Penthouse*; os desfiles de lançamento (e o catálogo) da Victoria's Secret; e, claro, pornografia na internet –, mas tudo servindo ao mesmo propósito: mulheres passivas e fetichizadas, expostas para despertar as partes baixas dos homens. Quando as mulheres começaram a se comportar de maneira abertamente sexualizada, as pessoas entraram em pânico – ou riram. Começamos a ver personagens como a querida Sue Ann Nivens, interpretada por Betty White nos anos 1970. A libidinosa e ultrajante ninfomaníaca da vizinhança em *Mary Tyler Moore* tinha ótimas falas como: "Eu estava na cama ontem à noite, mas não conseguia dormir. Aí eu tive uma ideia. Então fui correndo para casa e anotei tudo." White também fazia o papel da doce e distraída Rose Nylund, em *Supergatas*, num grupo de quatro amigas, ao lado de Blanche Devereaux,* interpretada por Rue McClanahan, que se tornou a ninfomaníaca do grupo. Uma das melhores falas picantes de Blanche é: "Existe uma linha entre a diversão e a luxúria desenfreada. Eu sei. Vivo me equilibrando nessa linha." Esses papéis foram todos precursores, claro, da série *Sex and the City* no fim dos anos 1990 e início da década seguinte, na qual a pessoa que mais fazia sexo em Nova York era Samantha Jones, interpretada por Kim Cattrall. Uma das melhores falas de Samantha é: "Se eu fosse me preocupar com o que cada vadia fala de mim, eu nunca sairia de casa." Muitas mulheres ainda vivem nessa prisão de opiniões.

Essas três mulheres faziam parte de programas de comédia, o que nos permite rir de suas indecências. Enquanto isso, Madonna tratava de pisar todos os calos culturais mandando pelos ares as conversas sobre religião e sexualidade e escandalizando o mundo. Para começar, houve a apresenta-

---

* Blanche foi livremente baseada em Blanche DuBois, personagem fictício da peça *Um bonde chamado desejo*, de Tennessee Williams. Expulsa da cidade natal no Mississippi por questões morais – após o suicídio do marido, ela teve vários relacionamentos –, Blanche é uma bela mulher madura e profundamente insegura que se vê sem dinheiro e dependente da irmã Stella.

ção televisionada de "Like a Virgin" no VMA da MTV, em 1984, quando ela se desfez dos saltos altos e depois os recuperou arrastando-se pelo chão vestida de noiva (além disso, simulou movimentos sexuais e deixou aparecer a calcinha). Se, por um lado, agentes e publicitários ficaram furiosos, por outro os fãs adoraram, inspirando-a a seguir em frente. Houve "Open Your Heart", em que ela interpreta uma dançarina exótica (enquanto um menino tenta espiá-la); o clipe de "Like a Prayer", pelo qual a Pepsi rompeu o contrato de porta-voz da marca com a cantora (no clipe, Madonna beija um santo negro – um escândalo!); a nudez em "Justify My Love"; o livro de fotografias *Sex*; o disco *Erotica* e assim por diante. Ao longo de toda a carreira, Madonna foi rápida em atacar os críticos por causa da lógica de dois pesos e duas medidas. Como disse numa entrevista na rede ABC, no início dos anos 1990: "Acho que a MTV devia ter a hora da violência e a hora da degradação da mulher. Se vamos recorrer à censura, não sejamos hipócritas. Não vamos usar dois pesos e duas medidas. Vemos vídeos que exibem violência e mulheres sendo humilhadas 24 horas por dia, mas eles não querem um vídeo que remeta a sexo consentido entre dois adultos."[13] Conforme ela ressaltou, a objetificação das mulheres sempre foi e continua sendo culturalmente aceitável; a coisa muda de figura quando elas se apresentam como condutoras da própria luxúria.

Nos dias de hoje, Madonna parece quase exótica, embora outras mulheres tenham recebido a tocha. Rihanna, Lady Gaga, Miley Cyrus, Lana Del Rey, Lil' Kim, Nicki Minaj... e quem pode se esquecer da canção "WAP", lançada em 2020 pelas rappers Cardi B e Megan Thee Stallion, que teve o maior número de execuções *da história* na semana de lançamento? Os conservadores foram à loucura. James Bradley, político republicano que estava em campanha na Califórnia na época, escreveu no Twitter que a canção o deixava com vontade de "derramar água benta" nas orelhas e que "Cardi B e Megan Thee Stallion são o resultado de crianças criadas sem Deus e sem uma forte figura paterna".[14] As pessoas logo reagiram à hipocrisia de Bradley: afinal de contas, o sujeito apoiava Donald Trump, a despeito da mania deste de agarrar as mulheres "pela boceta". Por alguma razão, duas mulheres negras celebrando as próprias "bocetas úmidas" era pior. A cultura – e os críticos de música – celebraram o sucesso progressista e erótico: é desbocado além da conta, mas é disso que se trata. É um protesto acerca da forma como as mulheres têm sido objetificadas e descritas por milênios.* Uma mulher como sujeito sexual que declara a própria luxúria parece estranho e chocante porque assim o é. Pouquíssimas mulheres sabem o que é incorporar o próprio desejo, muito menos fazer isso sem dar a mínima para o que a sociedade pensa a respeito.

AS RAÍZES DA NOSSA DISFUNÇÃO E FALTA DE LETRAMENTO CORPORAL

Seria muito mais fácil nos reconciliarmos com nosso corpo, entendermos e processarmos seu funcionamento, se nos ensinassem que o prazer é uma parte sagrada da vida e se fôssemos treinadas para entender o desejo. É verdade que a cultura atual não é mais *tão* puritana acerca da sexualidade – afinal de contas, sexo vende –, mas as marcas da repressão permanecem. Nos Estados Unidos pelo menos, nos recusamos a ensinar letramento corporal acreditando que, se pregarmos a abstinência, se transformarmos o sexo num tabu misterioso e proibido, nossos jovens vão repudiar a atividade sexual. Acreditamos que abstinência equivale a ausência. Mas não é assim que o corpo funciona, com seus estímulos e explosões hormonais.

A "ausência" começa cedo, quando não ensinamos as meninas a identificar as partes localizadas entre os ombros e os joelhos: aquilo que permanece sem nome se torna indizível. Aceitamos o pênis, a exuberância com a qual os meninos tratam da masturbação, seus inevitáveis sonhos eróticos e universos fantasiosos. Não os repreendemos por se tocarem, coisa que meus dois filhos fazem o tempo todo – eles abanam o pênis para mim, correm pelados pela casa e empunham o membro como se fosse uma arma toda vez que fazem xixi. Mas, se as mãos de uma menina forem em direção aos órgãos genitais, é bom que estejam usando papel higiênico. Cultu-

---

* Enquanto a letra de "WAP" é considerada picante, eu me pergunto se a dupla não foi inspirada pela deusa suméria Inana, cujo mito é o mais antigo de que se tem registro (1900-1600 a.C.), que clamava: "Quanto a mim, Inana,/quem lavrará minha vulva?/Quem lavrará meu campo elevado?/Quem lavrará minha terra úmida?"

ralmente, não criticamos nem castigamos* os meninos por enfiarem as mãos nas calças enquanto veem TV. Ao mesmo tempo, meus amigos que são pais e mães de meninas vivem dizendo que elas devem abaixar a saia, vestir a blusa, tirar as mãos dali – tudo isso enquanto elas claramente ainda nem sentem vergonha e estão loucas para sair correndo nuas e livres.

Se, por um lado, meninos fazem coisas de meninos, por outro evitamos as vulvas (eu nem sequer sabia que o termo era esse, e não vagina, até a célebre e polêmica educadora sexual Betty Dodson me explicar isso na Netflix quando eu já tinha 40 anos). Também não falamos sobre o clitóris, que foi excluído tanto da edição de 1948 do livro de anatomia *Gray* quanto do best-seller infantil *The Care and Keeping of You*, que promete ensinar meninas a cuidar do próprio corpo. A jornalista Peggy Orenstein, que estuda meninas e sexo, chama o fenômeno de "clitoridectomia psicológica americana".[15] Nem sequer entendíamos que o clitóris é só a ponta de uma imensa rede de prazer – com mais terminações nervosas do que o pênis! – até a pesquisa pioneira de Helen O'Connell, em 1998. Isso mesmo, apenas pouco mais de vinte anos atrás. Não ouvimos falar de nossos órgãos sexuais ou centros de prazer; ouvimos falar deles como se fossem "caixas" odoríferas que sangram, vazam e enterram nossas ambições por meio de gestações indesejadas. Minha geração especificamente, a geração X, ouviu falar deles como algo capaz de acabar com nossa vida: crescemos durante a epidemia de aids, que trouxe com ela a ideia de que o sexo podia e iria matar.[16]

A educação sexual, tão precária nos Estados Unidos, seria cômica se as consequências de sua anemia não fossem tão abrangentes e não tivessem um impacto tão nefasto. Seu único efeito é informar às meninas que elas menstruam e podem engravidar por acidente, enquanto os meninos têm ereções e ejaculação. Como bem elabora Orenstein: "Achamos mais confortável falar das meninas como vítimas do que como agentes da sexualidade."[17] Nos Estados Unidos, a tese prevalente é a de que o sexo

---

* Em inglês, a definição de *chastise* (*castigar*) é "censurar severamente", sendo a segunda definição, de acordo com o dicionário Merriam-Webster, "infligir punição a alguém (por exemplo, por açoite)". No entanto, sua etimologia remete ao latim *castus*, que significa "moralmente puro". Isso ressalta como essa qualidade tem sido vinculada à abstinência sexual ao longo do tempo.

traz "riscos e perigos". (Pais dinamarqueses falam de "responsabilidade e diversão".) Nossa abordagem de educação sexual centrada na abstinência implica deixar os mais jovens ao relento, sem qualquer mapa do prazer, sem linguagem adequada para expressar o desejo e com pouco treinamento acerca das sutilezas do consentimento. A falta de informação não apenas os priva das palavras necessárias para explicar o que dá prazer, mas também falha em alcançar o resultado esperado: ensinar aos jovens que o corpo é complicado como um instrumento musical, e que é preciso esforço e prática para aprender a lidar com ele, para saber tocá-lo. Em toda a educação sexual disponível, ninguém parece capaz sequer de definir o termo *relação sexual*. De acordo com a definição genérica de *virgindade* (nunca ter sido penetrada), muitas lésbicas nunca fizeram sexo.[18] De todo modo, e apesar dos esforços contrários, adolescentes continuam fazendo sexo com penetração: um relatório do Centro para Controle de Doenças dos Estados Unidos, publicado em 2019, revelou que 38% dos alunos de ensino médio já haviam tido relações sexuais.[19] Mas sem linguagem adequada ou ao menos ideias de como expressar o que dá prazer, imagino que a maioria dessas relações não tenha sido prazerosa para as moças. Se somos deixadas por nossa conta, o sexo se torna algo performático, um ideal objetivo, em vez de algo experimentado pelo corpo. Nas palavras de uma adolescente que Orenstein entrevistou: "Meu namorado sempre me diz que sou sexy, mas não sexual."[20] Essa distinção faz sentido. Culturalmente celebramos a primeira qualidade (de volta à objetificação), mas criticamos mulheres e moças pela segunda.

Afinal de contas, nos agarramos à ideia de que moças não são *sexuais*; são *relacionais*. Enquanto sociedade, pregamos que boas moças devem se comprometer apenas com o vínculo emocional, não com o prazer físico – fazer sexo de acordo com necessidades e apetites, mas manter o foco principal na garantia da lealdade e do afeto. Fomos condicionadas a garantir o vínculo. O terapeuta sexual Ian Kerner afirma que o sexo tem três "propósitos": reprodutivo, relacional ou recreativo.[21] Para as mulheres, o sexo reprodutivo é nossa função socialmente sancionada; o sexo relacional é aceito desde que seja recíproco e comprometido; mas mulheres que fazem sexo recreativo estão "se comportando como homens". As jovens são o tempo todo levadas a acreditar que só podem tirar a roupa e se entregar a alguém para usufruto do próprio corpo se for por amor. Aprendemos com contos de fadas e fantasias de resgates – *A Bela Adormecida, A Pequena Sereia, Branca de Neve e os Sete Anões, Rapunzel* – que a vida começa quando um rapaz nos escolhe, nos seleciona na multidão, nos consagra merecedora, nos redime e nos salva. Essas histórias apresentam o amor e o casamento, mas pulam a parte do que acontece para chegarmos ao carrinho de bebê.*

Não deve ser coincidência o fato de as moças e mulheres dos contos de fadas serem normalmente da realeza – ou futura realeza. A bondade e seus clamores por castidade têm intensas distinções classistas. Afinal, a profissão mais antiga do mundo para a mulher, datada daquele período de leis babilônicas do início do patriarcado, é a prostituição. Durante milênios (e pode-se argumentar que essa regra continua válida) as mulheres foram divididas em duas categorias: respeitáveis e indignas. A respeitabilidade é determinada pelo fato de a mulher ser parceira sexual de um homem ou de muitos. Na Antiguidade uma mulher podia ocasionalmente subir de status, mas era mais frequente ser rebaixada, caso passasse de esposa a concubina ou escrava.[23] Algumas podiam alegar decência sexual e usar véu; outras eram legalmente impedidas de alegar esse nível de posição social e aceitação.[24] A pureza, conforme definida pela distinção de classe, é um dos focos de *Bridgerton*, de Shonda Rhimes, a série mais vista na Netflix enquanto escrevo este livro, que trata do despertar e do prazer sexual feminino tendo como

---

* As primeiras versões desses contos de fadas – compilados por toda a Europa – são sombrias e repletas de temas como incesto, canibalismo e estupro. Nos filmes da Disney há muitos beijos em moças desmaiadas (ou seja, zero consentimento), mas os enredos originais eram mais chocantes. Na história original de *A Bela Adormecida*, o Rei encontra a moça em coma e a engravida. Ela dá à luz gêmeos; um dos bebês chupa o dedo da mãe e remove a farpa que a mantinha inconsciente, e assim ela desperta e descobre que tem filhos! O Rei acaba reencontrando-a (com os filhos) e eles se casam. Esse é o tipo de história (suavizada) que entrou para o cânone moderno. Como explica Maria Tatar, professora de folclore e mitologia de Harvard, em seu livro *A heroína de 1001 faces*, Walt Disney "privilegiou histórias com rainhas malvadas (*Branca de Neve e os Sete Anões*), madrastas cruéis (*Cinderela*) e bruxas maléficas (*A Bela Adormecida*) em vez de histórias com pais que tinham segundas intenções em relação às filhas. Ele e muitos outros ignoraram as muitas histórias sobre pais que trancam as filhas em torres, cortam suas mãos ou as vendem para o diabo. As histórias com pais abusivos e irmãos assediadores desapareceram". De modo semelhante, nas versões originais, as mulheres malvadas eram normalmente as mães – que viraram madrastas para que parecessem mais palatáveis aos olhos do público moderno.[22]

pano de fundo a alta sociedade patriarcal. O foco da série são as debutantes do período da Regência Britânica, a carne fresca da temporada do "mercado do casamento". A inocência sexual dessas moças é guardada e policiada para garantir que sua reputação permaneça intacta – tudo para proteger as linhagens patrilineares da propriedade. Enquanto isso, os rapazes ricos dormem com várias mulheres, não apenas com as "damas". Mulheres de classes mais baixas detêm conhecimento sexual e bancam as concubinas dos lordes; as damas, contudo, podem perder todo o status diante da suspeita de comportamento inadequado. Caso sejam flagradas desacompanhadas com um pretendente, serão consideradas indecentes e banidas da alta sociedade. O sistema de dois pesos e duas medidas é uma representação fiel da realidade – e não apenas da Londres de 1813.

Ainda vemos o mesmo padrão hoje em dia. Numa pesquisa longitudinal, duas pesquisadoras moraram com jovens universitárias ao longo de cinco anos (incluindo o primeiro ano após a graduação) e observaram o modo como elas encaravam o mundo e seus relacionamentos. Enquanto as pesquisadoras avaliavam diversos fatores durante a pesquisa, acabaram publicando um estudo sobre suas observações acerca de classe e de noções de vulgaridade. Elas descobriram que, ainda que todas as mulheres sofressem o mesmo grau de *slut-shaming* em círculos privados, as de classes mais baixas enfrentavam muito mais críticas feitas em público, *particularmente* quando tentavam fazer amizade com moças mais ricas.[25] Segundo uma jornalista que cobriu o estudo: "O *slut-shaming* desenfreado [...] era apenas um sintoma do preconceito social impregnado nas mulheres. Mais importante do que isso, as alegações de vulgaridade tinham pouco a ver com o comportamento na vida real. A mulher com mais parceiros sexuais participando do estudo, uma moça rica chamada Rory, tinha também a reputação mais intocada – em grande medida porque era especialista em esconder o próprio histórico sexual."[26] As pesquisadoras descobriram ainda que não havia absolutamente qualquer consenso sobre a definição de "*slut*", ou vadia. Era um termo nebuloso do qual todas as moças se esquivavam, mesmo que 48 das 53 mulheres do estudo o usassem para se referir umas às outras.

Não por acaso as qualidades que tornam a mulher uma "vadia" são tão confusas quanto a definição de relação sexual. Ainda que não nos faltem palavras para descrever e objetificar mulheres "fáceis",* não encontramos a linguagem e as definições para descrever o desejo feminino. Sentimos que o amor e o romance começam na mente e depois migram para o corpo, mas nunca nomeamos isso. Não existe um título honorífico como "ereção" para o calor e a pressão que as mulheres sentem no ventre e na virilha – não é algo que a gente identifique e aponte como expressão clara ou reação a alguma coisa que queremos. É um ambiente líquido, mais efêmero, menos centralizado – poderoso e, ainda assim, impalpável; uma ânsia inatingível. Tudo isso é visível nos homens e nos rapazes, mas o equivalente feminino permanece escondido. Por causa da invisibilidade do nosso desejo, não somos ensinadas a localizá-lo no corpo, a nomeá-lo, a estudá-lo ou a aprender como expressá-lo fisicamente, estejamos sozinhas ou não.

Quando eu tinha 11 ou 12 anos e estava começando a me interessar pelos meninos e a experimentar o desejo, meus pensamentos giravam em torno dos beijos censura-livre no rinque de patinação ao som de "I Think We're Alone Now", de Tiffany. Eu me abraçava com força, desejando ter alguém com quem rolar no chão. Não me concentrava no que acontecia depois de cair no chão porque não sabia como concatenar aquelas experiências – eu não fazia ideia do que era o sexo. Racionalmente, eu queria ser desejada e amada – mas eu também queria que a coisa fosse física, queria beijar "de língua", o que eu praticava beijando minha mão.

No ensino médio eu escrevia um diário que era um tanto sem graça, para dizer o mínimo. Minhas paixões adolescentes eram voltadas a meninos que eu não conhecia, mas que talvez visse de vez em quando na estação de esqui ou nas quadras de tênis. Eu não tinha fantasias sexuais com eles. Mas sentia calores pelo corpo, que eu reconhecia porque tinha lido todos os livros da saga Os Filhos da Terra, de Jean M. Auel, uma predileção que compartilho

---

* Além do recém-cunhado *fuckboy*, não existe um termo para um homem heterossexual vadio – nada como meretriz, assanhada, puta, piranha, piriguete, prostituta, vagabunda. (Um homem que se prostitui é chamado de acompanhante, um termo muito gentil, ou *gigolô*, maravilhosamente associado aos anos 1970, de *gigole*, que significa "parceiro de dança".) Na verdade, quase não há um equivalente masculino para *ninfomania*. Alguém aí já ouviu falar em *satiríase*? Mesmo assim, numa pesquisa recente, 8,6% dos participantes relataram comportamento sexual compulsivo – para a surpresa de ninguém, os homens (10,3%) superaram as mulheres (7%).[27]

com muitas leitoras da minha geração (Maggie Nelson e Roxane Gay, por exemplo). Algo aconteceu no meu corpo quando li *Ayla, a filha das cavernas*, embora eu tenha achado o sexo pré-histórico ao mesmo tempo apavorante e excitante (há muitas descrições como "virilidade roxa intumescida"). Eu não tenho certeza se foi naquelas páginas que os conceitos de romance e desejo sexual primitivo se fundiram na minha mente ou se algum dia fiz essa conexão. Fato é que ninguém me explicava a coisa dessa forma – que, sim, seria uma experiência inebriante, de corpo inteiro, *e* que eu precisaria defender meu direito ao prazer. Assim como todas as minhas amigas, eu pensava que botões seriam acionados, como quando se liga um carro, e que eu estaria pronta para iniciar a viagem da minha vida. Eu não entendia que a coisa é muito mais complicada do que uma simples troca de marchas, que o que a pessoa sente nem sempre se conecta com uma necessidade mais profunda e que, às vezes, é necessário o uso de uma chave alquímica. O que de fato parecia claro era que o romance era um pré-requisito para o desejo, mas que o desejo precisava vir de fora. Uma moça precisava ser um objeto passivo, esperando pacientemente pelo momento em que um rapaz abriria espaço na multidão para encontrá-la, quando ela então seria "vista" – sempre escolhida, nunca escolhendo.

De diferentes maneiras, todas as crianças são objetificadas – pertencem aos pais, em cujas mãos estão seu destino e seu futuro –, mas para as meninas esse processo é particularmente intenso. Talvez por serem levados a se separar da mãe para se identificar como homens, os garotos parecem ter um caminho mais fácil e mais claro rumo à autoexpressão. O que se espera é que eles saibam o que querem e saiam em busca disso, reivindicando o que lhes é de direito. Existe uma penalidade para a inação, para o medo de arriscar. Por outro lado, as meninas – mesmo aquelas que vêm das famílias mais liberais, feministas e progressistas – são condicionadas à passividade pela cultura mais ampla que as cerca. É constrangedor, arriscado demais romper com normas sociais, convidar alguém para sair e receber um não, ser ridicularizada e alvo de zombarias por causa do aparente desespero. Em vez disso, canalizamos os desejos ou os enfiamos em diários com cadeados frágeis e esperamos até sermos escolhidas – um processo no qual nosso valor é então confirmado. Essa passividade é problemática. De acordo com Deborah Tolman, psicóloga e professora de estudos de gênero, "a construção cultural dominante da feminilidade encoraja moças e mulheres a serem desejadas, mas não a desejarem".²⁸ Ela argumenta que isso as desconecta da expressão plena. E parece mais seguro dessa forma, é claro, pois caluniamos as moças que julgamos fora de controle por causa das próprias vontades: nós as condenamos pela vivência da própria sexualidade, as acusamos de querer ser o centro das atenções e as culpamos por buscarem o perigo.

É preciso abrir caminho para que toda adolescente descubra como se relacionar consigo mesma por inteiro. A inteireza do eu inclui a parte física – a sexualidade, saber o que se quer, saber o que dá prazer e o que desagrada. Esse apetite, essa luxúria, é nosso meio de subsistência, o manancial da nossa vitalidade. E, para início de conversa, devemos proteger nossas jovens enquanto elas descobrem a própria potência sexual – em vez de culpá-las por terem essa potência, essa força vital.

A ATENÇÃO INTENSA – E QUAL EXPERIÊNCIA IMPORTA

Quando fiz terapia com MDMA pela primeira vez, tive a revelação de que havia sido molestada por um adulto, um quase estranho, quando tinha cerca de 8 anos. Ainda que eu tenha revisitado os porões da mente muitas vezes, esperando que as portas da memória se abrissem, decidi que era irrelevante entender o modo exato como eventos de décadas atrás aconteceram. Num processo que Freud chamou de *Nachträglichkeit* e que remete à noção de *a posteriori*, reconheço que, à medida que envelheço, a memória me oferece novas perspectivas.²⁹ Aquilo que trabalhei na terapia está desconstruindo a ideia de que fui *eu* que fiz com que *ele* perdesse o controle, uma falsa sensação de poder e de responsabilidade. Eu me lembro claramente de outro evento com o mesmo homem, numa celebração pelo Dia da Independência, quando ele insistiu em passear comigo repetidas vezes numa boia puxada por um barco no lago Flathead. Ainda sinto no ombro direito a tentativa de me esquivar do seu corpo e como eu deslizava para cima dele quando a boia se mexia sob a ação do seu peso. Ficamos muito tempo assim enquanto eu torcia para que algum adulto me tirasse dali. Tenho certeza de que sorri o tempo todo, receosa de demonstrar desconforto e magoar um homem adulto.

Quando penso nessa época, eu me dou conta de que fazia o estilo Lolita, com o cabelo curtinho e alguma precocidade. Eu me lembro de atrair a atenção e o olhar de homens adultos; talvez muitos desses olhares não tivessem qualquer malícia, do mesmo modo que hoje em dia acho algumas crianças fascinantes – com suas mentes e opiniões sem amarras. Mas minha memória não consegue separar o que era atenção adequada e o que não era. Contaminadas pelo trauma, todas essas lembranças têm ares de perigo.

Minha mãe gosta de contar que eu demonstrava sexualidade desde muito cedo, tocando meu corpo enquanto ela lia para mim. Meus pais são hippies liberais, então ela fala do carinho que eu demonstrava pelo meu corpo sem qualquer intenção de me criticar – ela achava bonitinho, talvez recreativo. Ainda fere meus ouvidos quando ela toca no assunto, porque ela fala em masturbação, embora, conforme explica a terapeuta sexual Helen Singer Kaplan, meninos e meninas comecem a explorar o próprio corpo com intimidade assim que desenvolvem habilidades motoras.[30] Quando digo que eu adorava me tocar na infância, isso não causa desconforto? Para mim, é estranho que sempre conectemos prazer e toque físico ao desejo sexual, mesmo quando estamos falando de crianças. Quando minha gata arqueia as costas em direção à minha mão, ronronando com o corpo todo enquanto eu a acaricio, não acho que ela esteja sexualmente excitada. Em vez disso, penso nela como um animal que deseja, anseia e aprecia o toque, que quer a intimidade da minha pele e que quer se sentir bem. Por que não aplicar o mesmo entendimento a mim mesma?

Com base nas lembranças da minha mãe, sempre parti do pressuposto de que eu tinha sido uma criança hipersexualizada, empenhada em atrair a "atenção intensa" de homens adultos: embora eu não tenha a menor ideia do que fazia para atraí-la, pressupus que eu pedia por aquilo. "Atenção intensa" é o termo usado por Mia Farrow e por outras pessoas quando descrevem o relacionamento de Woody Allen com a filha, Dylan Farrow, no documentário *Allen contra Farrow*, da HBO Max. Foi difícil assistir ao documentário porque é dessa forma que eu descreveria a experiência que tive quando era mais nova. E não fazia parte da cultura da época perceber ou interromper o que estava acontecendo. Passaram-se décadas até que alguém acreditasse em Dylan Farrow. Ainda hoje, as pessoas relutam em abandonar a reverência por Allen ou em admitir que ele usou seus filmes para nos fazer aceitar seus relacionamentos inadequados com meninas. Ele estabeleceu uma norma cultural para gerações de homens: cobiçar a colegial. No filme *Manhattan*, Mariel Hemingway, com 16 anos, faz o papel de uma estudante de 17 que namora um homem de 42 (Allen). Ela teve que beijá-lo diante das câmeras; esse filme ganhou muitos prêmios e nenhuma reação de espanto. Todo mundo adorou o filme até que, mais de trinta anos depois, abriram-se os olhos para quão problemático ele é. Nem quando Allen se casou com a própria enteada houve muito barulho.

Um dos grandes serviços prestados pelo documentário e pelo depoimento de Dylan é o foco na "alienação parental", argumento que ainda mantém as garras em torno da cultura e do sistema judiciário. Alienação parental é o mecanismo pelo qual um pai, quando acusado de abuso, volta-se contra a mãe e a acusa de incutir histórias na cabeça da criança. O passo seguinte é o pedido de guarda unilateral. E funciona. De acordo com o documentário, "em 98% dos casos, quando pais acusados alegam alienação parental, as varas de família rejeitam a veracidade das acusações de abuso infantil".[31] O filme assegura que 58 mil crianças têm sido forçadas a ter contato não supervisionado ou a morar com o responsável acusado de abuso. No caso de Dylan, houve a suposição de alienação parental. Sou mais velha que ela, mas lembro o terror que se espalhou quando Allen foi acusado, no início dos anos 1990. Contudo, não se tratava do medo de que ele tivesse cometido aqueles crimes; o terror vinha da ideia de que era muito fácil convencer as crianças a mentir, que elas podiam ser psicologicamente abusadas e levadas a inventar acusações de abuso sexual e, então, voltar-se contra adultos inocentes. Do mesmo modo que mulheres são consideradas incapazes de testemunhar a própria experiência, crianças também têm sido excluídas do relacionamento com a verdade. Nós lhes dizemos que suas memórias são falhas, que seu entendimento da realidade é muito efêmero e que a verdade que elas sentem no próprio corpo é mentira. Eu me pergunto quantas mulheres são dissociadas do corpo por não acreditarem na própria história, aquela que elas abrigam na própria pele.

A verdade das experiências ruins não desaparece só porque a julgamos inconveniente demais ou nojenta demais para ser contemplada. Essas sensações vivem sob a superfície, ganhando tempo até que sejam revisitadas ou liberadas, até que as partes exiladas do eu se sintam em segurança e sejam convidadas a voltar. Isso cobra um preço. O ato de ser penetrada pelo outro, seja física ou emocionalmente, ou de um modo mais abstrato, não pode ser desfeito com facilidade. Quando o prazer está envolvido, mesmo que seja apenas o prazer da atenção recebida, não é fácil afastar de uma hora para outra a sensação de ter encorajado o ataque ou colaborado de alguma forma para que ele acontecesse.

OS ÍNDICES DE TRAUMA SEXUAL

Existe o trauma físico causado durante o assédio e existem os traumas traiçoeiros e invisíveis gerados a partir do evento – inclusive o modo como a cultura doutrina meninas e mulheres a assumir a responsabilidade e a culpa. Episódios traumáticos se tornam crimes psíquicos. Segundo a antropóloga da saúde Katherine Rowland, as estatísticas são impressionantes: "Mais de 20% dos americanos são sexualmente molestados na infância. Uma em cada cinco mulheres sofre estupro ou tentativas de estupro ao longo da vida, e um terço dos parceiros íntimos já se envolveu em contato físico violento, havendo nos dois casos um aumento abrupto nos números que se referem a mulheres racializadas. Uma em cada seis mulheres já foi perseguida obsessivamente em algum momento da vida. Quase metade de todas as mulheres assassinadas foi vítima de um parceiro ou ex-parceiro."[32] Com exceção das mulheres indígenas, que enfrentam atualmente uma onda de estupros e tráfico sexual (56% das indígenas já enfrentaram violência sexual e 90% já foram vítimas de violência praticada por alguém de fora da tribo),* a maior

---

* Esses crimes odiosos ocorrem por causa do abismo entre leis tribais e federais; são majoritariamente cometidos por homens que ocupam acampamentos masculinos ao lado de campos de extração de combustíveis situados dentro das reservas ou adjacentes a elas. As tribos não têm jurisdição para processar homens não pertencentes aos grupos nativos, uma brecha que costuma ser explorada em detrimento e para a devastação de meninas e mulheres indígenas assassinadas e desaparecidas.[33] Há muito pouco interesse nesses crimes. Um exemplo: em 2021, o frenesi da mídia em torno do desaparecimento e do assassinato de Gabby Petito, de 22 anos, cujo corpo foi encontrado num parque nacional em Wyoming, evidenciou o contraste gritante com a falta de interesse em meninas e mulheres indígenas que tiveram destino semelhante. Somente em Wyoming, entre 2011 e 2020, 710 pessoas indígenas foram registradas como desaparecidas.[34] Não ouvimos falar em nenhuma delas.

parte dos estupros na atualidade é intrarracial, o que significa que homens brancos estupram mulheres brancas, homens negros estupram mulheres negras, e assim por diante.³⁵

Estatísticas sobre mulheres nativas à parte, nenhum grupo de homens tem sido mais condenado do que os homens negros, que, logo após a Guerra Civil, foram tachados de estupradores de mulheres brancas para justificar linchamentos e outras atrocidades (na verdade, o estupro de mulheres *e* homens escravizados por seus "senhores brancos" correu solto durante séculos). Ainda assim, esses são os estereótipos que persistem hoje em dia, embora eles também se voltem contra mulheres negras impedidas de denunciar abusos sexuais cometidos por homens negros porque o gesto é considerado traição.³⁶ Isso mantém vivo o estereótipo de que homens negros são predadores e é mais um exemplo pernicioso de como as mulheres devem sacrificar seu corpo e sua psique para manter em segurança a reputação alheia. Enquanto isso, o estupro perdura como uma das mais poderosas e terríveis ferramentas de opressão.³⁷ E segue figurando como um dos principais danos colaterais de guerra.³⁸ O estupro não tem nada a ver com luxúria insaciável que deu errado; tem a ver com poder, dominação e controle.

Estupro e abuso sexual são questões de privilégio porque os homens *podem* se safar – e normalmente se safam. Em cada mil casos de abuso sexual que chegam ao sistema de justiça criminal, cerca de 975 abusadores escapam sem qualquer punição.³⁹ Parece que não temos muito interesse em responsabilizar os homens: muitas vezes, são homens reverenciados, que ostentam certo status social ou são vistos como alguém "com potencial", como Brock Turner, o ex-nadador de Stanford.* Conforme a procuradora

---

* Conforme relata Soraya Chemaly, parte-se do pressuposto de que as mulheres são mentirosas: "A maioria dos estudantes universitários que participaram da pesquisa, por exemplo, acredita que até 50% das mulheres mentem sobre terem sido estupradas. Outros estudos mostram de modo semelhante que os policiais com menos de oito anos de experiência também acreditam que quase o mesmo percentual de mulheres que alegam terem sido estupradas mente. Em 2003, não muito tempo atrás, as pessoas costumavam brincar se referindo à unidade de crimes sexuais da Filadélfia como a 'central da vadia mentirosa'. As dúvidas permanecem apesar de estudos conduzidos em diversos países revelarem de modo consistente que a incidência de falsas alegações de estupro varia entre apenas 2% e 8% dos casos, aproximadamente a mesma taxa para qualquer outro tipo de crime."⁴⁰

Deborah Tuerkheimer me explicou, a reputação de um homem poderoso basta para fazer com que a dor de uma sobrevivente simplesmente... desapareça. Existe a suposição de que ela vai superar o ocorrido, então por que prejudicar um homem cheio de planos? Essa ideia está impregnada no patriarcado e é extremamente perturbadora: as mulheres sempre são consideradas menos essenciais, menos importantes que os homens, até quando esses homens são *abusadores*.

Essa reverência pelo potencial extremo dos homens é outro motivo pelo qual as mulheres são acusadas de serem colaboradoras dos estupros e assédios sexuais dos quais são vítimas. É a velha ideia de que rapazes e homens não conseguem se controlar. Moças e mulheres são responsáveis por despertar neles a compulsão agressiva. Celebramos a sexualidade exuberante dos meninos como parte normal e natural do processo de amadurecimento e aparentemente reforçamos a crença de que eles consideram essas necessidades irreprimíveis e incontroláveis. Quando declaramos que as mulheres são as principais responsáveis, babás do ávido apetite masculino, nós as preparamos para receber a culpa. Transformamos seus corpos em veículos da própria destruição. Além disso, negamos-lhes a presença do próprio desejo, tornando-o, em essência, um desvio.

Recentemente divulguei um e-mail corporativo que dizia o seguinte: "Funcionários não devem usar roupas sugestivas, justas ou decotadas, blusas tomara que caia, regatas, peças transparentes [...]. A escolha da vestimenta deve ser adequada para o ambiente de trabalho [...] e não motivo de distração." Ainda que as mulheres não fossem mencionadas, a mensagem era claramente direcionada a elas. *Não cause distração*. O que isso significa? É como dizer que se menstruarmos no oceano vamos estimular um ataque de tubarão – a presença do nosso corpo não é segura, e é tarefa nossa descobrir como corrigir isso. É um truque brilhante empurrar toda a responsabilidade para nós.

A expectativa da responsabilidade excessiva nos acompanha até os tribunais, nos raros casos em que enfim resolvemos buscar justiça contra a violência sexual. Não basta que o abusador tenha provavelmente arruinado a vida da vítima; ela passa a ser responsável por arruinar a dele. E, como costumam perguntar, a dor dela realmente justifica tudo isso? Nas palavras de Rebecca Traister, a respeito dos efeitos do auge do #MeToo:

A maioria das mulheres que conheci não *queria* a "oportunidade" de patrulhar o avanço patriarcal; ficamos divididas entre possibilidades vagas e a realidade concreta desses homens perdendo o emprego. Pensamos no sofrimento e na família deles, temerosas de que a revelação dos delitos pudesse lhes custar o emprego ou até levá-los a atentar contra a própria vida. Mas isso nos chamou a atenção para outra coisa: ainda estávamos condicionadas a pensar neles, mas, por alguma razão, não tínhamos a mesma compaixão pelas mulheres – por suas famílias, sentimentos, perspectivas futuras – mesmo durante um acerto de contas que deveria ser sobre nós, não sobre eles.[41]

É a descrição perfeita de "*himpathy*" (algo como "homempatia"), termo cunhado pela professora e filósofa Kate Manne para descrever o modo como priorizamos as emoções, a saúde e a felicidade dos homens em detrimento das vítimas femininas.[42] E isso acontece o tempo todo; é um reflexo. Como mulheres, estamos tão condicionadas a sermos altruístas, cuidadoras e "dedicadas ao outro" que deixamos de reconhecer essa exacerbação da responsabilidade. Assim como não somos responsáveis pelo comportamento dos estupradores, não deveríamos ser responsáveis pelo impacto desse ato sobre a vida deles. É perverso que até essa carga seja colocada em nossos ombros.[43]

A terapeuta Wendy Maltz se descreve como uma "sobrevivente em retalhos", alguém que "já passou por diferentes tipos de abuso sexual em diversas fases da vida".[44] É uma experiência comum entre as pacientes de Maltz – algo que reverbera em mim e, imagino, na maioria das mulheres. Na era das revelações do #MeToo, tornou-se evidente que o molestamento, o abuso, o assédio sexual e o estupro vinham sendo grosseiramente subnotificados. Para começar, o ônus da prova no sistema legal é alto. E então, em sua maioria, as mulheres reconhecem que ninguém vai acreditar nelas; é a palavra delas contra a deles. Às vezes tentamos relativizar o que aconteceu, deixando de chamar de crime algo que parece muito errado. Uma amiga na casa dos 50 me contou recentemente que não tinha se dado conta de que havia sido estuprada na adolescência até assistir a um episódio de *Good Morning America* enquanto amamentava o filho. Como na época ela conhecia os rapazes, não achou que o que acontecera podia ser qualificado como estupro. Essa ignorância faz sentido. Não gostamos de falar de eventos que nos fazem mal. Ninguém quer ser acusada de querer arruinar a vida de um homem só por ser mal-intencionada ou por ter se arrependido de decisões ruins ou do próprio comportamento. Nunca foi vantajoso denunciar. Não há catarse. Qualquer que seja o resultado, ele será terrível. O trauma é revivido e a situação é humilhante, uma vez que a "participação" de todo mundo é discutida. Foi mesmo um estupro? O seu "não" foi veemente o bastante? Você resistiu de verdade? Você tinha bebido? O que você estava vestindo? Quantos parceiros sexuais você já teve? Houve confronto físico? Você correu risco de vida? Ainda que pensemos no estupro perpetrado por estranhos como o crime "típico" – becos escuros, facas, hematomas nos olhos –, as coisas nunca são tão óbvias como num episódio de Law & Order. De acordo com a Rede Nacional de Assistência a Vítimas de Estupro, Abuso e Incesto dos Estados Unidos, 80% dos crimes de violência sexual contra mulheres são cometidos por pessoas que conhecemos e que, às vezes, amamos.[45]

QUEM DETÉM O PODER E O CONTROLE?

Se o estupro é a expressão mais dilacerante de poder e autoridade, a estrutura de poder do patriarcado se apoia na repressão da mulher. Baseia-se no patrulhamento da pureza, no controle dos direitos reprodutivos e na ameaça e no êxito da violência sexual. Essa estrutura tem sido assim ao longo de 5 mil anos e continua a delimitar nossa vida até hoje.[46] A sexualidade ora reprimida, ora forçada, é o alicerce da sociedade – e com ela vem a crença de que a capacidade reprodutiva das mulheres pertence aos homens. O acesso ao controle de natalidade e ao aborto, inclusive ao poder de dizer "não", tem se tornado um dos temas políticos mais disputados da atualidade, completamente limitado ao domínio do corpo feminino. Continuamos a debater a quem pertence o "controle de natalidade" e se é um direito da mulher como pessoa humana tomar decisões acerca do próprio corpo, ou se ela continua a ser uma propriedade em disputa, ainda que em detrimento da sua saúde, do seu emprego e da sua capacidade de se sustentar. Ao supervisionar os poderes reprodutivos das mulheres, os homens se mantêm no controle. Não existe mecanismo mais eficiente para manter as mulheres na pobreza e na subserviência do que a negação da capacidade de determinar o próprio futuro reprodutivo.

A ironia, claro, é que, enquanto o *poder* permanece com os homens, a *carga* do controle de natalidade – em particular o aborto – recai sobre os ombros das mulheres. No clima político confuso de hoje e com a reversão do caso *Roe versus Wade*, temos visto o retorno de leis formuladas para processar tanto mulheres pela interrupção de uma gravidez indesejada quanto profissionais da saúde por auxiliá-las.* Os homens, contudo, permanecem absolvidos: não se fala em punir os possíveis pais por cumplicidade no crime, vítimas da própria luxúria, ou como parceiros do ato criminoso, ávidos para se verem livres de responsabilidades e limitações. Enquanto as escolhas das mulheres são policiadas, ainda não ouvi a sugestão de que os homens sejam forçados a fazer vasectomia até se tornarem responsáveis pelo resultado da própria semente.** Isso nunca sequer foi cogitado – porque a questão nunca foi exatamente o aborto; tudo não passa de um meio de encurralar, controlar, delimitar e policiar as mulheres.

AS FRONTEIRAS INDEFINIDAS DA INTIMIDADE E DO TOQUE

Em sua autobiografia *Girlhood* (Mocidade), Melissa Febos – que passou parte da juventude exercendo o papel de dominatrix e lidando com sua sexualidade precoce – fala da "festa do abraço" à qual compareceu, já adulta, com um casal de amigos. Ela não queria abraçar estranhos, mas sabia que um encontro focado na intimidade e nos limites poderia lhe trazer alguns ensinamentos. Afinal de contas, ela sempre tivera dificuldade de negar às

---

* Ainda que o aborto agora seja proibido em Oklahoma, legisladores locais também aprovaram uma lei criminalizando o aborto como prática clínica; médicos condenados terão que cumprir dez anos de prisão e pagar uma multa de 100 mil dólares. No Texas, o pagamento de recompensas é uma realidade perversa. Qualquer cidadão pode angariar 10 mil dólares se conseguir levar adiante uma ação judicial contra alguém que tenha ajudado uma mulher a abortar. A multa mais alta que o Texas impõe pela prática de abuso sexual (incluindo o estupro) tem o mesmo valor.
** Eis um fato de revirar o estômago: nos Estados Unidos, apenas dois terços dos estados permitem a suspensão dos direitos parentais dos estupradores caso as mulheres estupradas por eles engravidem.

pessoas qualquer pedido relativo a contato físico, mesmo que fosse apenas um abraço. No início da festa, o organizador explicou as regras. Febos escreve que ele "admitiu que é difícil estabelecer limites claros acerca do toque. Muitas pessoas, disse ele, não aprenderam a dizer não dentro da família ou a diferenciar tipos diversos de toque. Quando chegamos à regra número três ('Você deve pedir permissão e receber um SIM verbal antes de tocar qualquer pessoa'), ele nos pediu que fizéssemos um exercício prático com a pessoa ao lado. Deveríamos perguntar: 'Você quer um abraço?' E a outra pessoa deveria responder 'Não'. Então diríamos: 'Obrigada por se cuidar.'"[47] Durante a sessão, muitos homens perguntaram a Febos se ela queria um abraço ou se queria ficar "de conchinha". Ela se irritou consigo mesma: "Como era forte o impulso de dar a eles o que eles queriam, como se eu não tivesse escolha."[48] Ainda com mais intensidade, ela descreve a frustração – visível apenas de relance nas feições dos homens – quando ela negava o que pediam: "A misoginia contamina a ação. Aqueles homens não me odiavam, do mesmo modo que uma pessoa faminta não odeia a geladeira. Eles simplesmente valorizavam a própria vontade mais que a minha. E eu percebia a expressão nos olhos deles quando eu negava, semelhante à de uma pessoa faminta frustrada diante da geladeira que não se abre."[49] Esse é o poder das exigências feitas às mulheres, enterrado na mente dos homens como um direito subconsciente.

Em nossa cultura, muita coisa relacionada ao afeto funciona sob demanda – na infância, especialmente das meninas, beijos, abraços e sorrisos são dados a quem pedir. A rejeição ao pedido de um parente, do pai, da mãe ou mesmo de um estranho é considerada grosseria. No entanto, às vezes um beijo no rosto não parece um gesto inofensivo, mas uma invasão. Fomos treinadas para priorizar o conforto dos outros, e com isso reprimimos nossos instintos o tempo todo. Nessa fórmula, nossa vontade não importa. Temos que aceitar ou permitir o toque, ser dóceis e demonstrar gratidão pelo gesto de carinho.

MINHA HISTÓRIA

A primeira vez que tive um orgasmo na presença de alguém, fui estuprada. Decidi que posso usar esses termos há pouco tempo, após uma conversa com Lacy Crawford, autora de *Notes on a Silencing* (Notas sobre um silenciamento), autobiografia na qual ela narra o estupro oral que sofreu, perpetrado por dois rapazes do internato misto que nós duas frequentamos. Eu lhe contei o que tinha acontecido comigo, e ela sugeriu que eu falasse do episódio nos termos adequados: um ato sexual que eu não queria e que me esforcei para evitar.[50]

Eu era aluna do segundo ano do ensino médio e tinha quase 16 anos. Eu tinha entrado na escola havia poucos meses e, depois de um outono solitário, tinha feito algumas amizades. Durante um feriado prolongado, fui com esses novos amigos para Boston, onde nos libertamos da rotina de escola-todos-os-dias-exceto-aos-domingos e nos permitimos um pouco de liberdade adolescente. Três de nós compartilhamos um quarto no hotel onde cerca de sessenta outros alunos da escola estavam hospedados.

Uma das meninas com quem eu estava dividindo o quarto, que viria a se tornar quase uma irmã para mim até a formatura, estava com o namorado, um praticante de luta livre da escola. Vou chamá-los de Jane e Jack. O melhor amigo de Jack, que também praticava luta livre, tinha sido expulso da escola antes de eu entrar. Naquela tarde nos encontramos com esse rapaz, que vou chamar de Greg, na piscina do hotel, e ele se interessou por mim. Jane e Jack ficaram animados com a possibilidade de um rolo entre a gente. Greg me deixava desconfortável, eu não estava interessada, mas não me incomodei com a atenção dele – quer dizer, até ele se encontrar com meu grupo outra vez no jantar e irmos todos juntos para a casa dele depois. Lá ele me encurralou num escritório escuro e prendeu meus braços atrás das minhas costas, numa espécie de golpe para me imobilizar. Lutei contra a mão dele que estava livre – eu me lembro desse detalhe, um símbolo da sua força dominadora, o modo como ele me prendia com tanta facilidade com uma única mão enquanto tentava me beijar. Eu reagi, ele me soltou, e me juntei novamente ao grupo, abalada.

Mais tarde naquela noite, após nos despedirmos dele e voltarmos para o hotel, eu estava no corredor, bebendo e socializando com outros alunos da escola, quando o vi. Senti um frio na barriga. Ele estava me seguindo e ninguém estava dando a mínima. Eu me aproximei de um rapaz mais velho, que eu tinha conhecido na aula de matemática, para usá-lo como um escudo contra Greg, mas ele gentilmente me deu um fora. Eu disse a Jane que não estava me sentindo confortável com a situação, mas ela deu de ombros; estava de pileque e meio desligada, não entendia o motivo da minha apreensão e achava que eu deveria me sentir lisonjeada. Quando voltei para o quarto, Jane e Jack estavam apagados numa das camas, e Greg estava na outra, acordado, esperando por mim. Entrei no banheiro, mas outra amiga nossa, alguém que eu mal conhecia naquela época, estava dormindo na banheira. Eu me sentei na beirada da cama, a um metro de Greg, considerando minhas opções.

Sempre achei que perderia a virgindade sob o efeito de alguma substância, num alojamento da faculdade. Talvez seja premonição ou apenas a cultura em que fui criada, na qual o sexo era descrito na mesma frase ao lado de gravidez indesejada, HIV e aids. Sei como isso soa errado, mas acho que me agarrei a essa crença porque aprendi muito cedo que meu corpo me tornava vulnerável – que a hipervigilância não era barreira suficiente e que minhas defesas seriam vencidas. Naquela época eu era virgem e sabia muito pouco sobre sexo – apenas que valorizar "minha primeira vez" era importante e que eu não deveria estragar o clima. Hoje em dia me culpo por não ter acordado meus pais com uma ligação telefônica e pedido que pagassem um quarto só para mim, mas na época, assustada e sem um telefone por perto, isso não me pareceu uma opção. Senti que deveria ser capaz de me virar, jovem adulta que eu era – crescida, inteligente, *competente*. Eu não tinha sido drogada. Não estava bêbada. Achei que se eu adormecesse acordaria no meio da noite com ele dentro de mim, me roubando algo precioso e inviolável, algo que eu nunca conseguiria recuperar. Parada ali, ouvindo-o ofegar cheio de expectativa atrás de mim, tive uma ideia. Decidi que, se eu o beijasse, talvez ele se desse por satisfeito e me deixasse em paz. E assim me aproximei dele. E, como uma espécie de tarântula super-humana, ele arrancou minha calça e meteu a cabeça no meio das minhas pernas. Tentei levantá-lo pelos braços, usando toda minha força contra seu porte de lutador, buscando a todo custo não fazer barulho, horrorizada com a possibilidade de alguém no quarto perceber o que estava acontecendo. Mas foi como tentar afastar uma parede. E em cerca de sessenta segundos tive um orgasmo e esmoreci na cama, envergonhada por ter sido traída pelo prazer do meu corpo. Eu mesma tinha causado o abuso. Meu orgasmo foi suficiente para Greg: satisfeito, ele me deixou em paz e adormeceu, envolvendo-me com o braço. Fiquei ali a noite toda, paralisada, tentando me esquecer do que tinha acontecido. Precisei de 26 anos para entender que a imensa culpa que eu sentia – pelo fato de aparentemente ter apreciado algo que *eu não queria que tivesse acontecido* – era uma forma de autoproteção. Hoje sei que é comum vítimas de abuso sexual e de trauma terem um orgasmo como reação ao medo; na época, eu achei que havia alcançado o orgasmo porque tinha gostado do que Greg fizera comigo.

Na manhã seguinte, Jack e Greg tomaram café juntos; sei disso porque, quando voltei a me encontrar com Jack no mesmo dia, ele riu e me contou. Greg tinha passado o café da manhã inteiro "tirando pelos pubianos da boca". Na mesma noite, de volta ao internato, passei por um aluno do último ano que eu achava bonitinho.

– Ei, Elise, fiquei sabendo de Boston! – disse ele, com um sorriso cúmplice.

Acho irônico que as mulheres sejam tachadas de fofoqueiras. Enquanto eu tentava enterrar a vergonha no fundo do peito, minha humilhação tinha virado assunto entre os rapazes do internato em menos de doze horas.

Eu não sabia como me referir ao que havia acontecido – eu tinha permitido, e aparentemente tinha *gostado* –, então trancafiei o episódio na mente. No entanto, décadas depois, ainda sinto a presença de Greg me rondando. Vejo o olhar lascivo em seu rosto, rindo por ainda estar comigo, afetando minha vida até hoje. Nos últimos anos, precisei admitir como tudo isso era significativo. Hoje percebo que a experiência me acompanha todas as vezes que tiro a roupa: ainda estou tentando cancelar aquele orgasmo, pegá-lo de volta e provar que estou no controle. Na tentativa de sufocá-lo, reprimi minha energia sexual. Na faculdade, quatro anos depois, estava bêbada e desinibida ao lado de uma pessoa que me amava – minha hipervigilância obliterada o bastante para que meu corpo pudesse cuidar de si. Essa foi a única vez em muito tempo que consegui me soltar. Pelo menos aconteceu, provando que ainda era possível.

Ao tentar reprimir uma sensação, reprimi todas elas. Em vez de me permitir as emoções, ponderei demais ou as intelectualizei, achando que poderia racionalizá-las e transformá-las em coerência, fazendo a vergonha desaparecer milagrosamente e me convencendo de que tudo estava bem. Brené Brown chama isso de armazenamento de instinto: podemos até achar que as emoções foram embora, mas toda emoção reprimida ganha tempo em nosso corpo, à espera do momento de sair. Quando nos recusamos a ouvir, a processar e metabolizar cada sentimento repulsivo ou difícil que enterramos, as experiências não evaporam.[51] Elas entram em metástase. E aquilo que o corpo tenta nos dizer se torna mais difícil de analisar, como um dialeto que se perde quando não é mais falado. Por outro lado, revisitar o trauma tem um potencial libertador. Nas palavras da psicoterapeuta Galit Atlas: "Quando a mente se lembra, o corpo fica livre para esquecer."[52]

Naquele quarto de hotel em Boston, no tempo da escola, quando meu corpo tinha objetivos próprios e agiu sem meu consentimento, decidi que ele e eu éramos entes separados. Eu o deserdei, sem entender que não podia simplesmente calar as emoções e os sentimentos que julgava indesejáveis sem também calar muitas outras coisas. Assim como Febos, agora estou no processo de aprender a ouvir, fortalecendo a conexão e canalizando a vergonha. Estou tentando parar de apontar o dedo e de me penitenciar pelo modo como as coisas poderiam ou deveriam ter acontecido naquela noite fria de inverno.

EM QUE PARTE DO CORPO MORA O DESEJO SEXUAL?

Quando comecei a desenterrar meus sentimentos, encontrei algum conforto na pesquisa da sexóloga e psicóloga Meredith Chivers, do Laboratório de Gênero e Sexualidade da Universidade Queen's, em Ontário, no Canadá. Seu trabalho revolucionário examina o modo como homens e mulheres – sejam hétero, queer ou qualquer outra categoria ao longo do espectro – reagem a estímulos visuais e auditivos e como isso se relaciona com o que eles relatam sobre a própria excitação. Em um dos estudos, Chivers mostrou aos participantes uma série de imagens: cenas de sexo gay e heterossexual, corpos malhados, pessoas se masturbando, chimpanzés fazendo sexo.* Os homens reagiram de modo previsível, com os padrões de excitação de acordo com as preferências declaradas – e nem homens heterossexuais nem homens gays se interessaram pelos primatas.[53] Por outro lado, as mulheres,

---

* Os participantes ficavam acomodados em poltronas reclináveis com os genitais conectados a pletismógrafos que mediam as alterações no fluxo sanguíneo.

e *especificamente* as mulheres que se identificaram como heterossexuais, sentiram-se fisicamente excitadas por quase tudo, até pelas imagens que mostravam o oposto do que elas haviam declarado que as excitava. A reação física das lésbicas correspondeu às preferências declaradas. As pessoas passaram um bom tempo interpretando esses dados, argumentando que mulheres heterossexuais são animalescas e se excitam com tudo, enquanto os homens são mais inibidos. A realidade, acredito, é que as mulheres heterossexuais não sabem o que querem porque foram ensinadas que mulheres não têm qualquer preferência sexual. Nosso desejo é fora da curva simplesmente porque não fomos ensinadas a mapeá-lo.

Costumamos pensar na sexualidade como uma reação física do corpo. Mas a excitação começa na mente – o cérebro também é um órgão sexual. Idealmente, corpo e mente andam alinhados. Mas, assim como não instruímos o coração a bater ou os pulmões a respirar, o corpo também segue seu caminho, o que nos leva a uma das mais importantes lições da pesquisa de Chivers: a excitação física não se correlaciona com o desejo subjetivo e declarado. Uma vagina úmida não é um convite para uma penetração indesejada (e, do mesmo modo, uma vagina seca não indica falta de apetite sexual). Chivers e outros cientistas acreditam que a lubrificação durante o sexo indesejado pode ser uma reação protetiva para ajudar a evitar desconforto e dor. (Os homens *deveriam* ser capazes de entender isso, a julgar por quanto sofrem com disfunção erétil e ereções inoportunas ou indesejadas.)

Então o que explica a falta de conexão entre o corpo e a mente da mulher? Será que biologicamente adotamos o sexo como mecanismo de defesa, e assim nos prevenimos para o caso de sexo indesejado ou estupro? Será que o corpo feminino percebe que é um objeto ou um receptáculo e reconhece que talvez seja necessário ceder em nome da própria sobrevivência? Ou as heterossexuais são tão desconectadas do corpo que entram em curto-circuito ao dar a qualquer coisa uma conotação sexual? Acredito que a confusão que Chivers observou nas heterossexuais exista em parte porque não somos especialistas em entender, nomear e discutir prazer e desejo. Nossa mente – aquilo que declaramos que nos excita – e a reação do nosso corpo nem sempre estão conectadas porque esse não é um caminho bem delineado, muito menos percorrido e explorado. Será que as lésbicas se saem melhor porque tiveram que afirmar o desejo expressando mais claramente o que querem, como gostam de ser tocadas e quem elas querem que as toquem? Será pelo fato de terem afiado o próprio desejo diante de uma cultura historicamente inclinada a rejeitá-las – e a fetichizá-las? E será que ainda há muitas heterossexuais presas no espaço da objetificação, dedicadas a agradar sem se preocupar muito com o próprio prazer? O que desejamos quando deixamos de ser um mero objeto de desejo?

O QUE DIZEM AS FANTASIAS

Enquanto a pesquisa de Chivers tenta identificar a relação entre excitação física e desejo, o condicionamento cultural dita que as mulheres devem reagir sexualmente aos intensos anseios de um homem: a vontade deles nos torna vivas. A necessidade do desejo alheio complica as coisas quando confundimos ser desejada com ser desejada sem consentimento. É a diferença entre *ravishment* e *rape* (arrebatamento e estupro, respectivamente), que compartilham a mesma raiz etimológica: *rapere*, *raptura*. Como afirma a terapeuta junguiana Marion Woodman: "O estupro dá a ideia de ser submetida por um inimigo masculino a um ato feroz de violência sexual; o arrebatamento sugere que a mulher é agarrada e levada por um amante masculino ao êxtase e ao deleite. O estupro tem a ver com poder; o arrebatamento, com amor."[54] As ideias se aproximam. Quando um homem não consegue se conter diante do corpo da mulher, quando a presença dela o encoraja a perder o controle, essa é uma forma de poder – baseada na segurança do desejo mútuo. A perda de controle do homem liberta a mulher para também se entregar ao prazer. O estupro também tem tudo a ver com poder – mas serve apenas para um dos lados e não tem nada a ver com prazer ou amor.

Tudo fica confuso, no entanto, quando as fantasias femininas são centradas em elementos de arrebatamento: muitas mulheres querem ser desejadas, algumas vezes ao ponto da dominação. Acredito que isso é muito comum por ser culturalmente tolerado: achamos normal uma mulher ser forçada à sexualização para servir ao desejo masculino. Só que muitas mulheres sentem vergonha da submissão, e não só porque faz lembrar chicotadas – mas porque é errado. Toda boa feminista sabe que não deve se submeter na vida; aceitar a total entrega na cama parece contrário a tudo que devemos querer. O terapeuta Michael Bader, que atua em São Francisco, Califórnia, passou boa parte da carreira investigando fantasias sexuais, usando os mapas de excitação para entender como as pessoas foram preparadas para receber amor – e que percepção elas tinham da segurança. Ele afirma que não conseguimos relaxar nem nos entregar ao caos do prazer se não nos sentirmos seguros. Ainda que gostemos de pensar na excitação sexual como uma reação natural, biológica e física ao estímulo, a verdadeira excitação é mais complicada. Ele escreve: "A excitação é gerada pela mente, uma mente que fornece imagens e sensações com o significado certo para criar prazer. Quando se trata de excitação sexual, a psicologia faz uso da biologia, não o contrário."[55] Até podemos parecer "no ponto" ou mostrar sinais físicos de interesse, mas sem uma mente excitada nada acontece de verdade, como ressalta o trabalho de Chivers.

Bader faz a brilhante ressalva de que nossas fantasias não necessariamente invocam coisas que *queremos* ou das quais *gostamos* – elas são estímulos mentais, não a realidade –, mas de fato ilustram o que é necessário para que a pessoa se sinta segura a ponto de se excitar. Para ele, muitas mulheres com fantasias de dominação devem ser culturalmente doutrinadas pela ideia de que são "mandonas". Numa fantasia, se elas recebem comandos, não há como serem acusadas de dominar ninguém. Segundo essa ótica, mulheres que talvez classifiquem as próprias fantasias como "estupro" estão se referindo ao arrebatamento.* Segundo Bader, "ao dar a alguém o poder de feri-las ou humilhá-las, elas garantem a si mesmas que não são elas que estão ferindo ou humilhando. A lógica inconsciente é um tipo de subversão da Regra de Ouro: *Deixe que os outros façam a você aquilo que você tem vergonha de fazer aos outros*".[57] Se você teme subjugar os outros, faz sentido querer se sentir facilmente subjugada.

Não nos surpreende o fato de que as mulheres – vivendo sob a alucinação cultural que as infecta desde o nascimento de que sexo é algo ruim, sujo, imoral e errado – tenham fantasias frequentes nas quais são sexualizadas à força. De acordo com Bader, "a fantasia na qual uma pessoa é forçada a fazer

---

* Jaiya, sexóloga somática, me contou que ela acredita que "60% das mulheres cisgênero têm fantasias em que são dominadas ou arrebatadas, em que perdem o controle". Ela orienta as clientes a colocar essas fantasias em prática desde que numa situação segura com claro consentimento.[56]

sexo" é uma forma criativa de a mente resolver "uma crença patológica de que a pessoa não deve ser sexual. [...] É uma maneira de dizer à própria consciência, à família e ao meio cultural: 'Não é minha culpa.' Os homens usam essa desculpa há séculos". Bader tem observado outras fantasias do mesmo tipo, como a mão embaixo da mesa durante o jantar enquanto a conversa prossegue normalmente: a inocência é mantida e o avanço não pode ser interrompido sem chamar atenção. Entra em cena o mundo dos romances eróticos femininos, que ao longo de dois terços da história oferecem a consumação em fogo brando de um desejo sem qualquer concretização. A leitora se envolve numa busca literária ostensivamente dedicada ao amor – e então, de repente, todo mundo faz sexo. Pode-se argumentar que as mulheres são seres relacionais, que deve haver um preâmbulo romântico antes do clímax, mas esses livros parecem a própria definição do que Bader descreve: a mulher é forçada à sexualização e levada ao clímax pela estrutura do livro em si.

O problema das fantasias é que, para as mulheres que já são inseguras com a própria sexualidade, aquilo que a mente acha excitante pode ser um componente da culpa, levando-as a acreditar que elas são diferentes ou que a fantasia deve ser tratada. O trabalho de Bader é poderoso porque sugere que a fantasia é um mapa para a sensação de segurança, um caminho para reivindicarmos nossa luxúria e nossa liberdade sexual, para dar um curto-circuito nas inibições – muitas das quais culturais – a fim de nos excitarmos. Esse pode muito bem ser o caminho para a mulher recuperar a luxúria que lhe é de direito e apreciar o sexo em vez de simplesmente tolerá-lo.

A IMPORTÂNCIA DE SE SOLTAR

O prazer no sexo e a sensação de estar inteiramente viva demandam confiança, segurança e disposição para que alguém nos segure enquanto nos soltamos. É, de certa forma, o maior ato de vulnerabilidade: abrir-se para outra pessoa, abrir mão do controle e deixar que alguém nos dê prazer. Existe um aspecto sagrado e mais profundo no sexo do que haveria numa mera necessidade biológica de acasalamento – afinal de contas, a procriação não precisa de um orgasmo feminino. Tampouco se trata do bônus da diversão. O prazer da mulher é um vórtex, o portal para uma experiência mais profunda de entrega e encantamento.⁵⁸ Esse é o espaço que eu revisitei naquele dormitório da faculdade, um reino que senti e vi, um lugar onde estive. Esse espaço tem sido descrito como a "matriz materna",⁵⁹ uma forma de tocar o divino e os impulsos mais profundos da vida. E está acessível a todas nós.

É claro que é irônico que a castidade tenha historicamente sido usada como o caminho mais seguro para Deus – negar o corpo significa que a pessoa mal está viva. Evitar o corpo é a negação da beleza da nossa humanidade, a matéria criativa da vida e talvez a razão de estarmos aqui: para experimentarmos o mundo através de nossos sentidos e sermos plenos dentro de nós. Além disso, se aprendemos algo com a mitologia e a religião foi o fato de que a subida só é possível após a queda. Jesus desceu antes de ascender; assim também o fez Dante, Ulisses, Eneias. A Deusa Negra (o Sagrado Feminino) está lá embaixo esperando que a libertemos dos grilhões do controle patriarcal. Ao longo da história, a Deusa Negra representa o ciclo completo da vida – numa expressão, ela é Kali, a deusa hindu do tempo e da morte, o fim do arco, as sementes de um novo começo. Em outra, ela é Hécate, Ártemis, Inana, Perséfone, Nix, Deméter e Ísis. Ela tem muitas faces e muitos nomes; ela reside em todas nós. Ela guarda o submundo e representa o início da vida nova – marcando a entrada para o vazio, a caverna, o útero e a tumba. Essas são passagens essenciais, a estrutura de toda a vida. Não por acaso os orgasmos são chamados de *la petite mort*, "a pequena morte". Quando nos soltamos, vamos para outro lugar – e ressuscitamos renovadas.

Nosso corpo é um microcosmo do mundo; é natural e político. Quando reprimimos e negligenciamos essa força vital, perdemos o acesso não apenas ao prazer, mas ao poder, uma fonte de poder cujas dimensões ainda não compreendemos por inteiro. É por isso que a sexualidade feminina enche a cultura de medo: medo do corpo e de seus apetites, medo da perda de controle e medo da morte. Mas estamos entrando numa nova era, numa época que requer que nos reconectemos com nossa matriz materna, que estejamos presentes por completo, habitando e vivenciando todos os sentidos. Nosso corpo é um portal; a luxúria é o convite para a passagem.

Mapeando o modo como nos relacionamos com a natureza e uns com os outros ao longo do tempo, podemos admitir que o poder hierárquico e desequilibrado nos inibe a todos, impedindo nossa expressão plena. O patriarcado nos imobiliza. Nos anos 1990, duas feministas, terapeutas junguianas, mapearam os padrões de relacionamento ao longo do tempo. Elas apresentaram uma tabela que me pareceu profética quando a vi pela primeira vez.[60] Hoje percebo como essa tabela articula os contornos de uma nova era, que as autoras chamaram de andrógina; sugere que, se pudermos avançar e aceitar esse paradigma, não apenas vamos suplantar o gênero, mas também entender e respeitar o poder como expressão do amor, e não de dominação. A promessa desse mapeamento é que vamos aprender a nos relacionar uns com os outros de corpo inteiro, não com partes muito específicas dele. Vamos nos tornar completamente humanos.

PRINCIPAIS PARADIGMAS NA EVOLUÇÃO HUMANA

MATRIARCAL	PATRIARCAL	ANDRÓGINO
Eu instintivo, tribal, politeísta	*Ego, hierárquico, monoteísta*	*Eu da alma/espírito, ecológico, casamento interno (espiritualidade interiorizada)*
O poder emana *da* natureza	O poder está *contra* a natureza	O poder está *em comunhão* com a natureza
EXPRESSÃO CULTURAL O poder como dádiva	**EXPRESSÃO CULTURAL** O poder como força	**EXPRESSÃO CULTURAL** O poder como amor
ESTADO PSICOLÓGICO Dependência	**ESTADO PSICOLÓGICO** Independência	**ESTADO PSICOLÓGICO** Interdependência
DURAÇÃO APROXIMADA 30 mil anos atrás	**DURAÇÃO APROXIMADA** 4.500 anos atrás até o presente	**DURAÇÃO APROXIMADA** A descobrir

A era na qual estamos entrando não é matriarcal nem patriarcal, mas *equilibrada*; é uma era na qual essas energias essenciais são distribuídas e devidamente honradas. Hoje reconhecemos o advento dessas ideias, especialmente ao contemplar o movimento trans: estamos tropeçando na linguagem, mas há um profundo desejo cultural de se livrar dos binarismos, de avançar no espectro para algum lugar no meio, sem definição concreta, no qual possamos encontrar uma versão mais verdadeira de nós mesmos. Nesse mundo previsto, transcenderemos a necessidade de dominar a natureza e, em vez disso, trabalharemos em parceria com ela, cultivando potencialidades sem causar danos. E transformaremos a falácia da independência na justiça da interdependência, reconhecendo e honrando a relação mútua que temos com toda criatura viva.

Essa estrutura parece promissora – não apenas uma ponte para um futuro sustentável e tranquilo, mas para um futuro que possa ser mais amoroso também, no qual possamos abraçar e desenterrar o desejo e descobrir aonde ele pode nos levar. Talvez possamos aprender como encorajar a sexualidade dos nossos filhos sem submetê-los a um início traumático; talvez possamos ensinar a responsabilidade e a diversão, de modo que eles tenham poder sobre a própria experiência (e nada mais). Esse futuro pode ser mais adequadamente libidinoso – afinal de contas, quando reprimimos o desejo de viver por inteiro, de nos expressarmos de maneira criativa em todas as frentes, sexual e espiritualmente, essa energia deve ir para algum lugar. Em vez disso, deixemos que ela expanda nossa consciência e refine o caminho entre corpo e mente. Que o desejo seja um mecanismo através do qual possamos experimentar o mundo não a partir de um lugar de medo e repressão, mas com entrega de corpo inteiro, abertos ao mistério, à magia e ao prazer.

Ao aceitar que a luxúria é fundamental,
podemos reivindicar o prazer e cultivar todo
o nosso potencial criativo.

8
IRA

Ao acreditar que ira é pecado, renegamos nossas necessidades

COMO RECONHECER A RAIVA

Dois anos atrás senti uma dor incômoda na mandíbula. Por mais que eu bocejasse e massageasse as bochechas, a dor continuava intensa e persistente. Certa tarde liguei para uma amiga, a sábia psicóloga e astróloga Jennifer Freed. Falei da minha mandíbula latejante e ela comentou:

– Dor na mandíbula indica que você quer morder alguém e está se contendo. Você está amordaçada.

– Mas eu não tenho nenhum motivo para estar com raiva – falei.

– Está bem, querida, se você diz.

Eu ri, mas fiquei me perguntando se ela tinha razão.

Faço limpeza dentária duas vezes por ano, e todas as vezes o dentista me adverte sobre o bruxismo. "Você vai acabar quebrando seus dentes." Eu sei que preciso parar; mesmo assim, durante o sono, castigo a plaquinha de proteção feito um hipopótamo. Além disso, ainda que o artefato de plástico proteja meus dentes, ele não proporciona nenhum alívio para meu músculo masseter bem definido, ao estilo Tom Brady. Faço caretas desde a infância. Minha mandíbula se move para a lateral e eu forço os dentes até que as veias do pescoço comecem a saltar. É meu semblante de concentração e esforço, mais automático que o sorriso. Quando percebi meu filho fazendo a mesma coisa, vi que precisava resolver o problema por nós dois. Além disso, ele hiperventila e tem enxaqueca, o que afeta seu sono. A consulta com o otorrino revelou que nós dois temos a língua presa: o tecido conjuntivo sob a língua é muito retesado, limitando o movimento da mandíbula. Talvez isso explique a sensação de ter a parte superior do corpo sempre tensa e contorcida e talvez explique tantos torcicolos.

Que rica metáfora para minha mandíbula dolorida: ela está reprimida por fatores desconhecidos. Podem ser estruturais ou emocionais. Quando perguntei a uma terapeuta miofuncional se liberar a língua aliviaria minha tendência a ranger os dentes, ela inclinou a cabeça e respondeu com um hesitante "Talvez". Afinal de contas, quando se altera algo tão central, o caos pode se estabelecer. Como meu corpo se reorganizaria caso não fosse tão pressionado? Eu ainda conseguiria controlar a língua depois de soltar suas rédeas?

Adoramos fazer diagnósticos. Adoramos respostas definitivas. Alguns anos atrás paguei 12 dólares para fazer meu Eneagrama, um teste de personalidade com nove categorias. Eu me vi claramente no grupo Um – idealista, perfeccionista, rígida – e arquivei o pdf.[1] Certa manhã, enquanto enfrentava um bloqueio criativo e organizava algumas coisas em vez de trabalhar, deparei com *The Sacred Enneagram* (O eneagrama sagrado), um livro que eu tinha comprado, mas nunca lido. Pus o exemplar na mesinha de cabeceira. E então baixei um episódio de podcast, uma entrevista com Christopher Heuertz, autor do livro – e fui dar um passeio. Enquanto eu seguia ofegante morro acima, Heuertz listava a "Paixão" de cada um dos nove tipos de personalidade, explicando que pessoas do Tipo Um costumam ter dores na mandíbula como somatização de uma raiva latente.* De acordo com Heuertz, nossa "fixação" é um ressentimento pelo fato de o mundo não ser como gostaríamos que fosse. A voz dele fluía pelos fones de ouvido e eu

---

* Eu sei que você está fazendo o Eneagrama neste exato momento. Os Tipos/Paixões de acordo com o fundador do Eneagrama, Oscar Ichazo, são: Tipo Um – O Reformador (Raiva); Tipo Dois – O Ajudante (Orgulho); Tipo Três – O Empreendedor (Vaidade); Tipo Quatro – O Individualista (Inveja); Tipo Cinco – O Investigador (Avareza); Tipo Seis – O Leal (Medo); Tipo Sete – O Entusiasta (Gula); Tipo Oito – O Desafiador (Luxúria); Tipo Nove – O Pacificador (Preguiça). Heuertz adverte: "É fácil se identificar com nossa Paixão porque ela costuma influenciar muito o que fazemos. De fato, quando as pessoas tentam se autodiagnosticar quanto ao Tipo, a lista de Paixões costuma parecer a mais fácil de identificar. Ao aceitar as Paixões como parte intrínseca de quem somos (ou como nosso erro fatal, caso ela se torne um vício), passamos a confiar na capacidade do Eneagrama de descrever a estrutura do nosso caráter."

parava de vez em quando para ouvir de novo vários trechos. Quando cheguei em casa e procurei a transcrição, vi que o episódio tinha sido removido depois de Heuertz ser acusado de comportamento abusivo – não sei nem como consegui baixar o áudio.

A história fica ainda mais estranha. O Eneagrama, que recentemente se tornou parte da cultura popular, tem uma história muito mais longa e interessante mundo afora. Um místico boliviano chamado Oscar Ichazo deu ao Eneagrama o formato e a estrutura atuais, que ele ensinou como parte de sua Escola Arica, nas décadas de 1960 e 1970. O trabalho de Ichazo é fundamentado em parte no *símbolo* do Eneagrama, que em grego significa "diagrama do nove" – um círculo sobreposto a um triângulo sobreposto a uma héxade, que se parece com uma estrela aberta na parte inferior. O símbolo e sua estrutura matemática datam da época de Pitágoras e aparecem em várias tradições de sabedoria, incluindo a cabala, o islã e o taoismo, bem como na filosofia de Sócrates, Platão e dos neoplatônicos. Mais notoriamente, G. I. Gurdjieff (1866-1949), místico armênio e sufista, divulgou o símbolo do Eneagrama com declarações misteriosas sobre seus nove pontos e afirmando de maneira enigmática que ele continha todo o conhecimento.[2] Costuma-se atribuir erroneamente a Gurdjieff a criação de todo o sistema de personalidade psicológica, honra que pertence a Ichazo.

O símbolo do Eneagrama também aparece nos primórdios do cristianismo: Evágrio Pôntico, o mesmo padre do deserto que, no século IV, início da tradição cristã, deu corpo aos oito pensamentos passionais (*logismoi*)[3] que vieram a se tornar os Sete Pecados Capitais, também articulou uma versão primitiva da matemática do Eneagrama. Ichazo usou a lista de Evágrio nas Paixões/Fixações do Eneagrama, acrescentando "Coragem/Medo" para chegar ao número nove. Como explicam Don Richard Riso e Russ Hudson, fundadores do Instituto Eneagrama: "Permanece um mistério como as *nove* formas originais, no curso de suas viagens entre Grécia e Egito ao longo de um século, foram reduzidas aos *sete* pecados capitais."[4] Ainda que as raízes sejam as mesmas, o Eneagrama não é religioso e apenas oferece percepções psicológicas assustadoramente precisas. Ele não condena ninguém ao inferno, apenas aponta os resultados mais prováveis do desequilíbrio e o que é necessário para compartilhar os pontos fortes dos talentos de cada um.

Ao ler sobre as conexões do Eneagrama com os Sete Pecados Capitais e ver como meu tipo aponta para a raiva e o ressentimento, fiquei inquieta. Eu sinto raiva; só não tinha reconhecido sua forma mais leve, em fogo brando. Costumo falar sem rodeios, é verdade: sou conhecida por ser direta e *clara* acerca do que penso. No entanto, raramente subo o tom de voz. Não me lembro da última vez que gritei. Vivo no reino da impaciência, da irritação e do ressentimento incessantes, a fervura lenta e sutil que pega tantos sapos desprevenidos. Minha língua permanece presa de várias formas. Como a armação metálica na rolha das garrafas de champanhe, gosto de pensar que tenho tudo sob controle, inclusive minhas emoções. Admitir a própria ira parece algo vergonhoso, grosseiro, *indelicado*. Sei desabafar – soltar a tensão para não explodir –, mas nunca aprendi a nomear, processar ou assumir o estado emocional subjacente que me faz sentir vontade de desabafar para início de conversa. Isso me parece assustador demais. Uma vez uma amiga me contou que nunca chora porque tem certeza de que, se começar, não vai parar jamais. O meu medo é começar a gritar e continuar gritando para sempre.

O *CONTINUUM* PEGAJOSO DA RAIVA

Por ter infinitos graus e temperaturas, a raiva recebe muitas denominações. E sua reputação é complexa. Na tradição cristã, e talvez na cultura como um todo, há pouco consenso sobre quando ela é justificável, *boa* até, ou quando cruza uma linha imperceptível. É claro que a tolerância diante dessa emoção depende de *quem* está com raiva. Afinal de contas, são frequentes no Velho Testamento as referências a Deus como um ser cheio de ira[5] – na Bíblia, os termos *ira* e *raiva* são usados como sinônimos* –, o que causou alguns dilemas quando chegou a hora de dizer à humanidade que sentir raiva era pecado. Os pais do cristianismo tiveram dificuldade para resolver o paradoxo e, então, argumentaram que Deus não estava com raiva, apenas tentando assustar os humanos para que se comportassem bem e seguissem os Dez Mandamentos; portanto, Sua raiva, ao punir aqueles que os violavam, era

---

* Uma resposta branda aplaca a ira, uma palavra dura excita a raiva (Provérbios 15:1).[6]

justificada. Jesus era diferente, embora tivesse *virado mesas* (Marcos 2:15-19) e admoestado um leproso (Marcos 1:40-45), o que também foi motivo de consternação para os teólogos. Todavia, Jesus é mais conhecido por substituir o Código de Hamurabi pela não violência: "Tendes ouvido o que foi dito: Olho por olho, dente por dente. Eu, porém, vos digo: não resistais ao mau. Se alguém te ferir a face direita, oferece-lhe também a outra" (Mateus 5:38-39).[7] Esse é um dos legados de Jesus: deixe isso pra lá.

Como monge, Evágrio Pôntico busca a *apatheia*, um estado de paz singular, livre de excitação e emoções. Ele acreditava que a raiva em qualquer uma de suas formas era um pensamento demoníaco, uma vez que afastava o suplicante da oração. Como escreve ele em sua obra *Praktikos* (Práticas), espécie de guia para outros monges composto de cem "capítulos" breves:

> A paixão mais violenta é a raiva. Trata-se, na verdade, de uma conturbada fervura de ira contra aquele que causou danos – ou que é suspeito de tê-lo feito. Ela costuma irritar a alma e, sobretudo no momento da oração, capturar a mente e mostrar lampejos da imagem do agressor diante dos olhos do indivíduo. Então, chega um tempo em que ela perdura, transforma-se em indignação e atiça experiências alarmantes durante a noite. A isso se sucedem a debilidade geral do corpo, a desnutrição e consequente palidez, além da ilusão de que se está sendo atacado por venenosas bestas selvagens.[8]

Eu adoro o modo como ele passeia por um espectro que vai da indignação à ira e à sensação de que o indivíduo está sendo atacado por venenosas bestas selvagens. Um de seus biógrafos acredita que ele se referia à depressão.[9]

Tomás de Aquino, na *Suma Teológica*, que resume o pensamento de muitos dos primeiros líderes da Igreja, bem como o dos monges do deserto, do papa Gregório I, de Aristóteles e dos estoicos, elabora o conceito de raiva prodigiosamente. Ele a defende como emoção humana útil – presente em Jesus, afinal de contas – que, se aplicada da forma correta e comedida, pode ser devidamente exercitada em prol da justiça.[10] No entanto, segundo Rebecca Konyndyk DeYoung, professora da Universidade Calvin, Tomás de Aquino acreditava haver três maneiras de tornar a expressão da raiva possivelmente desordenada e pecaminosa: "Quando sentimos raiva por qualquer bobagem (por exemplo, quando temos pavio curto); quando sentimos mais raiva do que deveríamos (por exemplo, quando a raiva é veemente demais ou desproporcional à ofensa); e quando a raiva se prolonga por tempo demais (quando ela lentamente se transforma em ressentimento e rancor)."[11] Dentro desses limites, é difícil dizer onde fica a linha divisória – o que exatamente é uma raiva intensa demais, boba demais, prolongada demais? E de quem é a raiva considerada válida?

O PROBLEMA DAS MULHERES RAIVOSAS

Raiva, ira e fúria carregam a energia da vingança, particularmente quando exercidas em público: um erro deve ser corrigido, alguém deve ser punido. Há uma expectativa não apenas de validação, mas de justiça. Desde que você seja homem. As mulheres se saem melhor quando agem como vítimas passivas e chorosas do que quando tomam as rédeas da própria fúria – e mesmo assim a justiça quase nunca é garantida (ver capítulo 7, "Luxúria"). Quando se trata de raiva, aos olhos do público parece justo e adequado que apenas homens fiquem visivelmente enfurecidos. A terapeuta Harriet Lerner, que em 1987 escreveu o clássico *The Dance of Anger* (A dança da raiva), define o conceito de um jeito que ainda parece correto três décadas depois: "A expressão direta da raiva, especialmente quando direcionada aos homens, torna as mulheres deselegantes, não femininas, não maternais, sexualmente desinteressantes ou, mais recentemente, 'estridentes'. Até a linguagem condena essas mulheres como 'megeras', 'bruxas', 'vadias', 'velhas', 'resmungonas', 'mulheres que não gostam de homens' e 'castradoras'. Elas não são amorosas nem dignas de serem amadas. São desprovidas de feminilidade. [...] Um detalhe interessante é o fato de não haver em nosso idioma – criado e codificado por homens – *um único* termo pejorativo para descrever homens que destilam raiva contra mulheres. Mesmo epítetos como 'bastardo' e 'filho da puta' não condenam o homem, mas jogam a culpa na mulher – na mãe!"[12] Quando Lerner e eu conversamos, ela enfatizou quão perversa é a linguagem – pois pinta os homens como vítimas da ira das mulheres e indefesos contra nossa raiva. Ainda assim, quantos homens que você conhece pegam o spray de pimenta quando caminham até o carro à noite por medo de serem atacados por uma mulher?

Em vez disso, quando subimos o tom de voz por causa da raiva, somos vistas como *loucas*, no sentido patológico do termo. Mulheres que falam alto são instáveis, perigosas, dramáticas, paranoicas, doidas e insanas.

Se, por um lado, mulheres raivosas são consideradas "desequilibradas", por outro costuma ser culturalmente aceito que homens expressem a raiva e adotem comportamentos agressivos em qualquer lugar: pense no jurista Brett Kavanaugh, espumando pela boca feito um jovem descontrolado durante as audiências da Suprema Corte, em comparação à imperturbável Christine Blasey Ford. Ford, que tinha todos os motivos do mundo para estar furiosa, manteve a compostura e o controle emocional. No entanto, seu testemunho foi considerado irrelevante.* E há o furioso e dominador Donald Trump, que, diante de todos, perseguiu Hillary Clinton durante o terceiro debate presidencial de 2016, enquanto ela era tachada de ambiciosa, antipática e megera.** Ou, ainda, pense em John McEnroe e seus famosos chiliques e ataques abusivos de fúria nas quadras de tênis, em comparação com Serena Williams na final do US Open de 2018, quando ela encarou

---

* A etimologia do termo *testemunho* está ligada à palavra *testículos* – jurar sobre eles –, um lindo lembrete das muitas questões de gênero que continuam a permear nosso sistema legal. Enquanto isso, a palavra *seminal* é mais um termo frustrantemente tendencioso em relação ao gênero, ao passo que a palavra *histeria*, termo que vem irritando mulheres ao longo do tempo, vem do grego *hystéra*, que significa útero, o qual, segundo algumas crenças, oscilava e desencadeava doenças mentais. A própria definição da palavra *woman* (mulher, em inglês) é complicada, uma vez que sua etimologia a vincula a *wiffmon* (*wife of man*), ou seja, "esposa de homem".
** No mundo empresarial e na política, a raiva é celebrada nos homens e difamada nas mulheres. Como afirmam Carol Gilligan e Naomi Snider em *Why Does Patriarchy Persist?* (Por que o patriarcado persiste?): "Um estudo de 2008 intitulado 'Pode uma mulher raivosa seguir em frente?' concluiu que homens que se mostram raivosos são premiados, mas mulheres raivosas são vistas, tanto por homens quanto por mulheres, como incompetentes e indignas de alcançar posições de poder no ambiente de trabalho. [...] Isso é particularmente verdadeiro no contexto político. Um estudo desenvolvido em Harvard em 2010 descobriu que os participantes consideravam as mulheres da política ambiciosas, e, por terem determinados interesses, eram também vistas como pessoas menos afeitas à comunidade (isto é, individualistas e frias) e consequentemente sujeitas à indignação moral. Isso não se refletiu na percepção ou na reação dos participantes em relação aos políticos ambiciosos que, ao contrário, eram vistos como visivelmente mais competentes e engajados. Numa estrutura patriarcal, a expressão das pretensões e da raiva das mulheres, da luta por aquilo que querem ou em que acreditam [...] é vista como ato egoísta, portanto incompatível com a manutenção de relacionamentos."[13]

abertamente o árbitro Carlos Ramos. Ele a puniu por três violações: a primeira, coaching (seu técnico fez um gesto com os polegares para cima, que ela argumentou não ter se tratado de um "sinal"); a seguinte, um *point penalty* por abuso de raquete; e, finalmente, um *game penalty* por contestar o mérito das duas primeiras violações. As penalidades podem ou não ter lhe custado a partida (muitos fãs acharam que sim). A punição pela raiva é mais do que um terrível caso de dois pesos e duas medidas: a indignação justa muda o mundo. Ela é a espinha dorsal da mudança social, a força do progresso. Quando somos impedidas de expressar a raiva, ela se torna sublimada e reprimida. Ou nós a direcionamos para nós mesmas ou para outras mulheres. Harriet Lerner lamenta: "Universitárias esclarecidas dizem coisas hoje em dia como 'Eu acredito na igualdade, mas não sou feminista porque não sou uma dessas mulheres raivosas.'"[14]

Sempre houve certa aversão à expressão pública da raiva feminina – em especial quando o alvo é alguém numa posição de poder. Segundo Rebecca Traister, autora de *Good and Mad* (Boas e zangadas): "Somos preparadas para ouvir a raiva dos homens como se fosse entusiasmo, algo típico do nosso povo, como uma canção de ninar, e preparadas para ouvir o som de mulheres exigindo liberdade como se fosse o arrastar de unhas no quadro--negro. Isso acontece porque a liberdade das mulheres, na verdade, restringiria a dominação masculina branca."[15] Quando as mulheres erguem a voz, os ouvidos estão, na melhor das hipóteses, tapados – na pior, essas mulheres são denunciadas como pessoas terríveis. Como explica a historiadora britânica Mary Beard em *Mulheres e poder*: "Só existem duas exceções principais no mundo clássico para a abominação da fala pública das mulheres. Em primeiro lugar, as mulheres podem se pronunciar como vítimas e como mártires, normalmente para prefaciar a própria morte. [...] A segunda exceção é mais familiar. De vez em quando, as mulheres podem, de forma legítima, erguer a voz – para defender seus lares, filhos, maridos ou os interesses de outras mulheres."[16] Beard já recebeu ameaças de morte por causa de seu livro. (No Twitter, um homem ameaçou cortar e estuprar sua cabeça.)

É interessante observar quão ameaçadora é a fúria das mulheres quando, teoricamente, temos tão pouco poder. Se seguirmos os rastros, deixados por Beard e outros historiadores, que levam à nossa história mais antiga, fica fácil equiparar o medo da raiva das mulheres ao medo da deusa há muito reprimida. Durante muito tempo, antes de ser extinta pelo patriarcado no mundo indo-europeu, a deusa representou tanto a criação quanto a destruição, esta última abrindo espaço para uma nova vida.[17] Muitas deusas ainda são reverenciadas em algumas partes do globo hoje em dia. Existe a deusa hindu Kali, celebrada como uma das divindades supremas, normalmente retratada em tons de preto* com a língua para fora e crânios decapitados em volta do pescoço. Existe a enérgica deusa Pele, criadora das ilhas havaianas, cuja lava jorrante cria uma nova terra. Nos locais onde o cristianismo passou a reinar, a Igreja transformou muitas definições da deusa em bruxas aterrorizantes, uma advertência para as mulheres de todos os lugares acerca da monstruosidade do nosso poder. Existe a feroz deusa russa Baba Yaga, que tanto ajuda quanto fere aqueles que ela encontra na floresta (precursora de muitas das figuras presentes em contos de fadas, como a velha da cabana em João e Maria). Entretanto, em alguns sistemas mitológicos, a deusa – que recebeu muitos nomes – representava o ciclo completo da vida.** Somente mais tarde as deusas passaram a representar emoções distintas, como a raiva. Na mitologia grega, Nix, temida pelo próprio Zeus, era a deusa da noite. Nix tinha muitos filhos, incluindo Lissa, o espírito da loucura e da fúria, e Mania, que muito adequadamente representava as manias e a insanidade. E, é claro, havia as Fúrias, conhecidas como erínias, possivelmente filhas de Nix, que se vingavam dos homens. Na *Eneida*, elas são chamadas de Alecto ("raiva infinita"), Megera ("fúria ciumenta") e Tisífone ("destruição vingativa"). E não nos esqueçamos da górgona, Medusa. A antropóloga Marija Gimbutas explica que, antes de Medusa se transformar no monstro derrotado por Perseu (seu olhar, num ros-

---

* Segundo a antropóloga Marija Gimbutas, o simbolismo do preto e do branco também foi subvertido nos milênios mais recentes. Como explica ela, em relação ao mundo pré-indo-europeu, "o preto não significava morte ou o mundo subterrâneo; era a cor da fertilidade, a cor das cavernas úmidas e do solo rico, do útero da Deusa onde a vida começa. O branco, por outro lado, era a cor da morte, dos ossos".[18]
** Conforme explica Joseph Campbell: "No Império Romano, durante a era dourada de Apuleio, no segundo século da nossa era, a Deusa era celebrada como a Deusa de Muitos Nomes. Nos mitos clássicos, ela aparece como Afrodite, Ártemis, Deméter, Perséfone, Atena, Hera, Hécate, as Três Graças, as Nove Musas, as Fúrias, e assim por diante. No Egito, ela aparece como Ísis; na antiga Babilônia, como Ishtar; na Suméria, como Inana; entre os semitas ocidentais, ela é Astarte. É a mesma deusa, e a principal coisa a destacar é que se trata de uma deusa completa e, portanto, goza de associações em todo o campo do sistema cultural."[19]

to cercado por serpentes vivas, era capaz de transformar homens em pedra), ela representava uma das metades da deusa.[20] O simbolismo das serpentes não é casual. Ainda que Medusa tenha se transformado num monstro – ou, como ressalta Beard, num meme popular para Hillary Clinton durante as eleições de 2016, com Trump posando de Perseu[21] –, originalmente ela era muito mais que isso. É revelador, contudo, que, na construção do mito, Medusa tenha passado a transformar apenas homens em pedras, nunca mulheres.

É claro que mulheres raivosas são inaceitáveis na esfera pública, a não ser que sirvam de escudo para proteger homens patriarcais ou qualquer sistema de poder e opressão.* Afinal de contas, existe uma exceção fundamental para mulheres como Sarah Palin, Phyllis Schlafly ou Ann Coulter, cuja raiva é defendida pelo sistema. Traister escreve que figuras como a "Mamãe Ursa" (termo usado pela republicana Sarah Palin para se referir a mulheres conservadoras), proeminentes em todos os períodos da história, "recebem a permissão de se referir a si mesmas como mães patriotas bombadas, um tipo bizarro de personificação do empoderamento feminino, a despeito do fato (ou, mais precisamente, *por causa* do fato) de elas defenderem o retorno aos papéis tradicionais das mulheres e a redução do investimento governamental em pessoas racializadas".[22] Um dos slogans de Schlafly era *STOP – Stop Taking Our Privileges* (Parem de tomar nossos privilégios). Ela afirmava que as feministas estavam atacando a posição natural de esposas e mães, cujo lugar é sob a proteção dos homens (brancos). Foi um movimento para defender o patriarcado e reafirmar a lealdade ao sistema.[23] Esse aríete que deixa todas reunidas lá atrás é um fator atraente no patriarcado para muitas mulheres brancas que admitem que ele oferece alguma proteção e status.

AS NECESSIDADES SILENCIADAS E O PROTESTO INTERNALIZADO

A censura por parecer visivelmente irritada tem raízes profundas: não há nenhum meio, público ou privado, no qual mulheres e meninas possam trabalhar a raiva. Fomos treinadas para deixar as outras pessoas confor-

---

* Existe um precedente para o uso da mulher raivosa como escudo, uma vez que Atena aparentemente usou a cabeça de Medusa exatamente para isso.

táveis. Fomos direcionadas à passividade, o que implica dependência e vitimização. Fomos instruídas a reprimir a agressividade natural ou informadas de que não deveríamos sentir nada do tipo. Como não cultivamos canais adequados, essa agressividade encontra um caminho alternativo. Desde a infância, nunca fomos criadas para reconhecer ou entender emoções "ruins". Ninguém nos apresentou o modelo da exploração ou expressão desses sentimentos nem nos treinou para isso enquanto crescíamos. Há consequências: não sabemos viver no desconforto sem tentar resolver logo o problema. Ansiamos muito pela confirmação de que merecemos amor e de que somos *boas*. E, para muitas mulheres, *bondade* demanda obediência, complacência, doçura e "feminilidade". Somos ensinadas a ser protetoras, limitadas ao domínio do cuidado; somos ensinadas que nosso primeiro instinto em momentos de estresse é "cuide e proteja", em vez de "lute ou fuja".[24] Não é possível afirmar se nosso comportamento é condicionado ou de fato "natural". O treinamento para pensar nos outros primeiro é um legado pesado que traz implícita a ideia de que é nosso dever colocar as necessidades emocionais de todo mundo antes da nossa e de que priorizar a nós mesmas é um sinal de desvio. Boas meninas não lutam, boas meninas não gritam: somos mais maduras, mais emocionalmente evoluídas.

Esse papo não me convence. A história e nossa experiência de vida certamente nos dizem que a coisa é mais complicada que isso – e que cuidar dos outros e atender às nossas necessidades não deveriam ser objetivos excludentes. Essa revisão radical demandaria apenas reciprocidade – uma reestruturação sutil tanto das expectativas em relação aos relacionamentos quanto em relação à própria sociedade, na qual o cuidado das mulheres não seja mais visto pelos homens como um direito patriarcal ou uma conclusão óbvia. O psicólogo Marshall Rosenberg, famoso por criar a "comunicação não violenta" e treinar pessoas nesse método, foi um grande negociador, convocado para salvar casamentos em apuros e acordos de paz tumultuados. Durante muito tempo, ele atuou junto a partes envolvidas em situações de grande conflito, ajudando cada um dos lados a declarar suas necessidades. O objetivo da resolução, segundo Rosenberg, não é um acordo, e sim a satisfação, o que requer que a pessoa se sinta ouvida. Não de modo superficial, mas *realmente ouvida*.

Rosenberg acreditava que uma das raízes da incapacidade coletiva de nos impormos e de nos entendermos mutuamente pode ser encontrada na estrutura da língua. Em suas palavras: "Herdamos uma língua, o inglês, que serviu a reis e elites poderosas em sociedades dominadoras. As massas, desencorajadas de se conscientizar sobre suas necessidades, foram educadas para serem dóceis e subservientes. Nossa cultura traz implícita a ideia de que necessidades são negativas e destrutivas; a palavra *needy* (carente, em inglês) quando direcionada a uma pessoa sugere inadequação ou imaturidade. Sempre que as pessoas expressam necessidades, costumam ser rotuladas de egoístas."[25] A aversão à expressão das necessidades é particularmente pronunciada nas mulheres, que ocuparam a ponta subserviente do patriarcado desde sua concepção. E, como somos socializadas para acreditar que ser cuidadora e protetora é o suprassumo da existência e nossa missão moral, Rosenberg argumenta que não sabemos expressar nossas necessidades. Segundo ele: "Caso as mulheres peçam o que querem, costumam fazê-lo de um modo que ao mesmo tempo reflete e reforça a ideia de que elas não têm direito genuíno a essas necessidades e que elas não são importantes."[26] Parece familiar? Rosenberg relaciona termos como *precisar* e *dever* à ideia de deferência, de "comunicação alienante", argumentando que, assim que passamos a identificar o modo como nos sentimos e do que precisamos, torna-se muito mais difícil nos controlarem e oprimirem. Quantas mulheres são compelidas diariamente por aquilo que acreditam que *precisam* fazer? Por algo que *devem* fazer? Com tanto cuidado, deixamos nossas necessidades em segundo plano, nunca prestando atenção nelas, na esperança, talvez, de que alguém perceba nossa abnegação e atue de modo recíproco, cuidando de nós. Isso costuma ser inútil: é impossível uma mulher não se sentir ressentida e direcionar a raiva contra si mesma.

As emoções são difíceis e muitas mulheres nunca são ensinadas a expressá-las, muito menos a entendê-las. Conforme explica Brené Brown, somos capazes de identificar normalmente três emoções: felicidade, tristeza e irritação.[27] Fortalecemos ao longo de gerações a desconexão com nossa vida interior. Quando sentimos raiva, podemos até *achar* que sabemos do que se trata – alguém nos corta no trânsito, somos ignoradas no trabalho, nosso parceiro deixa o leite fora da geladeira –, mas raramente é *disso* que se trata. Como explica Rosenberg, a raiva nasce das necessidades ignoradas; em vez de identificá-las, imediatamente começamos a analisar e a julgar.[28] É difícil ir além da irritação inicial, descobrir a verdadeira raiz do problema, pelo simples fato de que não dispomos das ferramentas para analisar e digerir o que está por baixo de tudo isso; é mais confortável para nós mudar o foco para o que está "lá fora": o sistema, as pessoas, os colegas, os parceiros, os amigos que fazem com que essas sensações e pensamentos ruins aconteçam. A raiva nos apavora. É mais fácil culpar os outros.

Certa vez passei quatro dias num retiro de meditação com um monge da tradição tibetana Bon. Uma tarde nos acomodamos na academia do hotel enquanto ele falava sobre a raiva, à qual se referia como "a mais prejudicial das emoções". Segundo essa tradição há dois tipos de raiva: uma que é ardente, quente e vermelha; e outra fria e congelada. A primeira, mais eficiente em nos ferir e arruinar os relacionamentos, acontece em cinco estágios: (1) impaciência, (2) irritação, (3) exasperação, (4) raiva e (5) fúria, os quais, caso não sejam tratados, destroem tudo que tocam. "São necessários cem anos para uma floresta se formar, mas o fogo pode destruí-la em duas horas."[29] Minha raiva se parece com os estágios 1 e 2 – sem dúvida sou impaciente e me irrito com facilidade. Desabafo com meu marido e com amigos, mas isso não basta. O monge vietnamita Thich Nhat Hanh sugere que desabafar apenas inflama a raiva. Ele escreve: "Você pode achar que a raiva não está mais lá, mas isso não é verdade; você está apenas cansada demais para sentir raiva."[30] Temos a impressão de estar nos livrando dela, mas, em vez disso, a estamos apenas esmiuçando, de modo que, assim como um músculo, ela possa voltar a crescer, mais forte e ainda sem solução.

No filme *Separados pelo casamento*, Jennifer Aniston (Brooke) e Vince Vaughn (Gary) têm uma briga memorável na qual Brooke entra na sala enquanto Gary está jogando videogame. Eles acabaram de oferecer um jantar e ela comenta que vai lavar a louça. Ele responde:

– Beleza.

– Seria legal se você ajudasse – diz ela.

Ele olha para ela e responde:

– Tudo bem, depois eu vou.

E então diz que está exausto e que precisa fazer a digestão. Ela alega que não gosta de acordar com a louça suja, que trabalhou o dia inteiro, organizou o jantar e gostaria que ele a ajudasse com a louça. Ele tem um chilique, joga o controle no chão e se levanta para ajudar. Ela reage:

– Não, não é isso que eu quero.
– Você acabou de dizer que queria que eu lavasse a louça – insiste ele.
– Eu quero que você *queira* lavar a louça.

Imagino que todas as mulheres entendam Brooke: queremos que nossas necessidades sejam vistas com antecedência, mesmo que não tenham sido verbalizadas, e que nossos limites sejam respeitados, mesmo quando não forem visíveis. Quando a frustração irrompe em raiva pura e simples, é tarde demais. Como o título do filme sugere, os dois se separam como resultado da antiga e escancarada frustração de Brooke – e do fato de que Gary nem sequer percebe as necessidades negligenciadas da companheira.

O MEDO DO FIM DE UM RELACIONAMENTO

Quando necessidades são negligenciadas, os relacionamentos entram em conflito, o que é normal e saudável caso seja um conflito produtivo –, mas, como pode atestar qualquer pessoa que já tenha vivido um casamento ou um relacionamento duradouro, às vezes a impressão é de que estamos brigando pelos mesmos motivos o tempo todo. Isso quando não evitamos o conflito totalmente, alimentando um ressentimento diário sem saber como transformar a frustração em solução – e envenenando o relacionamento por dentro. Os famosos terapeutas de casal John e Julie Gottman descobriram em suas pesquisas que 69% dos conflitos conjugais *nunca serão resolvidos*, normalmente porque são diferenças significativas de personalidade ou necessidades.[31] Então talvez você, com sua mania de limpeza e organização, esteja convivendo com alguém que se recusa a arrumar a cama – e talvez o maior gatilho para seu parceiro, o motivo de ele ter tanta resistência aos seus padrões de limpeza, seja o fato de ele ter crescido numa casa na qual a mobília era superprotegida e ele não podia encostar em nada. Quem sabe. O que os Gottman querem dizer é que esse é um conflito sem solução. John Gottman, fundador do "Laboratório do Amor" na Universidade de Washington, ao lado da colega pesquisadora Sybil Carrère, observou casais e foi capaz de prever – com 94% de acerto – quais deles estavam destinados ao divórcio, considerando principalmente as evidências dos "Quatro Cavaleiros do Apocalipse", a saber: (1) críticas, (2) atitude defensiva, (3) desprezo e (4) distanciamento. Eles descobriram que as mulheres exageram nas críticas, enquanto os homens são mais inclinados ao distanciamento (cruzam os braços, silenciam e evitam contato visual). São as mulheres que tentam iniciar uma conversa em 80% do tempo, muitas vezes frustradas e infelizes, sem saber como instigar a mudança.[32]

Meu marido Rob e eu passamos um fim de semana chuvoso em Seattle com os Gottman numa oficina sobre relacionamentos com centenas de outros casais. Foram dois dias intensos. John e Julie – casados há décadas – simularam cenários num palco e os casais se espalharam pelo auditório para fazer as atividades a dois. (Como o lugar era enorme, e estávamos todos falando ao mesmo tempo, tínhamos o que se chama de "privacidade acústica".) Passamos o primeiro dia analisando nosso relacionamento: sonhos compartilhados, prioridades, alegrias, melhores lembranças, e fizemos planos para aumentar a intimidade e o tempo juntos. Ao final do primeiro dia muitos casais estavam de mãos dadas, empolgados com o que fariam à noite. E então veio o segundo dia, quando os Gottman nos mandaram para a guerra. E nem foi difícil. Peça a um casal que fale sobre uma briga corriqueira, de longa data, e rapidamente verá rostos vermelhos de raiva. Nesse segundo dia de oficina havia auxiliares que nos acudiam sempre que levantávamos a plaquinha de "AJUDA, POR FAVOR", mas a maioria quis se virar por conta própria, o que foi fascinante de ver. Braços cruzados, rostos virados, homens gritando com o peito estufado enquanto a pessoa à sua frente (normalmente uma mulher) se encolhia. Houve lágrimas, silêncio e um sujeito assustador que parecia à beira da violência.

Minha intenção era escrever sobre a oficina, e Rob me acompanhou com certa má vontade (no final acabou virando superfã dos Gottman e saiu de lá com uma sacola cheia de livros), mas fizemos os exercícios como qualquer outro casal. Ali percebi que uma de nossas discussões mais antigas – a obsessão de Rob em comprar equipamentos de última geração *versus* minha insistência em usar as mesmas botas de esqui há 27 anos embora queira muito comprar botas novas – tem a ver com a vergonha que eu sentia na infância sempre que queria algo novo; a vergonha de ser gananciosa. Traduzindo isso na visão de Rosenberg acerca das necessidades não expressas, eu precisava aceitar o apoio de Rob, mas a facilidade com que ele comprava uma nova prancha de snowboard me parecia uma afronta. Admito que esse não é um tema crítico, mas ali estávamos nós discutindo sobre o assunto. E a conversa foi um progresso, porque nosso *modus operandi* é discutir um pouco e esperar a explosão gigantesca que acontece duas vezes ao ano, quando ficamos dias sem falar um com o outro, usando as crianças de pombo-correio. Que saudável! No entanto, estar naquele auditório cheio de casais tentando melhorar o relacionamento funcionou como um lembrete de como é difícil resolver as coisas quando estamos irritados – e como é fácil ficar na defensiva.

Para mim faz sentido que não saibamos lidar com conflitos. Lutar é algo vergonhoso – *particularmente* para as mulheres, uma vez que não há nenhum título honorário para aquelas que expressam as próprias insatisfações, apenas insultos fáceis, como ranzinzas, resmungonas e megeras. A maioria de nós teve pais que discutiam a portas fechadas, a uma distância que nos permitia ouvir, mas não ver o que estava acontecendo, o que tornava o espetáculo todo ainda mais assustador. (Quando entrevistei o psicólogo Adam Grant, ele afirmou que uma das melhores coisas que podemos fazer como pais é garantir que nossos filhos *nos vejam* resolver um conflito – revelação que me pareceu oposta à minha postura de "não-há-nada-para-ver-aqui".)[33] Eu não cresci sabendo que conflitos são ao mesmo tempo saudáveis e necessários para o funcionamento das relações.

Para muitas mulheres, o pior cenário, a razão de relutarmos tanto em pôr as luvas de boxe, é o fim do relacionamento. De acordo com Harriet Lerner, quando pensamos em reclamar e impor limites, nosso maior medo é que depois disso sejamos abandonadas. Morremos de medo de estabelecer nossos termos, em especial mulheres que se encontram num relacionamento mais patriarcal. Isso acontece até comigo: meu marido é um doce, está feliz com o fato de eu ser a principal provedora da casa, tem valores progressistas... e ainda assim é difícil verbalizar o que eu quero. Então deixo de fazê-lo na esperança de que ele me encoraje. Lerner explica que tendemos a nos apegar à esperança vã de que nosso parceiro, pai ou amigo aceitará nossos limites numa boa. "Estou tão orgulhoso por você se recusar a fazer isso por mim! Obrigado por me incentivar a me virar sozinho. Bom trabalho!" Isso nunca vai acontecer. Em vez disso, devemos reconhecer que, quando nos recusamos a ceder aos desejos de alguém, não podemos controlar a reação dessa pessoa. Assertividade é quase o oposto do que muitas mulheres são ensinadas a fazer num relacionamento, que se assemelha mais a manipulação. Muitas de nós aprendem a fazer manobras para conseguir o que querem, transformando a própria vontade na ideia de outra pessoa. Essa habilidade faz parte da "feminilidade tradicional". Segundo Terry Real, outro terapeuta de casal que estuda principalmente o modo como o patriarcado prejudica os homens, as mulheres tendem muitas vezes a "atacar na posição de vítima". Como ele me explicou, não existe cena de cinema que ele odeie mais do que uma em *Casamento grego*, quando a mãe diz: *O homem é a cabeça do casal, mas a mulher é o pescoço. Ela pode girar a cabeça para o lado que quiser.* "Todo mundo acha isso maravilhoso", disse ele, "mas eu quase vomitei. É uma ode à manipulação."[34]

Harriet Lerner conta a história de uma mulher chamada Barbara cujo marido a impediu de frequentar uma de suas oficinas sobre estabelecimento de limites. Barbara ligou para Lerner para pedir reembolso e contou que o marido achava aquilo um desperdício de dinheiro, mesmo reconhecendo que a esposa tinha problemas em controlar a raiva. Barbara tinha tentado argumentar com o marido, mencionando todas as qualificações de Lerner, mas isso era apenas um desvio do verdadeiro problema, que tinha a ver com quem controlava as finanças e quem tinha liberdade de fazer o que quisesse. Como Lerner me explicou: "É assustador porque fazer mudanças é fácil, mas é muito difícil fazer uma mudança só. Se Barbara comparecesse à oficina, com certeza teria que lidar com muitas outras questões no casamento. Ela ficaria mais propensa a fazer outras mudanças e estaria num processo de evolução e crescimento. Mas será que o marido mudaria junto com ela?"[35] O medo de perder um relacionamento é o cerne da questão para as mulheres: caso a gente insista e se imponha abertamente, ainda haverá um casal? A outra pessoa ficará ao nosso lado se priorizarmos nossas necessidades e desejos? É assustador pensar nisso. E, para muitas mulheres, é mais fácil reprimir as necessidades negligenciadas, deixando que fermentem e se transformem numa raiva internalizada em vez de enfrentar divergências externas.

A raiva ou o protesto internalizado quase sempre se manifesta na forma de depressão. Uma pesquisadora estudou sessenta mulheres que se sentiam negligenciadas em seus relacionamentos e socialmente pressionadas a deixar de lado as próprias necessidades a serviço do parceiro e dos filhos. O resultado era uma angústia silenciosa. A pesquisadora descreve Jenny, uma mulher casada, de 34 anos, com dois filhos. Jenny falou da raiva que sentia por se anular em nome da família e contou do seu desespero em torno de padrões culturais inalcançáveis. Mesmo assim, achava que não podia renegociar os papéis em seu casamento simplesmente porque não sabia se o casamento e, portanto, a família sobreviveriam a isso. Ela preferia engolir a raiva e se deixar consumir pela depressão.[36] Para muitas mulheres, a raiva parece ao mesmo tempo repugnante e perigosa.

Alguns meses atrás enviei um e-mail para o médico e especialista em vícios Gabor Maté para conversar sobre seu novo livro, *O mito do normal*. Ficamos amigos ao longo dos anos e ele tem sido um conselheiro de saúde para mim e Rob.

"Como vocês estão?", ele me escreveu.

"O Rob está bem", respondi, e continuei falando do meu marido.

Depois de me perguntar se podia fazer um comentário, Maté escreveu: "Eu perguntei como *vocês* estavam. Você respondeu que *ele estava bem*. Nenhuma palavra sobre você. [...] Não estou fazendo uma crítica, mas isso é mais um sintoma da cultura patriarcal e, ao mesmo tempo, uma fonte de problema de saúde para as mulheres. [...] A doutrinação funciona muito bem."* Esse "problema de saúde" que Maté menciona é a doença autoimune desenfreada que afeta mulheres de maneira esmagadora, que ele tem tratado e sobre a qual tem escrito por décadas: ele costuma falar de mulheres com "autossuficiência superautônoma" ou relutância em pedir qualquer coisa a alguém; fala também da "bondade" e sua correlação com o câncer, com a esclerose lateral amiotrófica e com doenças autoimunes, como a artrite reumatoide. Essa "bondade" pode ser entendida como fuga do conflito e repressão da raiva. Ele cita a "personalidade tipo C", termo cunhado pela psicóloga Lydia Temoshok em 1987. Ela entrevistou 150 pacientes com melanoma e descobriu que todos eram pessoas que *gostavam de agradar*, com traços de "personalidade tipo C"; eram pessoas "cooperativas e tranquilizadoras,

---

* Nos e-mails que trocamos naquela tarde, eu me desviei das perguntas sobre meu estado emocional *mais duas vezes*.

pouco assertivas, pacientes, sem o hábito de expressar emoções negativas (em particular a raiva) e submissas a autoridades externas".[37] Em suma, a raiva não processada e sublimada está nos matando.

A RAIVA NA AGRESSIVIDADE SOCIAL ENTRE MENINAS

A inaptidão cultural em torno da raiva também nos impede de ensinar nossos filhos a expressá-la de modo apropriado. Ainda que reconheçamos a agressão física e a agressão verbal, há um terceiro tipo, a agressão social, que envolve fofoca, grupinhos e rejeição. Socializamos os meninos nos dois primeiros tipos ("Meninos são assim mesmo") e as meninas no terceiro, com menos formas de confronto. Mesmo que ensinemos as meninas a serem gentis, a buscarem aprovação, a serem *boazinhas*, qualquer pessoa que já transitou pelo terreno espinhoso das amizades femininas – na escola e, às vezes, na vida adulta – sabe que as consequências disso podem ser duradouras e terríveis. Mulheres podem ser cruéis. O fato de ser mais passiva não torna a agressão social menos danosa que um soco na cara.

Para deixar claro, nenhuma das três formas de agressão é positiva. No entanto, as escolas e os lares estão mais bem equipados para lidar com a agressão física. Para começar, ela é visível. Quando meninas se envolvem com a agressão social, isso costuma ser imperceptível aos adultos. Acrescente a essa fogueira o desejo implacável que muitos pais e mães nutrem de que suas filhas sejam queridas e populares, e o resultado é um potencial desastre para qualquer criança cujas amigas se voltem contra ela. O clássico de Rachel Simmons, *Garota fora do jogo*, fala do que vivi na infância, do que tenho observado entre as filhas de amigos e até em situações com as quais me deparo na vida adulta. Como escreve Simmons: "Nossa cultura se recusa a conceder às meninas acesso ao conflito aberto e isso faz com que a agressão assuma formas não físicas, indiretas e dissimuladas. As meninas utilizam calúnias, exclusão, fofoca, apelidos e manipulação para infligir dor psicológica em seus alvos."[38]

Muitas pesquisas medem os efeitos da rejeição. Em estudos que usam um jogo eletrônico chamado Cyberball, dois pesquisadores ficam numa sala adjacente à do participante, sem o conhecimento dele. Os pesquisadores começam a jogar bola entre os três e, de repente, sem qualquer comentário, deixam o participante de lado, o qual invariavelmente se mostra incomodado e estressado e começa a procurar na sala ou na própria mochila alguma coisa com a qual se ocupar. Como escreve a jornalista Amanda Ripley no livro *High Conflict* (Alto conflito): "Mais de 5 mil pessoas já participaram dos estudos com o jogo Cyberball em pelo menos 62 países. Algumas dessas pessoas tiveram o cérebro escaneado durante o experimento. As imagens mostram atividade cerebral aumentada nas mesmas áreas acionadas pela dor física."[39] A dor de ser deixado de fora é palpável.

A teoria de Simmons é que as meninas reprimem a agressividade natural até se tornarem extremamente irritadas com qualquer menina que por acaso esteja na mira, tendo armazenado todo tipo de esnobação, irritação e aborrecimento. A outra menina se transforma no alvo da descarga dessa emoção, um saco de pancadas, por assim dizer. No entanto, como é "feio" partir para cima de alguém, o processo de humilhação é disfarçado. Outras meninas são convocadas a compartilhar o fardo e a oferecer apoio.[40] A consequência para a vítima é devastadora. Ela acaba isolada das demais, vivendo exatamente o que ela teme como resultado de um conflito: a exclusão. O resultado é o trauma – com T maiúsculo ou minúsculo. Além disso, a vítima carrega pelo resto da vida a relutância em se envolver em discussões diretas por não saber como fazê-lo e porque os riscos parecem altos demais.

EXCLUSÃO E RAIVA NA INFÂNCIA

Pesquisas sugerem que meninas negras se sentem mais confortáveis em situações de conflito, ou seja, que as armadilhas do doutrinamento da "boa menina" atingem mais aquelas que têm maior probabilidade de estar perto do poder. Como explica Simmons:

> O hoje famoso relatório de 1990 da Associação Americana de Mulheres Universitárias sobre meninas revelou que garotas negras apresentavam melhores índices de autoestima ao longo da adolescência. Em entrevistas, [...] a psicóloga Niobe Way descobriu que meninas [...]

que vinham de famílias predominantemente afro-americanas da classe trabalhadora descreviam relacionamentos que se fortaleciam com o conflito, em vez de se dissolverem. Essas meninas são excepcionais. O cerne da sua resistência parece ser a expressão da verdade, uma disposição para conhecer e verbalizar as emoções negativas. Quando meninas optam por valorizar as próprias emoções, elas se valorizam. Elas dizem a verdade porque sua sobrevivência pode depender do ato de levantar a voz numa cultura hostil.[41]

Meninas de status socioeconômico mais baixo também apresentam menos dificuldade em expressar raiva, tanto física quanto verbalmente, embora Simmons e outros pesquisadores ressaltem que não existe nenhuma experiência ou história exclusiva para um determinado "tipo" de menina, particularmente porque boa parte das pesquisas envolve meninas brancas de classe média.[42] Além disso, sentir-se confortável em situações de conflito nem sempre requer um entendimento íntimo do que se sente.

Tampouco um conforto maior diante da raiva significa que mulheres racializadas sejam imunes ao doutrinamento patriarcal. Minha oftalmologista é uma lésbica cubana de cabelo sutilmente moicano, de cerca de 40 anos e criada numa família de baixa renda da Costa Leste. Numa consulta recente, ela me contou, enquanto esperava minhas pupilas dilatarem, sobre a festa de casamento da melhor amiga, que tinha acontecido havia pouco tempo. A ex-esposa da minha oftalmologista, que também estava lá, passou o fim de semana em seu encalço, incomodando-a o tempo todo.

"Eu tinha deixado claro que não queria conversar com ela, que eu estaria acompanhada, mas ela não parava de se aproximar", me contou, nitidamente irritada. "Não consegui proteger minha namorada; foi horrível."

Quando perguntei por que ela não tinha enfrentado a ex-esposa, ainda mais diante do incômodo da namorada, ela me disse que tinha dificuldades em impor limites e que não queria fazer uma cena.

"É essa coisa de ser programada para ser boa moça. Eu não queria começar uma briga. Mas acabei decepcionando minha namorada e agora estou irritadíssima comigo mesma e frustrada por ter permitido que minha ex arruinasse a festa de casamento da minha melhor amiga."

Uma grande amiga minha, Elaine, cujos pais são imigrantes de origem taiwanesa e indonésia, descreve a relação que a mãe dela tem com a raiva: "Minha mãe tem um temperamento terrível. Ela não tem medo de soltar os cachorros."

A mãe de Elaine teve uma infância pobre, embora tenha melhorado de vida na fase adulta; Elaine cresceu numa próspera comunidade branca.

"Talvez exista algum estereótipo asiático nessa história, mas não sei se é uma questão racial. Toda a raiva da família se concentrou na minha mãe e no meu irmão. Já eu tive meus momentos de garota malvada no terceiro ano que ainda me embrulham o estômago."

Até hoje Elaine é mais inclinada a adotar comentários sarcásticos do que a levantar a voz. Nunca a vi perder o controle. Assim como eu, ela se tornou uma editora de revistas: gosta de se manter a distância, observar e então anotar seus julgamentos sem medo de uma repreenda imediata.

"Eu desconto a raiva na bicicleta ergométrica."

Outra amiga próxima, Regina, veio de Guadalajara para o Texas quando tinha 10 anos. Ela diz que vive deparando com o estereótipo da latina furiosa.

"Existe muito ressentimento por causa desse estereótipo porque ele é um mal-entendido. Como somos latinos, fazemos tudo com mais empolgação e nos sentimos confortáveis demonstrando nossas emoções. Gostamos de abraçar, de beijar, cozinhamos com o coração. Mas ainda estamos numa cultura patriarcal, e há uma linha que as mulheres não devem cruzar. Temos que ser entusiasmadas, mas ao mesmo tempo respeitosas. Para mim tem sido difícil expressar a raiva sem me sentir dentro de um estereótipo. Eu quase sempre me sinto como se estivesse sendo pega no flagra."

Em seguida ela afirmou que não sabe se suas amigas brancas, como eu, são mais raivosas ou não, mas ela tem a impressão de que temos uma tendência menor a expressar os sentimentos. "Eu me vejo dizendo o tempo todo: 'Mas você não ficou louca da vida? Por que você não está mais indignada? Você tem síndrome de Estocolmo?'"

Ainda que nunca seja bom generalizar, é fácil ver como a doutrinação na infância nos prepara para os conflitos do mundo – ou não. Regina venceu debates na escola e mais tarde se tornou uma advogada de sucesso, mas ainda sente que precisa manter a imagem de boazinha.

QUANDO AS MULHERES BRANCAS SE ESQUIVAM DA RAIVA

Se na esfera privada a raiva reprimida delimita nossa vida, na esfera pública ela deprecia direitos e a própria soberania. Mulheres racializadas – que em nosso patriarcado detêm menos poder – entendem o que está em jogo e carregam a maior parte do peso da luta pela igualdade. Ainda que as mulheres brancas entendam isso racionalmente, fomos aliadas lastimáveis no passado, pouco dispostas a entrar na briga para valer. Afinal de contas, as mulheres brancas podem escolher – e é evidente que *têm escolhido* – o momento mais oportuno para se envolver com demonstrações de raiva em público. Mulheres racializadas não têm esse privilégio: para muitas delas, lidar com um sistema opressor no qual a misoginia é temperada com racismo é uma prática diária. Como escreve a professora Brittney Cooper em sua obra-prima *Eloquent Rage* (Raiva eloquente):

> Mulheres negras têm o direito de sentir muita raiva. Sonhamos com liberdade e abrimos caminhos para a libertação desde que chegamos a esta terra. Nenhum outro grupo, com exceção das mulheres indígenas, conhece ou compreende de modo mais completo a alma do corpo político deste país do que as mulheres negras, cujo trabalho reprodutor e social tem feito do mundo o que ele é. Isso não é mera propaganda. As mulheres negras sabem o que significa se amar num mundo que as odeia. Sabemos o que significa fazer muito com muito pouco, "tirar leite de pedra", como se diz. Sabemos o que significa arrancar a dignidade das garras do poder e continuar de pé. Sabemos o que significa encarar a violência e o trauma horrendos causados tanto por nossas comunidades quanto pelo estado-nação e seguir em frente mesmo assim.[43]

A dupla opressão – a interseção de gênero e raça – e a tripla opressão para aquelas que são também de classes econômicas inferiores são lentes para ajustar o foco. Mulheres brancas de classe média estão ao lado do poder; mulheres racializadas costumam ser o grupo mais afastado da proteção oferecida por ele.

Acredito que as mulheres brancas – aparentemente confinadas em suas prisões "civilizatórias" de bondade – sentem-se presas entre as identidades de "branca" e "mulher" e não encontram um lugar para onde canalizar a angústia. Ainda que terríveis estereótipos sobre mulheres negras raivosas sejam abundantes (vide a cobertura midiática em torno de Michelle Obama), a raiva extraordinária das mulheres negras é uma falácia. Uma pesquisa bastante referenciada, feita pela parceria Esquire/NBC News em 2015 – *antes* de Trump, da covid-19, do assassinato de George Floyd, do massacre de Uvalde e da derrubada de *Roe versus Wade* –, revelou que mulheres brancas são as mais raivosas. De modo geral, as razões citadas para justificar essa raiva vão dos impostos aos massacres nas escolas, passando pelas denúncias de assédio e estupro contra o ex-ator e comediante Bill Cosby.[44] Numa segunda pesquisa feita pela revista *Elle* em 2017, os resultados foram semelhantes.[45] Talvez seja porque não dispomos das ferramentas para analisar, digerir e entender a raiva – mas o mais provável é acharmos que temos mais a perder se fizermos alguma coisa do que se nos contentarmos em desabafar com o realizador da pesquisa ou com os amigos. É muito mais fácil manter o *status quo*. Essa é uma escolha ruim, uma falsa escolha: ao continuar a priorizar e conferir poder a um sistema que depende do status secundário das mulheres e ao priorizar nossa branquitude em detrimento do gênero, perpetuamos nossa submissão. As mulheres racializadas têm uma percepção muito mais nítida dos meios pelos quais o patriarcado mantém cativas as mulheres brancas, e esses incluem a promessa continuada de poder.

Não por acaso as mulheres negras nos Estados Unidos têm se envolvido em organizações e ativismo comunitários e afastaram nossa democracia do fascismo em 2020. Na condição de marginalizadas, elas cultivam um relacionamento mais saudável com a raiva; elas sabem como transmutá-la em ação de um jeito altamente produtivo. Pesquisadores da Universidade Clayton State revelaram que isso é verdade. Conforme explica a professora Kristin Neff no livro *Autocompaixão feroz*: "Revelou-se que as mulheres negras relatavam níveis menores de raiva reativa em situações nas quais eram criticadas, desrespeitadas ou avaliadas de modo negativo em comparação às outras. Essas descobertas foram interpretadas como demonstração da maturidade que se desenvolve a partir da necessidade de se lidar com o racismo e o sexismo diariamente; as mulheres negras são capazes de reconhecer a função protetiva da raiva e são também mais capazes de regulá-la."[46] Ainda que seja tentador reagir a esses estudos com aplausos à resiliência e aos pavios longos das mulheres negras, a necessidade de se armar emocionalmente contra o racismo perpétuo para sobreviver é sintoma de uma sociedade muito doente. E que está adoecendo as mulheres brancas também, mesmo que falhemos em diagnosticar nossa enfermidade coletiva: engolimos a raiva sem saber por onde começar, com medo de estragar tudo.

COMO DIGERIR A RAIVA – SEM ESPERAR VALIDAÇÃO

Nosso ressentimento, nossa frustração e nossa raiva vivem dentro de nós. Quando nosso parceiro, nosso pai, nosso chefe ou o próprio sistema se recusa a assimilar nossa ira, a nos ouvir, não sabemos onde colocar esses sentimentos ruins – e eles precisam ir para algum lugar. Nós os substituímos por culpa e vergonha. Ficamos com raiva de nós mesmas e de outras pessoas. E então, quando nos envolvemos com a esfera pública, cheias de fúria internalizada – o saldo de ressentimentos e necessidades há muito negligenciadas –, entramos numa fria.

Precisamos começar em casa, conosco – e isso é difícil. Lidar com conflitos e confrontos na esfera privada é assustador, como confirma Harriet Lerner, porque essa pode ser a primeira vez que priorizamos nossas necessidades e estabelecemos limites depois de uma vida inteira ouvindo que fazer isso é um ato egoísta. Faz sentido acreditarmos que nossas reivindicações podem nos tornar menos dignas de amor ou menos "úteis" para nosso parceiro – que ele pode se revoltar e retaliar com novas repressões. É aí que as limitações privadas e públicas se cruzam: muitas mulheres estão praticamente amarradas ao patriarcado pelo casamento, pelo emprego e pela família. Buscar autonomia pode parecer uma ameaça existencial. Nas palavras de Rebecca Traister: "O ato de uma mulher desafiar a autoridade masculina ou o abuso de poder pode desestabilizar uma família, arruinar um casamento, provocar uma demissão tanto de uma mulher *quanto* de um homem de quem outras mulheres – colegas e membros da família – dependam economicamente. O medo dessas consequências (junto com o medo impregnado e realista da simples inutilidade da tentativa) costuma ser feroz o suficiente para vacinar as mulheres contra a expressão de suas vontades ou, em muitos casos, contra a própria revolta em relação aos homens, que em outras circunstâncias elas deixariam às claras."[47] Conscientemente ou não, muitas mulheres estão presas. Isso não é pouca coisa – mas a raiva voltada para dentro tampouco é solução.

Não queremos abrir mão da nossa proximidade com o poder, mas queremos reconhecimento por rejeitá-lo. Ficamos no meio do caminho, tentando conseguir as duas coisas, tentando não chatear ninguém, ser legais e justas. Queremos que nos achem "boazinhas", sempre do lado certo da história. Conhecemos o risco de começar a nos afirmar e a nos unir a companheiras mulheres. Mas, ao não nos envolvermos, merecemos as críticas. O problema é que não estamos acostumadas a entrar em ação e nossa inaptidão nos torna desajeitadas; acabamos atrapalhando.

Também ficamos frustradas e ressentidas porque reconhecemos a opressão – e queremos ser validadas pelo que enfrentamos. Entendemos como a doutrinação para colocar o outro em primeiro lugar tem nos impedido de atender às nossas necessidades. Quando mulheres brancas lutam pela justiça social ao lado de mulheres racializadas, temos a crença equivocada de que deveríamos nos deparar com uma audiência cordial que vai nos ouvir e acolher nossas reivindicações. E não raro, ao ouvir que não é nossa hora de falar, reagimos com mais indignação – dessa vez, fora de hora. Basta um pouco dessa reação para nos fazer entrar em parafuso. Queremos ser ouvidas – não *ouvir* que também temos sido armas de opressão. O fato nos parece intolerável e acirra em nós o desejo de sermos vistas como pessoas boas. Alternamos entre internalizar e descarregar a vergonha.

Mulheres brancas, em particular, se punem, se martirizam e pedem demissão diante de qualquer insinuação de erro. Destilamos nosso veneno umas nas outras e lambemos as feridas, em vez de confrontar nossos sentimentos, assumir uma responsabilidade empática ou descobrir a rota mais efetiva à nossa frente. Em meio à frustração e ao medo, temos dificuldade de assumir nossa participação em eventos do passado ou mesmo de reconhecer que a mudança é parte do processo. Miramos a perfeição, estremecendo quando dizemos a coisa errada, quando perdemos uma oportunidade ou quando metemos os pés pelas mãos. Quando isso acontece, muitas mulheres (em especial mulheres brancas) se assustam – e interrompem o engajamento social. Temos dificuldade de seguir em frente porque gastamos tempo demais defendendo nossa "bondade", presas ao binarismo que diz que, se não temos um comportamento impecável o tempo todo, certamente somos pessoas más. E ser má, claro, significa não ser digna de amor, ser excluída da comunidade, cancelada pela cultura. Isso está acontecendo – cancelamento, silenciamento – em parte porque estamos permitindo que aconteça. Não seremos perfeitas. Não há barreiras a serem removidas, nenhuma lista de pendências a ser cumprida. É um processo que requer a disponibilidade para o envolvimento, o aprendizado, a evolução e a repetição. Não é possível pular etapas para alcançar a perfeição ou a completude. O medo nos exclui dessas conversas, nos impede de compartilhar pensamentos e ideias e faz com que deixemos de fazer perguntas ou de estar presentes. Para citar a professora Dolly Chugh, autora de *The Person You Mean to Be* (A pessoa que você quer ser), em vez de se empenhar em ser perfeita em sua bondade, talvez seja melhor tentar ser "boa o suficiente".

A mulher branca está cercada de uma autocrítica tão excessiva que chega a ser improdutiva, inibindo sua capacidade de ser uma aliada efetiva – ou qualquer tipo de aliada. Em vez de fazermos o trabalho em silêncio – buscar informação, mudar as práticas de contratação, escrever ao Congresso, levantar a voz diante de microagressões, comparecer a passeatas e protestos, confrontar o tio no jantar da família, apoiar líderes comunitários, registrar pessoas para votar e dar carona no dia das eleições –, desperdiçamos energia em movimentos defensivos, mantendo distância das críticas por meio de postagens no Instagram e adesivos no carro. O desejo de sempre fazer e dizer a coisa "certa" sem qualquer ação efetiva por trás parece performático. Ativismo não é Broadway. Não existe script, ensaio ou ovações de pé. Eu adoro um bom meme, não me entenda mal. Adesivos e hashtags também são legais. Mas desde que estejamos *fazendo alguma coisa* e deixemos de lado a necessidade de validação constante. Sei que é difícil: somos treinadas a buscar aprovação desde a infância. Como explica Chugh: "A maioria de nós tem [...] uma 'identidade moral' central. Identidade moral é uma medida que avalia se eu *quero* ser uma boa pessoa, não se eu *sou* uma boa pessoa. [...] A maioria das mulheres quer ser boa. Essa é uma identidade que reivindicamos e queremos ver reconhecida."[48]
É por isso que nosso anseio por afirmação é tão incisivo e tão persistente: a identidade se torna a única coisa que importa, não o fato de os propósitos serem ou não alcançados. Queremos ser celebradas pelos nossos

esforços. Queremos tapinhas nas costas, a certeza renovada de que somos boas e, portanto, estamos seguras. Diante do conflito, nos falta resistência. Precisamos nos reeducar para conversas espinhosas e aprender agora as habilidades que não nos ensinaram na infância.

O CAMINHO DA LIBERTAÇÃO EMOCIONAL

Temos trabalho a fazer antes de conseguirmos nos afirmar em nossos relacionamentos íntimos, no local de trabalho e, sobretudo, como verdadeiras aliadas, invocando as mudanças de que todas precisamos. Parte da evolução é permitir que nossa humanidade venha à tona sem reprimi-la logo depois. Precisamos parar de permitir que histórias sobre o que deveríamos ser – boas, dóceis, prestativas – nos definam. Precisamos cumprir a tarefa de nos definir primeiro. Para aquelas que se sentem soterradas sob camadas de expectativas e doutrinação cultural, a raiva pode ser uma luz guia, um meio de nos mostrar quais são e onde estão nossos limites. De acordo com a teoria da comunicação não violenta de Marshall Rosenberg, a raiva serve como alarme interior, indicando que alguma coisa está errada. Devemos aprender a ouvir e a direcionar esse alerta. Por outro lado, quando as pessoas apontam a raiva e a dor em nossa direção, devemos aprender a reagir adequada e efetivamente. Para Rosenberg, quando alguém se dirige a nós com raiva, podemos nos culpar ou culpar os outros, ou podemos detectar o que nós e a outra pessoa estamos sentindo e necessitando e o que ela está tentando nos dizer.[49] Muitas pessoas ficam presas na culpa, girando em círculos numa busca inútil por retaliação, quando a paz e a resolução de conflitos somente são possíveis se houver entendimento e necessidades atendidas.

Rosenberg acredita que não podemos expressar nossos sentimentos nem ouvir os outros até nos tornarmos conscientes do que precisamos. Em vez de "Estou com raiva porque eles...", Rosenberg insiste que mudemos o script e digamos: "Estou com raiva *porque preciso de*..." Fazer isso não é fácil. Como mulheres, fomos doutrinadas a *não precisar* de nada abertamente – uma coisa é admitir que a necessidade existe, outra é declará-la de modo incisivo. Mas sem esse esforço estamos afundando na própria raiva e no próprio ressentimento, esperando em vão que alguém, qualquer pessoa, faça o trabalho por nós, adivinhe o que queremos e cuide de tudo de modo que não tenhamos que dizer uma palavra sequer.

A não ser que nos tornemos flexíveis, resilientes e mais confiantes, não estaremos equipadas para o conflito saudável necessário para uma aliança efetiva. Ainda que tenhamos pressa, uma vez que a batalha por igualdade de gênero na esfera pública é essencial, não podemos pular etapas no processo de auto-orientação nessa conversa e no exame de nossas conexões. Devemos nos tornar mais resistentes à medida que nos engajamos umas com as outras, particularmente quando o cheiro de conflito estiver pairando no ar. Muitas vezes, quando dizemos ou fazemos algo errado, na mesma hora entramos na defensiva em vez de parar um pouco, ouvir, refletir sobre o que foi dito, buscando entender verdadeiramente a dor da outra pessoa. À medida que tentamos entender as realidades desconfortáveis umas das outras, devemos resistir à tentação de analisar, consertar ou minimizar. Mas sei como é. É assustador demais quando o clima esquenta, quando sentimos os olhares se voltando em nossa direção para julgar nosso caráter moral, quando nos sentimos compelidas a reagir de imediato e a nos defender. É terrível se sentir julgada. Tenho visto amigas, colegas e desconhecidas penando em conversas difíceis. Eu peno também. Uma crítica ou até mesmo um simples comentário pode parecer uma rejeição absoluta. Temos medo de errar, temermos que um passo em falso signifique perder tudo. Eu entendo por que nossa inaptidão é insuportável para os outros; entendo por que ela provoca impaciência e reprovação.

Tenho a esperança de que os próximos anos abram caminho para que mulheres brancas como eu sejam mais incisivas em sua insatisfação, mais claras quanto à constituição de um futuro unificado e menos preocupadas com o fato de sermos ou não impecáveis em nosso ativismo. Livrar-se da ideia de perfeição demanda benevolência conosco e com os outros, porque vamos fazer a maior bagunça, mas é algo imperativo para a próxima fase de avanço coletivo. Como escreve Brittney Cooper em *Eloquent Rage*: "Tenho muitas questões feministas com as quais me ocupar; não vou perder tempo odiando mulheres brancas. Toda vez que uma mulher branca diz algo errado em público, um exército de escritoras feministas negras já está a postos com frases prontas capazes de puxar o tapete e deixá-la no chão por meses a fio. Perseguir mulheres brancas on-line rende muitos cliques e likes. Mas no final isso apenas cansa e raramente muda a atitude das mulheres brancas em um milímetro sequer."[50] As mulheres negras não têm tempo para gastar conosco nem deveriam ter – pelo menos não até que nossa raiva seja transmutada em algo útil e empregada na tentativa de superar os sistemas desiguais que nos oprimem a todas. Nossa melhor chance é comparecer e nos apresentar para o trabalho. Ainda que a história esteja cheia de exemplos de mulheres brancas que buscaram o sucesso prometendo enaltecer todas as mulheres quando chegassem lá, devemos abandonar a mentira de que mulheres no poder patriarcal não serão contaminadas pela masculinidade tóxica: devemos priorizar as necessidades daquelas que são mais marginalizadas, num movimento de baixo para cima, não de cima para baixo. O foco não pode ser a manutenção do status da mulher branca para que ela possa estender a mão. O processo demanda nosso exílio do sistema propriamente dito e um novo ponto de partida – a chance de reconstruir tudo do zero. É preciso parar de se agarrar a essa estrutura e reconhecer que nosso medo nos mantém presas, não seguras, e que todas nós *precisamos* de igualdade dentro de uma sociedade que seja equilibrada e humanizada.

Devemos criar um movimento que garanta o avanço de todas as mulheres. No passado, as mulheres se envolviam em irmandades; devemos encontrar a trilha que nos leve de volta a esse estado e reconhecer os caminhos nos quais pertencemos umas às outras. A fúria nua e crua não funciona, sabemos disso. O primeiro passo deve ser cuidar da dor e da raiva, usando esta última como guia para uma mudança mais ampla – porque não somos capazes de consertar o que está *lá fora* sem metabolizar a frustração e o ressentimento profundamente enraizados *dentro de nós*. Temos muito que aprender com as mulheres e ativistas negras acerca do funcionamento da raiva saudável. Se olharmos para aqueles que fizeram a diferença – Martin Luther King Jr., Gloria Steinem, Gandhi, Rosa Parks, Bryan Stevenson, Greta Thunberg –, veremos que muitas vezes eles tiveram que lidar com a raiva, a dor e o sofrimento. No entanto, fizeram um bom gerenciamento da raiva: suas ações não nasceram das feridas abertas, mas de um lugar de integração, da cicatriz. Eles agiram, ou ainda agem, com benevolência – uma benevolência firme, veemente –, não com ira descontrolada. Sim, nós nos preocupamos com o meio ambiente, o estado policialesco, a reviravolta na legislação sobre o aborto, a ausência de controle de armas e a má distribuição de renda, mas o progresso não necessita que estejamos o tempo todo revoltadas. A ação é mais eficaz quando nasce do amor. Saberíamos disso se canalizássemos melhor nossas emoções – elas são mais úteis e aproveitáveis quando transformadas. A raiva aponta o caminho daquilo que mais importa para nós – nossa dignidade e nossa autonomia; ela esclarece o que importa e o custo de reprimir nossas necessidades. A raiva bem aplicada, a raiva compreendida, torna-se indignação justa. Essa indignação transforma irritação em ação. Ela alimenta a benevolência com a qual podemos servir o mundo.

Vários anos atrás entrevistei Byron Katie acerca de seu método, que ela chama de "O Trabalho". Ela treina pessoas para lidar com a ideia de que estão equivocadas. Ela cria algumas frases e então pergunta repetidas vezes: "Isso é verdade?" Para ela, o problema não é tão simples quanto "Toda história tem dois lados" – é que continuamos envolvidas com nossos atormentadores, repetindo como um ritual algo que nos desestabilizou, e assim vamos nos vitimizando em nossa recusa de superar o ocorrido. Como diz em seu livro *Ame a realidade*: "Todas começaram a partir do reconhecimento de uma verdade tão básica que costuma ser invisível: o fato de que (nas palavras do filósofo grego Epiteto) 'somos perturbados não pelo que acontece conosco, mas pelos pensamentos acerca do que acontece.'"[51] Quando executamos "O Trabalho", começamos a nos desligar do que quer que esteja nos desestabilizando, seja algo extremo (um pai, uma mãe ou um parceiro abusivo) ou prosaico (alguém que mora conosco e não lava a louça). Segundo Katie, podemos seguir pelo mundo nos sentindo prejudicadas ou podemos assumir a responsabilidade pelo que nos causa frustração, ressentimento, raiva e, no fim das contas, dor. Podemos limpar as emoções. A respeito dos próprios filhos, ela diz: "Eles continuavam deixando as meias espalhadas pelo chão, mesmo depois de eu passar anos reclamando, dando bronca e punindo. Percebi que, se quisesse que as meias fossem recolhidas, eu teria que fazê-lo. Meus filhos estavam perfeitamente satisfeitos com as meias espalhadas pelo chão. De quem era o problema? Era meu. Eram os meus pensamentos a respeito das meias espalhadas pelo chão que dificultavam minha vida, não as meias propriamente ditas. E quem tinha a solução? Mais uma vez, eu. Percebi que podia ter razão ou ser livre."[52] Ela está falando de meias, sim, mas *ela podia ter razão* ou *ser livre*. Quantas pessoas ficam encurraladas em meio ao sofrimento, desperdiçando emoções e ruminando "Eu deveria ter feito isso ou aquilo" e "Um dia me vingo"? Quantas pessoas gastam a boa raiva com o que todo mundo está fazendo de errado – culpando e apontando o dedo –, em vez de descobrir modos de gerar paz e mudança, primeiro para si, depois para o mundo?

COMO DIAGNOSTICAR E ENTENDER A PRÓPRIA RAIVA

Alguns anos atrás eu estava no topo de uma montanha no estado de Utah com um grupo de amigos. Estávamos num retiro e, num dos últimos dias daquele final de outono, pegamos teleféricos gelados até o topo de uma montanha para soltar na natureza pássaros reabilitados, incluindo uma águia-real chamada Sautee. Atropelada por um carro, Sautee tinha passado anos se recuperando em cativeiro, ganhando forças para aquele momento. Estávamos empolgados quando seus cuidadores abriram a porta da gaiola para a liberdade; como reação, Sautee se agarrou à lateral metálica da jaula, batendo as asas e resistindo às tentativas do cuidador de soltá-la. Foi necessário usar um alicate para soltar cada uma das garras até que ela pudesse ser colocada no braço coberto do cuidador, acalmada e levada para a beira da montanha. Um curandeiro do povo Ute fez uma bênção e amarrou uma pena à cauda da águia para que ela pudesse levá-la até seus ancestrais lá no alto. Ele removeu a proteção de couro da cabeça da águia e murmurou alguma coisa para ela. A ave observou a faixa ocre de álamos lá embaixo e girou a cabeça em direção ao cuidador, que chorava baixinho. Após a contagem coletiva até três, o cuidador de Sautee a lançou gentilmente no ar. As asas se abriram e ela girou em espiral sobre nós durante vários minutos antes de desaparecer no céu colorido. Não havia a menor chance de Sautee voltar para a gaiola.

Ver Sautee resistindo à libertação abriu meus olhos para como é assustador ter arbítrio e liberdade e ser responsável por si mesma. É comum lutarmos feito loucas para permanecer confinadas a uma cela pequena e familiar, ainda que ao mesmo tempo estejamos batendo as asas contra o que nos prende. Conheço a sensação: duas semanas antes dessa viagem eu me vi sendo expulsa de um ninho que durante anos vinha construindo; âncoras içadas, livre de repente. Eu não tinha planejado ir ao topo da montanha; eu tinha planejado trabalhar. Naquele momento, ao ver Sautee subir cada vez mais alto em círculos, reaprendendo a voar, percebi que, assim como ela, eu estava louca para ir embora. E, assim como ela, eu não sabia disso. Eu tinha me agarrado à gaiola, recusando-me a respeitar meu desejo de partir.

Meses depois, quando finalmente reconheci que a pressão na mandíbula podia ser causada pela raiva, tive que admitir a contragosto a relação com o fato de eu ter perdido o emprego. Por ter tido a intenção de "aliviar" a experiência, logo que saí tratei de assegurar a todo mundo, inclusive a mim mesma, que eu estava bem. Não deixei meus sentimentos virem à tona. Eu estava *bem*, mesmo que meu corpo dissesse o contrário. Quanto mais eu tentava deixar as emoções subirem à superfície para que eu pudesse diagnosticá-las e arquivá-las, mais fugidias elas se tornavam – eu não sabia *o que elas eram*. Para ser sincera, eu não queria saber, porque isso me levaria a admitir que eu estava muito chateada. Em algum nível, eu não estava em paz: eu sentia alívio, estava livre para fazer outra coisa – como Sautee. Mas eu não podia pular etapas e já partir para a aceitação; eu precisava processar tudo primeiro. Minhas emoções não conseguiam acompanhar minha mente racional. Era difícil combinar as duas coisas.

Quando me perguntaram mais tarde se eu queria falar sobre o assunto, relutei durante meses, ciente de que eu colocaria panos quentes em vez de priorizar minha dor: eu sabia que me negligenciaria. Além disso, eu queria superar aquilo, ficar em paz *o mais rápido possível*, porque aceitar que eu não estava bem demandaria o reconhecimento de que eu me sentia magoada.* Eu não queria me sentir impotente, limitada, como se não tivesse escolha.

A dor na mandíbula me forçou a prestar atenção no meu corpo. E o que percebi foi que eu podia permitir que a raiva emergisse sem descarregá-la em outra pessoa. Não era culpa de ninguém. Eu estava frustrada comigo mesma. E não por causa do fim do meu contrato. Era o contrário: eu estava frustrada por ter esperado ser mandada embora em vez de ter pedido de-

---

* Numa versão inicial deste livro, escrevi aqui que eu tinha sido magoada, usando a voz passiva. De acordo com Rosenberg, apesar de muito comum, essa é uma linguagem imprecisa, que nos impede de nos responsabilizar por nossos sentimentos. E de fato eu estava atribuindo meus sentimentos à ação de outra pessoa. Como afirma Rosenberg, alcançar a "libertação emocional" significa reconhecer que não somos responsáveis pelos sentimentos alheios nem responsabilizar os outros pelo modo como nos sentimos.

missão. Eu sabia que estava sendo chamada a seguir em frente, que eu estava curiosa com o que viria a seguir – eu deveria ter tido coragem em vez de passar a responsabilidade para outra pessoa. Para ser mais precisa, eu estava com raiva porque tinha cruzado meus limites pessoais com o lado profissional. Ou, melhor dizendo, eu não tinha estabelecido nenhum limite. Eu estava com raiva por ter passado a maior parte das minhas horas úteis pensando e me dedicando ao trabalho e não aos meus filhos, meu casamento, meus amigos, e por ter acreditado que esse nível de sacrifício era necessário e que valeria a pena. Eu estava com raiva de mim mesma por gastar toda a minha energia construindo uma coisa que *parecia* pessoal, mas que no fim das contas não me pertencia. A parte mais dolorosa foi ter reduzido meu valor ao meu trabalho – meu sucesso era um testemunho da minha *bondade*. Achei que fosse insubstituível, que minha fidelidade seria recompensada com lealdade infinita, um cargo perpétuo, mesmo que as necessidades de ambas as partes passassem por alterações. Eu tinha trabalhado tanto, me doado tanto. Achei que minha excelência, meu esforço e minha dedicação excessiva ao trabalho garantiriam minha estabilidade.

Essas revelações eram relevantes. Mas eu precisava pegar uma pá e continuar escavando até encontrar as verdadeiras raízes da raiva, aquela *necessidade* silenciada mais a fundo. Deixei a raiva vir à tona para me mostrar onde eu tinha me traído. E, é claro, tudo tinha começado cedo: eu tinha conhecido – através de meus pais e da cultura em geral – a falácia do amor condicional. Eu tinha me doutrinado a acreditar que eu só seria digna de amor se me dedicasse aos outros; que meu valor estava atrelado aos resultados, à minha capacidade de atender às necessidades alheias; e que me concentrar no que eu queria era um ato egoísta, um instinto que deveria ser reprimido. A menininha em mim, cuja necessidade de espaço, quietude e amor genuíno não tinha sido atendida, estava *possessa*.

Meu terapeuta diz que a raiva pode às vezes ser uma miragem – costuma ser uma emoção secundária ou reativa à tristeza, ao medo e ao constrangimento. Esse é um lembrete útil, ainda que zangar-se seja muito fácil. A raiva é satisfatória quando se parece com vingança e é direcionada a outra pessoa. Mas apelar para a culpa, como bem sabemos, é fugir do assunto. É um tipo de violência que não resolve nada. Para dar razão às palavras de qualquer terapeuta, a emoção que veio à tona quando cheguei ao topo da montanha foi mágoa – muita mágoa. Parte dela tinha raízes visíveis, mas outra parte era tão antiga que não tinha qualquer conexão com o acontecimento original. Eu estava muito triste.*

Um curandeiro me explicou que a raiva é uma das nossas energias mais persistentes: "É o que impulsiona a semente a se livrar da casca e seguir em direção à luz. É a energia que diz 'Não me esmague.'" Uma vez dominada, pode se tornar linda. Empregar a raiva de modo saudável é diferente de desabafar ou explodir – podemos transformá-la em ação em vez de mais dor. Para fazer isso de modo eficiente é preciso ter prática. No entanto, precisamos dessas habilidades para canalizar os sentimentos de maneira adequada. Temos uma escolha: a raiva pode nos empurrar para a discórdia, a desarmonia, o ódio, ciclos de culpa, dedos apontados e julgamentos. Ou ela pode provocar mudanças e estabelecer novas formas de se estar no mundo através da benevolência e da paz. O segundo caminho é mais difícil, mas essencial para conduzirmos a sociedade, e a nós mesmas, sem criar mais fardos – para a gente, para nossos filhos e para todas as outras pessoas.

COLHENDO O QUE PLANTAMOS

Na Bíblia, Jesus relembra a hipocrisia inerente ao ato de apontar nos outros falhas que podem se aplicar à própria pessoa. "Não julgueis, e não sereis julgados. Porque do mesmo modo que julgardes, sereis também vós julgados e, com a medida que tiverdes medido, também vós sereis medidos. Por que olhas a palha que está no olho do teu irmão e não vês a trave que está no teu? Como ousas dizer a teu irmão: Deixa-me tirar a palha do teu olho, quando tens uma trave no teu? Hipócrita! Tira primeiro a trave de teu olho e assim verás para tirar a palha do olho do teu irmão" (Mateus 7:1-5). Nesse ensinamento ele parece sugerir responsabilidade: se você atirar pedras no quintal do vizinho, esteja preparado para receber as pedras de volta. Em vez de empurrar a solução dos problemas de justiça social e devastação

---

* As raízes etimológicas da palavra *anger* ("raiva", em inglês) ressaltam essa conexão: o termo vem do nórdico arcaico *angr*, que significa "mágoa", e *angra*, "atormentar".

ambiental para as próximas gerações, devemos "resolver" esses problemas agora. Passar a batata quente da responsabilidade adiante não é um gesto defensável. Devemos aprender a cuidar dos nossos jardins, a plantar sementes de paz em vez de sementes de vergonha e culpa.[53] Devemos assumir responsabilidade por nossas emoções e parar de usá-las para atingir uns aos outros. Devemos aprender a nos expressar de modo claro e calmo – mesmo em situações de conflito. Contar com a sinceridade demanda que enfrentemos o medo do fim dos relacionamentos. Demanda a abrirmos mão do desejo de agradar. Demanda a defesa de nossos interesses e necessidades, sem pedido de desculpas.

Precisamos permitir que nossa ira seja parte de um ciclo de emoções necessárias. Às vezes a equanimidade será afetada pela vida. Assim como o planeta à nossa volta, estamos em transformação. A natureza também tem suas estações e seus rituais. Por mais assustadores que incêndios florestais possam ser, são uma parte necessária da ecologia – trazem a energia purificadora que remove o mato morto, abre caminho para novos brotamentos e estabelece novos perímetros. Nossa mãe primordial, a deusa aos nossos pés, Gaia, nos mostra que o movimento é essencial. Quando não deixamos o fogo queimar, quando não permitimos que a pressão seja liberada, sentimos numa escala mais ampla as consequências dessa ira não empregada. Quando não nos permitimos essa liberação, isso se reflete em nosso corpo. Quando sobrecarregamos a mandíbula, os quadris e as costas com sensações reprimidas, instigamos a erupção. Em vez disso, podemos analisar e examinar nossas emoções mais intensas até identificar suas fontes. Então, conhecendo suas verdadeiras origens, poderemos começar o trabalho de reforma e transformação.

Conversei recentemente com Susan Olesek, que comanda o Projeto Eneagrama na Prisão. Embora ensine o Eneagrama em penitenciárias, ela também trabalha com pessoas fora do sistema penal, afirmando que todos vivemos atrás das grades da nossa mente. Assim como eu, Susan é uma pessoa Tipo Um e, como eu, precisou de muito tempo para processar a vergonha que sentia da própria raiva. Enquanto conversávamos, lamentei minha tendência à rigidez, ao idealismo e ao perfeccionismo, minha frustração por não estar à altura dos valores coletivos e o fato de eu não saber o que fazer com a raiva.

"Aprendi isso com um dos meus professores, Russ Hudson, que escreveu *A sabedoria do Eneagrama*", me contou ela. "Russ disse: 'Há muito a se dizer sobre as pessoas do Tipo Um. Elas são, sim, muito críticas e perfeccionistas', e todas as qualidades que você mencionou, Elise, 'mas você nunca pode dizer que elas não se importam.' E quando ele disse isso, tudo que estava em pé de guerra dentro de mim simplesmente relaxou."

Susan então afirmou que a raiva é uma inteligência essencial e que nossa tarefa coletiva – não apenas no caso das pessoas do Tipo Um – é entender quando a raiva está nos controlando, e não nos fornecendo informações. Quando nos fornece informações, ela transmite compaixão e *cuidado*; quando é digerida e transmutada, e são extraídas suas lições, ela é a energia que muda o mundo. Quando é expressa de modo adequado, ela purifica, deixando a base para novas semeaduras e recomeços numa paisagem pós--patriarcal revitalizada. Nela podemos semear um futuro mais verdadeiro e mais justo, que possa ser colhido por todos. Domar o poder da ira feminina é essencial para o processo; o mesmo não se aplica à ira dos homens. Como veremos a seguir, aqueles que são capturados pela masculinidade tóxica devem olhar além da raiva destrutiva e canalizar o sofrimento na própria alma. Nosso futuro coletivo depende disso.

Ao aceitar que a ira é fundamental, podemos reconhecer nossas necessidades individuais e coletivas e forjar um futuro mais igualitário.

9
TRISTEZA

*Ao acreditar que tristeza é pecado,
renegamos nossas emoções*

REIVINDICANDO O DIREITO À TRISTEZA

Os Sete Pecados Capitais já foram oito. Por alguma razão difícil de entender, a tristeza foi excomungada, substituída pela preguiça, enquanto a vaidade foi encampada pelo orgulho. Embora, teoricamente, a ausência da tristeza signifique uma coisa a menos para policiarmos, ela deixa um inesperado e terrível legado: acredito que sua negação segure a sociedade pelo pescoço. De todos os pecados, talvez ela fosse o mais importante – afinal de contas, permitir a tristeza demanda que a pessoa se abra para a vida por inteiro. Sem a ressaca da tristeza, pode-se argumentar que estamos apenas parcialmente vivos, tentando escolher somente o lado bom da existência. A negação da tristeza afeta as mulheres, mas é particularmente perigosa para os homens, tanto no âmbito pessoal quanto na cultura como um todo. Quando os homens se recusam a digerir essa emoção, somos obrigadas a processá-la por eles.

Hoje restam apenas especulações sobre os motivos que levaram a tristeza a ser oficialmente cortada da lista. Talvez ela tenha caído porque torna as pessoas dóceis, silenciosas, não ameaçadoras – não há necessidade de reprimir alguém já afetado pela limitação inerente da tristeza. Meu palpite, contudo, é que ela foi considerada mais uma fixação ou fraqueza para os monges do deserto que definiram esses pensamentos problemáticos pela primeira vez do que para as pessoas em geral: Evágrio vinculou a ideia demoníaca da tristeza à saudade de casa, à sensação de falta de algo que se

perdeu. Afinal, seus irmãos de fé tinham optado por abandonar os entes queridos e se recolher numa cela. Em suas palavras: "Certos pensamentos primeiro conduzem a alma à memória do lar e dos pais ou da vida que se tinha antes. Quando esses pensamentos percebem que a alma não oferece qualquer resistência, mas os segue e se entrega a prazeres que são ainda apenas mentais em sua natureza, eles então a capturam e a afogam na tristeza."[1]
Evágrio, sempre em busca de sua *apatheia*, a comunicação indefectível com Deus através da oração, descreve o modo como o sofrimento afasta os monges do momento presente para lidar com algo que não lhes pertence mais. De modo mais enfático, ele descreve o efeito que a tristeza tem numa alma *feminina*. Este é o ponto crucial da questão: tenho a impressão de que ela é o "pecado" mais destrutivo para os homens justamente por ser vista como algo típico das mulheres, uma fraqueza. Como ela escapou às regras em torno da moralidade, as mulheres têm melhores condições de reconhecê-la e, assim, permitir sua manifestação. Os homens, por outro lado, rejeitam-na ou a reprimem e permitem que ela os mutile e os destrua.

Evágrio e seus confrades forjaram uma vida de desapego – o ascetismo extremo. Eles abriram mão dos bens materiais e, de modo um tanto premente, das conexões emocionais, afirmando que o único relacionamento do qual precisavam era com Deus. É um ato extremo, a antítese do que significa ser humano: estamos apenas começando a perceber que nossa interdependência – a força de nossas conexões uns com os outros e com a comunidade em geral – talvez seja o elemento mais decisivo da nossa sobrevivência *e* da nossa sanidade.* Eis o poder dos vínculos: eles evidenciam a beleza da nossa

---

* Como relata o Dr. Jeffrey Rediger em seu incrível livro *A ciência revolucionária por trás da cura espontânea*: "Uma análise recente feita em 28 estudos, envolvendo mais de 180 mil adultos, mostrou de modo inconteste como a falta de socialização pode ser fatal. Depois de examinar os dados, a equipe de análises descobriu que a solidão, o isolamento social ou ambos estão associados a um aumento de 29% no risco de infarto e de 32% no risco de AVC – uma diferença gigantesca. As pessoas que relataram ter menos conexões sociais também apresentaram alterações nos padrões de sono e no sistema imunológico, maiores índices de inflamação e níveis muito aumentados de hormônios relacionados ao estresse. E é bom levar em consideração o cenário sociológico – nos Estados Unidos, um terço daqueles que têm mais de 65 anos mora sozinho, assim como mais da *metade* do 1,6 milhão de habitantes de Manhattan. No Reino Unido, os sociólogos perceberam um aumento marcante no número de pessoas morando sozinhas ao longo de uma década; entre 2001 e 2011, esse número chegou a 600 mil pessoas, mais de 10% da população."[2]

vulnerabilidade. Amar envolve perda. Mas fazer apostas o tempo todo é um imperativo humano. Somos obrigados a aceitar a perspectiva de sofrimento e angústia em troca de amor. Muitas pessoas tentam manter as duas coisas a distância, insistindo que aquele que evita a confusão do vínculo é capaz de controlar a vida e se proteger da perda.

O MEDO DA PERDA

Todo mundo tem motivo para se sentir triste. Às vezes a causa é breve, passageira, uma centelha de decepção e desânimo. Às vezes é o caldo bioquímico da depressão crônica – uma doença complexa e persistente que também tem fatores ambientais e sociais. E às vezes a tristeza está vinculada à perda, ao mesmo tempo incômoda e aguda: perda de uma oportunidade, do emprego, da saúde, do nosso planeta, de um governo funcional, de um relacionamento e, de modo mais premente, a perda da vida. A tristeza é a mais existencial de todas as emoções – é a morte da conexão –, e a única cura é o luto.

    Talvez por terem tão pouco controle sobre a própria vida, as mulheres parecem ter um entendimento muito melhor desta verdade universal: não se pode vencer a tristeza. Sim, as mulheres são capazes de um desespero opressivo – mas ele não as atinge com a carga adicional da vergonha. A tristeza é difícil. Pode durar um tempo, ser inflexível, impenetrável e sufocante. É um abismo desorientador, sem fronteiras definidas para que se possa atravessar, caso isso um dia seja possível. Além disso, é uma emoção que costuma vir acompanhada de um aguilhão empunhado por um mundo que deseja que superemos logo o problema. Mas não é assim que ela funciona. Ela não abre espaço para ordens ou cronogramas; ela seduz o indivíduo. A submissão e a entrega são uma exigência. Cair de joelhos é essencial para que se consiga levantar outra vez, um componente indispensável da ressurreição – morrer para pequenas coisas como esperança, sonhos, relacionamentos e empregos, de novo e de novo; sentir a perda, entender que aquilo significou alguma coisa, que foi importante. Pelo que tenho observado, as pessoas que conseguem aceitar as pancadas inevitáveis da vida – essas explosões de perda e dor – e desmoronam por um tempo são as mesmas que se tornam mais resistentes e flexíveis. Negar essa realidade tem nas pessoas o efeito do machado numa árvore.

Vivemos numa cultura que nos obriga a ser felizes e sugere que a felicidade intensa e constante é naturalmente alcançável por meio de pensamentos otimistas e da positividade. Basta *sorrir*. A pressão para nos sentirmos bem *o tempo todo* faz com que os momentos de tristeza pareçam vacilos, como se estivéssemos fazendo algo errado, o que só serve para exacerbar a ideia de que a vida é controlável. Ainda que muitos consigam escapar da areia movediça da depressão (voltaremos ao assunto) e tenham apenas momentos, dias ou semanas de melancolia, o luto é inevitável. É o preço a se pagar pelo amor e pelo vínculo. É preciso atravessar o corredor polonês da separação, às vezes permanente, daqueles que amamos. E somos péssimos nisso.

A NEGAÇÃO DA MORTE

Nossa cultura finge ser imune à perda. Nós negamos o ciclo da vida. Mas ninguém jamais conseguiu passar a perna na morte. No clássico feminista *A Velha*, Barbara Walker argumenta que a terceira e última parte do arquétipo feminino – a trindade Virgem (Criadora), Mãe (Preservadora) e Velha (Destruidora) – é rejeitada por representar o declínio da vitalidade, o imediatismo do fim. Esse trio – sexo, nascimento e morte – representa o ciclo completo, uma realidade imutável. No entanto, ao banir a Velha, nos obrigamos a parecer e a nos sentir para sempre jovens e imortais. Walker explica: "A triste constatação [da nossa destruição final] é percebida de forma aguda apenas pelos humanos dentre todos os animais da Terra e pode ser considerada a verdadeira maldição sob a qual vivemos – parte do preço que pagamos pela inteligência. Somos forçados a reconhecer a impermanência da existência, a despeito de nossos desejos pessoais."[3]

Um dos fenômenos fascinantes dos primeiros meses da pandemia de covid-19 foi ver as pessoas, por todo lado, arrebatadas pela revelação repentina de que *elas poderiam morrer*. Elas acumularam rolos de papel higiênico, estocaram comida enlatada e saquearam equipamentos de proteção individual, tudo como uma espécie de baluarte contra essa possibilidade.

Talvez tenha sido a primeira vez que muitos indivíduos permitiram que a realidade da morte lhes penetrasse a consciência; como consequência, ela os agarrou pelo pescoço em ataques de medo. Eu não tive medo, talvez por já ter sido obrigada a me tornar íntima da morte, experimentando aquilo que Joseph Campbell descreve: "A superação do medo da morte é a recuperação da alegria de viver."[4] Admitir que se trata de uma porta que deve ser atravessada alivia a ansiedade da passagem. Não que a aceitação do fim evite a tristeza – mas a tristeza é uma dádiva. Ainda que ela possa parecer opressiva o bastante para levar alguém ao fundo do poço, uma vez enfrentada e superada ela é a prova da flexibilidade e da resiliência. Essa concessão é a conquista do medo de que fala Campbell. É também a ruptura do vínculo com a perfeição, com a inutilidade do controle.

Culturalmente temos feito de tudo para apagar a morte da nossa existência. Adaptamos os ambientes, comemos frutas fora de época e tentamos apagar do nosso corpo os rastros dos aniversários e da gravidez. Lamento quando uma das minhas gatas mata uma lagartixa no quintal e larga o bichinho aos meus pés, porém consumo peixe, frango e carne bovina, contribuindo para uma economia de assassinato e morte sem sequer pensar duas vezes. Se esse é ou não um direito de quem ocupa o topo da cadeia alimentar, as conveniências da modernidade nos poupam de refletir sobre essa verdade. Nós nos recusamos a perguntar de onde vem o frango com embalagem plástica do supermercado, viramos o rosto quando passamos por um animal morto na estrada e não fazemos ideia de para onde vai o esgoto ou o lixo que produzimos. O que morre abre espaço para novos nascimentos, e a decomposição alimenta a renovação, mas tentamos ficar de fora do ciclo.

Talvez a morte seja a maior questão da vida: o que acontece quando morremos? Nós nos dissolvemos na escuridão da terra viva ou nosso espírito, ou alma, se separa e retorna para algum ponto de partida no outro lado do véu perceptível? Ou seriam as duas coisas: matéria de volta à matéria (ou *mater*, mãe), enquanto nosso espírito se desintegra num conjunto energético? Ou ainda, caso você acredite nesse tipo de coisa, somos julgados por nossos pecados e conduzidos aos portões perolados do Paraíso ou à fornalha do Inferno? Achamos terrível e assustador cogitar as possibilidades, mas todo mundo um dia dá o último suspiro.

PETER

Mesmo que eu já tivesse vivido o luto pela morte de dois avós – na infância, viver o luto significava observar a tristeza dos pais –, passei por duas situações de quase perda que me convenceram de que eu estava a salvo de coisas ruins por um tempo. Quando eu estava no ensino médio, minha mãe quase morreu de um aneurisma cerebral parcialmente rompido; e, quando eu tinha pouco mais de 30 anos, um homem com problemas mentais atacou cinco pessoas com uma tesoura de jardim, entre as quais meu irmão, Ben, no Riverside Park, na cidade de Nova York. Ben perdeu o baço, partes de outros órgãos vitais e um colete, mas não teve outras complicações. No quarto do hospital, ao lado de Peter, que além de cunhado era também meu melhor amigo e irmão "de verdade" (Ben e Peter se conheceram na primeira semana da faculdade, quando eu tinha 16 anos), nós dois ficamos impressionados com o fato de Ben ter escapado por um triz e com o débito cármico que, supostamente, havia sido pago. E então o Universo soltou uma gargalhada, porque, três anos e meio depois, Peter foi dormir e nunca mais acordou. Mesmo depois de detectar e tratar uma arritmia, ele morreu de um problema cardíaco raro e não diagnosticado chamado endocardite de Loeffler.

Quando o toque do telefone rompe o silêncio antes do nascer do sol, a notícia raramente é boa. Meus pais ligaram desesperados para me dizer que Ben estava no hospital, onde ainda tentavam ressuscitar Peter, mas que eles achavam que não havia mais nada a ser feito. Voei para a casa do meu irmão antes que meus filhos acordassem, com duas camisetas brancas jogadas na mochila praticamente vazia. Como arrumar a bolsa para algo que parece o fim do mundo? Eu estava com muito medo de ligar para Ben. Eu não sabia o que dizer a alguém cujo companheiro com quem ele convivera durante 21 anos acabara de morrer de modo inesperado, três meses antes de completar 40 anos. Eu também não queria a confirmação de que aquilo era real. Talvez fosse um engano: Peter seria reanimado e voltaria à vida. No entanto, durante a viagem, liguei para alguns amigos e criei um grupo para tratar dos rituais do luto. Quando me encontrei pessoalmente com Ben mais tarde naquela manhã, fiquei aliviada ao ver que meu irmão ainda estava falando. Ele não tinha se fechado dentro de si mesmo, como eu teria feito se estivesse no lugar dele. Ben me contou que, nas primeiras horas da manhã, as enfermeiras da sala de emergência lhe deram alguns conselhos básicos: "Você só precisa continuar conversando." Ele continuou verbalizando o que estava sentindo mesmo que fosse apenas para expressar o choque diante do fato de que, de algum modo, apesar de tudo que tinha acontecido, ele ainda estava respirando, com vontade de viver. Nas semanas seguintes, permaneci ao seu lado, vesti o manto da multitarefa, organizei um funeral para 1.500 pessoas e destrinchei as tecnicalidades da vida de Peter. Eu não queria que meu irmão tivesse que lidar com o encerramento da conta bancária ou com o cancelamento da academia e da viagem para Berlim, planejada durante tanto tempo. Era mais fácil anestesiar a dor limpando o escritório e o armário de Peter. Fiquei cansada de tanto explicar que meu cunhado havia morrido e, sim, eu estava muito abalada: "Ele era também meu melhor amigo, um verdadeiro irmão com que eu conversava todos os dias." Ao mesmo tempo, eu tentava me conectar a Ben – que, na verdade, tinha delegado muitas das atividades "de irmão mais velho" ao parceiro mais emocionalmente habilitado. Eu estava ansiosa para me reaproximar do meu irmão e garantir que ele ficasse bem na medida do possível, tudo sem me tornar um peso para ele.

    Ben me ensinou muito sobre a natureza do luto, principalmente a lidar com suas oscilações. Ele me mostrou que não havia problemas em fazer piadas e rir, que podíamos continuar falando de Peter o tempo todo sem ficarmos presos ao passado. Peter morreu, mas não nosso amor por ele. Ben me mostrou como seguir em frente num estado permanente de perda. Ainda que tenhamos aprendido as fases do luto propostas por Elisabeth Kübler-Ross – negação, raiva, barganha, depressão e aceitação –, não há base científica que sustente essa teoria. Na verdade, mais tarde, Kübler-Ross se mostrou bastante decepcionada por seu trabalho ter se transformado numa estrutura linear para "encaixar emoções complicadas em embalagens perfeitinhas", numa espécie de passagem para se livrar da tristeza.[5] O luto nunca é bem organizado dessa forma.

    Além disso, existe pouca tolerância cultural em torno do luto. Queremos que as pessoas demonstrem atitude, que "sigam em frente", que se mediquem, que se tratem ou que resolvam o problema – que o escondam, não que fiquem paralisadas ou remoendo o assunto. A mensagem das entrelinhas parece ser a de que é melhor priorizar o conforto daqueles que preferem não testemunhar nossa dor – pessoas que não querem pensar em como é possível que alguém esteja aqui num dia e, no outro, tenha desaparecido, ou mesmo em como as emoções são difíceis, exigindo que a pessoa sinta e processe o que sente. Nos Estados Unidos, existe uma data de validade tanto para as questões raciais quanto para o luto: a partir de certo momento, espera-se que você os supere.[6]

Por causa dessa intolerância, o modelo de Kübler-Ross, de fato, tem muito a recomendar a essas pessoas: ele indica que o progresso é possível ou que o luto pode ser encarado e riscado da lista de pendências. Você já passou da negação para a raiva e daí para a barganha? Feito, feito, feito. Você está se sentindo deprimido? Ótimo, logo estará na fase da aceitação. Para ser justa, essas etapas parecem remeter ao processo da *morte* – e talvez, para algumas pessoas, elas sejam uma representação adequada do luto. Contudo, essa não foi a minha experiência. Em vez disso, o luto continua a vir em ondas – de repente, sou arrastada pela tristeza. Em outros momentos, tomo um susto, chocada diante do que me parece o entendimento recente de que Peter está morto e de que nunca mais vou voltar a conversar com ele.

Ou conversar com ele como eu fazia antes. Alguns meses após sua morte, conheci Laura Lynne Jackson, uma das maiores médiuns da atualidade. Meses antes, quando Peter ainda estava vivo e supostamente bem, eu havia decidido escrever uma série de matérias sobre como lidar com o lado prático da morte. Hoje acredito que o impulso de explorar a morte foi uma tentativa da minha alma de me preparar, pois comecei a pegar livros na estante que tratavam de todas as facetas da morte, inclusive *Uma luz entre nós*, de Jackson. Eu nunca havia me interessado por mediunidade ou mesmo por fenômenos psíquicos, mas levei para casa o livro dela, no qual ela analisa as formas como a alma dos nossos entes queridos permanece ao nosso redor, e o devorei. Isso aconteceu dias antes de Peter morrer. Nas horas que se sucederam à sua morte, eu me armei com a ideia de que talvez ele ainda estivesse presente, de modo imperceptível; talvez ele ainda pudesse me ver e me ouvir.

Meses depois, Laura estava no outro lado da linha. Eu estava fisicamente doente por causa do luto – havia contraído duas viroses consecutivas de dez dias cada uma, com febre alta e conjuntivite viral num desses episódios – e não tinha qualquer expectativa de conseguir uma sessão, uma vez que havia agendado apenas uma entrevista. No entanto, na metade da conversa, ela me disse que alguém queria fazer uma rápida passagem. Eu já conversei com muitos médiuns – alguns obviamente talentosos; outros, terríveis –, mas Laura é especial. Ela não apenas comunica fatos impossíveis de serem pesquisados de antemão, como também transmite histórias e piadas internas, pequenas tiradas que só você e seu ente querido falecido entenderiam. É possível sentir a presença da pessoa morta na voz de Laura, na manifestação de sua energia e no modo como as mensagens chegam. Naquele dia, quando a alegria parecia algo tão distante, Peter me fez rir outra vez. Ele fez gozações comigo, com Ben, com minha mãe, com Rob, de todas as maneiras que ele fazia quando estava vivo. Laura me reorientou rumo à ideia de que eu ainda poderia me relacionar com ele – seria apenas diferente. Peter deixou claro que ainda nos falaríamos, mesmo sem seus abraços, mensagens de voz ou o acesso a um médium, que é, em essência, um tradutor. Ele me disse que encontraria maneiras de me enviar mensagens e sinais, que me ajudaria e me apoiaria mesmo estando do lado de lá. Eu sei que admitir que converso com pessoas mortas vai fazer muitas pessoas revirarem os olhos; em nossa cultura, ceticismo, cinismo e até niilismo são mais respeitáveis intelectualmente do que admitir que você acha que existe algo mais, que nossa existência é maior do que podemos perceber ou medir no momento. Para mim, não existe nada *mais triste* do que um ponto de vista materialista: a crença quase fanática que algumas pessoas têm de que o que fazemos com nossa vida não importa, de que não existe nenhum mistério maior a ser revelado. Para essa tribo, qualquer tipo de intuição ou percepção extrassensorial costuma ser logo rejeitada como bobagem ou alucinação. Nunca me surpreendi com o fato de a maioria dos grandes médiuns e pessoas intuitivas ser composta por mulheres, que podem e querem acessar informações que não coadunam com a estrutura que validamos culturalmente.

TROQUE O CONTROLE PELA FÉ

É estranho dizer isto, mas a morte de Peter e meu relacionamento com ele depois desse fato têm sido dádivas valiosas para mim. Sim, eu trocaria quase tudo por mais um bate-papo regado a vinho e guloseimas, mas a partida dele me ofereceu um contexto espiritual muito mais amplo e me obrigou a conversar com o universo. Se eu quiser falar com ele, preciso *ir lá*. A morte de Peter abriu uma passagem, e eu a atravessei. Sua curta existência terrena também me mostrou o que é ter uma vida que faça sentido, por mais abreviada que seja. Como disse meu irmão em seu discurso fúnebre, Peter acreditava que, se sua generosidade não lhe causasse um pouco de desconforto, você não estava doando o suficiente. Eu falo com Peter o tempo todo – no carro, no chuveiro, quando não sei o que fazer e preciso de um empurrãozinho ou de uma intervenção, quando estou desesperada por uma vaga de estacionamento. Às vezes ele me visita nos sonhos e sua presença é tão palpável que sei que não é apenas minha vontade me traindo. Ele tem a aparência que tinha na faculdade, e nos comunicamos por telepatia ou não dizemos nada. Saber que estamos conectados não encerrou meu luto – não faz sentido evitar a tristeza ou fingir que ela não existe. Enquanto escrevo isso estou chorando, mas tê-lo do outro lado me conectou a algo muito maior. Gerou em mim um certo tipo de fé numa ordem invisível e expandida do universo que não me cabe compreender. Não que o universo seja "justo" ou que a natureza seja "moral" ou que "tudo tenha uma razão para acontecer". Esse tipo de crença nada tem a ver com fé; a fé gira em torno de uma conexão com algo muito maior do que nossa existência, algo que não me cabe racionalizar. Adoro a definição que o filósofo Alan Watts faz das duas coisas:

> É preciso fazer uma clara distinção entre crença e fé, porque, de modo geral, a crença passou a significar um estado mental que é quase o oposto da fé. Crença, na acepção da palavra que adoto aqui, é a insistência de que a verdade é aquilo que o indivíduo "prefere" ou deseja que seja. O crente abrirá a cabeça para a verdade desde que ela se encaixe em suas ideias e seus desejos preconcebidos. A fé, por outro lado, é uma abertura sem reservas da mente para a verdade, qualquer que seja essa verdade. A fé não tem ideias preconcebidas; é um mergulho no desconhecido. A crença segura; a fé deixa fluir.[7]

A fé implica uma entrega que nos alivia da ideia opressiva de que deveríamos entender tudo, de que não existe magia no universo, apenas fatos identificáveis.

Nas semanas que antecederam a pandemia, viajei para a Carolina do Norte para entrevistar Kate Bowler, professora de teologia na Universidade Duke que tem convivido durante um tempo surpreendentemente longo com um câncer em estágio avançado. Ela contempla a morte todos os dias, vivendo uma experiência pela qual poucos passarão, em que ela ao mesmo tempo celebra e lamenta cada dia que se encerra. No livro *Everything Happens for a Reason: And Other Lies I've Loved* (Tudo acontece por um motivo: E outras mentiras que eu amava), ela descreve a tentação irresistível do evangelho da prosperidade, que, coincidentemente, foi matéria de seus estudos e escritos anos antes do diagnóstico. Ela conta como essa ideia nos afaga com a promessa de regras newtonianas de causa e efeito: que Deus vai nos recompensar com riqueza e saúde pelas boas ações e doações para as grandes causas. Para Bowler, e para outras pessoas, é difícil atribuir seu diagnóstico ao acaso porque isso implica reconhecer que temos pouco controle. "Às duas da tarde eu diria que não tem nada a ver comigo. Que sou uma pessoa muito intelectualizada. Que entendo que o câncer simplesmente surge. Mas, se você me perguntar às duas da madrugada, direi coisas como 'Espera aí, o que foi que eu fiz? Como eu vou sair dessa?' [...] A pessoa fica desesperada para encontrar causalidade mesmo onde não existe nenhuma."[8] A causalidade oferece uma equação simples; a matemática básica traz muito conforto. É crença, não fé.

É impossível superestimar o desejo por simplicidade, um traço antigo da nossa espécie. Se pudermos entender a lógica do universo, da natureza e de Deus, poderemos evitar os danos. Poderemos fazer a coisa certa e ter uma vida longa e próspera. Poderemos proteger da dor aqueles que amamos. Elaine Pagels, professora de história da religião na Universidade de Princeton, conhecida por seu trabalho com os Evangelhos Gnósticos, publicou uma bonita biografia sobre seu primeiro casamento. Ela e o marido, Heinz, enterraram o filho de 6 anos, Mark, diagnosticado com uma rara doença pulmonar e, então, quinze meses depois, Heinz morreu num acidente. Pagels escreve sobre quando estava no hospital com Mark ainda bebê, depois de ele ter passado por uma cirurgia que lhe salvara a vida. Ele tentou mexer o corpinho – preso a agulhas e tubos – em direção à voz dela, e uma enfermeira a repreendeu por perturbá-lo. Ela escreve: "Naquele momento terrível, achei que a enfermeira tinha razão: eu era culpada por colocar Mark naquela situação frágil, quase desesperadora. Somente muito mais tarde percebi a verdade: *eu preferia me sentir culpada a impotente*. Pois a culpa, por mais dolorosa que seja, costuma mascarar uma agonia mais profunda, ainda mais insuportável. Parados ali, diante de Mark sob cuidados intensivos, com uma cicatriz imensa no peito magro onde os médicos o tinham cortado, quebrado a caixa torácica e interrompido os batimentos do coração para consertá-lo, éramos completamente inúteis – incapazes de fazer qualquer coisa por aquele que importava mais do que nossa vida."[9] Ela explica como esse tipo de crença atua como uma camisa de força a despeito de denominações religiosas – a própria palavra *illness* (doença, em inglês) vem de *evilness* (mal). Segundo Pagels: "Se a culpa é o preço que pagamos pela ilusão de que temos algum controle sobre a natureza, muitos estão dispostos a pagar. Eu estava. Para começar a aliviar o peso da culpa, eu precisava abandonar qualquer ilusão de controle que ela aparentemente oferecia e reconhecer que a dor e a morte são tão naturais quanto o nascimento, cada um entremeado a seu modo na natureza humana."[10] Que sentimento profundo, a ideia de que a culpa é uma expressão de poder e controle. Isso sugere que podemos fazer alguma coisa – ah, se soubéssemos o quê! – em vez de reconhecer que a única opção é deixar as coisas acontecerem, permitir. Eu me pergunto se o desejo por controle, a crença de que o controle é algo possível, é o motivo que leva tantas pessoas – homens em particular – a não permitir que a própria tristeza se manifeste.

PERMITA A MANIFESTAÇÃO DO LUTO

De acordo com George Bonanno, psicólogo e especialista em resiliência e perda, permitir que todas as emoções se manifestem é essencial para a recuperação do luto. Bonanno conduziu uma pesquisa com Dacher Keltner, professor de psicologia, e os dois descobriram que "quanto mais viúvos e viúvas riam e sorriam durante os primeiros meses após a morte do cônjuge, melhor ficava o estado mental dessas pessoas ao longo dos dois primeiros anos após a perda".[11] Essa pesquisa se aplica a qualquer tipo de luto, mesmo quando se trata de uma "perda ambígua", as questões não resolvidas que não são bem acolhidas pela sociedade, como aborto, divórcio, demência, abandono, infertilidade, solteirice prolongada ou doenças.[12] Bonanno e Keltner acreditam que há muitas razões pelas quais pessoas de luto se saem melhor quando se permitem sorrir, mais notavelmente porque isso oferece um alívio do turbilhão da tristeza, um momento para respirar. Eles também argumentam que esses momentos de alegria facilitam o apoio de outras pessoas aos enlutados. Ninguém representa melhor o ciclo emocional completo do luto do que a jovem viúva Nora McInerny, cofundadora do "Clube de Jovens Viúvas Atraentes". Ela fez um TED Talk maravilhoso que já teve milhões de visualizações: "Nós não 'partimos para outra' de um luto. Nós seguimos em frente com ele." Nora foi uma pastora do luto para Ben, apresentando-lhe os recantos estranhos e às vezes escuros de seu novo mundo: a ambivalência que nasce de emoções conflitantes, como amar mais de uma pessoa ao mesmo tempo e o reconhecimento doloroso de que a vida que a pessoa precisa reerguer será construída sobre as fundações daquilo que se perdeu.

Nora deu uma contribuição considerável ao diálogo nacional em torno do luto: ela é um dos poucos exemplos públicos de alguém que não "partiu para outra", mas que sobreviveu ao luto e seguiu em frente, levando uma vida que é um testemunho da pessoa que morreu. No espaço de seis semanas, Nora teve seu segundo aborto espontâneo e enterrou o pai e o primeiro marido, Aaron, ambos vítimas de câncer (o pai de Nora tinha 64 anos; Aaron, 35). Nora voltou a se casar e tem uma família mista com quatro filhos, inclusive um bebê, que ela teve com o segundo marido, Matthew. Ela conversa diariamente com pessoas que enfrentaram o abismo do luto e emergiram, de certa maneira, mais fortes. Essas pessoas costumam se surpreender com a falta de sorte, jovens demais para desistir e abandonar a vida. Permanecer engajado requer enfrentar uma complexidade de sentimentos: tristeza e alegria, raiva e aceitação, um mundo mais amplo que não parou quando nosso pequeno mundo se despedaçou. Nas palavras de Nora: "Havia uma versão de mim que achava que amar outra pessoa, de certa forma, diminuiria o amor que eu ainda sentia por Aaron. Uma versão de mim achava que, se eu fosse feliz, não deveria mais me sentir triste, e que, se eu não estivesse mais me sentindo triste, então devia ser por não amar Aaron tanto quanto eu acreditava amar."[13] Como Nora aprendeu, ela teve que começar a confiar no *e*, não no *mas*.

Nossa cultura precisa dessa conversa porque transições dolorosas acontecem o tempo todo – o fim de um relacionamento, a perda de um emprego, a incapacidade de encontrar um parceiro ou de levar uma gravidez adiante –, e temos sido pouco tolerantes com o fardo que os indivíduos que passam por essas experiências carregam, às vezes nem sequer reconhecendo que suas dores devem ser consideradas grandes o suficiente para ser enfrentadas. Precisamos desenvolver a reverência pelo processo da tristeza, permitir que o mundo desabe, reconhecer que toda montanha tem um vale correspondente. O processo de luto parece *particularmente* difícil para homens que tentam se manter firmes em meio à dor, encarando sem reclamar a olimpíada comparativa do sofrimento. Ainda que relacionemos o luto apenas à morte, passamos por pequenas mortes do ego o tempo todo. Permitir a tristeza – sentimentos de decepção, de rejeição, de perda – é essencial.

Existe uma parábola famosa no budismo sobre uma mulher rica chamada Kisa Gotami. Depois que sua filha única morre com 1 ano de idade, ela visita várias casas tentando adquirir uma fórmula mágica que traga sua filhinha de volta à vida. Alguém a aconselha a procurar o Buda, que lhe diz para obter quatro ou cinco sementes de mostarda de qualquer família na qual nunca tenha havido uma morte. Ela vai de casa em casa, sem sucesso, até enfim perceber que a morte e o sofrimento atingem a todos; sua riqueza não significa proteção alguma. Não existe escapatória. Em vez de rejeitar a realidade, todos nos beneficiaríamos se contemplássemos a natureza. Precisamos aumentar a tolerância diante do desconforto e das emoções difíceis, abrir espaço para os que estão de luto e em sofrimento, observar, permitir e aprender. É fácil aparecer num funeral ou enviar uma mensagem de condolências (talvez seja surpreendente como até esses gestos são difíceis para algumas pessoas), mas é evidente que é difícil para muita gente continuar a se fazer presente quando o auge do evento se dissipa, quando as pessoas param de visitar – e de *perguntar* como a pessoa está – poucos meses depois do ocorrido.

No primeiro aniversário da morte de Peter, numa sincronia bizarra, eu peguei mais um voo matutino, dessa vez para entrevistar Lucy Kalanithi, viúva de Paul Kalanithi, autor de *O último sopro de vida*. Ela me contou que seu maior medo é o de que as pessoas parem de falar de Paul, parem de contar às filhas dele histórias sobre ele, parem de aumentar seu acervo agora finito de memórias.[14] Pessoas de luto vivem num limiar – é preciso perder o medo de se aproximar delas nesse espaço. Não adianta negar a existência da morte; isso apenas nos separa do outro lado da vida, igualmente essencial: o direito inato à alegria, o alívio do sofrimento, o equilíbrio e o polo oposto.

COMO APRENDEMOS – OU NÃO – A SENTIR

Quando examino nosso mundo bonito e combalido, não consigo encontrar muitas mulheres a quem culpar por sua destruição. E durante a escrita deste livro relutei em dar às mulheres mais coisas "para fazer", até porque a lista de afazeres que estou sugerindo exige que anulemos a doutrinação de modo que as mulheres *façam menos* para que consigam *ser mais*. Nas últimas décadas temos sido encorajadas a adotar um comportamento semelhante ao dos homens: a tomar e a exercer o poder, a governar. A ideia é a de que podemos assumir o poder e higienizá-lo com nosso gênero, torná-lo mais suave e gentil, um pouco menos patriarcal. Embora a busca pelo equilíbrio descrita nesses termos seja problemática, entendo o porquê de ela fazer sentido: o Sagrado Masculino inato merece seu espaço. No entanto, a necessidade mais urgente é o oposto disso. É preciso que os homens acolham seu Sagrado Feminino, que se reconectem à compaixão e ao cuidado, que cedam a vez, que abandonem os traços de masculinidade tóxica e se aproximem de uma versão que seja equilibrada. Isso demanda abandonar a luta por controle, poder e dominação e permitir que os sentimentos aflorem – todos eles. Isso é particularmente importante num momento em que as mulheres são chamadas a equilibrar a sociedade através da ascensão ao poder: o poder masculino tal qual é exercido hoje em dia, em especial no ambiente de trabalho, não é o modelo ideal.

Uma amiga à frente de uma grande empresa me falou dos sentimentos ambivalentes que ela tem em relação à forma como lida com a tristeza no escritório – mesmo liderando uma equipe predominantemente feminina. De modo um tanto previsível, as lágrimas lhe parecem mais fáceis do que a raiva (quando ela chora de frustração, sabe que o choro se deve ao fato de ela estar furiosa), mas ela *sempre* chora escondida.

"Quando uma colega nossa morreu e todos ficamos arrasados, eu vivia me desculpando por chorar enquanto falava com a equipe. Eu não conseguia parar de me desculpar, mesmo que o luto de certa forma fosse a única reação adequada. Mesmo assim parecia errado a líder chorar, como se eu precisasse ser mais forte e controlada."

Ela então me contou sobre o dia em que pegou uns papéis na impressora e encontrou uma folha com dicas para uma funcionária recém-contratada.

"Era tão gentil. Era um guia com os melhores cafés e restaurantes do bairro, além dos protocolos das reuniões e prazos mensais. E aí meu coração derreteu, porque o guia incluía o melhor lugar para chorar."

Para se encaixar no mundo dos negócios, as mulheres estão se comportando como homens: escolhendo o poder e o controle em detrimento da humanidade, da falibilidade e da expressão integral dos sentimentos. E as consequências são devastadoras.

Ninguém sai ileso. Mas confrontar a morte, a rejeição, a decepção ou a perda ainda nos dá a sensação de fraqueza; sentir-se impotente é difícil para os homens numa sociedade que afirma que eles devem ser dominadores, sempre nas posições mais altas, no controle, nunca sucumbindo ao caos do medo ou ao abismo das emoções. Nossos homens devem ser sempre fortes, protetores valiosos, heroicos. Em *The Dance of Anger* (A dança da raiva), a terapeuta Harriet Lerner explica que, em qualquer casal, os indivíduos tendem a regular suas atitudes para mais ou para menos, de modo a equilibrar o relacionamento – então *um dos dois* metaboliza os sentimentos. Essa delegação de comportamento pode acontecer entre pais e filhos, entre cônjuges ou mesmo no trabalho. Ainda que ela acredite que os homens hoje em dia sejam um pouco mais competentes do ponto de vista emocional do que eram quando ela escreveu o livro, nos anos 1980, Lerner observa que muitos ainda delegam os sentimentos para as mulheres de sua vida, de quem se espera mais habilidade interpessoal. Num casamento heterossexual, as mulheres costumam assumir a tarefa de processar os próprios sentimentos além da função extra de processar os sentimentos do marido de modo que ele não tenha que explorar as próprias emoções. Segundo Lerner: "Na maioria dos casais, quando se trata de competência emocional, os homens ocupam a parte inferior da gangorra. Todo mundo conhece um homem que sabe lidar com questões práticas e conserta coisas quebradas, mas não percebe que a esposa está com depressão. Talvez ele tenha pouca aproximação emocional com a própria família ou não tenha sequer um amigo próximo com quem se abrir. Essa é a 'masculinidade' que a sociedade fomenta – o macho que se sente à vontade no mundo de coisas concretas e ideias abstratas, mas que tem pouca conexão empática com os outros, pouca sintonia com o próprio mundo interior e pouca disposição ou capacidade de 'segurar a onda' quando o relacionamento entra em conflito ou se torna estressante."[15] Os músculos da conexão e da intimidade se atrofiam – ou nem sequer se desenvolvem.

A ciência sugere que *atrofia* e *subdesenvolvimento* são os termos corretos, uma vez que os meninos são *mais sensíveis, carentes, apegados* do que as irmãs, não menos. Como explica o terapeuta Terry Real: "Meninos e meninas dão a largada com perfis psicológicos semelhantes. São igualmente emotivos, expressivos e dependentes, igualmente desejosos de afeição física. Nos primeiros anos de vida, meninos e meninas se assemelham ao estereótipo da menina. Se é que existe alguma diferença, os meninos são, de fato, ligeiramente mais sensíveis e expressivos. Eles choram com mais facilidade, parecem se frustrar mais, parecem mais irritados quando um cuidador se afasta. Até os 4 ou 5 anos, tanto meninos quanto meninas se situam confortavelmente no que uma pesquisadora chamou de 'o modo expressivo-afiliativo'. Estudos indicam que, logo depois, as meninas recebem permissão para continuar no mesmo modo, enquanto os meninos são sutil ou forçosamente empurrados para fora dele."[16] Nós criticamos a doçura, a sensibilidade dos meninos; nós os endurecemos para que encarem os desafios da vida. Nós os limitamos para que possam atuar na cultura patriarcal.

É compreensível que os homens coloquem uma armadura em torno da expressão emocional. Já vi amigas das mais sensíveis e feministas se afastarem do marido ou namorado que estava sofrendo. É assustador e desestabilizador, e pode parecer desconcertante e pouco atraente, alguém de quem se espera força chorar ou ter uma crise emocional. Quando os homens admitem que estão magoados, eles parecem fracos, semelhantes a uma mulher. Como explica a professora bell hooks, em *The Will to Change* (A vontade de mudar): "Ao apoiar a cultura patriarcal que leva os homens a negarem os sentimentos, nós os condenamos a viver em estados de entorpecimento emocional. Construímos uma cultura na qual a dor masculina não tem voz, na qual a mágoa masculina não pode ser nomeada ou curada. [...] Quando o movimento feminista levou à liberação dos homens, inclusive à análise masculina dos 'sentimentos', algumas mulheres ridicularizaram a expressão emocional dos homens com o mesmo desprezo e desdém dos homens sexistas. A despeito do claro anseio feminista por homens com sentimentos, quando eles se esforçaram para encarar os sentimentos, ninguém realmente se dispôs a elogiá-los."[17] Por diversas razões, é mais confortável protestar contra um inimigo que parece perfeitamente estoico e imóvel; ter que se solidarizar com aqueles que nos oprimem parece uma afronta. Como ousam os homens pedir nossa solidariedade quando eles já nos tiraram tanto? A fraqueza parece uma piada, pois passamos a vida inteira ouvindo que eles são mais fortes, que essa força determina que as mulheres sejam menores, dependentes e reprimidas. *Nós devemos nos apoiar neles*; não era disso que se tratava a barganha faustiana do patriarcado?

Não faz muito tempo a demonstração da vulnerabilidade – por pessoas como o ator Dax Shepard – se tornou um pouco sexy, valorizada como nova faceta da masculinidade moderna. De vez em quando a coisa parece um pouco artificial, pois até Dax se mantém preso às armadilhas do próprio machismo, com suas histórias sobre alcoolismo e o limiar da dor extrema, libertarismo, macacões e carros superpotentes. Mas pelo menos ele fala da dor em público, dos momentos de fraqueza e de ter chegado ao fundo do poço. É um começo, pois todos nós precisamos de ferramentas, especialmente pais e mães que estão tentando criar as futuras gerações de um modo diferente, permitindo que os sentimentos encontrem a expressão adequada antes de serem regulados.

ÍNDICES DE DEPRESSÃO ENTRE MULHERES E HOMENS

Quando se examinam as estatísticas nacionais, a impressão que se tem é a de que a tristeza é um problema das mulheres, que elas estão muito mais deprimidas do que os homens. De acordo com dados do Instituto Nacional de Saúde Mental dos Estados Unidos, a prevalência de depressão grave em mulheres era de 10,5% em 2020, em comparação aos 6,2% entre os homens.* Entretanto, essas estatísticas oferecem uma perspectiva limitada. Mulheres são

---

* De acordo com o mesmo repositório estatístico, a depressão grave é mais prevalente entre pessoas que se identificam como multirraciais (15,9%).[18]

mais bem preparadas para lidar com a tristeza, mas isso não nos torna *mais* tristes. Em *I Don't Want to Talk About It* (Não quero falar sobre isso), talvez o livro-referência quando o assunto é a depressão masculina, o terapeuta Terry Real afirma que os homens em sua clínica não são menos afetados pela depressão; ela apenas se manifesta de maneira diferente. Ele argumenta que muitos homens lutam com a depressão "secreta" não diagnosticada que costuma vir acompanhada de uma defesa em forma de vício. Após acrescentar todas as estatísticas referentes a doenças mentais (transtornos afetivos, de ansiedade, de abuso de substâncias e de personalidade), ele descobriu que os números totais eram semelhantes.[19] Ainda que oficialmente as mulheres inflacionassem os índices de depressão, os homens pontuavam de modo significativo no abuso de substâncias e nos transtornos de personalidade. Isso faz sentido, uma vez que os homens são quatro vezes mais propensos ao suicídio e a outras mortes motivadas pelo desespero.

Parece haver algo de errado com a saúde emocional dos homens – basta olhar para o caos que eles geram na sociedade. A maioria esmagadora dos estupros, assassinatos e abusos é cometida por homens – são homens e meninos que pegam armas semiautomáticas e fazem massacres. O fuzil Bushmaster modelo XM-15 E2S, popularmente conhecido como AR-15 – cujo slogan de propaganda diz "Considere renovada sua carteirinha de homem" –, foi a arma usada por um atirador de 20 anos para massacrar 26 pessoas, na maioria alunos do primeiro ano do ensino fundamental, na escola Sandy Hook, em Connecticut, em 2012. Uma década mais tarde, um rapaz de 18 anos assassinou 21 pessoas em Uvalde com um AR-15 da empresa Daniel Defense, que lança mão de frases machistas nos anúncios veiculados em seu perfil no Instagram, como "Ninguém tem o direito de me dizer como defender [minha família]" e "Defendendo sua nação, defendendo sua casa".[20] Vivemos uma crise de masculinidade tóxica e devemos falar do que está acontecendo, um fenômeno capaz de levar rapazes e homens a assassinar *crianças*. É evidente que os homens têm algum problema e que isso coloca todos em risco.

Segundo Real, há bons motivos para os homens não admitirem o que se passa dentro deles. Para começar, não existe uma cultura de apoio à depressão masculina. Ele cita a pesquisa de Constance Hammen e Stefanie Peters, que conduziram um estudo de gênero envolvendo universitários que dividiam quartos em repúblicas. Elas descobriram que as mulheres contam às colegas de quarto quando estão deprimidas e então são acolhidas com cuidado e compaixão; os homens, por outro lado, deparam com isolamento social e falta de gentileza.[21] Não estamos bem preparados para apoiar rapazes e homens que não correspondem à expectativa social de estoicismo e força. Um segundo motivo citado por Real é o modo como socializamos os rapazes. Em suas palavras: "Os homens não dispõem do mesmo nível de intuição em relação à vida emocional de que dispõem as mulheres porque nossa cultura se esforça para afastá-los desse aspecto da vida. Os homens são menos acostumados a verbalizar questões emocionais porque lhes ensinamos que isso não é coisa de homem. Até uma análise superficial da socialização dos gêneros em nossa cultura revela que um homem tem muito mais chances de agir movido pela angústia do que de falar sobre ela, enquanto uma mulher teria as habilidades, a comunidade e a facilidade necessárias para discutir seus problemas."[22] Isso só piora as coisas. Desencorajamos os meninos a desenvolver a capacidade de digerir as emoções e então os estereotipamos como pessoas menos preparadas.

É preciso cultivar a complexidade emocional. Isso pode parecer óbvio, mas vale a pena destacar, particularmente numa cultura que *acabou* de se deparar com a ideia de que, mesmo no mundo dos negócios, o quociente emocional (QE) pode ser tão importante quanto – se não mais importante do que – o quociente de inteligência (QI), adotado como padrão por mais de cem anos. A noção de inteligência emocional tem apenas trinta anos. Como explica o psicólogo Marc Brackett: "Os cientistas não gostam das emoções porque, ao contrário da inteligência, elas não podem ser medidas em testes padronizados. O QI se baseia principalmente em processos cognitivos 'frios', tais como memorizar uma sequência de dígitos ou fatos históricos, enquanto a inteligência emocional se baseia em processos socioemocional-cognitivos 'quentes', que costumam ser altamente carregados, vinculados a relacionamentos e voltados à avaliação, à previsão e à abordagem de sentimentos e comportamentos – nossos e de outras pessoas."[23] Ao contrário do que acontece com o QI, não existe um teste padrão – embora também seja fácil argumentar que o QI não é um teste adequado para avaliar a inteligência inata e imutável, conforme indicado pelo fato de que os Estados Unidos aumentaram o QI em 15 pontos quando o iodo foi acrescentado ao

sal, corrigindo uma deficiência nutricional bastante prevalente na época.*
Organizamos a sociedade e a percepção da inteligência em torno de um sistema que prioriza apenas metade do que nos faz humanos. Depois moldamos a ambição dos homens para a busca exclusiva desse elemento.

Nancy Eisenberg, da Universidade Estadual do Arizona, é uma das principais pesquisadoras de comportamento pró-social, empatia e desenvolvimento de princípios. Muitos dos seus achados nas últimas décadas ressaltam a disparidade no modo como meninos e meninas são ensinados pelos pais a processar emoções: as mães passam muito mais tempo falando com as filhas sobre sentimentos (incluindo os próprios) do que com os filhos, e os pais adotam uma linguagem mais ríspida com os meninos e desencorajam a vulnerabilidade. Estudos também revelam que as mães são mais expressivas com bebês do sexo feminino do que com os do sexo masculino e conversam com as filhas sobre tristeza e, com os filhos, sobre raiva.[25] Apesar das sensibilidades declaradas e aparentes, os pais ainda se apegam à crença e à visão tendenciosa, prevalentes na cultura, de que as emoções e a sabedoria relacional devem ser cultivadas principalmente nas meninas e que a linguagem dos sentimentos terá pouca serventia para os meninos ou não é algo de que eles tenham necessidade.

Terry Real acredita que aderimos coletivamente ao mito de que os meninos devem ser *transformados* em homens, que eles não conseguem alcançar a virilidade sem uma iniciação no culto à masculinidade. E observa que isso não acontece com as meninas. Segundo ele: "A identidade masculina é vista como uma coisa preciosa e arriscada, embora não haja qualquer evidência que indique a existência dessa estrutura interna supostamente frágil, a identidade masculina. Estudos indicam que tanto meninos quanto meninas têm um entendimento claro do sexo ao qual pertencem a partir

---

* O incrível livro de Harriet Washington, *A Terrible Thing to Waste* (Um terrível desperdício), explora as formas como o racismo ambiental delineia e limita a vida das comunidades marginalizadas e a terrível armadilha dos testes padronizados que sugerem que comunidades de pessoas racializadas têm menores índices de QI. Em suas palavras: "A exposição ao chumbo tem nos custado um total de 23 milhões de pontos perdidos de QI em todo o país a cada ano – até mais do que os 13 milhões de pontos de QI perdidos para a exposição aos pesticidas, conforme documentado por um estudo da União Europeia." A exposição ao chumbo é um imenso problema em comunidades marginalizadas, sendo Flint, Michigan, o exemplo mais recente.[24]

dos 2 anos de idade."²⁶ Contudo, persiste a crença de que a macheza deve ser "alcançada", e eu me pergunto se isso ocorre porque a masculinidade, da forma como é vista em nossa sociedade, acaba sendo uma máscara, um ato coagido de desconexão, como se para ser homem fosse preciso representar um personagem de TV.

A desconexão começa quando tiramos os meninos dos braços da mãe, quando os criticamos por buscar conforto, abraços, um porto seguro para as emoções. Acontece quando cedemos à ideia de que uma mulher vai arruinar ou estragar as chances do seu filho ascender à masculinidade ao mantê-lo atolado no feminino. Num passado não tão distante, as mães eram criticadas por transformar os filhos em gays ao amarrá-los às tiras do avental, enlaçando-os no colo. Real explana: "A ideia de que os meninos devem romper uma conexão efeminadora com a mãe é um dos mitos mais antigos, menos questionados e mais profundamente enraizados no patriarcado. O próprio Freud soou a trombeta quase um século atrás, quando escreveu: 'O relacionamento [do menino] com a mãe é o primeiro e mais intenso. Portanto, deve ser destruído.'"²⁷ Ao arrancá-los da mãe, estamos cometendo uma espécie de assassinato da alma, ensinando os meninos a desprezarem a parte suave, afetuosa e terna da própria identidade. E afastar os meninos também é doloroso para as mães, embora, de acordo com bell hooks, essa seja uma das primeiras exigências do patriarcado: "As mães que se aliam ao patriarcado não podem amar seus filhos de maneira adequada, pois sempre chegará o momento no qual o patriarcado lhes pedirá para sacrificá-los. Isso acontece em geral na adolescência, quando muitas mães cuidadosas e afetuosas param de nutrir emocionalmente seus filhos com medo de que isso os emascule. Incapazes de lidar com a perda de conexão emocional, os rapazes internalizam a dor e a mascaram com indiferença e fúria."²⁸ É uma forma de abandono, um trauma traiçoeiro e sutil que nossa cultura raramente reconhece.

O TRAUMA DA MASCULINIDADE TÓXICA

Culturalmente, estamos apenas começando a entender o Trauma com T maiúsculo: somente nas últimas décadas passamos a contemplar e a estudar as repercussões de longo prazo e intergeracionais dos estupros e dos abusos sexuais que as mulheres sofrem com tanta frequência, o impacto do abuso infantil e as consequências de enviarmos soldados para longe com a missão de matar estranhos, mantendo a expectativa de que eles sejam posteriormente reintegrados à sociedade sem qualquer efeito maléfico. Ainda que os conflitos sejam antigos, temos partido do pressuposto cego de que a violência reflete a natureza imutável dos homens, seu destino. No entanto, tudo é cultura: treinamos os homens para matar, valorizamos a guerra e a agressão e os dissociamos da realidade, expondo-os a sujeitos malvados que morrem milhares de vezes, se não centenas de milhares de vezes, nas telonas e nas telinhas, em animações e computações gráficas.* Os jovens são dessensibilizados quanto ao significado da morte até que os destruímos em combate ou os criticamos por não quererem participar desses rituais "heroicos". Como é fácil se esquecer de que o governo nazista deu aos soldados metanfetamina para instigá-los: é preciso drogar os homens para matar com tanta facilidade.

O Trauma com T maiúsculo – o abuso e a violência franca e inquestionável – deve ser discutido. Ele é um furacão na alma dos que tentam enterrá-lo no próprio corpo. Mas também não devemos subestimar a importância do trauma com t minúsculo, o tipo de trauma que é sutilmente insidioso, mas também doloroso e limitador. É o tipo de abuso às vezes difícil de suportar porque não há um evento de partida que o qualifique para a lista das coisas socialmente inaceitáveis; não há qualquer memória distinta em torno da qual possamos nos agrupar. É o trauma da negligência, da desconexão emocional e do abandono, e ele é muito mais comum do que seu irmão, o "trauma ativo". Trauma é, sim, o que acontece com o indivíduo, mas é também o que o indivíduo nunca recebe. Como explica Real: "Acho que passar décadas sem tocar um filho é uma forma de agressão. Acho que reprimir qualquer expressão de amor até que um menino se torne um homem é uma forma de violência emocional. E acredito que a violência que os homens direcionam a si e aos outros é alimentada por essas circunstâncias."[29] Essa desconexão é o trauma de se sentir invisível, indigno de amor e inseguro – é

---

* Não é estranho que sejamos expostos a tanta morte e, ainda assim, a ideia de ver um nascimento seja tão abominável? A maioria dos homens não é sequer capaz de ver os próprios filhos nascerem.

o trauma de ser forçado a abandonar a própria identidade para envergar a armadura ditada pela sociedade.

Como mãe de dois meninos, eu penso nas reflexões de Real todos os dias: o que significa estar presente e enxergar meus filhos sem distorcer a percepção que eles têm de si? Do que eu deveria poupá-los e como deveria incentivá-los a descobrir os limites da própria capacidade de processar os sentimentos? Muitos pais e mães funcionam como o córtex pré-frontal dos filhos, deixando que eles terceirizem a autorregulação porque é muito difícil vê-los enfrentar dificuldades, mesmo que o enfrentamento das dificuldades, como sabemos muito bem, seja o modo de aprender e crescer. Então fazemos coisas demais pelos nossos filhos, processando os sentimentos difíceis por eles para poupá-los do desespero. Meu filho mais velho, Max, é sensível, um poço de emoções muito fácil de desestabilizar. As emoções dele – e o ritmo frenético do irmão mais novo – o sobrecarregam muitas vezes por dia. Ele derrama muitas lágrimas, que fluem com facilidade, copiosamente. Percebo como é muito mais fácil para mim do que para Rob estar com Max quando ele está aflito. A irritação e o desconforto logo tomam conta de Rob; existe uma necessidade de dizer a Max para se controlar (mas, felizmente, nunca para "ser homem"). Compreensivelmente, Rob quer que Max "se fortaleça" antes que os amigos e a sociedade como um todo o obriguem. Eu suspeito que a sensibilidade de Max seja um gatilho para Rob, porque ele se vê no filho e se sente compelido a protegê-lo da melhor forma possível. Meu palpite é que ele tenha sido um menino sensível com um pai hipermasculino que se irritava por qualquer coisa. É difícil ter certeza, contudo, pois o pai de Rob morreu há muitos anos e ele praticamente não tem lembranças da infância. Essas memórias estão em alguma caixa-preta e Rob tem medo de abri-la, pois não sabe ao certo como remover a barragem do rio e deixar que os sentimentos fluam sem que ele seja dominado ou inundado por emoções difíceis.

A desconexão com os sentimentos é devastadora para todo mundo. Ainda que as mulheres possam encobri-los para atuar no que de outra forma seriam relacionamentos disfuncionais ou uma sociedade disfuncional, pelo menos temos permissão para chorar. Muitos homens, por outro lado, estão paralisados. Na visão de mundo de Terry Real – embasada em seu vasto trabalho com homens em oficinas individuais e com casais, famílias e grupos –, os homens estão sendo destruídos por uma desconexão internalizada, e esses "rapazes feridos", por sua vez, tornam-se "homens que ferem" e direcionam a mágoa negligenciada às famílias e à sociedade. Essa depressão se converte num padrão familiar que é passado adiante, comprometendo as gerações futuras. No modelo de Real, o trauma vem embrulhado no vício – drogas, álcool, infidelidade, trabalho excessivo – e é arrematado por uma depressão disfarçada. É preciso interromper o ciclo e revelar a depressão. Assim se pode atravessar o deserto de volta à vida. Como Real avalia, a cura para a tristeza é o luto, o ato de reconhecer e de expressar os próprios sentimentos de perda e desespero.[30] Como diz o ditado, não se cura o que não se sente. Os sentimentos devem ter permissão para vir à tona.

Ainda que, teoricamente, os homens se beneficiem das vantagens do patriarcado, eles também sofrem sob seu jugo. O poder que vem das vantagens é significativo, e muita tinta já foi dedicada à injustiça inerente aos pontos de partida em posições desiguais. No entanto, vencer às custas dos outros também cobra seu preço. Assegurar o poder às custas dos outros cria fardos psíquicos significativos – para as gerações atuais e futuras. Se queremos nos libertar desse sistema, a libertação dos homens não pode ser adiada. Tampouco adianta criticar todos os homens do mundo por participarem de uma estrutura que eles mal reconhecem. Nenhum de nós viveu num mundo diferente. À medida que mais e mais pessoas perceberem as normas que regem a sociedade, poderemos começar a mudá-las.

Não é bom ser o opressor, mesmo que você nunca tenha se sentido exaltado ou se armado com a intenção de ferir alguém. Não é bom imaginar que o legado da sua vida – o que você conquistou, acumulou, os topos de montanha que alcançou – pode ter sido obtido de modo fraudulento, que você sempre esteve em vantagem e que a batalha nunca foi justa. Como explicou o economista Max Weber em 1915: "O homem de sorte raramente está satisfeito com o fato de ter sorte. Ele também precisa saber que tem direito à sorte. Ele quer ser convencido de que a merece e, sobretudo, de que a merece em comparação aos outros. A boa sorte, portanto, quer ser legítima."[31] À medida que enfrentamos a realidade do patriarcado – pelo menos, nos Estados Unidos –, nossa "sorte" continua sendo uma constatação dolorosa, quando não uma afronta. Será que não tenho levado uma vida honesta? Quem será que sofreu danos colaterais por causa do meu sucesso? E como posso consertar isso, já que não era minha intenção? São perguntas desconfortáveis, cada uma com suas complexidades turbulentas. Elas trazem consigo uma onda de tristeza para a qual não estamos preparados. Nós nos tornamos cúmplices de uma cultura que não escolhemos, do mesmo modo que não escolhemos nossa cor de pele, nosso gênero, nossa sexualidade, nosso lugar de nascimento ou nossa classe social de origem. O separatismo, a negação, a rejeição e a fúria que estamos presenciando na cultura neste momento parecem uma reação automática à culpa sem nome. Não sabemos o que fazer com ela.

Talvez seja estranho encerrar um livro sobre as experiências emocionais das mulheres incluindo as dos homens, mas evitar a feminilidade para se tornar "mais parecida com os homens" como antídoto para nossa cultura problemática é uma promessa perigosa. Mesmo que os homens detenham uma quantidade talvez invejável de poder no patriarcado, eles estão menos preparados do que as mulheres para nos libertar de suas restrições. Eles têm mais a perder – no entanto, ironicamente, também têm muito a ganhar. A tristeza é uma passagem para os sentimentos e para a vida – ela deve ser desvinculada da noção de fraqueza e da ideia de que se trata de "coisa de mulher". Somente quando incorporarem a tristeza, os homens poderão acessar a própria ternura, uma experiência de amor mais plena e a expressão mais completa de si mesmos. A saúde da nossa cultura exige essa submissão. Acredito que os homens podem se tornar mais do que aliados voluntários se conseguirmos mostrar o caminho da entrega pacífica e se pudermos ensinar que o apoio mútuo é essencial para nosso futuro coletivo. É humano ficar triste de vez em quando. As mulheres entendem e se permitem isso, e devemos agora trazer a tristeza para todas as esferas. Devemos dar à tristeza seu devido trono e aceitar suas lições. Há muito a se lamentar, o luto precisa existir: as mulheres podem guiar a todos através desse deserto rumo a uma era mais equilibrada.

Ao aceitar que a tristeza é fundamental, podemos acolher nossa humanidade por inteiro e nos reconectar com o ciclo da vida.

CONCLUSÃO: REALINHAMENTO

O retorno para dentro de nós

NO INÍCIO DE 2020 CONVERSEI COM Carissa Schumacher, uma mulher que incorpora pessoas mortas (inclusive Jesus). Nos últimos anos, sua sabedoria tem me tocado de modo muito profundo, a ponto de ela se tornar uma amiga e mentora espiritual, mas nossa primeira conversa me abalou. Ela explicou na ocasião: "Se você não abrir espaço, nós o abriremos para você."

O "nós" ao qual ela se referia era o Divino. Eu ri, desconfortável. Eu estava mesmo exausta, pulando de voo em voo, tentando ser uma mãe e uma parceira presente, correndo o tempo todo e quase sempre sendo uma péssima amiga. Mas eu não via alternativa: o que exatamente eu deveria deixar de lado? Talvez a prática diária de meditação ou mais caminhadas pudessem ajudar? "Não", respondeu Carissa. "Espaço. Quietude."

De fato, alguns meses depois o espaço veio: pandemia de covid-19 e, em seguida, o fim do meu emprego em tempo integral. Nessa pausa percebi como eu vinha sendo completamente moída por tantas tarefas. Eu precisava abrir espaço para manobras, olhar em volta, contemplar o lugar onde eu estava – e então ver como poderia seguir por um caminho diferente.

A pandemia foi terrível, sem dúvida alguma. Incontáveis pessoas adoeceram e muitas outras viram seus entes queridos morrerem ou, pior, não puderam estar ao lado deles no momento do último suspiro. Crianças ficaram sem escola e trabalhadores perderam os meios de subsistência. Mesmo assim todo mundo com quem converso reconhece que a pandemia foi um paradoxo, com muitas lições significativas. Até aqueles que perderam muito me contaram que o tempo livre foi essencial; essas pessoas explicam como seus dias eram insustentáveis e frustrantes, como elas se deram conta de que tinham negligenciado a si mesmas, *esperando* ter o tempo e a oportunidade para... viver. Muitos amigos meus agora se recusam a se relacionar com o mundo nos moldes de 2019 e estão se saindo melhor numa realidade desacelerada e menos compulsivamente agitada. A interrupção de tudo nos permitiu a reconexão: conosco, com nossa família e com a cultura em geral. Para mim, a introspecção incluiu uma escavação profunda das histórias que contamos sobre quem somos, das maneiras como somos condicionadas a nos comportar e de como nos conformamos em atender aos padrões da sociedade. A pandemia foi uma oportunidade coletiva de rejeitar velhos paradigmas e forjar novos.

Com espaço, quietude e uma pausa sagrada, comecei a identificar o modo como as distorções culturais estavam se manifestando na minha vida e no meu corpo. Tive a chance de enxergar o abismo entre quem eu era de fato e a pessoa que eu estava *representando* no mundo exterior. Pensei muito na menina ofegante e deslumbrada dentro de mim, sufocada pelas restrições de uma sociedade que insistia que eu provasse minha cota de bondade como um rito. Foi neste livro que processei todas as formas com as quais fui doutrinada pelos códigos culturais de virtude, as maneiras como fui convencida de que, se eu tivesse um comportamento perfeito, seria amada e aceita e estaria segura. À medida que percebi como esses códigos de "bondade" e de bom comportamento estavam profundamente entranhados no tecido social e como eles são indeléveis e invisíveis, comecei a ver o modo como cada uma de nós os representava. Foi só dessa nova perspectiva que percebi que a liberdade e a amplidão que eu tanto desejava nunca viriam de uma autoridade externa: eu tinha que encontrá-las dentro de mim. A fim de reivindicar meu eu, eu precisava *me* conceder permissão para me dar crédito e me celebrar (e revelar meu orgulho), me satisfazer (e me permitir a luxúria), me alimentar e me manter (e me permitir a gula e a ganância), garantir que minhas necessidades fossem atendidas (e ouvir minha ira), relaxar e descansar (e curtir a preguiça) e determinar exatamente o que eu queria e então me empenhar em conseguir isso (fazendo uso da minha inveja). E, como esposa de um homem e mãe de dois meninos, eu precisava insistir para que eles se mantivessem conectados aos próprios sentimentos, em particular aos mais difíceis (como a tristeza) numa cultura que os forçava a se dissociar deles.

Não é tarefa fácil. Os Sete Pecados Capitais, do modo como são entendidos hoje, estão alojados nas profundezas da psique coletiva. As mulheres devem enfrentar a forma como cada "pecado" limita suas vidas. E, então, devemos rejeitar o sistema que usa esses pecados como uma ferramenta de opressão; devemos construir algo mais verdadeiro em seu lugar.

ESCREVER ESTE LIVRO ME TRANSFORMOU. Enfrentar cada um desses pecados me obrigou a me aproximar de mim mesma. Agora vejo o orgulho, a luxúria, a gula, a ganância, a ira, a preguiça, a inveja e até a tristeza não como pecados, mas como sinais neutros. Foi a sociedade que transformou esses impulsos humanos inatos em fábricas de moralidade. Devemos rejeitar o modo como eles têm sido culturalmente brandidos como se fossem cassetetes e reivindicá-los pelo seu real propósito: eles são um guia interior. Os pecados são critérios que mostram *em que ponto* tendemos a nos perverter – tanto na permissividade exacerbada quanto no ascetismo. Eles não passam de sinais, pontos de GPS da alma humana. Uma vez vistos como postes de sinalização, não como abismos de condenação, são um convite para olharmos e nos aproximarmos de quem somos, do que precisamos, do que queremos e do modo como podemos descobrir nossos propósitos.

Sempre me pego lembrando que a codificação dos pecados emergiu do deserto egípcio, e não da Bíblia – que algo que nos é apresentado culturalmente como lei religiosa não tem qualquer procedência formal. Passei, contudo, a acreditar que esses pecados precedem Evágrio Pôntico: Evágrio os compilou de fontes já existentes, fontes que depois desapareceram.[1] Quando ele viveu e escreveu, havia muitos evangelhos em circulação; o Novo Testamento e sua "ortodoxia" tinham acabado de ser estabelecidos em Roma. E, por acaso, os pecados *eram mencionados* num evangelho que circulava na época – um evangelho considerado herético demais para o Novo Testamento. Os pecados estavam entremeados no Evangelho de Maria.

No Novo Testamento, Lucas (8:2) e Marcos (16:9) descrevem Maria Madalena como a pessoa de quem Jesus expulsou sete "demônios".* O papa Gregório I, mais tarde, transformou esses sete "demônios" nos Sete Pecados Capitais e, ao mesmo tempo, rotulou Maria de prostituta. Ainda que a acusação feita

---

* Mais uma vez, acho que a definição grega de *demônio* corrente naquela época – um pensamento persistente, e não a ideia moderna que temos do que seria um diabo – provavelmente seja uma tradução mais apropriada. A etimologia de *exorcismo* remete a "fora" + "juramento".[2]

por Gregório tenha sido uma interpretação grosseiramente equivocada, esses elementos estão conectados, e Maria Madalena é a chave. Ela representa todas as mulheres – o modo como fomos roubadas de nossos méritos mais autênticos e levadas a implorar por redenção. Ela foi a verdadeira primeira apóstola, a melhor aluna de Jesus, posteriormente destronada e rebaixada por todo o cristianismo, abandonada a um legado sórdido de prostituta penitente e condutora dos sete pecados, a representante de pensamentos impuros transformados em desejos profanos. E, *ainda assim*, a verdade de quem ela de fato foi permanece visível. Reivindicar seu legado, seus ensinamentos e o que ela representa pode nos ajudar a apontar o caminho de volta a quem somos. Seu evangelho, o Evangelho de Maria, um dos textos gnósticos que o Conselho de Niceia assinalou como herético quando compilou a lista dos cânones "ortodoxos" no século IV, é um revisionismo *radical* do cristianismo: nele, Maria insiste que nascemos inerentemente bons, *não* cheios de pecado, e que o caminho para se tornar um *verdadeiro ser humano* demanda que não fujamos de quem somos, mas que nos apoderemos disso. Os pecados com os quais Maria se deparou em vida e os "poderes"* com os quais Jesus se defrontou em sua ascensão de volta a Deus – conforme descritos em seu evangelho – são os mesmos. Essas qualidades humanas – que mais tarde passaram a ser vistas como os Sete Pecados Capitais – são um mapa para as coisas com as quais precisamos nos *reconciliar*. Elas nunca deveriam ser renunciadas, destruídas ou negadas.

O Evangelho de Maria é uma aula magna de autoconhecimento e fé; ele reconhece e ensina que cada um de nós *já tem* tanto as respostas quanto a conexão direta com o Divino. Permanecer próximos à própria bondade, àquela pessoa que somos em essência, é nossa única obrigação. O Evangelho de Maria ensina que Deus, definido como "o Bom", não está "lá fora", mas dentro de cada um. Cristo proclama: "Que a minha paz esteja dentro de vós! Atentai para que ninguém vos guie clamando 'Vede aqui!' ou 'Vede lá!'. Pois a Criança da Humanidade está dentro de vós! Segui-la! Aqueles que a seguirem a encontrarão. Segui vós e então proclamai a boa-nova do reino. Não estabeleçais vós nenhuma norma além das que eu vos determino, nem legisleis vós como o legislador, a fim de que não sejais confinados por ela" (Maria 4:1-11).[3,4] O que Cristo está dizendo aqui é que devemos nos apo-

---

* Alguns teólogos traduzem esses "poderes" como "energias", "climas" ou "autoridades".

derar da nossa soberania, não procurar numa autoridade externa um mapa que aponte como devemos (ou não) nos comportar, ou o que (não) fazer – devemos procurar as direções dentro de nós, e já dispomos de tudo de que precisamos. A "ascensão" pela qual todos passaremos não é um passeio para o céu *lá no alto*, mas uma viagem interior *de volta* ao nosso verdadeiro eu.

Maria fala da experiência do divino como visão e entendimento nascidos no coração, não na mente – algo sagrado e incorruptível dentro de cada um. A divindade não é uma coisa concedida; Deus, o Divino, Alá, a Natureza, Gaia, como você quiser chamar essa amorosa energia universal – ela é forjada dentro da nossa alma. Essa é uma ideia radical, porque *hoje em dia* (e principalmente a partir da codificação do cristianismo no século IV) aquilo que consideramos "bondade" não passa de uma adesão a restrições externas: é comportamento aprendido. Nós nos tornamos tão escravizados por ideias acerca de como *deveríamos* nos comportar que sintonizamos no canal errado e nos afastamos de quem somos. Ironicamente, as tentativas de ser uma pessoa "boa" nos separam daquilo que Maria chama de "o Bom".

No Evangelho de Maria, ela credita a Cristo a fala (grifo meu): "*Não existe pecado*; sois vós que praticais o pecado quando fazeis as coisas que se aproximam da natureza do adultério,* a que chamam 'pecado'. É por isso que o Bom veio entre vós, aproximando-se do bom que pertence a toda a natureza para restituí-lo às suas raízes" (Maria 3:3-6).[6] Essa é uma refutação chocante daquilo que é dito em púlpitos ao redor do mundo, uma ideia martelada na nossa cabeça qualquer que tenha sido nossa criação: *Jesus morreu pelos nossos pecados*. (Registre-se que Jesus nunca disse que morreu pelos nossos pecados;** essa foi uma interpretação atribuída a ele por seus seguidores, como Paulo, que depois se tornou um cânone.) No Evangelho de Maria, Jesus diz que o pecado é uma

---

* Aqui, a palavra *adultério* não significa traição do cônjuge no casamento. De acordo com a pastora episcopal Cynthia Bourgeault: "Nesse sistema metafísico particular, 'adúltero' tem o significado primário de algo que está fora de alinhamento."[5]
** Como ressalta o teólogo Jean-Yves Leloup, em *The Gospel of Mary Magdalene* (O Evangelho de Maria Madalena), a própria ideia de "pecado" nunca foi totalmente compreendida. "Tanto no tempo de Yeshua quanto depois, houve aqueles que sustentaram que a natureza humana em si é manchada pelo pecado original; que a matéria, o mundo e o corpo são armadilhas das quais devemos nos libertar." Essa ideia vai de encontro ao que Jesus diz no Evangelho de Maria: foram os humanos que criaram o pecado, e não nascemos com necessidade de sermos redimidos.[7]

invenção do homem, não uma imputação de Deus – é aquilo que acontece quando nos desviamos da nossa raiz, do nosso ponto de origem.[8]

E os pecados ou, como Cristo os descreve no Evangelho de Maria, os "podres" são pontos de resistência necessários ao longo do caminho – eles nos confrontam, não para que possamos margeá-los ou dominá-los, mas para que possamos entrar em equilíbrio com eles. São ferramentas de ensino poderosas, pedras para amolar nossa alma, que nos estimulam a entender quem somos. Em seu evangelho, Maria conta a jornada de Cristo. Ainda que o primeiro desses "poderes" com os quais ele se depara seja aparentemente mencionado nas páginas que faltam do manuscrito descoberto no Egito, o segundo poder é o Desejo. O terceiro é a Ignorância. O quarto poder, Ira, assume sete formas: "A primeira forma é a Escuridão; a segunda, o Desejo; a terceira, a Ignorância; a quarta, o Ímpeto de Morte; a quinta, o Reino da Carne; a sexta, a Insensata Sabedoria da Carne; e a sétima, a Sabedoria Colérica" (Maria 9:18-26).[9] O teólogo Jean-Yves Leloup analisa a jornada de Cristo e esses "climas" com uma profundidade fascinante,[10] explicando que é no "Quarto Clima", no qual Jesus encontra as sete manifestações da Ira, que a alma se torna alienada e *possuída*.[11] Eu também discuti a fundo essa lista com Carissa ao longo dos anos e decidi que, ainda que ela não pareça tão organizada quanto a dos Sete Pecados Capitais, essas "sete formas"[12] são altamente seculares, pertinentes e úteis. É como se, na brincadeira do telefone sem fio ao longo dos milênios, elas tivessem simplesmente sido reduzidas, tornadas unidimensionais e cobertas de estigma moral. Numa paráfrase, são elas:

FORMA 1: ESCURIDÃO Representa a sensação de separação do Divino, da natureza e dos outros; engloba insegurança e comparação com outras pessoas.	**REDUZIDA E SIMPLIFICADA POR EVÁGRIO COMO "INVEJA"**
FORMA 2: DESEJO Leloup define como "anseio", uma manifestação levemente mais insidiosa da vontade. É a necessidade de "conseguir o seu" e de se apoderar de mais do que necessário e adequado em detrimento dos outros; inclui também o desejo insaciável por poder e o impulso de dominação.	**REDUZIDO E SIMPLIFICADO POR EVÁGRIO COMO "GANÂNCIA"**

FORMA 3: IGNORÂNCIA Não se trata de falta de educação. Trata-se da vontade declarada de não saber: reclamação, lamento, fuga e a recusa em aceitar a verdade.	**REDUZIDA E SIMPLIFICADA POR EVÁGRIO COMO "PREGUIÇA"**
FORMA 4: ÍMPETO DE MORTE Engloba a obsessão com o corpo e sua mortalidade, um apego extremo à matéria física. Na cultura atual, isso se manifesta na preocupação com a longevidade individual (olá, biohackers!) e na obsessão paranoica com a sobrevivência e a segurança.	**REDUZIDO E SIMPLIFICADO POR EVÁGRIO COMO "GULA"**
FORMA 5: REINO DA CARNE Envolve o desejo obsessivo por relacionamentos, sexo e atenção, além da preocupação com a imagem externa – inclui também o desejo de que as coisas sejam diferentes do que são.	**REDUZIDO E SIMPLIFICADO POR EVÁGRIO COMO "LUXÚRIA"**
FORMA 6: INSENSATA SABEDORIA DA CARNE É a condescendência e a certeza, normalmente pregada no altruísmo, que vem da ideia de que sabemos o que é bom para os outros – como quando tentamos controlar as decisões e a vida de outras pessoas ou quando insistimos em "salvar" os outros em vez de cuidarmos de nós mesmos.	**REDUZIDA E SIMPLIFICADA POR EVÁGRIO COMO "ORGULHO"**
FORMA 7: SABEDORIA COLÉRICA Vemos isso no comportamento de turba e na busca frenética por uma ideia imperfeita e humana de justiça – o que resulta em perseguições e crucificações.	**REDUZIDA E SIMPLIFICADA POR EVÁGRIO COMO "IRA"**

Como o Evangelho de Maria foi considerado herético e destinado à destruição, restou-nos a simplificação de Evágrio e um decreto externo, não a oportunidade de analisar essas ideias mais complexas e sutis dentro de seu contexto original. Quando colocadas lado a lado com o entendimento de (ou com a crença em) nossos méritos inatos, as sete formas descrevem a jornada interior, além do alinhamento contínuo e do equilíbrio necessário para que ela aconteça. Observando essas ideias expandidas, vemos tanto a nós mesmos quanto muitas das questões mais críticas da atualidade. Todas elas remetem a esferas nas quais nos perdemos coletivamente – muito mais do que o atual entendimento imaturo dos pecados. Por exemplo, em vez de pensar na preguiça como uma admoestação contra o descanso, "Ignorância" sugere que o verdadeiro pecado é a fuga da verdade ou a insistência em não querer entender. Ou o meu favorito, "Insensata Sabedoria da Carne", que nos adverte a não nos concentrarmos em consertar os outros quando há tanto a ser refinado dentro de nós; isso me parece tão mais poderoso do que a reprimenda para nunca nos orgulharmos das nossas conquistas. Como seria o mundo se a religião mais popular seguisse o Evangelho de Maria? Quão melhor seria a vida das mulheres? É chegada a hora de nos desatrelarmos dos preceitos da tradução que nossa cultura fez dos Sete Pecados Capitais e de nos desvencilharmos dessa teia grudenta para que possamos nos enxergar exatamente como somos: perfeitamente humanos, divinos desde a origem e no caminho de volta à completude.

É PRECISO UMA PROFUNDA VULNERABILIDADE para nos livrarmos das ilusões, para sermos o que já somos, não aquilo que achamos que deveríamos ser. Muitas pessoas, inclusive eu, passam a vida *fazendo*: nós nos mantemos ocupados procurando empregos, mentores, parceiros e amigos que nos apoiem, nos sirvam, nos tranquilizem de modo que não precisemos entender como seria nos manter por conta própria. É difícil se livrar de velhas estruturas e ideias e optar por confiar na própria soberania, no *auto*controle. A confiança nesse conhecimento interior para distinguir o certo do errado para si mesmo demanda uma tremenda fé. É somente quando nos desvinculamos dos ditames externos e nos alinhamos pela bússola interior que somos capazes de encontrar um caminho mais verdadeiro. É essa a trilha que cada um de nós deve traçar: devemos arrancar as camadas de doutrinação cultural para que possamos, enfim, enxergar e ouvir a nós mesmos, do jeito que somos. A partir desse lugar de clareza, verdade e *bondade*, podemos curar, realinhar e evoluir.

Seguir por um caminho mais consistente demanda equilíbrio, uma palavra muito carregada culturalmente. Fale de equilíbrio para qualquer mulher – especialmente para uma mãe – e verá um arrepio de protesto subir pela espinha dela (nossa mente migra na mesma hora para a complicada relação entre trabalho e vida pessoal). Temos um entendimento reducionista do equilíbrio: ele é concebido como equação, anulação, nivelamento, escolhas, uma espécie de balança. No entanto, é preciso começar a pensar na questão de outro modo. Em vez de transformar o equilíbrio numa troca estática, ele deve se tornar uma *maneira de ser*. Não se trata de alcançar o equilíbrio, mas de sermos pessoas equilibradas.

Recentemente entrevistei a Dra. Anna Lembke, especialista em vícios que acredita que vivemos presos a um *continuum* de relacionamentos não saudáveis com várias substâncias e coisas. Ela acredita que essa luta é inevitável e imprescindível numa sociedade abertamente programada para o prazer e a gratificação imediata. Ela me falou da descoberta relativamente recente da ciência acerca do equilíbrio entre prazer e dor. Nosso imperativo biológico é a homeostase: o corpo naturalmente restaura o equilíbrio, seja curando-se de um ferimento ou de uma doença ou mantendo a temperatura e os fluidos. O cérebro, ao que parece, também anseia pelo equilíbrio. Curiosamente, a parte do cérebro que processa o prazer processa também a dor. Quando usamos substâncias ou adotamos comportamentos que nos dão prazer – açúcar, álcool, drogas, videogames, sexo, compras –, experimentamos um barato temporário. O prazer que essas coisas proporcionam não é um estado permanente. Logo após assimilar o barato, o corpo tenta voltar ao centro. "Ele faz a balança pender para o lado da dor na mesma medida", explicou Lembke. "É o momento que se assemelha a uma queda, quando o filme, o livro ou a partida de videogame acaba, ou quando o álcool nos derruba. [...] É o momento de querer prolongar aquela sensação boa e não conseguir. É a balança pendendo para o lado da dor. Agora, se esperarmos tempo suficiente, os monstrinhos vão pular fora e o equilíbrio será mais uma vez restabelecido."[13] Contudo, sempre que pressionamos os botões do prazer com força ou pressa demais, ficamos presos em círculos viciosos, perseguindo um sentimento de alívio que se torna cada vez mais fugidio.

Eu vejo o resultado disso em nossa cultura. Nós nos tornamos viciados em poder, em dominação e no acúmulo de recursos – presos num centro de prazer que, paradoxalmente, só gera dor. O consumismo desenfreado levará o mundo à eventualidade da nossa extinção. A falta de igualdade, em particular a dominação por parte do poderoso homem branco, continua a ser o estilhaço encravado que nos mantém em ciclos de dor. Reconhecemos que precisamos nos desvencilhar dos sistemas e das estruturas problemáticas para depois reequipá-los; mesmo assim, temos medo das perdas que ocorrerão no processo. Temos medo de que a contramedida, o retorno ao meio-termo e ao equilíbrio, seja um processo doloroso. Afinal de contas, são muitos os que precisam abrir mão de alguma coisa. Algumas partes de nós precisam morrer. Devemos recuar e reconhecer que a estrutura de poder na qual estamos viciados é tóxica para todo mundo. Devemos encontrar um caminho alternativo para reunir forças em novos modelos de existência.

A prática de atividades físicas nos mostra como é muito mais fácil contar com os grandes músculos, aqueles que hipertrofiamos por meio da sobrecarga. Por que deveríamos nos preocupar com o tendão quando o quadríceps está tão forte? Com o tempo, essa dependência se torna insustentável e autodestrutiva. Na etapa atual da evolução – uma etapa na qual devemos progredir rapidamente para acompanhar o progresso tecnológico que alcançamos –, não conseguimos mais estar no mundo como antes. É preciso desenvolver novas formas, mais flexibilidade e uma abordagem mais estável. É isso que nosso corpo deseja, é para isso que estamos programados. E, para tal, é preciso prestar atenção em nós mesmos: antes de reequilibrar o mundo, é preciso traçar o caminho do alinhamento interior.

Devemos assumir a responsabilidade por nós mesmos. É preciso abandonar a ideia de que podemos consumir sem precisar cuidar do lixo, de que o que usamos não tem custo – para os outros ou para o planeta. É preciso assumir a responsabilidade pela nossa energia e pelo modo como ela se espalha pelo mundo. Devemos ter coragem de pôr um fim a essa insustentabilidade coletiva para que alguma coisa mais verdadeira possa emergir em seu lugar, baseada em compartilhamento, equidade, cuidado, criação coletiva e comunidade. Ao longo do caminho, podemos começar a retomar nosso lugar dentro da natureza, não fora dela. Precisamos nos lembrar de permitir o ciclo, o fluxo/refluxo e o processo de equilíbrio que sempre se renova. Para chegar ao equilíbrio, não podemos partir do mundo lá fora. A transformação da sociedade requer que cada um comece em casa, cuidando de si.

Como parte do processo, devemos voltar a sacralizar o feminino e reconhecer que a morte da deusa, a desonra de Maria Madalena e a subjugação da Mãe Terra não estão nos ajudando em nada. Para isso, não precisamos de nenhuma crença religiosa, apenas de fé no fato de que não podemos reequilibrar o mundo antes de reconciliarmos o "Masculino", e sua busca por verdade, ordem e direção, com o "Feminino", e suas tendências à criatividade, ao cuidado e à atenção. Cada uma dessas energias é fundamental, *em cada um de nós, a despeito do gênero declarado e em todas as esferas da vida.* Não tiramos a roupa do trabalho para vestir a de mãe ou pai: devemos levar a energia alegre, geradora e afetuosa para o trabalho, e a energia orientadora e organizadora para casa. É a partir daí que alçaremos voo. Lembremo-nos da profecia cherokee do pássaro desequilibrado: quando ambas as asas se abrem e o pássaro alcança o equilíbrio entre o masculino e o feminino, uma terceira força radiante emerge, uma força que permite ao pássaro parar de girar em círculos e levantar voo. Da plenitude nasce a liberdade.

Devemos rejeitar a velha ideia patriarcal – uma ideia que ainda persiste – de que o feminino deve ser controlado e silenciado e de que os direitos de todas as mulheres devem ser limitados a fim de garantir o domínio do homem (branco). Por sua vez, os homens devem deixar que seu lado feminino venha à tona e aparar as arestas do seu lado masculino. Se conseguirmos nos livrar da autoridade externa e do prosaico conceito de bondade que impõe repressão e obediência, poderemos encontrar a bondade do nosso eu-divino interior. Isso não requer fé em Jesus, Yeshua, Buda, Javé, Deus, Alá ou qualquer outro conceito de divindade externa – requer apenas fé em nosso conhecimento interior mais profundo. Devemos queimar o mapa moral que nos mantém afastados da verdadeira autodeterminação. Devemos conceder a nós mesmos e aos outros espaços para verbalizar nossos desejos, parir nossos propósitos e expressar a inteireza da nossa paixão. Devemos também examinar o porquê de sermos tão veementemente críticos em relação às escolhas e crenças alheias quando elas não causam danos a ninguém. Devemos aceitar o fato de que cada um de nós é sombra e luz; nossa complexidade é o que nos torna humanos.

Que mantenhamos essas polaridades sem tender a nenhum dos extremos, prontos para trazer à tona nossos talentos e oferecê-los ao mundo. Que aprendamos a olhar uns para os outros em comunhão, não em competição.

Que nos julguemos com leveza, e que não julguemos o outro de jeito nenhum. Que cumpramos a tarefa de sentir quem somos para que possamos nos curar, em vez de usar nossas feridas para ferir os outros. Que comecemos a nos acomodar no ciclo completo da vida e a assumir a responsabilidade por nossos atos e desejos. Que nos rendamos ao prazer da expiração como antídoto para a respiração suspensa. Que aprendamos a acolher a perda e a morte para que possamos aproveitar a vida. Que nos permitamos o reconhecimento da tristeza e do luto – pessoal *e* coletivamente – para que possamos dar voz sem ressalvas à alegria. Ainda não estamos perdidos. Precisamos apenas nos reencontrar e, de asas abertas, voar para casa.

AGRADECIMENTOS

NO LIVRO *A CRIAÇÃO DA CONSCIÊNCIA FEMINISTA*, a Dra. Gerda Lerner escreveu que a História registra pouco menos de trezentas mulheres eruditas na Europa Ocidental até o ano de 1700. Enclausuradas, proibidas de ir à escola e afastadas umas das outras, as mulheres só começaram a conversar entre si há poucos séculos – e em algumas partes do mundo isso nunca aconteceu. Eu me sinto imensamente grata por estar viva em nossa época: por me apoiar nos ombros de tantas mulheres, por conversar com elas através do tempo e por ser capaz de entrelaçar e condensar seus trabalhos de novas maneiras. Espero que os leitores comprem este livro pela bibliografia e pelas notas: minha vida tem se tornado muito mais rica por causa das pessoas que vieram antes de mim e cuja formação moldou a minha.

Whit Frick, minha maior preocupação era que o manuscrito fosse aceito como "razoável" e entrasse em fase de produção. Eu me preocupei à toa. Obrigada pela atenção incansável a cada versão da obra e por me levar a melhorar cada frase. Seu brilhantismo tornou este livro imensuravelmente mais forte. Estas páginas estão impregnadas com sua essência.

Jenn Joel, obrigada por me acolher sob suas asas quando eu ainda não era digna de sua atenção e por me incentivar, ao longo de todos esses anos, a escrever alguma coisa com minha assinatura. Você acreditou que eu tinha um livro a escrever antes que eu mesma acreditasse nisso. Você pode ser minha agente, mas permitiu que eu tomasse minhas decisões. Sou muito grata por seu trabalho, seus conselhos e sua amizade, e pelo poder do seu cérebro e da sua caneta.

Rose Fox, é muito bom poder dizer que conheci você antes de tudo – obrigada por suas destemidas edições. Andy Ward e Avideh Bashirrad: obrigada por me ajudarem a trazer este livro ao mundo e a dar o pontapé inicial num novo capítulo da minha vida. Elisabeth Magnus, obrigada por seus esclarecimentos astutos e cuidadosos, por me ensinar a definição correta de *exaltar* e por me salvar de mim mesma de vez em quando. Debbie Aroff, Brianne Sperber, Maria Braeckel e Michelle Jasmine, obrigada por visualizarem este livro no mundo – e por lutarem por ele com unhas e dentes. Obrigada a Donna Cheng e a Jo Anne Metsch pelo visual e pela textura do livro; a Matthew Martin, pela proteção; e a Robert Siek e Benjamin Dreyer, por finalizar cada detalhe. Valero Doval, que o conteúdo do livro faça jus à sua linda arte de capa.

Carissa Schumacher e Jen Walsh, sou infinitamente grata ao horário de verão por ter nos aproximado quando mais precisávamos umas das outras. Carissa, você tem me ensinado muito, expandido minha mente e me lembrado não apenas que *eu sei*, mas *do que eu sei*. Jen, obrigada por me ajudar a viver de acordo com o potencial do meu eu superior e por nunca me deixar escorregar da montanha.

A vida seria uma caminhada solitária sem minha família escolhida – tanto os amigos de infância quanto aqueles que me acompanharão pelo futuro: Chloe e Sophie Redmond, Brette Bornstein, Nathan e Mark Ellingson, Leigha Wilbur, Sarah Connolly, Sam Jones, Lily Atherton, Amanda Meigher, Katie Holt, Ali Quade, Ethan Leidinger, Hud Morgan, Angus Burgin, Will O'Boyle, Andy Gustin, Alex Tilney, Rachel Blitzer, Chandler Evans, Emily Hsieh, Robin Edlow, Jen Weinberg, Albertina Rizzo, Lori Bergamotto, Gigi Guerra, Kim France, Kristina Dechter, Kris Chen, Matt Patterson, Sarina Sanandaji, Mia Santos, Julia Boorstin, David Weinrot, Julie Jen, Kate Wolfson, Diana Ryu, Brittany Weinstein, Kiki Koroshetz, Erica Moore, Juan Paul Ramirez, Kim Kreuzberger, Ali Wyatt, Wendy Lauria, Blair Lawson, Lauren Roxburgh, Alexandra Grant, Kasey Crown, Lauren Kucerak, Nick Felton, Matt Gryzwinski, Erika Thormahlen, Andrea Arria-Devoe, Crystal Meers, Sophia Amoruso, Priscilla Gilman, Will Schwalbe, Kim Jacobs, Claire Martin, Chrissy Levinson, Jasmina Aganovic, Mandana Dayani, Hildy Kuryk, Geraldine Martin Coppola, Michelle An, Annie Koo, Vanessa Chow, Gina Sherman, Poppy Montgomery, Andrew Hotz, Kevin Friedman, Jamie

Kantrowitz, Nat Doerr, Shauna Minoprio, Andrew Fried, Ashley Hoppin, Connie e Andy Erickson, Ben Bennett, Tyler Dawson, Meggan Watterson, Nigma Talib, Melissa Urban, Nora McInerny, Zoe Winkler, Taryn Toomey, Brooke Baldwin, Kristin Hahn, Ellen Vora, Sarah Harden, Genevieve Roth, Taylor e Jared Stein, Mikal Eckstrom, Robin Berman, Laura Carlin e B. J. Miller. Obrigada a todos por serem espelhos, confidentes, parceiros de criação, professores e mentores. Richard Christiansen e Scott Sternberg, eu sei que Peter os enviou para mim não como prêmio de consolação, mas como a continuação do modo como ele caminhou pela Terra. Ao longo de todo esse processo, contei muito com os abraços energéticos e o sábio aconselhamento de Nattan Hollander, Jennifer Freed, Anne Emerson, Laura Lynne Jackson, Carla Vidor, Carla S., Raymond Silkman, Kathryn Gill e Jakki Leonardini.

Rumaan Alam, Liz Flahive, Jeet Sohal e Regina Merson, obrigada por encararem as primeiras versões, que, eu sei, não foram leituras das mais agradáveis. Eu pedi que as lessem porque vocês me conhecem muito bem e nunca me poupam da verdade. E, Taylor Hamra, obrigada por me arrastar no meio da bagunça, a despeito da minha resistência, e por me colocar de pé novamente. A Jofie Adler-Ferrari, Marysue Rucci e Megan Lynch, obrigada pela fé em mim e nessa ideia desde o início, e a Gabor Maté, Lisa Taddeo, Lori Gottlieb, Terry Real e Holly Whitaker, por me emprestarem a confiança de vocês naquilo que fiz.

Sou grata ao tempo em que trabalhei na goop pela gentileza, pelo humor e pelo brilhantismo dos meus colegas incríveis, e também pela oportunidade de entrevistar tantas pessoas de renome cultural cuja sabedoria atravessa todas estas páginas.

Minha imensa gratidão aos bibliotecários, livreiros e professores que incendiaram meu cérebro e me guiaram pelos corredores do conhecimento. Devo muito particularmente a Bente Winston.

Sou grata àqueles que me ensinaram que eu não preciso fazer isso sozinha e que têm me oferecido proteção e apoio, com uma gratidão especial a Vicky Hernandez Rodas, Orin Snyder, Danielle Moss, Jeffrey Schneider e Seth Adam.

Acredito que escolhemos nossos pais – e eu escolhi bem. Obrigada, mamãe e papai, não só pela permissão de usá-los como exemplos neste livro, mas por me mostrarem como viver com integridade inabalável e honestidade radical. Vocês me deram uma educação incrível, acesso desenfreado à natureza e uma vasta biblioteca – além de permissão para seguir minha curiosidade e espaço suficiente para que eu descobrisse meu caminho.

Ben, tenho tanto orgulho de você ser meu irmão, não apenas pelo seu senso de humor perverso, mas pelo intelecto inebriante e pela profunda gentileza. Aprendi muito observando seus passos e tenho me esforçado para acompanhar sua mente: você me ensinou a estudar o mundo com olhar crítico e sem julgamentos. Este livro é muito melhor por causa disso e de todos os duros comentários envoltos em luvas de pelica: "Eu te amo, então preciso dizer que..."

Rob, você é meu coração. Obrigada por sempre me dar espaço enquanto me abraça forte. Sei que estamos unidos pelo matrimônio, mas eu escolheria você de qualquer jeito, todos os dias.

Max e Sam, amor é uma palavra inadequada para descrever o que sinto por vocês. Não há orgulho maior do que ouvir as pessoas dizerem quão gentis, curiosos e empáticos vocês são. Max, aprendo muito ao vê-lo carregar no seu corpinho uma consciência expansiva e uma enorme inteligência; mal posso esperar para vê-lo ganhar o mundo. Sam, tudo em você é arte; não a reprima – precisamos de você do jeitinho que você é. Nada do que eu criar jamais será páreo para vocês dois.

BIBLIOGRAFIA SELECIONADA

AGOSTINHO, Santo. *Confissões*. São Paulo: Penguin-Companhia, 2017.
ATLAS, Galit. *Herança emocional: Uma terapeuta, seus pacientes e o legado do trauma*. Rio de Janeiro: Alta Life, 2023.
BADER, Michael. *Arousal: The Secret Logic of Sexual Fantasies*. Nova York: Thomas Dunne Books, 2002.
BARR, Beth Allison. *A construção da feminilidade bíblica: Como a submissão das mulheres se tornou a verdade do Evangelho*. Rio de Janeiro: Thomas Nelson Brasil, 2022.
BARSTOW, Anne. *Chacina de feiticeiras: Uma revisão histórica da caça às bruxas na Europa*. Rio de Janeiro: José Olympio, 1995.
BEARD, Mary. *Mulheres e poder: Um manifesto*. São Paulo: Crítica, 2023.
BLUMBERG, Bruce. *The Obesogen Effect: Why We Eat Less and Exercise More but Still Struggle to Lose Weight*. Nova York: Grand Central Life and Style, 2018.
BONANNO, George. *The Other Side of Sadness*. Nova York: Basic Books, 2019.
BOORSTIN, Julia. *When Women Lead: What They Achieve, Why They Succeed, and How We Can Learn from Them*. Nova York: Avid Reader Press, 2022.
BOSS, Pauline. *Ambiguous Loss: Learning to Live with Unresolved Grief*. Cambridge: Harvard University Press, 1999.
_____. *The Myth of Closure: Ambiguous Loss in a Time of Pandemic and Change*. Nova York: Norton, 2021.
BOURGEAULT, Cynthia. *The Meaning of Mary Magdalene: Discovering the Woman at the Heart of Christianity*. Boulder: Shambhala, 2010.
BOUSHEY, Heather. *Finding Time: The Economics of Work-Life Conflict*. Cambridge: Harvard University Press, 2016.
BRACKETT, Marc. *Permissão para sentir: Como compreender nossas emoções e usá-las com sabedoria para viver com equilíbrio e bem-estar*. Rio de Janeiro: Sextante, 2021.
BROWN, Brené. *A coragem para liderar: Trabalho duro, conversas difíceis, corações plenos*. Rio de Janeiro: Best Seller, 2019.
_____. *Atlas of the Heart: Mapping Meaningful Connection and the Language of Human Experience*. Nova York: Random House, 2021.

BURKEMAN, Oliver. *Quatro mil semanas: Gestão de tempo para mortais*. Rio de Janeiro: Objetiva, 2022.

CALHOUN, Ada. *Why We Can't Sleep: Women's New Midlife Crisis*. Nova York: Grove, 2020.

CAMPBELL, Joseph. *A jornada do herói: Joseph Campbell – vida e obra*. São Paulo: Ágora, 2004.

_____. *O poder do mito*. Com Bill Moyers. São Paulo: Palas Athena, 2014.

_____. *Deusas: Os mistérios do divino feminino*. São Paulo: Palas Athena, 2016.

CHEMALY, Soraya. *Rage Becomes Her: The Power of Women's Anger*. Nova York: Atria, 2018.

CHERNIN, Kim. *The Hungry Self: Women, Eating, and Identity*. Nova York: Times Books, 1985.

_____. *Reinventing Eve: A Modern Woman in Search of Herself*. Nova York: Perennial, 1987.

CHUGH, Dolly. *The Person You Mean to Be: How Good People Fight Bias*. Nova York: Harper Business, 2018.

COOPER, Brittney. *Eloquent Rage: A Black Feminist Discovers Her Superpower*. Nova York: Picador, 2018.

COTTOM, Tressie McMillan. *Thick: And Other Essays*. Nova York: New Press, 2019.

DARBY, Seyward. *Sisters in Hate: American Women on the Front Lines of White Nationalism*. Nova York: Little, Brown, 2020.

DAVIS, Angela. *Mulheres, raça e classe*. São Paulo: Boitempo Editorial, 2016.

DEER, Sarah. *The Beginning and End of Rape: Confronting Sexual Violence in Native America*. Minneapolis: University of Minnesota Press, 2015.

DeYOUNG, Rebecca Konyndyk. *Glittering Vices: A New Look at the Seven Deadly Sins and Their Remedies*. Edição revisada. Grand Rapids: Brazos Press, 2020.

DiPRETE, Thomas A.; BUCHMANN, Claudia. *The Rise of Women: The Growing Gender Gap in Education and What It Means for American Schools*. Nova York: Russell Sage Foundation, 2013.

DOYLE, Glennon. *Indomável*. Rio de Janeiro: HarperCollins Brasil, 2020.

DOYLE, Sady. *Trainwreck: The Women We Love to Hate, Mock, and Fear... and Why*. Brooklyn: Melville House, 2016.

EHRMAN, Bart. *Jesus, Interrupted: Revealing the Hidden Contradictions in the Bible (and Why We Don't Know About Them)*. Nova York: HarperOne, 2009.

_____. *O que Jesus disse? O que Jesus não disse? – Quem mudou a Bíblia e por quê?* Rio de Janeiro: HarperCollins Brasil, 2015.

EISLER, Riane. *O prazer sagrado: Sexo, mito e política do corpo*. Rio de Janeiro: Rocco, 1997.

_____. *O cálice e a espada: Nosso passado, nosso futuro*. São Paulo: Palas Athena, 2007.

EPSTEIN, Mark. *Aberto ao desejo: A verdade sobre o que Buddha ensinou*. São Paulo: Gaia, 2009.

_____. *Conselho não se dá: Um guia para superar a si mesmo*. Rio de Janeiro: Alta Books, 2019.

FAGAN, Kate. *All the Colors Came Out: A Father, a Daughter, and a Lifetime of Lessons.* Nova York: Little, Brown, 2021.
FEBOS, Melissa. *Girlhood.* Nova York: Bloomsbury, 2021.
FEDERICI, Silvia. *Mulheres e caça às bruxas.* São Paulo: Boitempo Editorial, 2019.
FINKEL, Eli. *The All-or-Nothing Marriage: How the Best Marriages Work.* Nova York: Dutton, 2018.
GARBES, Angela. *Essential Labor: Mothering as Social Change.* Nova York: Harper Wave, 2022.
GAY, Roxane. *Bad Feminist: Essays.* Nova York: Harper Perennial, 2014.
_____. *Fome: Uma autobiografia do (meu) corpo.* São Paulo: Globo Livros, 2017.
GILLIGAN, Carol. *Uma voz diferente: Teoria psicológica e o desenvolvimento feminino.* Petrópolis: Vozes, 2021.
GILLIGAN, Carol; SNIDER, Naomi. *Why Does Patriarchy Persist?* Medford: Polity Press, 2018.
GIMBUTAS, Marija. *The Language of the Goddess: Unearthing the Hidden Symbols of Western Civilization.* Nova York: Harper and Row, 1989.
GORDON, Aubrey. *What We Don't Talk About When We Talk About Fat.* Boston: Beacon Press, 2020.
GORDON, James. *Transformação: Como buscar a cura para o trauma.* Rio de Janeiro: HarperCollins Brasil, 2021.
GOTTMAN, John. *Sete princípios para o casamento dar certo.* Rio de Janeiro: Objetiva, 2000.
GRAEBER, David; WENGROW, David. *O despertar de tudo: Uma nova história da humanidade.* São Paulo: Companhia das Letras, 2021.
HEADLEE, Celeste. *Não faça nada: Como deixar de trabalhar demais, esforçar-se demais e viver de menos.* Rio de Janeiro: Alta Life, 2021.
_____. *Speaking of Race: Why Everybody Needs to Talk About Racism – and How to Do It.* Nova York: Harper Wave, 2021.
HEUERTZ, Christopher. *The Sacred Enneagram: Finding Your Unique Path to Spiritual Growth.* Grand Rapids: Zondervan, 2017.
HILL, Anita. *Believing: Our Thirty-Year Journey to End Gender Violence.* Nova York: Viking, 2021.
HONG, Cathy Park. *Minor Feelings: An Asian American Reckoning.* Nova York: One World, 2020.
HOOKS, bell. *The Will to Change: Men, Masculinity, and Love.* Nova York: Washington Square Press, 2004.
_____. *Tudo sobre o amor: Novas perspectivas.* São Paulo: Elefante, 2021.
HRDY, Sarah Blaffer. *Mothers and Others: The Evolutionary Origins of Mutual Understanding.* Cambridge: Harvard University Press, 2009.
HUSTON, Therese. *How Women Decide: What's True, What's Not, and What Strategies Spark the Best Choices.* Nova York: Houghton Mifflin, 2016.
JACKSON, Laura Lynne. *Uma luz entre nós: Histórias do céu, lições para a vida.* São Paulo: Fontanar, 2015.

_____. *Sinais: A linguagem do universo*. Rio de Janeiro: Alta Life, 2022.
KATIE, Byron. *Ame a realidade: Quatro perguntas que podem mudar sua vida*. Rio de Janeiro: Best Seller, 2009.
KAY, Katty; SHIPMAN, Claire. *The Confidence Code: The Science and Art of Self-Assurance – What Women Should Know*. Nova York: Harper Business, 2014.
KERNER, Ian. *So Tell Me About the Last Time You Had Sex: Laying Bare and Learning to Repair Our Love Lives*. Nova York: Grand Central, 2021.
KIMMERER, Robin Wall. *A maravilhosa trama das coisas: Sabedoria indígena, conhecimento científico e os ensinamentos das plantas*. Rio de Janeiro: Intrínseca, 2023.
KING, Karen L. *The Gospel of Mary of Magdala: Jesus and the First Woman Apostle*. Santa Rosa: Polebridge Press, 2003.
KUSHNER, Harold. *Quando coisas ruins acontecem com pessoas boas*. Rio de Janeiro: Best Seller, 2023.
LAMOTT, Anne. *Palavra por palavra: Instruções sobre escrever e viver*. Rio de Janeiro: Sextante, 2022.
LELOUP, Jean-Yves (traduzido do copta). *The Gospel of Mary Magdalene*. Prefácio: David Tresemer e Laura-Lee Cannon. Comentários: Jean-Yves Leloup. Tradução para o inglês e notas: Joseph Rowe. Rochester: Inner Traditions, 2002.
LEMBKE, Anna. *Nação dopamina: Por que o excesso de prazer está nos deixando infelizes e o que podemos fazer para mudar*. São Paulo: Vestígio, 2022.
LERNER, Gerda. *A criação do patriarcado: História da opressão das mulheres pelos homens*. São Paulo: Cultrix, 2019.
_____. *A criação da consciência feminista: A luta de 1.200 anos das mulheres para libertar suas mentes do pensamento patriarcal*. São Paulo: Cultrix, 2022.
LERNER, Harriet. *The Dance of Anger: A Woman's Guide to Changing the Patterns of Intimate Relations*. Nova York: William Morrow, 2014.
LESSER, Elizabeth. *Broken Open: How Difficult Times Can Help Us Grow*. Nova York: Ballantine, 2004.
LEWIS, C. S. *A anatomia de um luto*. Rio de Janeiro: Thomas Nelson Brasil, 2021.
LIEBERMAN, Daniel. *Exercised: Why Something We Never Evolved to Do Is Healthy and Rewarding*. Nova York: Pantheon, 2020.
LONG, Jeffrey. *Evidências da vida após a morte*. São Paulo: Lafonte, 2017.
LORDE, Audre. *Irmã outsider*. Belo Horizonte: Autêntica, 2019.
MALKIN, Craig. *Rethinking Narcissism: The Bad – and Surprising Good – About Feeling Special*. Nova York: Harper Wave, 2015.
MALTZ, Wendy. *The Sexual Healing Journey: A Guide for Survivors of Sexual Abuse*. Nova York: William Morrow, 2012.
MANNE, Kate. *Down Girl: The Logic of Misogyny*. Nova York: Oxford University Press, 2018.
_____. *Entitled: How Male Privilege Hurts Women*. Nova York: Crown, 2020.
MATÉ, Gabor. *Scattered Minds: The Origins and Healing of Attention Deficit Disorder*. Toronto: Vintage Canada, 1999.

_____. *O mito do normal: Trauma, saúde e cura em um mundo doente*. Com Daniel Maté. Rio de Janeiro: Sextante, 2023.

McGHEE, Heather. *The Sum of Us: What Racism Costs Everyone and How We Can Prosper Together*. Nova York: One World, 2021.

McINERNY, Nora. *It's Okay to Laugh: Crying Is Cool Too*. Nova York: Dey Street, 2016.

_____. *No Happy Endings*. Nova York: Dey Street, 2019.

MELTZER, Marisa. *This Is Big: How the Founder of Weight Watchers Changed the World – and Me*. Nova York: Little, Brown, 2020.

MITCHELL, Stephen. *Can Love Last? The Fate of Romance over Time*. Nova York: W. W. Norton, 2002.

MONTAGU, Ashley. *A superioridade natural da mulher*. Rio de Janeiro: Civilização Brasileira, 1970.

MULLAINATHAN, Sendhil; SHAFIR, Eldar. *Escassez: Uma nova forma de pensar a falta de recursos na vida das pessoas e nas organizações*. Rio de Janeiro: Best Business, 2016.

MURTHY, Vivek. *O poder curativo das relações humanas: A importância dos relacionamentos em um mundo cada vez mais solitário*. Rio de Janeiro: Sextante, 2022.

NAGOSKI, Emily; NAGOSKI, Amelia. *Burnout: O segredo para romper com o ciclo de estresse*. Rio de Janeiro: Best Seller, 2020.

NEFF, Kristin. *Self-Compassion: The Proven Power of Being Kind to Yourself*. Nova York: William Morrow, 2011.

_____. *Autocompaixão feroz: Como as mulheres podem fazer uso da bondade para se manifestar livremente, reivindicar seu poder e prosperar*. Teresópolis: Lúcida Letra, 2022.

NEWMAN, Joe. *Raising Lions*. Seattle: CreateSpace Independent Publishing Platform, 2010.

NHAT HANH, Thich. *Raiva: Sabedoria para abrandar as chamas*. Petrópolis: Vozes, 2022.

NORDELL, Jessica. *The End of Bias: A Beginning*. Nova York: Metropolitan Books, 2021.

ODELL, Jenny. *Resista: não faça nada – A batalha pela economia da atenção*. Cotia: Latitude, 2021.

ORENSTEIN, Peggy. *Garotas & sexo*. Rio de Janeiro: Zahar, 2017.

PAGELS, Elaine. *The Gnostic Gospels*. 1979; reimpressão, Nova York: Vintage, 1989.

_____. *Why Religion? A Personal Story*. Nova York: Ecco, 2018.

PEREL, Esther. *Sexo no cativeiro: Como manter a paixão nos relacionamentos*. Rio de Janeiro: Objetiva, 2018.

PILLAY, Srini. *Tinker Dabble Doodle Try: Unlock the Power of the Unfocused Mind*. Nova York: Ballantine, 2017.

PONTICUS, Evagrius. *The Praktikos and Chapters on Prayer*. Tradução e introdução: John Eudes Bamberger. Trappist: Cistercian Publications, 1972.

_____. *Talking Back (Antirrhêtikos): A Monastic Handbook for Combating Demons*. Tradução e introdução: David Brakke. Collegeville: Liturgical Press, 2009.

PRICE, Devon. *Laziness Does Not Exist*. Nova York: Atria, 2021.
REAL, Terrence. *I Don't Want to Talk About It: Overcoming the Secret Legacy of Male Depression*. Nova York: Scribner, 1997.
_____. *Nós: Como criar conexões mais profundas e fortalecer seus relacionamentos*. São Paulo: Vestígio, 2023.
REDIGER, Jeffrey. *A ciência revolucionária por trás da cura espontânea*. São Paulo: Fontanar, 2020.
RIPLEY, Amanda. *High Conflict: Why We Get Trapped and How We Get Out*. Nova York: Simon & Schuster, 2021.
RISO, Don Richard; HUDSON Russ. *A sabedoria do Eneagrama: Guia completo para o crescimento psicológico e espiritual dos nove tipos de personalidade*. São Paulo: Cultrix, 2003.
ROSENBERG, Marshall. *Comunicação não violenta: Técnicas para aprimorar relacionamentos pessoais e profissionais*. São Paulo: Ágora, 2021.
ROTH, Geneen. *Women, Food and God: An Unexpected Path to Almost Everything*. Nova York: Scribner, 2010.
ROWLAND, Katherine. *The Pleasure Gap: American Women and the Unfinished Sexual Revolution*. Nova York: Seal Press, 2020.
SAINI, Angela. *Inferior é o car*lhø*. Rio de Janeiro: Darkside Books, 2020.
_____. *The Patriarchs: The Origins of Inequality*. Boston: Beacon Press, 2023.
SCHULLER, Kyla. *The Trouble with White Women: A Counterhistory of Feminism*. Nova York: Bold Type Books, 2021.
SCHULTE, Brigid. *Sobrecarregados: Trabalho, amor e lazer quando ninguém tem tempo*. São Paulo: Figurati, 2017.
SCHUMACHER, Carissa. *The Freedom Transmissions: Yeshua as Channeled by Carissa Schumacher*. Nova York: HarperOne, 2021.
SHLAIN, Leonard. *The Alphabet Versus the Goddess: The Conflict Between Word and Image*. Nova York: Penguin Compass, 1998.
SIMMONS, Rachel. *Garota fora do jogo: A cultura oculta da agressão nas meninas*. Rio de Janeiro: Rocco, 2004.
SLAUGHTER, Anne-Marie. *Unfinished Business: Women Men Work Family*. Nova York: Random House, 2015.
SMITH, Tiffany Watt. *Schadenfreude: The Joy of Another's Misfortune*. Nova York: Little, Brown Spark, 2018.
SOLNIT, Rebecca. *Os homens explicam tudo para mim*. São Paulo: Cultrix, 2017.
TAHERIPOUR, Mori. *Bring Yourself: How to Harness the Power of Connection to Negotiate Fearlessly*. Nova York: Avery, 2020.
TATAR, Maria. *A heroína de 1001 faces: O resgate do protagonismo feminino na narrativa exclusivamente masculina da jornada do herói*. São Paulo: Cultrix, 2022.
TAUSSIG, Hal (Org.). *A New New Testament: A Bible for the 21st Century Combining Traditional and Newly Discovered Texts*. 2013; reimpressão, Nova York: Mariner, 2015.
TOLENTINO, Jia. *Falso espelho: Reflexões sobre a autoilusão*. São Paulo: Todavia, 2020.

TOLMAN, Deborah. *Dilemmas of Desire: Teenage Girls Talk About Sexuality*. Cambridge: Harvard University Press, 2002.
TRAISTER, Rebecca. *Good and Mad: The Revolutionary Power of Women's Anger*. Nova York: Simon & Schuster, 2018.
TUERKHEIMER, Deborah. *Credible: Why We Doubt Accusers and Protect Abusers*. Nova York: Harper Wave, 2021.
TWIST, Lynne. *The Soul of Money: Transforming Your Relationship with Money and Life*. Nova York: W. W. Norton, 2003.
VALERIO, Adriana. *Mary Magdalene: Women, the Church, and the Great Deception*. Tradução: Wendy Wheatley. Nova York: Europa Editions, 2020.
Van SCHAIK, Carel; MICHEL, Kai. *The Good Book of Human Nature: An Evolutionary Reading of the Bible*. Nova York: Basic Books, 2016.
WALKER, Barbara. *A Velha: Mulher de idade, sabedoria e poder*. Lavras: A Senhora, 2001.
WASHINGTON, Harriet. *A Terrible Thing to Waste: Environmental Racism and Its Assault on the American Mind*. Nova York: Little, Brown Spark, 2019.
WATTERSON, Meggan. *Mary Magdalene Revealed: The First Apostle, Her Feminist Gospel and the Christianity We Haven't Tried Yet*. Carlsbad: Hay House, 2019.
WATTS, Alan. *A sabedoria da insegurança: Como sobreviver na era da ansiedade*. São Paulo: Alaúde, 2022.
WEBER, Max. *A ética protestante e o espírito do capitalismo*. São Paulo: Martin Claret, 2020. O trabalho de Weber foi originalmente publicado em 1905.
WEST, Lindy. *The Witches Are Coming*. Nova York: Hachette, 2019.
WILKERSON, Isabel. *Casta: As origens de nosso mal-estar*. Rio de Janeiro: Zahar, 2021.
WILLIAMSON, Marianne. *Um retorno ao amor*. São Paulo: Novo Paradigma, 2002.
WILSON, E. O. *Sociobiology*. Cambridge: Harvard University Press, 1975.
WOODMAN, Marion. *Conscious Femininity*. Toronto: Inner City Books, 1993.
_____. *A virgem grávida: Um processo de transformação psicológica*. São Paulo: Paulus, 1999.
_____. *O vício da perfeição: Compreendendo a relação entre distúrbios alimentares e desenvolvimento psíquico*. São Paulo: Summus Editorial, 2002.
WOODMAN, Marion; DICKSON, Elinor. *Dancing in the Flames: The Dark Goddess in Transformation of Consciousness*. Boulder: Shambhala, 1996.

NOTAS

Introdução: Gênesis

1. MONTAGU, Ashley. *The Natural Superiority of Women*. 5ª ed. Lanham: Altamira, 1999, pp. 75-76. [*A superioridade natural da mulher*. Rio de Janeiro: Civilização Brasileira, 1970.]
2. WILSON, Edward O. *In*: WATSON, James D.; WILSON, Edward O. *Looking Back Looking Forward: A Conversation*. Moderação de Robert Krulwich. Harvard Museum of Natural History, Cambridge, Massachussets, 9 set. 2009. Disponível em: https://hmnh.harvard.edu/file/284861.
3. Transmissão de Yeshua em Utah, por intermédio de Carissa Schumacher, out. 2020.
4. ROSS, Loretta. Calling in the Call-Out Culture. Entrevista a Elise Loehnen. *Pulling the Threads Podcast*, 23 set. 2021.

Capítulo 1: Uma breve história do patriarcado

1. GRAEBER, David; WENGROW, David. *The Dawn of Everything: A New History of Humanity*. Nova York: Farrar, Straus and Giroux, 2021, p. 21. [*O despertar de tudo: Uma nova história da humanidade*. São Paulo: Companhia das Letras, 2022.]
2. É compreensível que tanto tenha sido dito sobre o valor das estatuetas de "Vênus" descobertas em sítios neolíticos. Ainda que nunca venhamos a saber exatamente do que se tratava – bonecas, talismãs do parto, deusas –, é notável que não haja qualquer equivalente masculino. Também é válido destacar que essas estatuetas alimentaram teorias da era vitoriana de que os povos do Neolítico eram inteiramente matriarcais, o que não é verdade (evidências com base em exames de DNA do período sugerem que os homens se alimentavam melhor que as mulheres, por exemplo). Mas isso não quer dizer que essas estatuetas não sejam significativas. Conforme explicam Graeber e Wengrow, "hoje em dia a maioria dos arqueólogos considera profundamente equivocada a interpretação de imagens pré-históricas de mulheres corpulentas como 'deusas da fertilidade'. A simples ideia de que o seriam é resultado de fantasias vitorianas há muito obsoletas em torno do 'matriarcado primitivo'. No século XIX, é verdade, o matriarcado foi considerado

o modo padrão de organização política das sociedades neolíticas (em oposição ao patriarcado opressivo da subsequente Idade do Bronze). Como consequência, quase toda imagem de uma mulher aparentemente fértil era interpretada como se fosse uma deusa. Hoje em dia os arqueólogos são mais propensos a ressaltar que muitas estatuetas podem muito bem ter sido o equivalente a bonecas Barbie (numa sociedade com padrões de beleza feminina muito diferentes); ou que estatuetas diferentes possam ter servido a propósitos inteiramente distintos (sem dúvida, uma suposição correta); ou que todo esse debate é inútil, insistindo que simplesmente não sabemos e nunca saberemos por que as pessoas criaram tantas imagens femininas, de modo que qualquer interpretação disponível tem mais chances de ser uma projeção das nossas suposições sobre mulheres, gênero e fertilidade do que qualquer coisa que fizesse sentido para um habitante da Anatólia neolítica". GRAEBER e WENGROW, *Dawn of Everything* [*O despertar de tudo*], p. 213. O mitologista Joseph Campbell explica que essas estatuetas nos dão muitas pistas com sua nudez: "Seu corpo é sua magia: ele tanto convida o masculino quanto é o receptáculo de toda a vida humana. A magia da mulher é, portanto, primitiva e ligada à natureza. O masculino, por outro lado, é sempre representado como se estivesse cumprindo algum papel, exercendo alguma função, fazendo alguma coisa." Ele também aponta que a arte pré-histórica colocava a mulher na posição de "transformadora", entre uma criança e um homem. CAMPBELL, Joseph. *Goddesses: Mysteries of the Feminine Divine*. Novato: New World Library, 2013, p. xiv. [*Deusas: Os mistérios do divino feminino*. São Paulo: Palas Athena, 2016.]

3   Há evidências de alguns matriarcados ao longo da história, assim como de líderes femininas poderosas (inclusive de várias rainhas da Inglaterra): em Tebas, princesas reinaram de 754 a 525 a.C., e houve liderança primordialmente feminina entre os iroqueses, os hopis, os zulus, os minangkabaus de Sumatra e os povos da cultura moche no Peru, entre outros. Eis o que dizem Graeber e Wengrow sobre a civilização minoica, em Creta, e sua poderosa e espantosa história: "As representações de longe mais frequentes de figuras de autoridade na arte minoica mostram mulheres adultas em mantas de estamparia elaborada que se estendem sobre os ombros, mas expõem o peito. As mulheres são quase sempre representadas numa escala maior do que a dos homens, um sinal de superioridade política, nas tradições visuais de todas as terras da região. Elas exibem símbolos de comando, como a 'Mãe das Montanhas' de cajado em punho que aparece em impressões de sinetes de um importante santuário em Cnossos; celebram ritos de fertilidade diante de altares com chifres; aparecem sentadas em tronos; reúnem-se em assembleias sem qualquer líder masculino; e aparecem ladeadas por criaturas sobrenaturais e animais perigosos. A maior parte das representações masculinas, por outro lado, é de atletas parcamente vestidos ou nus (nenhuma mulher é representada nua na arte minoica); ou de homens prestando homenagens e em posturas de subserviência diante de dignitárias. [...] Praticamente todas as evidências disponíveis da Creta minoica sugerem um sistema de regramento político feminino – na verdade, algum tipo de teocracia, governada por um colegiado de sacerdotisas. Podemos perguntar: por que os pesquisadores contemporâneos são tão resistentes a essa conclusão? Não se pode justificar tudo pelo fato de que proponentes do 'matriarcado primitivo' fizeram afirmações exageradas em 1902. Sim, acadêmicos tendem a dizer que as cidades governadas por colegiados de sacerdotisas não têm precedentes nos registros etnográficos

ou históricos. No entanto, segundo a mesma lógica, pode-se ressaltar que não existe paralelo de um reino governado por homens no qual todas as representações visuais sejam de mulheres. Fica óbvio que alguma coisa diferente acontecia em Creta." GRAEBER e WENGROW, *Dawn of Everything* [*O despertar de tudo*], pp. 219-220, 380-381, 387, 435, 438.

4   Numa seção intitulada "Entrando numa espécie de zona acadêmica proibida e discutindo a possibilidade de matriarcados neolíticos", Graeber e Wengrow demonstram a misoginia dominante no mundo acadêmico acerca do período. "Não é só a ideia de um 'matriarcado primitivo' que tem se tornado um bicho-papão hoje em dia: a mera sugestão de que as mulheres ocuparam posições proeminentes pouco comuns em comunidades agrárias primitivas é um convite à censura acadêmica. Talvez isso não seja de todo surpreendente. Do mesmo modo que rebeldes sociais, desde os anos 1960, tendiam a idealizar os bandos de caçadores-coletores, gerações anteriores de poetas, anarquistas e boêmios tendiam a idealizar o Neolítico como uma teocracia imaginária e benéfica governada por sacerdotisas da Grande Deusa, a todo-poderosa e longínqua ancestral de Inana, Ishtar, Astarte e da própria Deméter – isto é, até que tais sociedades foram dominadas por cavaleiros de língua indo-europeia violentos e patriarcais oriundos das estepes ou, no caso do Oriente Médio, por nômades de língua semítica vindos do deserto. O modo como as pessoas encaravam esses confrontos imaginários se tornou fonte de uma grande divisão política no fim do século XIX e início do XX. [...] Com uma politização tão intensa em torno do que eram obviamente leituras fantasiosas da Pré-História, não chega a ser surpresa o fato de o tema do 'matriarcado primitivo' ter se tornado uma espécie de constrangimento – o equivalente intelectual a uma zona proibida – para as gerações subsequentes. No entanto, é difícil evitar a impressão de que há algo mais nessa história. O grau de apagamento tem sido extraordinário e vai muito além do que pode ser explicado pela mera suspeita de que uma teoria é superestimada ou obsoleta. Entre os acadêmicos da atualidade, a crença no matriarcado primitivo é vista como uma espécie de ofensa intelectual, quase no mesmo patamar do 'racismo científico', e seus expoentes têm sido excluídos da história: [Matilda Joslyn] Gage da história do feminismo, [Otto] Gross da história da psicologia (apesar de ter criado conceitos como introversão e extroversão e de ter trabalhado lado a lado com todo mundo, de Franz Kafka e os dadaístas de Berlim a Max Weber)." GRAEBER e WENGROW, *Dawn of Everything* [*O despertar de tudo*], pp. 214-215.

5   EISLER, Riane. *The Chalice and the Blade: Our History, Our Future*. 1987; reimpressão, Nova York: HarperOne, 1995, p. xxi. [*O cálice e a espada: Nosso passado, nosso futuro*. São Paulo: Palas Athena, 2007.] Graeber e Wengrow citam evidências de grandes sítios antigos como Stonehenge e Göbekli Tepe como centros de celebrações momentâneas, hierarquizadas, antes que os povos retomassem o estilo de vida nômade pelo restante do ano. "Quase todos os sítios da Era Glacial que abrigavam sepultamentos extraordinários e tinham arquiteturas monumentais foram criados por sociedades que viviam um pouco como os nambiquaras de Lévi-Strauss, dispersando-se em bandos forrageadores numa época do ano, reunindo-se em assentamentos concentrados em outra. É verdade que eles não se reuniam para cultivar a terra. Em vez disso, os grandes sítios do Paleolítico Superior estão vinculados a migrações e caças sazonais de animais de grande porte – mamute-lanoso, bisão da estepe ou rena – bem como à pesca de peixes em migração

cíclica e à colheita de nozes." GRAEBER e WENGROW, *Dawn of Everything* [*O despertar de tudo*], p. 104.
6   MONTAGU, Ashley. *The Natural Superiority of Women*. 5ª ed. Lanham: Altamira, 1999, p. 69. [*A superioridade natural da mulher*. Rio de Janeiro: Civilização Brasileira, 1970.]
7   A jornalista científica Angela Saini entrevistou Ian Hodder, arqueólogo da Universidade Stanford que liderou o projeto de pesquisa Çatalhöyük até 2018. Ele lhe explicou que se tratava de uma "comunidade agressivamente igualitária". Escreve ela: "'Na maior parte dos sítios que os arqueólogos escavam, descobre-se que homens e mulheres, por terem vidas diferentes, consumiam alimentos diferentes e acabavam adotando dietas diferentes', diz [Hodder]. 'Mas em Çatalhöyük não se vê nada parecido com isso. Todos tinham dietas idênticas.'" Outros parâmetros biológicos de restos mortais de humanos mostram a mesma semelhança. Por exemplo, a equipe de Hodder descobriu que tanto homens quanto mulheres tinham fuligem no quadril, muito provavelmente devido aos fornos dentro de espaços fechados e à falta de ventilação nas casas em formato de caixote. Isso indica que os homens não passavam mais tempo dentro de casa do que as mulheres. Além disso, embora os homens fossem em média mais altos, a diferença de tamanho em relação às mulheres era pequena. SAINI, Angela. *The Patriarchs: The Origins of Inequality*. Boston: Beacon Press, 2023, p. 76.
8   NEWITZ, Annalee. What New Science Techniques Tell Us About Ancient Women Warriors. *The New York Times*, 1º jan. 2021. Disponível em: www.nytimes.com/2021/01/01/opinion/women-hunter-leader.html.
9   HUGHES, Virginia. Were the First Artists Mostly Women? *National Geographic*, 9 out. 2013. Disponível em: www.nationalgeographic.com/adventure/article/131008-women-handprints-oldest-neolithic-cave-art.
10 "No início do Holoceno, os grandes rios do mundo ainda eram em sua maioria selvagens e imprevisíveis. Então, por volta de 7 mil anos atrás, os regimes das cheias começaram a mudar, gerando rotinas mais estáveis. Foi isso que criou planícies amplas e altamente férteis ao longo dos rios Amarelo, Indo e Tigre e de outros que associamos às primeiras civilizações urbanas." Graeber e Wengrow explicam também como a formação do solo ao norte do mar Negro levou a construções neolíticas em larga escala na Ucrânia atual, que foram posteriormente destruídas. GRAEBER e WENGROW, *Dawn of Everything* [*O despertar de tudo*], pp. 285, 290.
11 Segundo Angela Saini: "Em 2017, pesquisadores da Universidade Stanford e da Universidade de Uppsala publicaram um artigo que investigava o DNA de povos pré-históricos que tinham vivido na Europa. Os autores sugeriram que havia algo incomum nos padrões de migração daqueles que entraram na região vindo das estepes e que se espalharam no final do Neolítico e no início da Idade do Bronze. 'Estimamos uma dramática predominância masculina', escreveram os autores. Eles acreditam na possibilidade de ter havido entre cinco e quatorze homens migrantes para cada mulher que migrou junto com eles. Em outras palavras, as pessoas que fizeram a jornada parecem ter sido meninos e homens em sua maioria." SAINI, *The Patriarchs*, p. 91. Além disso, Saini destaca a evidência levantada pela historiadora militar Pamela Toler de que as mulheres que de fato desceram das estepes, embora minoritárias, também eram guerreiras. "Algumas das primeiras evidências arqueológicas de guerreiras femininas vêm de um túmulo, estimado em cerca de 3 mil anos de idade, de três mulheres armadas perto de Tbilisi,

na Geórgia, escreve Toler. Uma delas morreu com uma flecha no crânio." SAINI, *The Patriarchs*, p. 89.

12 Eu adoro a análise e a defesa que Graeber e Wengrow fazem de Gimbutas. Como quando escrevem sobre a misoginia: "Muitos arqueólogos e historiadores concluíram que Gimbutas estava turvando as águas entre a pesquisa científica e a literatura popular. Em pouco tempo, ela passou a ser acusada de qualquer coisa que a academia fosse capaz de imaginar contra ela: de supressão de evidências à incapacidade de acompanhar os avanços metodológicos; e acusações de sexismo reverso ou de que ela havia se dedicado à 'criação de mitos'. Gimbutas chegou a receber a acusação suprema da psicanálise pública quando periódicos acadêmicos veicularam artigos sugerindo que suas teorias sobre o deslocamento da Velha Europa se resumiam a projeções fantasmagóricas de sua tumultuada experiência de vida – Gimbutas fugiu de sua terra natal, a Lituânia, no fim da Segunda Guerra Mundial, logo após as invasões estrangeiras. Talvez felizmente, a própria Gimbutas, falecida em 1994, não viveu para ver a maior parte disso tudo. Mas isso também significa que ela nunca pôde se defender. Algumas, talvez a maioria, dessas críticas tinham algum fundo de verdade – embora críticas semelhantes possam sem dúvida ser feitas a respeito de qualquer arqueólogo que lance mão de um argumento histórico mais abrangente. Os argumentos de Gimbutas envolviam certo tipo de criação mítica, o que em parte explica o desmonte generalizado de seu trabalho pela comunidade acadêmica. No entanto, quando acadêmicos do sexo masculino se dedicam a criação mítica semelhante – e, como já vimos, isso ocorre com frequência –, não só passam ilesos como costumam ganhar prêmios literários de prestígio e veem conferências honorárias serem criadas em seu nome. Pode-se afirmar que Gimbutas foi vista como quem se intromete e, de propósito, subverte um gênero de narrativas grandiosas que já havia sido (e ainda é) inteiramente dominado por escritores do sexo masculino, como nós dois. Ainda assim, sua recompensa não foi um prêmio literário ou mesmo um lugar entre os venerados ancestrais da arqueologia; seu prêmio foi o vilipêndio póstumo quase universal ou, ainda pior, a transformação em objeto de repúdio desdenhoso." GRAEBER e WENGROW, *Dawn of Everything* [*O despertar de tudo*], pp. 217-218.

13 Joseph Campbell recorre a Marija Gimbutas e a seu trabalho, o qual explora o influxo de povos do norte, embora ele também se baseie na ideia de que acádios e outras tribos semíticas emergiram do sul. Ambos os grupos rejeitaram a deusa. CAMPBELL, *Goddesses* [*Deusas*], p. 57.

14 GIMBUTAS, Marija. The First Wave of Eurasian Steppe Pastoralists into Coppe Age Europe. *Journal of Indo-European Studies*, n. 5, p. 297, inverno de 1977.

15 Um exemplo fascinante disso é Uruk (o Iraque dos dias atuais). Como explicam Graeber e Wengrow: "No final do quarto milênio a.C., Uruk tinha uma grande acrópole, em grande parte ocupada pelo santuário público denominado Eana, 'a Casa do Céu', dedicado à Deusa Inana. [...] Muito disso permanece no reino da especulação, mas fica claro que as coisas mudam em períodos posteriores. Por volta de 3200 a.C., os edifícios públicos originais do santuário de Eana foram demolidos e cobertos de entulhos, e sua terra sagrada foi replanejada em torno de uma série de pátios com portões e zigurates. Em torno de 2900 a.C., temos evidências de que reis locais de cidades-estado rivais lutaram pelo controle de Uruk, o que levou à construção de uma muralha fortificada de quase 9 quilômetros (cuja construção foi mais tarde atribuída a Gilgamesh) ao re-

dor da cidade." GRAEBER e WENGROW, *Dawn of Everything* [*O despertar de tudo*], pp. 305-306.

16 "A invenção crucial, para além da ideia de brutalizar outro ser humano e forçá-lo a trabalhar contra a própria vontade, é a possibilidade de designar o grupo a ser dominado como inteiramente diferente do grupo que exerce a dominação. Naturalmente, tal diferença torna-se mais óbvia quando aqueles a serem escravizados são membros de uma tribo estrangeira, literalmente 'os outros'. Ainda assim, com o intuito de estender o conceito e transformar os escravizados em *escravos*, em *outra* coisa que não humana, os homens devem ter tido a consciência de que tal designação funcionaria de fato. Sabemos que construtos mentais geralmente derivam de algum modelo de realidade e consistem num novo ordenamento de uma experiência anterior. Essa experiência, disponível aos homens antes da invenção da escravidão, era a subordinação das mulheres de seu grupo. A opressão das mulheres antecede a escravidão e a torna possível." LERNER, Gerda. *The Creation of Patriarchy*. Nova York: Oxford University Press, 1986, pp. 77-78. [*A criação do patriarcado: História da opressão das mulheres pelos homens*. São Paulo: Cultrix, 2019.]

17 Há indícios de que esse tipo de captura precede o patriarcado: há evidências de valas comuns espalhadas por todo o mundo nas quais os corpos de jovens mulheres estão ausentes em meio às vítimas de massacres brutais, sugerindo que elas eram levadas e não dizimadas junto com os outros. Na Britânia mesolítica, "restos mortais humanos [...] mostram níveis anômalos de proteína terrestre na dieta de muitos indivíduos do sexo feminino, em contraste com a prevalência generalizada de alimentos marinhos entre o restante da população. Tem-se a impressão de que as mulheres originárias das terras do interior (que até então se alimentavam em grande medida de carne, não de peixe) tinham se juntado aos grupos costeiros. O que isso nos diz? Talvez indique que as mulheres tinham sido capturadas e transportadas após os ataques, quiçá em saques feitos por forrageadores em comunidades rurais. Tudo isso no campo da especulação". GRAEBER e WENGROW, *Dawn of Everything* [*O despertar de tudo*], pp. 261, 263.

18 "Em outros exemplos, a própria Grande Deusa sofreu transformações. Em períodos mais antigos, seus atributos eram universais – sua sexualidade se conectava com o nascimento, com a morte e com o renascimento; seu poder se aplicava tanto para o bem quanto para o mal, para a vida e para a morte; a deusa tinha aspectos de guerreira-mãe, protetora e intercessora junto ao deus masculino dominante. Nos períodos posteriores, suas diversas qualidades foram dispersadas e incorporadas por deusas distintas. O aspecto de guerreira se enfraqueceu, provavelmente relegado ao deus masculino, e suas qualidades de curandeira foram cada vez mais reforçadas. Isso parece refletir uma mudança em conceitos de gênero nas sociedades nas quais ela era venerada. O aspecto erótico foi enfatizado na deusa grega Afrodite e na deusa romana Vênus. O atributo de curandeira e de protetora das mulheres na hora do parto foi vinculado à deusa Milita, na Assíria, e a Ártemis, Ilítia e Hera, na Grécia. O culto de Aserá, em Canaã, que coexistiu por séculos com o culto de Javé e que é frequentemente condenado no Velho Testamento, pode ter tido sua origem na associação da deusa com a proteção na hora do parto. [...] É justificável considerarmos a extraordinária persistência dos cultos à fertilidade e à deusa como uma expressão da resistência feminina à predominância de deidades masculinas. Até o momento não existe nenhuma evidência que prove essa especulação,

mas é difícil explicar a persistência desses cultos ao feminino de outra maneira." LERNER, *The Creation of Patriarchy* [*A criação do patriarcado*], p. 159.

19 "Quando consideramos que até o século XI os homens da nobreza europeia ainda se envolviam com o concubinato, a competição era real e tendia a colocar mulheres nobres umas contra as outras. Não apenas o concubinato como também o adultério masculino com mulheres de classes mais baixas constituíam uma ameaça à segurança financeira das esposas." LERNER, Gerda. *The Creation of Feminist Consciousness: From the Middle Ages to Eighteen-seventy*. Nova York: Oxford University Press, 1993, p. 119. [*A criação da consciência feminista: A luta de 1.200 anos das mulheres para libertar suas mentes do pensamento patriarcal*. São Paulo: Cultrix, 2022.]

20 CAMPBELL, *Goddesses* [*Deusas*], p. 135.

21 Joseph Campbell atribui essa ideia a Henri Frankfort e a seu livro sobre o pensamento arcaico, *Before Philosophy*. CAMPBELL, *Goddesses* [*Deusas*], p. 15.

22 Acredita-se que dois dos mais importantes líderes dessa era – Sargão (c. 2334-2279 a.C.) e Hamurabi (1792-1750 a.C.) – sejam a base de líderes bíblicos centrais (Moisés e Ninrode, respectivamente). O Código de Hamurabi é profundamente misógino, e as Leis Assírias Médias (c. 1175 a.C.) não são muito melhores. CAMPBELL, *Goddesses* [*Deusas*], p. 85. Conforme elabora Gerda Lerner: "A subordinação sexual das mulheres era institucionalizada nos primeiros códigos legais e imposta com toda a força do Estado. A cooperação das mulheres com o sistema era garantida por vários meios: força, dependência econômica do líder masculino da família, privilégios de classe concedidos a mulheres obedientes e dependentes das classes superiores, e pela divisão artificialmente criada entre mulheres respeitáveis e não respeitáveis." LERNER, *The Creation of Patriarchy* [*A criação do patriarcado*], p. 9.

23 Joseph Campbell articula a triste realidade da solidificação de uma estrutura de crenças quando ela é codificada dessa maneira. Escreve ele: "A divindade não continua a crescer, a se expandir ou a abranger novas forças culturais e novos feitos da ciência, e o resultado é esse conflito de faz de conta que temos em nossa cultura entre ciência e religião. Uma das funções da mitologia é apresentar uma imagem do cosmos de tal maneira que ela se torne condutora desse entendimento místico: para onde quer que se olhe, é como se a pessoa estivesse olhando para um ícone, uma imagem sagrada, e os muros do espaço e do tempo se abrem para uma dimensão profunda de mistério, uma dimensão dentro e fora de nós." Ele acrescenta que nas tradições grega e hindu não há uma autoridade que possa determinar a ortodoxia, o que permite uma experiência diferente dessas mitologias. CAMPBELL, *Goddesses* [*Deusas*], p. 107.

24 Conforme escreve Gerda Lerner: "Atualmente se tem como certo o fato de que antigos elementos culturais sumério-babilônicos, cananeus e egípcios foram adaptados e transformados pelos escritores e redatores da Bíblia, e que práticas, leis e costumes contemporâneos de povos vizinhos foram refletidos em sua narrativa." LERNER, *The Creation of Patriarchy* [*A criação do patriarcado*], p. 161.

25 Abraão (1996-1821 a.C., o que, sim, sugere que ele teria vivido 175 anos) é o pai do monoteísmo – do judaísmo, do cristianismo e do islã. Ele nasceu em Ur, capital da Mesopotâmia, e conta a lenda que seu pai era um fabricante de imagens e que Abraão destruiu todas as estátuas de sua loja, com exceção de uma, demonstrando sua devoção a um só Deus. Supostamente, ao longo da vida, Abraão fez várias alianças com Deus,

o qual teria lhe dito que seu povo herdaria a terra depois de quatrocentos anos de escravidão. Ele andou por muitos lugares com a esposa Sara – Canaã, Egito – mas, em resumo, teve o primeiro filho, Ismael, com a criada de Sara, Agar (Sara era estéril, então ofereceu Agar como se esta fosse uma peça alternativa de "propriedade" patriarcal), e então, quando já estava com 90 anos, Sara engravidou do segundo filho de Abraão, Isaque. Tanto a tradição hebraica quanto a muçulmana reivindicam Abraão: no mundo da primeira, Isaque é o justo herdeiro de Abraão (seguido de seu filho, Israel, conhecido como Jacó); para a segunda, o herdeiro é Ismael. Jacó, Isaque e Abraão são oficialmente considerados "os patriarcas" da "era patriarcal" (2000 a.C.).

26 O Velho Testamento é repleto de preceitos, mais precisamente 613 *mitzvot*, que vão dos mais conhecidos (não oprima os fracos) aos mais mundanos (não tatue a pele) e esotéricos (não tenha franjas na barra das vestes).

27 No original, a autora faz referência à *King James Bible*. Nesta tradução, todas as passagens bíblicas seguem o texto da *Bíblia Sagrada*. 99ª ed. São Paulo: Ave-Maria, 1995. (N.T.)

28 Joseph Campbell explica: "O poder da vida leva a serpente a trocar de pele, assim como a lua se esconde nas sombras. A serpente troca de pele para renascer, assim como a lua renasce. São símbolos equivalentes. [...] Na tradição bíblica que herdamos, a vida é corrompida, e todo impulso natural é pecaminoso a não ser que seja circuncidado ou batizado. A serpente trouxe o pecado para o mundo. E a mulher foi quem deu o fruto ao homem. Essa identificação da mulher com o pecado, da serpente com o pecado e, portanto, da vida com o pecado é a distorção que foi dada a toda a história no mito bíblico e na doutrina da queda. [...] O Jardim do Éden é a morada da serpente. É uma história muito, muito antiga. Existem selos cilíndricos sumérios datados de 3500 a.C. mostrando a serpente, a árvore e a deusa, com a deusa oferecendo o fruto da vida a um visitante masculino. A velha mitologia da deusa está bem ali." CAMPBELL, Joseph. *The Power of Myth*. Com Bill Moyers. Nova York: Anchor Books, 1991, pp. 52-55. [*O poder do mito*. São Paulo: Palas Athena, 2014.]

29 De acordo com Campbell, é irônico que o feminino seja apontado como razão da queda, uma vez que nenhuma deusa da mitologia prega a separação. De acordo com ele: "Com essas mitologias semíticas masculinas, temos pela primeira vez a separação entre o indivíduo e o divino, e isso é um dos pontos mais importantes e decisivos na história da mitologia: que a vida eterna e a unidade com o universo não sejam mais nossas. Somos separados de Deus, Deus é separado de seu mundo, o homem se volta contra a natureza, a natureza se volta contra o homem. Não se vê essa separação nas mitologias da Grande Mãe." CAMPBELL, *Goddesses* [*Deusas*], p. 86.

30 Como escreve Lúcio Apuleio: "Eu sou ela que é a mãe natural de todas as coisas, senhora e governanta de todos os elementos, a prole inicial dos mundos, chefe dos poderes divinos, rainha de todos que estão no inferno, líder dos que vivem no paraíso, manifestada sozinha e sob a forma de todos os deuses e deusas. À minha mercê são postos os planetas no céu, todos os ventos dos mares e os silêncios de lamento do inferno; meu nome e minha divindade são adorados em todo o mundo de diversas maneiras, com costumes variados e com muitos nomes. Pois os frígios, que são os primeiros de todos os homens, me chamam de Mãe dos deuses de Pessino; os atenienses, que são a primavera de seu solo, de Minerva de Cecrópia; os cíprios, atracados no mar, de Vênus de

Pafos; os cretenses, que empunham flechas, de Diana Dictina; os sicilianos, que falam três línguas, de Prosérpina infernal; os eleusinos, de sua antiga deusa Ceres; alguns de Juno, outros de Belona, outros de Hécate, outros de Ramnúsia, especialmente os dois tipos de etíopes que vivem no Oriente e são iluminados pelos raios do sol matinal; e os egípcios, excelentes em todo tipo de doutrina antiga e acostumados a me venerar em suas cerimônias, chamam-me pelo nome verdadeiro, Rainha Ísis." CAMPBELL, *Goddesses* [*Deusas*], p. 252.

31 Campbell sugere que as mulheres são o bode expiatório porque representam a vida. "O homem não nasce a não ser por intermédio de uma mulher, então é a mulher quem nos traz a este mundo de dicotomias e sofrimento." CAMPBELL, *The Power of Myth* [*O poder do mito*], p. 55.

32 Os cristãos compõem 31,2% da população mundial, enquanto os judeus são apenas 0,2%. HACKETT, Conrad; McCLENDON, David. Christians Remain World's Largest Religious Group, but They Are Declining in Europe. *Pew Research Center, Fact Tank*, 5 abr. 2017. Disponível em: https://pewresearch.org/fact-tank/2017/04/05/christians-remain-worlds-largest-religious-group-but-they-are-declining-in-europe.

33 "Não só não temos os originais, como também não temos as primeiras cópias dos originais. Nem sequer temos cópias das cópias dos originais, ou cópias das cópias das cópias dos originais. O que temos são cópias feitas mais tarde – muito mais tarde. Na maior parte, são cópias feitas *séculos* depois. E essas cópias todas diferem umas das outras em milhares de trechos." Também é importante lembrar que o Velho Testamento foi originalmente escrito em hebraico, e o Novo Testamento, em grego; e que ambos receberam várias traduções para o latim, o copta, o siríaco etc. EHRMAN, Bart. *Misquoting Jesus: The Story Behind Who Changed the Bible and Why*. Nova York: HarperOne, 2005, p. 10. [*O que Jesus disse? O que Jesus não disse? – Quem mudou a Bíblia e por quê?* Rio de Janeiro: HarperCollins Brasil, 2015.]

34 Karen King, professora na Harvard Divinity School, que escreveu vários livros excelentes sobre Maria Madalena e outras figuras históricas, ofereceu um panorama sucinto para o portal *Frontline*. KING, Karen L. Women in Ancient Christianity: The New Discoveries. *Frontline*, abr. 1998. Disponível em: www.pbs.org/wgbh/pages/frontline/shows/religion/first/women.html.

35 Chamar Pedro de primeiro apóstolo é problemático porque é uma inverdade. Como explica Pagels: "Por quase 2 mil anos, os cristãos ortodoxos aceitaram a visão de que apenas os apóstolos tinham autoridade religiosa definitiva e que seus herdeiros legítimos eram os padres e bispos que vinculam sua ordenação àquela mesma sucessão apostólica. Até hoje o papa vincula a sua – e a primazia que proclama sobre as demais – ao próprio Pedro, 'o primeiro dos apóstolos', uma vez que ele foi 'a primeira testemunha da ressurreição.'" PAGELS, Elaine. *The Gnostic Gospels*, 1979; reimpressão, Nova York: Vintage, 1989, p. 11. No entanto, em todos os quatro evangelhos canônicos do Novo Testamento, afirma-se que Maria Madalena foi a primeira a ver a ressurreição de Cristo, embora os discípulos homens (*especialmente* Pedro) tenham expressado ceticismo diante da ideia de que ela recebesse tal honra. Eis Marcos, para contextualização: "Tendo Jesus ressuscitado de manhã, no primeiro dia da semana, apareceu primeiramente a Maria de Magdala, de quem tinha expulsado sete demônios. Foi ela noticiá-lo aos que estiveram com ele, os quais estavam aflitos e chorosos. Quando souberam que Jesus vivia

e que ela o tinha visto, não quiseram acreditar" (Marcos 16:9-11). Essa passagem não aparece em muitos manuscritos antigos [a autora cita o trecho de acordo com a *King James Bible*]. Hal Taussig, que em 2013 editou *A New New Testament: A Bible for the 21st Century Combining Traditional and Newly Discovered Texts*, uma tradução muito mais abrangente do Novo Testamento que inclui muitos Evangelhos Gnósticos, não incluiu essa passagem na versão que ele lançou junto com dezenove outros líderes espirituais. No entanto, essa é a versão da Bíblia que a maioria dos cristãos conhece e lê.

36 De acordo com a professora de história da religião Elaine Pagels, a exclusão e a difamação de Maria Madalena se alinham ao que estava acontecendo com o status das mulheres nos primeiros séculos depois que Jesus supostamente viveu e morreu. "Na Grécia e na Ásia Menor, as mulheres participavam ao lado dos homens dos cultos religiosos, em especial dos cultos da Grande Mãe e da deusa egípcia Ísis. Ainda que as posições de liderança fossem reservadas aos homens, as mulheres prestavam serviços e exerciam profissões. Algumas recebiam educação formal, estudavam artes e atuavam em áreas como a medicina. No Egito, as mulheres haviam conquistado, por volta do século I, um estado de emancipação relativamente avançado do ponto de vista social, político e legal." PAGELS, *Gnostic Gospels*, p. 62.

37 Os cátaros, adeptos da castidade, veneravam Maria Madalena, e as mulheres costumavam assumir papéis de liderança entre eles. Foram o primeiro alvo da Inquisição. VALERIO, Adriana. *Mary Magdalene: Women, the Church, and the Great Deception*. Tradução: Wendy Wheatley. Nova York: Europa Editions, 2020, p. 63.

38 "Como Jesus nada escreveu, todas as descrições que temos dele refletem as perspectivas dos primeiros cristãos. Desde o final do século XVIII, os historiadores vêm se perguntando como essas descrições evoluíram. Depois de uma longa e árdua investigação, os pesquisadores construíram a seguinte imagem: Jesus disse e fez algumas coisas que foram lembradas e repassadas adiante em relatos orais. As pessoas não repetiam tudo que ele tinha dito e feito, mas apenas o que era particularmente memorável ou notável, em especial o que servia nos primeiros séculos à pregação, aos ensinamentos, às práticas ritualísticas e a outros aspectos da vida em comunidade. Suas parábolas e máximas (os chamados aforismos) costumavam ser tão marcantes, incisivas e memoráveis que eram repetidas de novo e de novo. Uma máxima como 'Bem-aventurados os pobres', por exemplo, certamente chamaria a atenção das pessoas." KING, Karen L. *The Gospel of Mary of Magdala: Jesus and the First Woman Apostle*. Santa Rosa: Polebridge Press, 2003, pp. 93-94.

39 Ainda que possamos nos animar acerca dos Evangelhos Gnósticos e do Evangelho de Maria Madalena, a pastora episcopal Cynthia Bourgeault afirma que aqueles que leem o Novo Testamento não deveriam subestimar a importância de Madalena no texto. Ela escreve: "É verdade que esses textos antigos recém-descobertos preenchem a figura de Maria Madalena de um jeito significativo. Contudo, eles não contradizem em absoluto a figura já disponibilizada nos evangelhos canônicos conhecidos (Mateus, Marcos, Lucas e João). Mesmo que só tenhamos esses quatro textos para analisar, há material mais que suficiente ali para assegurar uma releitura completa de Maria Madalena. Não é uma questão de informação; é de como a ouvimos e a processamos." BOURGEAULT, Cynthia. *The Meaning of Mary Magdalene: Discovering the Woman at the Heart of Christianity*. Boulder: Shambhala, 2010, p. 5.

40 CAMPBELL, *Goddesses* [Deusas], p. 16.
41 De acordo com o professor David Brakke, obras como essa eram bastante comuns: "Os povos antigos criavam antologias de excertos de trabalhos escritos por diversos motivos, incluindo estudo particular, pesquisas para algum trabalho e crescimento pessoal. Os cristãos criavam antologias de excertos da Bíblia ou 'testemunhos' principalmente com fins laudatórios, para defender os argumentos cristológicos e eclesiásticos e para exortação moral, de modo a encorajar a virtude e desencorajar o vício." BRAKKE, David. Introdução a *Talking Back (Antirrhêtikos): A Monastic Handbook for Combating Demons*, de Evagrius Ponticus. Collegeville: Liturgical Press, 2009, p. 7.
42 PAPA GREGÓRIO I. *Moralia in Job*, 31.87. Lectionary Central. Disponível em: www.lectionarycentral.com/GregoryMoralia/Book31.html.
43 Também não há qualquer referência ao fato de a mulher pecadora mencionada no Novo Testamento ser uma prostituta. No prefácio à tradução de Leloup do Evangelho de Maria, David Tresemer e Laura-Lea Cannon escrevem: "É interessante observar que a palavra grega interpretada como "pecadora" no versículo de Lucas ao qual o papa Gregório se referiu era *harmartolos*, que pode ser traduzida de diversas maneiras. Numa perspectiva judaica, pode significar aquela que transgrediu a lei judaica. Pode também significar alguém que, talvez, não tenha quitado seus impostos. A palavra em si não remete a uma meretriz ou prostituta. A palavra grega para meretriz, *porin*, que aparece em outra passagem de Lucas, não é a palavra usada para se referir à mulher pecadora que chora aos pés de Jesus. Na verdade, *não há qualquer referência a ela – ou a Maria – como prostituta em nenhuma passagem dos evangelhos.*" TRESEMER, David; CANNON, Laura-Lea. Prefácio em *The Gospel of Mary Magdalene*. Tradução do copta e comentários: Jean-Yves Leloup. Tradução para o inglês e notas: Joseph Rowe. Rochester: Inner Traditions, 2002, pp. xvi-xvii.
44 O papa Gregório I dedica um pouco mais de atenção a Maria: "Claro está, irmãos, que essa mulher previamente utilizou o unguento para perfumar sua carne em atos proibidos. O que ela portanto exibira de modo mais escandaloso oferecia agora a Deus de maneira mais louvável." Uau! Citação extraída de KING, *The Gospel of Mary of Magdala*, p. 151.
45 BOURGEAULT, *The Meaning of Mary Magdalene*, pp. 22-23.
46 No Evangelho de João, Cristo, durante a ascensão, diz a Maria: "*Noli me tangere*" – ou essa é a tradução para o latim que os padres da Igreja fizeram, que significa "Não me toques". E é assim que Maria Madalena costuma ser representada na arte religiosa: agarrando-se a Cristo como a prostituta penitente que ela supostamente é, tentando arrastá-lo para sua posição ultrajante. Alguns estudiosos da religião, no entanto, argumentam que essa é uma tradução equivocada do original grego; afirmam que o que Jesus diz na verdade é que ela não deveria se apegar a ele durante aquele estado de transição. Tais teólogos acreditam que Cristo estava dizendo a ela que ele ainda estava no processo de volta para casa – não a estava castigando, apenas lhe dizendo para se desprender do corpo físico dele. Em seu prefácio, Tresemer e Cannon escrevem: "Essas palavras têm sido interpretadas como a confirmação de que Maria Madalena ainda carregava parte das máculas de seus pecados. Em outras palavras, alguns veem as palavras de Jesus Cristo como 'Afaste-se de mim, mulher suja'. De fato, muitas imagens com essa inscrição, *Noli me tangere*, retratam um Cristo transcendente e uma mulher

a seus pés, humilhando-se na máxima vergonha da rejeição. Contudo, se Maria Madalena ainda estivesse suja por causa do passado, então precisaríamos concluir que Jesus Cristo não fora um curador de fato eficiente – que ele não teria conseguido livrá-la dos demônios. Se olharmos as palavras de Cristo no original grego, o significado se traduz de modo um pouco diferente. 'Me mou aptou' usa o modo imperativo do verbo (h) aptein, 'prender'. Uma tradução mais adequada seria, então, 'Não se prenda a mim' ou 'Não se apegue a mim.'" TRESEMER e CANNON, prefácio de LELOUP, *The Gospel of Mary Magdalene*, p. xx.

47 Isso aconteceu no IV Concílio de Latrão, em 1215.

48 Como escreve Leonard Shlain, "o papa Gregório, o Grande (590-604) precisou lidar com um problema inoportuno: como assegurar, na qualidade de padre principal no comando de um vasto império, que a doutrina cristã fosse disseminada numa sociedade na qual as pessoas não sabiam ler e na qual as ilustrações eram proibidas. Diante de objeções estridentes feitas por muitos literalistas ferrenhos, e para o imenso alívio dos futuros amantes da arte, o papa declarou o Segundo Mandamento nulo e inválido. A 'pintura', disse ele, 'pode oferecer aos iletrados o que a escrita oferece aos que sabem ler'". SHLAIN, Leonard. *The Alphabet Versus the Goddess: The Conflict Between Word and Image*. Nova York: Penguin Compass, 1998, p. 266.

49 A professora Anne Barstow cita o trabalho do historiador R. I. Moore, autor de *The Formation of a Persecuting Society*: "Moore demonstrou como a Europa se tornou um órgão de perseguição; como, nos séculos XI e XII, os governos europeus começaram pela primeira vez a identificar grupos como inimigos do Estado – hereges, judeus, leprosos, homossexuais – e a *criar os mitos* que levariam governantes a destruir outros grupos. Observando que houve dois períodos principais de perseguição na Europa desde então, os séculos XVI e XVII (caça às bruxas) e o século XX (holocausto), Moore declara que a intolerância 'se tornou parte do caráter da sociedade europeia' e que em cada caso foram os governantes, e não o povo, que iniciaram e levaram adiante os genocídios. Em resumo, o principal motivo por trás do racismo e da intolerância na Europa foi a busca por poder político. Embora nenhuma das vítimas fosse um inimigo poderoso, elas serviram como pretexto para governos usarem armas poderosas contra o próprio povo." BARSTOW, Anne Llewellyn. *Witchcraze: A New History of the European Witch Hunts*. Nova York: HarperOne, 1995, p. 39. [*Chacina de feiticeiras: Uma revisão histórica da caça às bruxas na Europa*. Rio de Janeiro: José Olympio, 1995.]

50 Essa preocupação é evidente ao longo dos séculos XIV e XV na literatura e na arte, muito bem exemplificada na *Mesa dos Sete Pecados Capitais*, do pintor Hieronymus Bosch, 1505-1510.

51 Vide Barstow, que cita o trabalho do Professor Richard Dunn: "Levando-se em conta o fato de que por volta de 1560 a Europa começou a experimentar a saturação da população, a escassez de comida e a inflação descontrolada, sua classe dominante 'tinha uma necessidade desesperada de bodes expiatórios para amenizar o impacto dos desastres sociais para os quais não havia remédio: pobreza, doenças, crimes, fome, praga, carnificina de guerra e levantes revolucionários, todas características de uma sociedade atormentada'. A partir de uma abordagem primordialmente econômica, Dunn conclui que 'não por acidente a grande histeria da bruxaria, um dos fenômenos mais marcantes da era das guerras religiosas, teve início nos anos 1560'. Outros historiadores destacam

como gatilho para a caça às bruxas a pressão imposta sobre os plebeus pelos governos centralizadores e absolutistas e pelas igrejas influenciadas pela Reforma." BARSTOW, *Witchcraze* [*Chacina de feiticeiras*], p. 57.

52 "Essas caçadas, dignas do nome *chacina de feiticeiras*, não poderiam ter acontecido sem uma grande mudança legal: a adoção pelas cortes seculares de procedimentos inquisitoriais. Sessões secretas, ocultação da fonte das denúncias, negação ao direito de defesa, aceitação de evidências fornecidas por fontes suspeitas, ausência do interrogatório de testemunhas, aprovação de sentenças indeterminadas, presunção de culpa – tudo isso se justificava com o intuito de proteger a Igreja dos hereges, e a sociedade, das bruxas. O juiz era também o promotor e o confessor, tentando condenar a ré como seguidora de Satanás, mas fazendo isso de modo a salvar sua alma. Inegavelmente, contudo, a mudança mais influente trazida pelo procedimento inquisitorial foi o uso da tortura a fim de forçar a confissão e a denúncia de cúmplices." BARSTOW, *Witchcraze* [*Chacina de feiticeiras*], p. 49.

53 Registros indicam que 82% dos alvos eram mulheres, com exceção de alguns países, como a Rússia, onde mais homens eram acusados (60% contra 40%). Havia pouquíssima caça às bruxas na Rússia, no entanto, assim como em países ao longo da periferia da Europa; a maioria das caçadas estava centralizada no coração do Sacro Império Romano, na Alemanha e na França. BARSTOW, *Witchcraze* [*Chacina de feiticeiras*], pp. 75, 80.

54 WALKER, Barbara. *The Crone: Woman of Age, Wisdom, and Power*. Nova York: HarperOne, 1985, p. 30. [*A Velha: Mulher de idade, sabedoria e poder*. Lavras: A Senhora, 2001.]

55 Como explica Walker: "Magia, profecia, cura, fertilidade, nascimento, morte, cerimônias sazonais e literatura sagrada eram em larga escala o território das mulheres na Europa pré-cristã. Durante séculos de conquista patriarcal, novas leis foram implantadas contra os velhos sistemas de direitos maternos e de herança matrilinear de propriedade, a fim de retirar a propriedade das líderes femininas da família reconhecidas pelo paganismo e colocá-la nas mãos dos homens, de acordo com a ideia da Igreja de direito paterno. Previsivelmente, as mulheres costumavam se recusar a abandonar velhos hábitos que lhes tinham conferido destaque espiritual, econômico e social. Muitas delas percebiam que a Igreja tentava reduzir sua importância, relegar suas canções e histórias sagradas ao status de 'histórias de velhas', a demonizar suas divindades, condenar sua magia e até culpá-las por todos os pecados do mundo." WALKER, *The Crone* [*A Velha*], p. 53. Enquanto isso, escreve Eisler: "É um mundo no qual os 'homens de Deus' declaram que a metade da humanidade de cujos corpos surge a vida é carnal e pecaminosa e no qual 'bruxas' são queimadas vivas na fogueira pelo crime de curar por meio de 'feitiçaria' (ou seja, por meio da medicina popular com ervas em vez da sangria e de outros remédios 'heroicos' prescritos pelos médicos treinados e licenciados pela nova Igreja). É um mundo no qual os 'hereges' e 'traidores' que ousem questionar dogmas absolutistas ou a autoridade despótica são capturados e enclausurados e no qual até o furto de um pedaço de pão pode ser uma ofensa capital; no qual a maioria da população vive na pobreza e na sujeira, enquanto as classes dominantes acumulam ouro, prata e outras riquezas, e no qual homens 'espirituais' pregam que isso deve ser aceito com paciência, oferecendo em troca a promessa de uma vida melhor depois da morte." EISLER, Riane. *Sacred Pleasure: Sex, Myth, and the Politics of the Body – New Paths to Power and Love*.

Nova York: HarperOne, 1995, p. 154. [*O prazer sagrado: Sexo, mito e política do corpo*. Rio de Janeiro: Rocco, 1997.]

56 "As atitudes expressas no *Malleus* explicam como os alemães justificaram o extermínio de uma porção considerável de sua população feminina. Os alemães acusaram e executaram mulheres dentro da taxa média europeia (82% e 82%). No entanto, como condenaram à morte cerca de 30 mil pessoas, isso significa que eles dizimaram cerca de 24.600 mulheres – um número factível, levando-se em conta as devastações descritas anteriormente. Em Rotemburgo, por exemplo, por volta de 1590, ao menos 150 mulheres haviam sido executadas, e o pior estava por vir." Barstow relata que dois vilarejos foram deixados com apenas uma mulher cada e que numa vila renana uma pessoa a cada duas famílias foi assassinada. BARSTOW, *Witchcraze* [*Chacina de feiticeiras*], pp. 62, 24.

57 FEDERICI, Silvia. *Witches, Witch-Hunting, and Women*. Oakland: PM Press, 2018, p. 35, 40. [*Mulheres e caça às bruxas*. São Paulo: Boitempo Editorial, 2019.] TATAR, Maria. *The Heroine with 1,001 Faces*. Nova York: Liveright, 2021, p. 121. [*A heroína de 1001 faces: O resgate do protagonismo feminino na narrativa exclusivamente masculina da jornada do herói*. São Paulo: Cultrix, 2022.]

58 FEDERICI, *Witches, Witch-Hunting, and Women* [*Mulheres e caça às bruxas*], p. 40.

59 BARSTOW, *Witchcraze* [*Chacina de feiticeiras*], p. 21.

60 LERNER, *The Creation of Patriarchy* [*A criação do patriarcado*], p. 217.

61 MANNE, Kate. *Entitled: How Male Privilege Hurts Women*. Nova York: Crown, 2020, p. 7.

62 TWIST, Lynne. The Soul of Money. Entrevista a Elise Loehnen. *The goop Podcast*, 30 maio 2019.

Capítulo 2: Preguiça

1 PRICE, Devon. *Laziness Does Not Exist*. Nova York: Atria, 2021, p. 106.

2 De acordo com a Associação Americana de Psicologia, em 2017 as taxas eram de 5,1 para mulheres (numa escala até 10) contra 4,4 para homens; em 2007 eram de 6,3 contra 6,0. Todos esses dados são anteriores à pandemia de covid-19, e medir o impacto da pandemia tem sido o principal foco desde então. Stress in America: Paying with Our Health. *American Psychological Association*, 4 fev. 2015. Disponível em: www.apa.org/news/press/releases/stress/2014/stress-report.pdf. Os dados de 2017 podem ser encontrados em Stress in America: The State of Our Nation. *American Psychological Association*, 1º nov. 2017. Disponível em: www.apa.org/news/press/releases/stress/2017/state-nation.pdf.

3 Kristin Neff explica: "Quando mães e pais usam críticas duras para manter os filhos longe de problemas ('Não ande por aí como um idiota ou vai ser atropelado por um carro') ou para melhorar o comportamento ('Você nunca vai entrar na faculdade se continuar tirando essas notas horríveis'), os filhos pensam que essa crítica é uma ferramenta motivacional útil e necessária." NEFF, Kristin. *Self-Compassion: The Proven Power of Being Kind to Yourself*. Nova York: William Morrow, 2011, p. 25.

4 PARKER, Kim; PATTEN, Eileen. Caregiving for Older Family Members. Pew Research Center, 30 jan. 2013. Disponível em: www.pewresearch.org/social-trends/2013/01/30/caregiving-for-older-family-members. Volunteering in the United States: 2015. U.S. Bureau

of Labor Statistics, nota à imprensa, 25 fev. 2016. Disponível em: www.bls.gov/news.release/pdf/volun.pdf.
5   HEADLEE, Celeste. *Do Nothing: How to Break Away from Overworking, Overdoing, and Underliving*. Nova York: Harmony, 2020, p. xiv. [*Não faça nada: Como deixar de trabalhar demais, esforçar-se demais e viver de menos*. Rio de Janeiro: Alta Life, 2021.]
6   HEADLEE, *Do Nothing* [*Não faça nada*], p. 25.
7   Barr, que foi criada na tradição evangélica, deixou a igreja quando os veteranos demitiram seu marido pastor por ele ter pedido que as mulheres fossem autorizadas a pregar para os homens. Ela escreveu um livro fascinante sobre o complementarismo, que ela chama de "patriarcado cristão", ou a ideia de que os homens são os chefes da família e as mulheres devem se submeter a eles, de acordo com a Bíblia. Ela ressalta que isso é um desvio do que Jesus e até Paulo disseram: "E se o patriarcado não tiver sido ordenado por Deus, mas for o resultado do pecado humano? E se, em vez de ser uma criação divina, ele tiver se esgueirado para dentro da criação apenas depois da queda? E se o motivo de o fruto do patriarcado ser tão corrupto, mesmo dentro da igreja cristã, for o fato de o próprio patriarcado sempre ter sido um sistema corrompido? Em vez de pressupor que o patriarcado foi instituído por Deus, devemos perguntar se ele é um produto de mãos humanas pecaminosas." No que se refere à Reforma Protestante, na qual o movimento evangélico moderno também se baseia, Barr explica que ela foi terrível para as mulheres. Na tradição católica, as mulheres podiam optar pela virgindade e viver na clausura; ainda que impedidas de pregar, elas podiam ensinar e atuar como místicas e freiras. Ela escreve: "As mulheres sempre foram esposas e mães, mas só com o advento da Reforma Protestante tornar-se esposa e mãe passou a ser o 'critério ideológico de santidade' para as mulheres. Antes da Reforma, elas podiam conquistar autoridade espiritual ao rejeitar a sexualidade. A virgindade as empoderava. As mulheres se tornavam freiras e faziam votos religiosos, e algumas, como Catarina de Siena e Hildegarda de Bingen, fizeram suas vozes soar com a mesma autoridade dos homens. De fato, quanto mais as mulheres medievais se afastavam do casamento, mais se aproximavam de Deus. Depois da Reforma, o oposto se tornou verdade para as mulheres protestantes. Quanto mais elas se identificavam com o papel de esposa e mãe, mais divinas se tornavam." BARR, Beth Allison. *The Making of Biblical Womanhood: How the Subjugation of Women Became Gospel Truth*. Grand Rapids: Brazos Press, 2021, pp. 25, 102-103. [*A construção da feminilidade bíblica: Como a submissão das mulheres se tornou a verdade do Evangelho*. Rio de Janeiro: Thomas Nelson Brasil, 2022.]
8   WEBER, Max. *The Protestant Ethic and the "Spirit" of Capitalism and Other Writings*. Edição e tradução: Peter Baehr e Gordon C. Wells. Nova York: Penguin Classics, 2002. [*A ética protestante e o espírito do capitalismo*. São Paulo: Martin Claret, 2020.]
9   De acordo com o *The Washington Post*, "o número de grandes empregadores usando ferramentas para rastrear seus funcionários dobrou desde o início da pandemia e chegou aos 60%. Estima-se que esse número vai aumentar e chegar aos 70% nos próximos três anos". ABRIL, Danielle; HARWELL, Drew. Keystroke Tracking, Screenshots, and Facial Recognition: The Boss May Be Watching Long After the Pandemic Ends. *The Washington Post*, 24 set. 2021. Disponível em: www.washingtonpost.com/technology/2021/09/24/remote-work-from-home-surveillance.

10 Occupational Employment and Wages: maio 2021. U.S. Bureau of Labor Statistics. Disponível em: www.bls.gov/oes/current/oes_nat.htm. Acesso em: 29 jul. 2022.
11 Headlee cita a pesquisa de Laura Vanderkam: mulheres que afirmavam ter uma semana de trabalho de 60 horas trabalhavam na verdade 44 horas semanais. HEADLEE, *Do Nothing* [*Não faça nada*], p. 50.
12 O professor Eli Finkel explica que entre casais heterossexuais tem havido um aumento marcante no tempo dedicado à criação dos filhos, principalmente nas últimas décadas e *especificamente* entre as mães: "Entre 1965 e o início dos anos 1990, os homens passavam quatro a cinco horas por semana envolvidos em atividades intensivas de cuidado com os filhos. Até que, de repente, pais e mães aumentaram bastante o tempo gasto nessas atividades; por volta de 2008, os pais passavam oito a dez horas por semana com os filhos, e as mães, até quinze ou vinte horas semanais. Esses efeitos foram mais fortes entre americanos com maiores índices de educação formal do que entre aqueles com menores índices, o que se encaixa na sugestão da socióloga Annette Lareau de que americanos com alto nível de educação formal são especialmente propensos a adotar o método de criação denominado *cultivo orquestrado*, no qual pais e mães facilitam o desenvolvimento dos filhos por meio de atividades organizadas, treinamento linguístico e envolvimento ativo nas atividades escolares." FINKEL, Eli. *The All-or-Nothing Marriage: How the Best Marriages Work*. Nova York: Dutton, 2018, p. 135. A filósofa Kate Manne verificou esses dados, citando o trabalho de sociólogos que estudaram casais heterossexuais que têm filhos e trabalham: "Além disso, muito do novo trabalho que os homens *de fato* assumiam nessas situações era o trabalho comparativamente 'divertido' de se envolver com os filhos – por exemplo, brincar com o bebê. Os pais faziam isso por quatro horas semanais, em média, enquanto diminuíam o número de horas dedicadas a tarefas domésticas em cinco horas por semana durante o mesmo período. As mães diminuíam o tempo dedicado às tarefas domésticas em apenas uma hora por semana, enquanto adicionavam cerca de 21 horas de trabalho dedicadas às crianças, incluindo 15 horas de trabalho físico – por exemplo, troca de fraldas e banhos do bebê." MANNE, Kate. *Entitled: How Male Privilege Hurts Women*. Nova York: Crown, 2020, p. 121. Em geral, fazemos menos tarefas domésticas hoje em dia, embora as expectativas de limpeza e organização também tenham aumentado nos últimos noventa anos. "Em seu livro *More Work for Mother*, a historiadora Ruth Schwartz Cowan mostra que, quando as donas de casa começaram a ter acesso aos aparelhos que 'poupavam trabalho', como máquinas de lavar e aspiradores de pó, não houve nenhuma economia de tempo, pois os padrões de limpeza da sociedade simplesmente aumentaram a ponto de neutralizar os benefícios; agora que você *podia* tirar toda e qualquer manchinha da camisa do marido depois de um único uso, começou a parecer que você *deveria* fazê-lo, a fim de mostrar quanto você o amava." BURKEMAN, Oliver. *Four Thousand Weeks: Time Management for Mortals*. Nova York: Farrar, Straus and Giroux, 2021, p. 42. [*Quatro mil semanas: Gestão de tempo para mortais*. Rio de Janeiro: Objetiva, 2022.]
13 O termo *aloparente* foi cunhado pelo biólogo e escritor Edward O. Wilson. WILSON, Edward O. *Sociobiology*. Cambridge: Harvard University Press, 1975.
14 HRDY, Sarah Blaffer. *Mothers and Others: The Evolutionary Origins of Mutual Understanding*. Cambridge: Harvard University Press, 2009.

15 Conforme escreve Montagu: "As mulheres, pela primeira vez, foram convocadas a substituir os homens em ocupações que antes eram de domínio exclusivamente masculino. Elas se tornaram motoristas de ônibus, maquinistas, motoristas de caminhão, cobradoras, operárias, lavradoras, peoas, supervisoras, secretárias executivas, funcionárias das forças armadas e muitas outras coisas que quase todo mundo acreditara estar além da capacidade feminina. No início, alegaram que as mulheres não trabalhavam tão bem quanto os homens; depois, as pessoas foram forçadas a admitir que elas não eram assim tão ruins; e, quando a guerra acabou, muitos empregadores relutaram em trocar suas funcionárias por homens!" MONTAGU, Ashley. *The Natural Superiority of Women*. Lanham: Altamira, 1999, p. 54. [*A superioridade natural da mulher*. Rio de Janeiro: Civilização Brasileira, 1970.] Já o professor Eli Finkel apresenta uma história fascinante do casamento moderno e de sua evolução. Ele escreve sobre como as mulheres foram reverenciadas como patriotas por terem adentrado a força de trabalho durante a Primeira Guerra Mundial e depois enfrentaram ressentimento quando os homens retornaram e quiseram seus postos de volta – o advento da Grande Depressão não ajudou muito. Então, após a Segunda Guerra Mundial, veio a lei dos veteranos (*G.I. Bill*), atualizada em 1948, permitindo "que os homens casados tivessem direito a uma isenção substancial de impostos apenas se a esposa ganhasse pouco ou nenhum dinheiro. Dados o espírito cultural conservador da época e esse tipo de política, não nos surpreende o fato de muitas mulheres terem buscado autorrealização na vida doméstica ou de 60% das que entravam na universidade deixarem o curso sem se formar – fosse para se casar (o chamado 'diploma de senhora') ou por medo de que um título universitário diminuísse as chances de casamento". FINKEL, *The All-or-Nothing Marriage*, p. 60.
16 SCHULTE, Brigid. The Culture of Busyness. Entrevista a Elise Loehnen. *The goop Podcast*, 7 maio 2020.
17 BOUSHEY, Heather. *Finding Time: The Economics of Work-Life Conflict*. Cambridge: Harvard University Press, 2016, pp. 5-6.
18 CHEMALY, Soraya. *Rage Becomes Her: The Power of Women's Anger*. Nova York: Atria, 2018, pp. 67-68.
19 BRENAN, Megan. Women Still Handle Main Household Tasks in U.S. Gallup, 29 jan. 2020. Disponível em: https://news.gallup.com/poll/283979/women-handle-main-household-tasks.aspx.
20 CHEMALY, *Rage Becomes Her*, p. 81.
21 SCHULTE, Brigid. Ending the Mommy Wars. Entrevista a Elise Loehnen, *goop*, 8 maio 2014.
22 GETTLER, Lee T.; KUO, Patty X.; SARMA, Mallika S.; TRUMBLE, Benjamin C.; LEFEVER, Jennifer E. Burke; BRAUNGART-RIEKER, Julia M. Fathers' Oxytocin Responses to First Holding Their Newborns: Interactions with Testosterone Reactivity to Predict Later Parenting Behavior and Father-Infant Bonds. *Developmental Psychology*, v. 63, n. 5, pp. 1384-1398, 2021. Disponível em: http://doi.org/10.1002/dev.22121.
23 HARRINGTON, Brad; McHUGH, Tina Tawler; FRAONE, Jennifer Sabatini. Expanded Pay Parental Leave: Measuring the Impact of Leave on Work and Family. *Boston College Center for Work and Family*, 2019. Disponível em: www.bc.edu/bc-web/schools/carroll--school/sites/center-for-work-family/research/work-life-flexibilityI.html.

24 Parental Leave Study. *Deloitte*, 2016. Disponível em: www2.deloitte.com/content/dam/Deloitte/us/Documents/about-deloitte/us-about-deloitte-paternal-leave-survey.pdf.
25 Em meu podcast, tive uma longa conversa sobre Vicky e a economia do cuidado com Angela Garbes, autora do maravilhoso *Essential Labor: Mothering as Social Change*. GARBES, Angela. Understanding Essential Labor. Entrevista a Elise Loehnen. *Pulling the Thread*, 12 maio 2022.
26 BOEHM, Michaela. An Introduction to Tantra. Entrevista a Elise Loehnen, *goop*, 18 dez. 2014. Disponível em: https://goop.com/wellness/sexual-health/an-introduction-to-tantra.
27 KORNRICH, Sabino; BRINES, Julie; LEUPP, Katrina. Egalitarianism, Housework, and Sexual Frequency in Marriage. *American Sociological Review*, v. 78, n. 1, pp. 26-50, 2013. Disponível em: https://doi.org/10.1177/0003122412472340.
28 BOEHM, An Introduction to Tantra.
29 HEADLEE, *Do Nothing* [*Não faça nada*], p. 105.
30 HEADLEE, *Do Nothing* [*Não faça nada*], p. 98.
31 PILLAY, Srini. The Power of the Unconscious Mind. Entrevista a Elise Loehnen. *The goop Podcast*, 18 dez. 2018. Pillay também escreveu um livro chamado *Tinker Dabble Doodle Try: Unlock the Power of the Unfocused Mind*. Nova York: Ballantine, 2017.
32 PILLAY, The Power of the Unconscious Mind.
33 ESKINAZI, M.; GIANNOPULU, I. Continuity in Intuition and Insight: From Real to Naturalistic Virtual Environment. *Scientific Reports*, v. 11, n. 1876, 2011. Disponível em: https://doi.org/10.1038/S41598-021-81532-W.
34 Conversei com o doutor Rafael Pelayo, de Stanford, sobre a incidência de TDAH e os distúrbios do sono, e com o jornalista James Nestor, que escreveu o fascinante livro *Respire*. Eu os entrevistei no *The goop Podcast* em 6 de julho e em 12 de novembro de 2020, respectivamente. Para mais informações sobre TDAH, recomendo também MATÉ, Gabor. *Scattered Minds: The Origins and Healing of Attention Deficit Disorder*. Toronto: Vintage Canada, 1999.
35 MONTAGU, *The Natural Superiority of Women* [*A superioridade natural da mulher*], p. 46.
36 DiPRETE, Thomas A.; BUCHMANN, Claudia. *The Rise of Women: The Growing Gender Gap in Education and What It Means for American Schools*. Nova York: Russell Sage Foundation, 2013. As meninas superam os meninos em inteligência e em outras habilidades computacionais ao longo da infância; é só na adolescência que os meninos as alcançam, em parte possivelmente por causa de fatores sociais. Ashley Montagu oferece uma lista abrangente e fascinante de áreas em que as meninas têm maior aptidão, do aprendizado de línguas estrangeiras a funcionalidades linguísticas e testes de aprendizado de códigos. MONTAGU, *The Natural Superiority of Women* [*A superioridade natural da mulher*], pp. 193-194. De modo semelhante, o National Child Development Study (Estudo Nacional do Desenvolvimento da Criança) rastreou no Reino Unido toda uma geração de crianças por meio século e descobriu que as meninas tendiam a ser mais inteligentes em várias áreas até os 16 anos. KANAZAWA, Satoshi. Girls Are More Intelligent Than Boys. *Psychology Today*, 3 out. 2013. Disponível em: www.psychologytoday.com/us/blog/the-scientific-fundamentalist/201010/girls-are-more-intelligent-boys. Enquanto isso, as mulheres seguem superando os homens nos níveis mais altos de educação formal mundo afora: enquanto os campi tinham 58% de homens nos anos 1970, agora a popula-

ção de pessoas que se identificam como mulheres é de 56%. NATIONAL CENTER FOR EDUCATION STATISTICS. Total Undergraduate Fall Enrollment in Degree-Granting Postsecondary Institutions, by Attendance Status, Sex of Student, and Control and Level of Institution: Selected Years, 1970 Through 2029. Tabela 303.70. Disponível em: https://nces.ed.gov/programs/digest/d20/tables/dt20_303.70.asp. Acesso em: 8 fev. 2022.

37 MILLER, Claire Cain; QUEALY, Kevin; SANGER-KATZ, Margot. The Top Jobs Where Women Are Outnumbered by Men Named John. *The New York Times*, 24 abr. 2018. Disponível em: www.nytimes.com/interactive/2018/04/24/upshot/women-and-men-named-john.html.

38 O que é ainda pior, as mulheres são 69% dos 7 milhões de empregados que ganham menos de 10 dólares por hora. TUCKER, Jasmine; PATRICK, Kayla. Low-Wage Jobs Are Women's Jobs: The Overrepresentation of Women in Low-Wage Work. *National Women's Law Center*, ago. 2017. Disponível em: https://nwlc.org/wp-content/uploads/2017/08/Low-Wage-Jobs-are-Womens-Jobs.pdf. De acordo com os dados de 2018 do Census Bureau dos Estados Unidos, 56% das pessoas vivendo na pobreza são mulheres – e há mais mulheres pobres do que homens pobres em qualquer grupo racial. BLEIWEIS, Robin; GAINES, Alexandra Cawthorne. Basic Facts About Women in Poverty. *Center for American Progress*, 3 ago. 2020. Disponível em: www.americanprogress.org/article/basic-facts-women-poverty.

39 KASHEN, Julie; NOVELLO, Amanda. How COVID-19 Sent Women's Workforce Progress Backwards. *Center for American Progress*, 30 out. 2020. Disponível em: www.americanprogress.org/article/covid-19-sent-womens-workforce-progress-backward.

40 CASSELLA, Megan. The Pandemic Drove Women Out of the Workforce. Will They Come Back? *Politico*, 22 jul. 2021. Disponível em: www.politico.com/news/2021/07/22/coronavirus-pandemic-women-workforce-500329.

41 GAINES, Kathleen. Male Nurses Earn $5,000 More per Year Than Female Nurses, Study Finds. *Nurse.org*, 19 ago. 2021. Disponível em: https://nurse.org/articles/gender-pay-inequality-in-nursing.

42 The Patterns of Teacher Compensation. *National Center of Education Statistics*, jan. 1996. Disponível em: https://nces.ed.gov/pubs/web/95829.asp.

43 KLEVEN, Henrik; LANDAIS, Camille; SØGAARD, Jakob Egholt. Children and Gender Inequality: Evidence from Denmark. *American Economic Journal: Applied Economics*, v. 11, n. 4, out. 2019, pp. 181-209. Disponível em: https://doi.org/10.1257/app.20180010.

Capítulo 3: Inveja

1 BROWN, Brené. *Atlas of the Heart: Mapping Meaningful Connection and the Language of Human Experience*. Nova York: Random House, 2021, pp. 26, 29.

2 GOTTLIEB, Lori. Why You Should Follow Your Envy. Entrevista a Elise Loehnen. *The goop Podcast*, 20 jun. 2019.

3 DOYLE, Glennon. *Untamed*. Nova York: Dial Press, 2020, p. 285. [*Indomável*. Rio de Janeiro: HarperCollins Brasil, 2020.]

4 SIMMONS, Rachel. *Odd Girl Out: The Hidden Culture of Aggression in Girls*. Nova York: Mariner, 2002, p. 157. [*Garota fora do jogo: A cultura oculta da agressão nas meninas*. Rio de Janeiro: Rocco, 2004.]

5   SIMMONS, *Odd Girl Out* [*Garota fora do jogo*], p. 161.
6   DOYLE, Glennon. When You Quit Being Good. Entrevista a Elise Loehnen. *The goop Podcast*, 5 mar. 2020.
7   LAMOTT, Anne. *Bird by Bird: Some Instructions on Writing and Life*. Nova York: Anchor, 1994, p. 120. [*Palavra por palavra: Instruções sobre escrever e viver*. Rio de Janeiro: Sextante, 2022.]
8   MARINO, Gordon. The Upside of Envy. *The New York Times*, 4 maio 2018. Disponível em: www.nytimes.com/2018/05/04/opinion/upside-envy.html.
9   GILLIGAN, Carol. *In a Different Voice: Psychological Theory and Women's Development*. 1982; reimpressão, Cambridge: Harvard University Press, 1993, p. xxi. [*Uma voz diferente: Teoria psicológica e o desenvolvimento feminino*. Petrópolis: Vozes, 2021.]
10 GILLIGAN, *In a Different Voice* [*Uma voz diferente*], pp. x-xi.
11 GILLIGAN, *In a Different Voice* [*Uma voz diferente*], p. 42.
12 GILLIGAN, *In a Different Voice* [*Uma voz diferente*], p. 149.
13 GILLIGAN, Carol; SNIDER, Naomi. *Why Does Patriarchy Persist?* Medford: Polity Press, 2018, p. 7.
14 "A transformação de protesto saudável e resistência política em resistência psicológica foi sinalizada em nossas entrevistas pelo surgimento do imperativo 'não', uma proibição internalizada que para as meninas passou a ser usada entre 'eu' e 'sei' e, para os meninos, entre 'eu' e 'ligo'. Essa internalização do binarismo de gênero que aloca o conhecimento aos meninos e o cuidado às meninas marca a iniciação por meio da qual algumas meninas passam a não saber o que na verdade elas sabem, e alguns meninos passam a não se importar com coisas e pessoas com as quais na verdade eles se importam profundamente. A passagem da relação para o autossilenciamento feminino e para o desapego masculino – não saber e não se importar – é necessária para o estabelecimento da hierarquia, o que requer uma perda de empatia por parte daqueles no topo e uma perda de autoconfiança por parte daquelas em posição subalterna." GILLIGAN e SNIDER, *Why Does Patriarchy Persist?*, p. 41.
15 TOLENTINO, Jia. *Trick Mirror: Reflections on Self-Delusion*. Nova York: Random House, 2019, p. 129. [*Falso espelho: Reflexões sobre a autoilusão*. São Paulo: Todavia, 2020.]
16 WOODMAN, Marion. *The Pregnant Virgin: A Process of Psychological Transformation*. Toronto: Inner City Books, 1985, p. 118. [*A virgem grávida: Um processo de transformação psicológica*. São Paulo: Paulus, 1999.]
17 ATLAS, Galit. *Emotional Inheritance: A Therapist, Her Patients, and the Legacy of Trauma*. Nova York: Little, Brown Spark, 2022, p. 240. [*Herança emocional: Uma terapeuta, seus pacientes e o legado do trauma*. Rio de Janeiro: Alta Life, 2023.]
18 CHERNIN, Kim. *The Hungry Self: Women, Eating and Identity*. Nova York: Times Books, 1985, p. 86.
19 Conforme explica Epstein: "O desejo é onde se forja o eu. [...] Quando nos desconectamos de nossos desejos, não podemos ser quem somos. Nesta forma de pensar, o desejo é a nossa vitalidade, um componente essencial da experiência humana, aquilo que nos proporciona individualidade e, ao mesmo tempo, nos estimula a ir além. O desejo é o anseio por completude diante da vasta imprevisibilidade do nosso dilema." EPSTEIN, Mark. *Open to Desire: The Truth About What the Buddha Taught*. Nova York: Gotham,

2005, p. 9. [*Aberto ao desejo: A verdade sobre o que Buddha ensinou*. São Paulo: Gaia, 2009.]

20 PHILLIPS, Lacy; GILL, Jessica. Episode 77: EXPLAINED A Deep Dive into Expanders. *The Expanded Podcast*, 10 jan. 2020. Lacy e eu também conversamos sobre expansão e inveja. PHILLIPS, Lacy. Manifesting What We Actually Want. Entrevista a Elise Loehnen. *Pulling the Thread Podcast*, 4 mar. 2022.

Capítulo 4: Orgulho

1   THOMPSON, Arienne. Anne Hathaway Finally Explain THAT Pink Oscar Dress. *USA Today*, 9 out. 2014. Disponível em: www.usatoday.com/story/life/entertainthis/2014/10/09/anne-hathaway-finally-explains-that-pink-oscar-dress/77324896.
2   LEE, Benjamin. Anne Hathaway: "Male Energy Is Very Different from Toxic Masculinity". *The Guardian*, 20 out. 2016. Disponível em: www.theguardian.com/film/2016/oct/20/anne-hathaway-male-energy-different-from-toxic-masculinity-colossal.
3   BELLONI, Matthew; GALLOWAY, Stephen. THR's Actress Roundtable: 7 Stars on Nightmare Directors, Brutal Auditions, and Fights with Paparazzi. *Hollywood Reporter*, 19 nov. 2012. Disponível em: www.hollywoodreporter.com/movies/movie-news/anne-hathaway-amy-adams-marion-391797.
4   LONGWORTH, Karina. Oscars 2011: The Most Embarrassing Academy Awards Ever? *LA Weekly*, 27 fev. 2011. Disponível em: www.laweekly.com/oscars-2011-the-most-embarrassing-academy-awards-ever.
5   SILVERMAN, Stephen M. No, Janet Won't Be at the Grammys, After All. *People*, 4 fev. 2004. Disponível em: https://people.com/awards/no-janet-wont-be-at-grammys--after-all. Na época, Timberlake comentou: "É muito frustrante ver meu caráter sendo questionado. E a verdade é que, sabe, foi um ano bom, muito bom, especialmente para a minha música." HALL, Sarah. Janet Nixed from Grammys. *E! Online*, 5 fev. 2004. Disponível em: www.eonline.com/news/46775/janet-nixed-from-grammys.
6   Adoro a análise que Constance Grady faz desse ciclo. GRADY, Constance. Anne Hathaway's Love-Hate-Redemption Publicity Cycle Is a Familiar (and Sexist) One. *Vox*, 10 abr. 2017. Disponível em: www.vox.com/culture/2017/4/10/15179082/anne-hathaway--publicity-cycle-hathahaters-jennifer-lawrence-taylor-swift.
7   O'CONNOR, Maureen. The Twenty Most Hated Celebrities: Why We Hate Them. *The Cut*, 22 abr. 2013. Disponível em: www.thecut.com/2013/04/20-most-hated-celebrities--why-we-hate-them.html.
8   DOYLE, Sady. *Trainwreck: The Women We Love to Hate, Mock, and Fear... and Why*. Brooklyn: Melville House, 2016, p. xviii.
9   RHIMES, Shonda; BEERS, Betsy. Shonda Rhimes and Betsy Beers on What Makes Partnership Last. *Brigerton: The Official Podcast*, 27 maio 2021.
10 PONTICUS, Evagrius. *The Praktikos and Chapters on Prayer*. Tradução: John Eudes Bamberger. Trappist: Cistercian Publications, 1972, p. 20.
11 Ainda que as jornalistas Katty Kay e Claire Shipman citem algumas pesquisas interessantes, eu tive problemas com o best-seller *A arte da autoconfiança*, que põe o ônus nas mulheres. Da mesma forma, o best-seller de Sheryl Sandberg, *Faça acontecer*, ainda que tenha contribuído muito para as mulheres no mercado de trabalho, tem se mostrado problemático ao

longo dos anos por apresentar a ideia de que a mera presença das mulheres em posições de poder transformará a sociedade. Ambos os livros essencializam as mulheres.
12 BRESCOLL, Victoria L. Who Takes the Floor and Why: Gender, Power, and Volubility in Organizations. *Administrative Science Quarterly*, v. 56, n. 4, mar. 2012, pp. 622-642. Disponível em: https://doi.org/10.1177/0001839212439994.
13 EXLEY, Christine; KESSLER, Judd. The Gender Gap in Self-Promotion. *Quarterly Journal of Economics*, v. 137, n. 3, ago. 2022, pp. 1345-1381. Disponível em: https://doi.org/10.1093/qje/qjac003.
14 GUILLEN, Laura. Is the Confidence Gap Between Men and Women a Myth? *Harvard Business Review*, 26 mar. 2018. Disponível em: https://hbr.org/2018/03/is-the-confidence-gap-between-men-and-women-a-myth.
15 HAMILTON, Arlan. Adapting Midsentence. Entrevista a Elise Loehnen. *The goop Podcast*, 7 jul. 2020.
16 "Preciso reconhecer que tive amigos ao meu lado que, mesmo sem uma mansão para me abrigar, nunca me negaram uma refeição. E minha mãe e meu irmão ficaram comigo o tempo todo. Então não passei por tudo aquilo sozinha. Eles estavam no mesmo barco que eu. [...] Foram os investidores que acreditaram em mim. Foram os próprios fundadores: mesmo que eu estivesse levando dinheiro para a empresa dessas pessoas, elas precisavam me querer ali, porque eu ganharia dinheiro com o sucesso delas. [...] Há também os colegas da Backstage Capital e de outras empresas que eu gerencio. Falo isso de coração. [...] E isso serve para muitos de nós, especialmente para quem é colocado num pedestal. [...] Falemos de quantas pessoas trabalham nessas empresas. Falemos de quem está tomando conta da casa." HAMILTON, Arlan. Adapting Midsentence. Entrevista a Elise Loehnen. *The goop Podcast*, 7 jul. 2020.
17 WEISUL, Kimberly. The Hype Has Always Been Ahead of Arlan Hamilton, and It Finally Caught Up. *Inc.*, 20 mar. 2019. Disponível em: www.inc.com/kimberly-weisul/backstage-capital-champion-under-represented-founders-pivots-hard.html.
18 FAGAN, Kate. *All the Colors Came Out: A Father, a Daughter, and a Lifetime of Lessons*. Nova York: Little, Brown, 2021, p. 95.
19 REUBEN, Ernesto; REY-BIEL, Pedro; SAPIENZA, Paola; ZINGALES, Luigi. The Emergence of Male Leadership in Competitive Environments. *Journal of Economic Behavior and Organization*, v. 83, n. 1, jun. 2012, pp. 111-117. Disponível em: http://doi.org/10.1016/j.jebo.2011.06.016.
20 MALKIN, Craig. What Does Healthy Narcissism Look Like? Entrevista a Elise Loehnen. *The goop Podcast*, 21 abr. 2020.
21 MALKIN, Craig. *Rethinking Narcissism: The Bad – and Surprising Good – About Feeling Special*. Nova York: Harper Wave, 2015, p. 9. Baseando-se em pesquisas, a professora Kristin Neff elabora: "Dentre os professores universitários, 94% acreditam que são docentes melhores que os colegas, e 90% dos motoristas acham que são mais habilidosos que os companheiros de estrada. Até quem causou um acidente de trânsito há pouco tempo se acha um motorista superior! As pesquisas mostram que as pessoas tendem a se achar mais engraçadas, sensatas, populares, bonitas, legais, confiáveis, espertas e inteligentes do que as outras. Ironicamente, a maioria das pessoas também se acha acima da média na capacidade de se ver com objetividade." NEFF, Kristin. *Self-Compassion: The Proven Power of Being Kind to Yourself*. Nova York: William Morrow, 2011, pp. 19-20.

22 MALKIN, *Rethinking Narcissism*, p. 9.
23 REAL, Terrence. *Us: Getting Past You and Me to Build a More Loving Relationship*. Nova York: goop Press, 2022, p. 72. [*Nós: Como criar conexões mais profundas e fortalecer seus relacionamentos*. São Paulo: Vestígio, 2023.]
24 MALKIN, *Rethinking Narcissism*, p. 19.
25 Transmissão de Yeshua em Utah, por intermédio de Carissa Schumacher, out. 2020.
26 KIMMERER, Robin Wall. *Braiding Sweetgrass: Indigenous Wisdom, Scientific Knowledge, and the Teachings of Plants*. Minneapolis: Milkweed, 2013, p. 134. [*A maravilhosa trama das coisas: Sabedoria indígena, conhecimento científico e os ensinamentos das plantas*. Rio de Janeiro: Intrínseca, 2023.]
27 WILKERSON, Isabel. *Caste: The Origins of Our Discontents*. Nova York: Random House, 2020, pp. 202-206. [*Casta: As origens de nosso mal-estar*. Rio de Janeiro: Zahar, 2021.]
28 HUSTON, Therese. *How Women Decide: What's True, What's Not, and What Strategies Spark the Best Choices*. Nova York: Houghton Mifflin, 2016, pp. 184-185.
29 BOORSTIN, Julia. *When Women Lead: What They Achieve, Why They Succeed, and How We Can Learn from Them*. Nova York: Avid Reader Press, 2022, p. 204.
30 Como escreve a jornalista Celeste Headlee: "Pesquisas feitas nos anos 1970 provaram repetidamente que os homens são mais propensos a interromper outras pessoas. Outros estudos mostraram que, em reuniões, os homens falam com mais frequência e por períodos mais longos que as mulheres. Isso se aplica também a discussões online e até a videoconferências. Esses resultados foram tão preocupantes que no início de 2020 a empresa de softwares Basecamp limitou a quantidade de reuniões on-line e passou a adotar comunicações por escrito – e logo descobriu que os homens tendem a escrever mais e a confrontar os outros de modo agressivo, mesmo por e-mail. Agora existe um aplicativo para isso; empresas e indivíduos que estejam preocupados com a comunicação igualitária podem usar o aplicativo Woman Interrupted, que analisa conversas a fim de detectar com que frequência as mulheres são interrompidas pelos homens." HEADLEE, Celeste. *Speaking of Race: Why Everybody Needs to Talk About Racism – and How to Do It*. Nova York: Harper Wave, 2021, p. 131.
31 DOYLE, Glennon. When You Quit Being Good. Entrevista a Elise Loehnen. *The goop Podcast*, 5 mar. 2020.
32 DOYLE, Glennon. *Untamed*. Nova York: Dial Press, 2020, p. 288. [*Indomável*. Rio de Janeiro: HarperCollins Brasil, 2020.]
33 KIMMERER, *Braiding Sweetgrass* [*A maravilhosa trama das coisas*], p. 239.
34 WILLIAMSON, Marianne. *A Return to Love: Reflections on the Principles of a Course in Miracles*. Nova York: HarperOne, 1992, pp. 190-191. [*Um retorno ao amor*. São Paulo: Novo Paradigma, 2002.]

Capítulo 5: Gula

1 GORDON, Aubrey. *What We Don't Talk About When We Talk About Fat*. Boston: Beacon Press, 2020, p. 8.
2 GORDON, *What We Don't Talk About When We Talk About Fat*, p. 5.
3 GORDON, Aubrey. After Years of Writing Anonymously About Fatness, I'm Telling the World Who I Am. *Self*, 11 dez. 2020.

4   GORDON, *What We Don't Talk About When We Talk About Fat*, p. 77.
5   GORDON, *What We Don't Talk About When We Talk About Fat*, p. 80.
6   NORDELL, Jessica. *The End of Bias: A Beginning*. Nova York: Metropolitan Books, 2021, p. 194.
7   SHAH, Bindra; COST, Katherine Tombeau; FULLER, Anne; BIRKEN, Catherine S.; ANDERSON, Laura N. Sex and Gender Differences in Childhood Obesity: Contributing to the Research Agenda. *BMJ Nutrition, Prevention, and Health*, v. 3, n. 2, 9 set. 2020, pp. 387-390. Disponível em: http://doi.org/10.1136/bmjnph-2020-000074.
8   GORDON, *What We Don't Talk About When We Talk About Fat*, p. 25.
9   GORDON, *What We Don't Talk About When We Talk About Fat*, p. 10.
10 SCHWARTZ, Marlene B.; VARTANIAN, Lenny R.; NOSEK, Brian A.; BROWNELL, Kelly D. The Influence of One's Own Body Weight on Implicit and Explicit Anti-fat Bias. *Obesity*, v. 14, n. 3, mar. 2006, pp. 440-447. Disponível em: http://doi.org/10.1038/oby.2006.58.
11 GORDON, *What We Don't Talk About When We Talk About Fat*, p. 66. De modo geral, fazemos uma péssima autoavaliação no quesito aparência. De acordo com a campanha global "Escolha Bonita", da Dove, veiculada em 2015, apenas 4% de nós escolheriam "bonita" para se descrever.
12 GORDON, *What We Don't Talk About When We Talk About Fat*, p. 58.
13 SCHVEY, N. A.; PUHL, R. M.; LEVANDOSKI, K. A.; BROWNELL, K. D. The Influence of a Defendant's Body Weight on Perceptions of Guilt. *International Journal of Obesity*, v. 37, 8 jan. 2013, pp. 1275-1281. Disponível em: https://doi.org/10.1038/ijo.2012.211.
14 CAWLEY, John. The Impact of Obesity on Wages. *Journal of Human Resources*, v. 39, n. 2, mar. 2004, pp. 451-474. Disponível em: http://doi.org/10.2307/3559022.
15 A dieta de Marilyn foi matéria da edição de setembro de 1952 da revista *Pageant*. SIEGEL, Ray. For the Vegan Weary, Marilyn Monroe's Strange Diet and Exercise Routine. *CR Fashion Book*, 22 dez. 2019. Disponível em: https://crfashionbook.com/celebrity-a-9146775-marilyn-monroe-diet.
16 DeYOUNG, Rebecca Konyndyk. *Glittering Vices: A New Look at the Seven Deadly Sins and Their Remedies*. Grand Rapids: Brazos Press, 2020, p. 166.
17 KOLATA, Gina. One Weight-Loss Approach Fits All? No, Not Even Close. *The New York Times*, 12 dez. 2016. Disponível em: www.nytimes.com/2016/12/12/health/weight-loss-obesity.html.
18 WARD, Zachary J.; BLEICH, Sara N.; CRADOCK, Angie L.; BARRETT, Jessica L.; GILES, Catherine M.; FLAX, Chasmine; LONG, Michael W.; GORTMAKER, Steven L. Projected U.S. State-Level Prevalence of Adult Obesity and Severe Obesity. *New England Journal of Medicine*, v. 381, n. 25, 19 dez. 2019, pp. 2440-2450. Disponível em: http://doi.org/10.1056/NEJMsa1909301.
19 A Sociedade Americana de Câncer assegura que "o sobrepeso, ou a obesidade, está claramente vinculado a um aumento generalizado do risco de câncer. De acordo com nossas pesquisas, acredita-se que o excesso de peso corporal seja responsável por cerca de 11% dos cânceres em mulheres e cerca de 5% dos cânceres em homens nos Estados Unidos, assim como por cerca de 7% de todas as mortes por câncer". O uso de "acredita-se" parece fundamental aqui, e eles concluem que mais pesquisas são necessárias. SOCIEDADE AMERICANA DE CÂNCER. *Does Body Weight Affect Cancer Risk?* Disponível em:

www.cancer.org/healthy/cancer-causes/diet-physical-activity/body-weight-and-cancer-risk/effects.html. Acesso em: 11 fev. 2022. Eis um dos estudos sobre câncer, obesidade e taxas de sobrevivência: TSANG, Ngan Ming; PAI, Ping Ching; CHUANG, Chi Cheng; CHUANG, Wen Ching; TSENG, Chen Kan; CHANG, Kai Ping; YEN, Tzu Chen; LIN, Jen Der; CHANG, Joseph Tung Chieh. Overweight and Obesity Predict Better Overall Survival Rates in Cancer Patients with Distant Metastases. *Cancer Medicine*, v. 5, n. 4, abr. 2016, pp. 665-675. Disponível em: https://doi.org/10.1002/cam4.634.

20 LIEBERMAN, Daniel. *Exercised: Why Something We Never Evolved to Do Is Healthy and Rewarding*. Nova York: Pantheon, 2020, p. 19.

21 Blumberg acha que estamos apenas começando a entender os danos causados por essas pragas ambientais. Em seu laboratório, ele e outros pesquisadores analisam o impacto de longo prazo dos disruptores endócrinos em nosso organismo, produtos químicos que ele chama de obesogênicos por causa da capacidade de induzir a retenção de peso e a obesidade – assustadoramente, isso às vezes só se revela em gerações futuras. Existem legiões dessas substâncias à solta – nos Estados Unidos, produtos químicos podem ser usados sem testes de segurança, um entendimento bastante equivocado. Isso significa que existem 84 mil produtos químicos não regulados registrados junto à Agência de Proteção Ambiental dos Estados Unidos, utilizados na comida e no nosso entorno sem nosso consentimento, e protegidos por lobistas poderosos. É uma atitude inocente-até-que-se-prove-o-contrário, com nossa saúde e de outros animais na linha de tiro. Esses produtos são *retirados de circulação* somente quando causam danos aparentes e, mesmo assim, muitos podem permanecer ativos na cadeia de alimentos. É antiético conduzir experimentos envolvendo toxicidade química em seres humanos; no entanto, por alguma razão, parece aceitável liberar substâncias químicas no meio ambiente sem qualquer entendimento dos efeitos a longo prazo. A pesquisa de Blumberg e de outros cientistas acerca dos efeitos dos disruptores endócrinos é chocante tanto em seu alcance quanto em suas repercussões. O que eles descobriram sugere que, além de outros efeitos desconhecidos, talvez estejamos condenando as futuras gerações à obesidade, assegurando que elas não tenham qualquer chance de lutar contra o alargamento da cintura, a despeito da quantidade de quilômetros corridos na esteira e do cuidado com uma alimentação balanceada. Pense nisto, por exemplo: um dos colegas de Blumberg, o Dr. Mike Skinner, fez experimentos com DDT, um inseticida de alta toxicidade (e disruptor endócrino) amplamente utilizado. Ele o injetou em ratos e descobriu que as primeiras duas gerações que se seguiram nasceram com os defeitos esperados, mas com peso normal. Na terceira geração, 50% dos animais eram obesos. Blumberg explica: "Mike começou a ligar os pontos, considerando tanto o aumento significativo nas taxas de obesidade entre os adultos nos Estados Unidos ao longo das últimas décadas quanto as gestantes expostas ao DDT nos anos 1950 e 1960. Provavelmente não houve uma grávida naqueles anos que não tenha sido exposta ao DDT no país. Teriam as exposições ao produto nos anos 1950 alguma relação com a prevalência de obesidade entre os adultos de hoje?" BLUMBERG, Bruce. *The Obesogen Effect: Why We Eat Less and Exercise More but Still Struggle to Lose Weight*. Nova York: Grand Central Life and Style, 2018, pp. 85-86.

22 BLUMBERG, *The Obesogen Effect*, p. 12.

23 CENTERS FOR DISEASE CONTROL. *Body Measurements*. Disponível em: www.cdc.gov/nchs/fastats/body-measurements.htm. Acesso em: 11 fev. 2022.

24 Espera-se que o mercado *global* da perda de peso e das dietas chegue a 295,3 bilhões de dólares até 2027. VIG, Himanshu; DESHMUKH, Roshan. Weight Loss and Weight Management Diet Market by Product Type (Better-for-You, Meal Replacement, Weight Loss Supplement, Green Tea, and Low-Calorie Sweeteners) and Sales Channel (Hypermarket/Supermarket, Specialty Stores, Pharmacies, Online Channels, and Others): Global Opportunity Analysis and Industry Forecast, 2021-2027. *Allied Market Research*, maio 2021. Disponível em: www.alliedmarketresearch.com/weight-loss-management--diet-market. BRYANT, Julie. Fat Is a $34 Billion Business. *Atlanta Business Chronicle*, 24 set. 2021. Disponível em: www.bizjournals.com/atlanta/stories/2001/09/24/story4.html. DellaVIGNA, Stefano; MALMENDIER, Ulrike. Overestimating Self-Control: Evidence from the Health Club Industry. *Stanford GSB Research Paper No. 1880*, out. 2002. Disponível em: http://dx.doi.org/10.2139/ssrn.347520.
25 GORDON, *What We Don't Talk About When We Talk About Fat*, p. 145. Existem muitas pesquisas sobre peso, estigma e seu impacto posterior na saúde; vide PUHL, Rebecca M.; HEUER, Chelsea A. Obesity Stigma: Important Considerations for Public Health. *Journal of Public Health*, v. 100, n. 6, jun. 2010, pp. 1019-1028. Disponível em: https://doi.org/10.2105/AJPH.2009.159491.
26 MELTZER, Marisa. *This Is Big: How the Founder of Weight Watchers Changed the World – and Me*. Nova York: Little Brown, 2020, p. 141.
27 MANN, Traci; TOMIYAMA, Janet; WESTLING, Erika; LEW, Anne-Marie; SAMUELS, Barbra; CHATMAN, Jason. Medicare's Search for Effective Obesity Treatments: Diets Are Not the Answer. *American Psychologist*, v. 62, n. 3, 2007, pp. 220-233. Disponível em: https://doi.org/10.1037/0003-066X.62.3.220.
28 ROTH, Geneen. *Women Food and God: An Unexpected Path to Almost Everything*. Nova York: Scribner, 2010, p. 29.
29 SIMMONS, Rachel. *Odd Girl Out: The Hidden Culture of Aggression in Girls*. Nova York: Mariner, 2002, pp. 164-165. [*Garota fora do jogo: A cultura oculta da agressão nas meninas*. Rio de Janeiro: Rocco, 2004.]
30 PEAY, Pythia. A Meeting with Marion Woodman. *The San Francisco Jung Institute Library Journal*, v. 11, n. 1, 1992.
31 ROTH, *Women Food and God*, p. 148.
32 CHILD WELFARE INFORMATION GATEWAY. Adverse Childhood Experiences (ACEs). U.S. Department of Health and Human Services. Disponível em: https://childwelfare.gov/topics/preventing/overview/framework/aces/. Acesso em: 11 fev. 2022.
33 GAY, Roxane. *Hunger: A Memoir of (My) Body*. Nova York: Harper Perennial, 2017, p. 13. [*Fome: Uma autobiografia do (meu) corpo*. São Paulo: Globo Livros, 2017.]
34 GORDON, James. *Transforming Trauma: The Path to Hope and Healing*. Nova York: HarperOne, 2021, p. 137. [*Transformação: Como buscar a cura para o trauma*. Rio de Janeiro: HarperCollins Brasil, 2021.]
35 BULIK, Cynthia R.; REBA-HARRELSON, Lauren. Three Out of Four American Women Have Disordered Eating Survey Suggests. *ScienceDaily*, 23 abr. 2008. Disponível em: www.sciencedaily.com/releases/2008/04/080422202514.htm.
36 GAY, *Hunger* [*Fome*], p. 148.
37 ROTH, *Women Food and God*, pp. 176-177.

Capítulo 6: Ganância

1. BAMBERGER, John Eudes. Introdução a *The Praktikos and Chapters on Prayer*, de Evagrius Ponticus. Trappist: Cistercian Publications, 1972, p. xxxix.
2. BAMBERGER, Introdução a *The Praktikos and Chapters on Prayer*, p. xliii.
3. PONTICUS, *The Praktikos and Chapters on Prayer*, p. 17.
4. PAPA GREGÓRIO I. *Moralia in Job*, 31.88. Lectionary Central. Disponível em: www.lectionarycentral.com/GregoryMoralia/Book31.html.
5. PULLELLA, Philip. Vatican Releases Financial Figure, Promises Transparency. *Reuters*, 1º out. 2020. Disponível em: www.reuters.com/article/us-vatican-finances/vatican-releases-financial-figures-promises-transparency-idUSKBN26M5XD.
6. TAUSSIG, Hal (Org.). *A New New Testament: A Bible for the 21st Century Combining Traditional and Newly Discovered Texts*. 2013; reimpressão, Nova York: Mariner, 2015, p. 47.
7. DeYOUNG, Rebecca Konyndyk. *Glittering Vices: A New Look at the Seven Deadly Sins and Their Remedies*. Edição revisada. Grand Rapids: Brazos Press, 2020, p. 114.
8. LUTHER, Martin. The First Sunday After Trinity. *In*: KLUG, Eugene F. A. (Org.). *The Complete Sermons of Martin Luther*. Vol. 6. Grand Rapids: Baker, 1996, pp. 223-240.
9. Para uma leitura mais aprofundada sobre Martinho Lutero e suas opiniões quanto à ganância, recomendo: BLANCHARD, Kathryn D'Arcy. "If You Do Not Do This You Are Not Now a Christian": Martin Luther's Pastoral Teachings on Money. *Word and World*, v. 26, n. 3, 2006, pp. 299-309. Disponível em: https://wordandworld.luthersem.edu/content/pdfs/26-3_Mission_Congregation/26-3_Blanchard.pdf.
10. FORBES. *Real Time Billionaires*. Disponível em: www.forbes.com/real-time-billionaires. Acesso em: 22 fev. 2022.
11. SANDLER, Rachel. The Top Richest Women in the World 2022. *Forbes*, 5 abr. 2022. Disponível em: www.forbes.com/sites/rachelsandler/2022/04/05/the-top-richest-women-in-the-world-2022.
12. PIPER, Kelsey. The Giving Pledge, the Campaign to Change Billionaire Philanthropy, Explained. *Vox*, 10 jul. 2019. Disponível em: www.vox.com/future-perfect/2019/7/10/18693578/gates-buffett-giving-pledge-billionaire-philanthropy.
13. GREWAL, Daisy. How Wealth Reduces Compassion. *Scientific American*, 10 abr. 2012. Disponível em: www.scientificamerican.com/article/how-wealth-reduces-compassion. LILLY FAMILY SCHOOL OF PHILANTHROPY. *Women Give 2020 Report – New Forms of Giving in a Digital Age: Powered by Technology, Creating Community*. Disponível em: https://philanthropy.iupui.edu/institutes/womens-philanthropy-institute/research/women-give20.html. Acesso em: 18 out. 2022.
14. HILTZIK, Michael. Elon Musk Is Giving $150 Million to Charity. What a Cheapskate. *Los Angeles Times*, 26 abr. 2021. Disponível em: www.latimes.com/business/story/2021-04-26/elon-musk-150-million-charity.
15. BARCLAYS. *Tomorrow's Philanthropist*. 2009. Disponível em: https://home.barclays/content/dam/home-barclays/documents/citizenship/Reports-Publications/tomorrows--philanthropist.pdf.
16. SAFRONOVA, Valeriya. How Women Are Changing the Philanthropy Game. *The New York Times*, 30 jan. 2021. Disponível em: www.nytimes.com/2021/01/30/style/mackenzie-scott-priscila-chan-zuckerberg-melinda-gates-philanthropy.html.

17 TWIST, Lynne. *The Soul of Money: Transforming Your Relationship with Money and Life*. Nova York: W. W. Norton, 2003, p. 211.
18 CATALYST. *Buying Power*, 27 abr. 2020. Disponível em: www.catalyst.org/research/buying-power.
19 KRAWCHECK, Sallie. What We're Taught About Money. Entrevista a Elise Loehnen. *The goop Podcast*, 17 set. 2019.
20 KRAWCHECK, Sallie. How to Manage Money Through a Crisis. Entrevista a Elise Loehnen. *The goop Podcast*, 8 abr. 2020.
21 Segundo pesquisas, "as mulheres mantêm em média 68% do seu portfólio em dinheiro [...], contra 59% dos homens". Enquanto isso, apesar de pesquisas indicarem que as mulheres são melhores investidoras, 54% delas relatam conhecer bem o mercado, contra 71% dos homens, e apenas 34% se sentem confortáveis tomando decisões sobre investimentos, contra 49% dos homens. BACKMAN, Maurie. Women and Investing: 20 Years of Statistics Summarized. *The Motley Fool*, 9 mar. 2022. Disponível em: www.fool.com/research/women-in-investing-research.
22 LIEBER, Ron. Women May Be Better Investors Than Men. Let Me Mansplain Why. *The New York Times*, 29 out. 2021. Disponível em: www.nytimes.com/2021/10/29/your-money/women-investing-stocks.html.
23 TAHERIPOUR, Mori. The Human Side of Negotiation. Entrevista a Elise Loehnen. *The goop Podcast*, 9 jun. 2020.
24 LAWRENCE, Jennifer. Why Do I Make Less Than My Male Co-Stars? *Lenny Letter*, 5 dez. 2017. Disponível em: www.lennyletter.com/story/jennifer-lawrence-why-do-i-make-less-than-my-male-costars.
25 KIMMERER, Robin Wall. *Braiding Sweetgrass: Indigenous Wisdom, Scientific Knowledge, and the Teachings of Plants*. Minneapolis: Milkweed, 2013, p. 307. [*A maravilhosa trama das coisas: Sabedoria indígena, conhecimento científico e os ensinamentos das plantas*. Rio de Janeiro: Intrínseca, 2023.]
26 MULLAINATHAN, Sendhil; SHAFIR, Eldar. *Scarcity: The New Science of Having Less and How It Defines Our Lives*. Nova York: Picador, 2013, pp. 41-42. [*Escassez: Uma nova forma de pensar a falta de recursos na vida das pessoas e nas organizações*. Rio de Janeiro: Best Business, 2016.]
27 TWIST, *The Soul of Money*, p. 213.
28 HEADLEE, Celeste. *Do Nothing: How to Break Away from Overworking, Overdoing, and Underliving*. Nova York: Harmony, 2020, pp. 187-188. [*Não faça nada: Como deixar de trabalhar demais, esforçar-se demais e viver de menos*. Rio de Janeiro: Alta Life, 2021.]
29 TWIST, The Soul of Money (entrevista).
30 A jornalista Julia Boorstin, do canal CNBC, resumiu desta maneira: "A Nova Zelândia, liderada pela primeira-ministra Jacinda Ardern, perdeu apenas *cinco* pessoas por milhão de habitantes no ano que se seguiu ao 11 de março de 2020, quando a Organização Mundial da Saúde anunciou a pandemia de covid-19. O Reino Unido, por outro lado, perdeu 1.845 por milhão, e os Estados Unidos, 1.599 por milhão. A vantagem de gênero se estendeu para outros países. Até 11 de março de 2021, a Suécia, liderada por um homem, havia registrado 1.298 mortes relacionadas à covid por milhão de habitantes, enquanto os três países vizinhos, liderados por mulheres, haviam perdido apenas uma fração disso: a Dinamarca havia registrado 411 mortes por milhão, a Finlândia, 140, e

a Noruega, 117. A Alemanha, com uma mulher no comando, teve 872 mortes por milhão, muito menos que as perdas dos três países vizinhos, todos liderados por homens: Espanha (1.541 por milhão), França (1.369 por milhão) e Itália (1.673 por milhão)." BOORSTIN, Julia. *When Women Lead: What They Achieve, Why They Succeed, and How We Can Learn from Them*. Nova York: Avid Reader Press, 2022, p. 205.
31 TWIST, *The Soul of Money*, pp. 103-104.
32 JEBB, Andrew T.; TAY, Louis; DIENER, Ed; OISHI, Shigehiro. Happiness, Income Satiation and Turning Points Around the World. *Nature Human Behavior*, v. 2, n. 1, jan. 2018, pp. 33-38. Disponível em: https://doi.org/10.1038/S41562-017-0277-0.
33 KIMMERER, *Braiding Sweetgrass* [*A maravilhosa trama das coisas*], p. 308.

Capítulo 7: Luxúria

1 Conforme explica Robert Gnuse: "Sete textos costumam ser mencionados por cristãos para condenar a homossexualidade: Noé e Cam (Gênesis 9:20-27), Sodoma e Gomorra (Gênesis 19:1-11), as leis do Levítico condenando os relacionamentos entre pessoas do mesmo sexo (Levítico 18:22, 20:13), duas palavras em duas listas de pecados do Novo Testamento (1 Coríntios 6:9-10; 1 Timóteo 1:10) e a carta de Paulo aos Romanos (Romanos 1:26-27). [...] Essas passagens não se referem a relacionamentos homossexuais entre dois indivíduos adultos livres que se amam. Eles descrevem estupro ou tentativa de estupro (Gênesis 9:20-27, 19:1-11), culto à prostituição (Levítico 18:22, 20:13), prostituição e pederastia masculinas (1 Coríntios 6:9-10; 1 Timóteo 1:10) e o culto a Ísis em Roma (Romanos 1:26-27)." GNUSE, Robert K. Seven Gay Texts: Biblical Passages Used to Condemn Homosexuality. *Biblical Theology Bulletin: Journal of Bible and Culture*, v. 45, n. 2, 22 abr. 2015. Disponível em: https://doi.org/10.1177/0146107915577097.
2 AUGUSTINE, Saint. *Confessions*. Tradução: R. S. Pine-Coffin. Nova York: Penguin, 1961, p. 43. [AGOSTINHO, Santo. *Confissões*. São Paulo: Penguin-Companhia, 2017.]
3 Esse trecho é encontrado em *Comentário ao Gênesis*, de Agostinho, a cuja escrita ele dedicou quinze anos. O professor Stephen Greenblatt explica que foi o desejo indesejado de Agostinho que o levou a formular sua teoria – um repúdio aos próprios apetites. Nas palavras de Greenblatt: "Agostinho argumenta que Adão e Eva teriam feito sexo no paraíso sem excitação involuntária: 'Eles não teriam sentido a ação da luxúria turbulenta na própria carne, contudo, mas apenas o movimento da vontade serena através da qual comandamos os outros membros do corpo.' Sem qualquer paixão – sem aquela estranha pontada – 'o marido teria relaxado no peito da esposa em paz de espírito'. [...] Assim as coisas deveriam ter sido para Adão e Eva. No entanto, Agostinho conclui, isso nunca aconteceu, nem uma vez. O pecado aconteceu primeiro 'e eles sofreram a pena do exílio do paraíso antes que pudessem se unir na tarefa de propagar num ato deliberado imperturbado pela paixão." GREENBLATT, Stephen. How St. Augustine Invented Sex. *New Yorker*, 12 jun. 2017. Disponível em: www.newyorker.com/magazine/2017/06/19/how-st-augustine-invented-sex. Nas palavras do terapeuta Ian Kerner a respeito de Agostinho: "Ele se parece muito com meus pacientes que lutam contra comportamentos sexuais fora de controle." Imagino que Kerner diria algo semelhante acerca de Jerônimo (ver nota a seguir). KERNER, Ian. *So Tell Me About the Last Time*

You Had Sex: Laying Bare and Learning to Repair Our Love Lives. Nova York: Grand Central, 2021, p. 93.

4   Convenientemente, outros de suas fileiras também lutavam com a própria sexualidade. São Jerônimo, apenas dez anos mais velho que Agostinho, foi encarregado de sintetizar o Novo Testamento a partir das várias traduções gregas e organizar a *Vulgata*, o texto bíblico em latim. Jerônimo se juntou a uma ordem asceta para fugir das mulheres, escrevendo: "E ainda assim, aquele que, por medo do inferno, recolheu-se a esta prisão, descobre-se repetidas vezes cercado por dançarinas! Meu rosto se empalidecia de fome e, mesmo assim, em meu corpo frio as paixões do íntimo continuavam a arder. Este ser humano estava mais morto que vivo; apenas a luxúria ardente fervia sem cessar." Assim fala o tradutor oficial do Novo Testamento. Suas visões acerca das mulheres e da sexualidade devem ter se infiltrado em sua interpretação do cânone. Citado em SHLAIN, Leonard. *The Alphabet Versus the Goddess: The Conflict Between Word and Image*. Nova York: Penguin Compass, 1998, p. 245.

5   EISLER, Riane. *Sacred Pleasure: Sex, Myth, and the Politics of the Body – New Paths to Power and Love*. Nova York: HarperOne, 1995, p. 30. [*O prazer sagrado: Sexo, mito e política do corpo*. Rio de Janeiro: Rocco, 1997.]

6   Esta é a passagem, que se inicia com Jesus condenando o divórcio: "Seus discípulos disseram-lhe: 'Se tal é a condição do homem a respeito da mulher, é melhor não se casar!' Respondeu Jesus: 'Nem todos são capazes de compreender este ensinamento, mas somente aqueles a quem foi dado. Porque há eunucos que o são desde o ventre da mãe, há eunucos tornados tais pelas mãos dos homens e há eunucos que a si mesmos se fizeram eunucos por amor do Reino dos Céus. Quem puder compreender, compreenda.'" (Mateus 19:10-12). TAUSSIG, Hal. (Org.) *A New New Testament: A Bible for the 21st Century Combining Traditional and Newly Discovered Texts*. 2013; reimpressão, Nova York: Mariner, 2015, p. 47. De acordo com a professora de religião Jennifer Wright Knust, autora de *Unprotected Texts: The Bible's Surprising Contradictions about Sex and Desire*: "Há uma passagem fantástica em Mateus na qual Jesus diz aos discípulos que algumas pessoas não deveriam se casar, e sim dedicar-se ao Reino dos Céus. Então a forma como isso é interpretado pelos primeiros cristãos diz que Jesus está recomendando o celibato, o que faria sentido, uma vez que ele diz em outra passagem que nós não deveríamos nos casar, que deveríamos concentrar nossa atenção na difusão do evangelho. [...] Alguns cristãos interpretaram isso literalmente e houve alguns casos de castração entre cristãos antigos para atingir o propósito do celibato." KNUST, Jennifer Wright. "Unprotected Texts": The Bible on Sex and Marriage. Entrevista a Terry Gross. *Fresh Air*, 10 mar. 2011, NPR.

7   TAUSSIG, *A New New Testament*, p. 31.

8   João 8:3-11. TAUSSIG, *A New New Testament*, p. 199.

9   E entendemos tudo errado no conceito de virgindade e Nascimento Virginal, que estudiosos como Joseph Campbell sugerem se tratar de um nascimento espiritual sem qualquer relação com o ato sexual. Maria teria sido uma adolescente – tradicionalmente, as judias eram entregues em casamento aos 13 ou 14 anos. Não havia um foco cultural na virgindade pelo simples fato de que não havia sequer oportunidades ou precedentes para o sexo antes do casamento (adultério era outra coisa). Por causa disso, o Velho Testamento tem sido revisado na última década para refletir de modo mais apropriado

o significado da palavra *almah* em hebraico, que tem sido interpretada como "virgem" – e que agora vem sendo traduzida como "jovem mulher", desvinculada de qualquer conotação sexual. (Algumas referências a virgens – *betulah* – ocorrem no Evangelho dos Hebreus.) E aqui as coisas se complicam. De acordo com o professor e estudioso da Bíblia Bart Ehrman, quem quer que tenha escrito o Evangelho de Mateus entendeu errado, tornando a virgindade um ponto central para o cumprimento adequado da profecia de Jesus como Messias. Segundo ele: "Na Bíblia hebraica, Isaías indica que uma 'jovem mulher' vai conceber e ter um filho, a previsão não de um Messias futuro, mas de um evento que logo deveria acontecer, no tempo do próprio Isaías. Quando a Bíblia hebraica foi traduzida para o grego, no entanto, o termo 'jovem mulher' mencionado por Isaías (a palavra hebraica *almah*; existe outra palavra hebraica para 'virgem') foi traduzido pela palavra grega que significa 'virgem' (*parthenos*) e foi essa a forma bíblica que Mateus leu. E ele pensou que Isaías tinha previsto algo não de seu tempo, mas sobre o futuro Messias (embora o termo *Messiah* não ocorra em Isaías 7). Então Mateus escreveu que Jesus tinha nascido de uma virgem porque era isso que ele pensava que as Escrituras tinham previsto." Ops. EHRMAN, Bart. *Jesus, Interrupted: Revealing the Hidden Contradictions in the Bible (and Why We Don't Know About Them)*. Nova York: HarperOne, 2009, p. 74. Usei a tradução de Taussig para os termos do Novo Testamento (*A New New Testament*, p. 47).

10 ENDENDIJK, Joyce; van BAAR, Anneloes; DEKOVIC, Maja. He Is a Stud, She Is a Slut! *Personality and Social Psychology Review*, v. 24, n. 2, maio 2020, pp. 163-190. Disponível em: https://doi.org/10.1177/1088868319891310.

11 Nesse estudo, mulheres e homens avaliaram colegas com níveis supostamente diferentes de permissividade sexual (dois ou vinte parceiros sexuais no passado) a fim de verificar até que ponto essas pessoas seriam cotadas para uma relação de amizade. As mulheres foram penalizadas pela permissividade sexual; os homens, celebrados. VRANGALOVA, Zhana; BUKBERG, Rachel; RIEGER, Gerulf. Birds of a Feather? Not When It Comes to Sexual Permissiveness. *Journal of Social and Personal Relationships*, v. 31, n. 1, 19 maio 2013. Disponível em: https://doi.org/10.1177/0265407513487638.

12 A pesquisadora mencionada é Zhana Vrangalova. SCOWEN, Peter. Gasp! Women Think Other Sexually Promiscuous Women Don't Make Good Friends, Study Finds. *Globe and Mail*, 5 jun. 2013. Disponível em: https://theglobeandmail.com/life/the--hot-button/gasp-women-think-other-sexually-promiscuous-women-dont-make-good--friends-study-finds/article12360443.

13 MADONNA. *Nightline*, 3 dez. 1990, ABC News.

14 BRADLEY, James. *Twitter* (@JamesBradleyCA), 7 ago. 2020.

15 ORENSTEIN, Peggy. Taking Control of Our Sexual Experience. Entrevista a Elise Loehnen. *The goop Podcast*, 22 jan. 2020.

16 A primeira vez que tive essa revelação foi durante a leitura do livro *Why We Can't Sleep*, de Ada Calhoun. Imediatamente me lembrei de que o filme de terror que mais marcou minha juventude não foi *A hora do pesadelo*, mas *Kids*, de Larry Clark, que acompanha os passos de um adolescente soropositivo enquanto ele faz sexo com moças virgens durante uma longa madrugada regada a drogas na cidade de Nova York. CALHOUN, Ada. The New Midlife Crisis. Entrevista a Elise Loehnen. *The goop Podcast*, 11 fev. 2020.

17 ORENSTEIN, Taking Control of Our Sexual Experience.

18 Orenstein entrevistou uma jovem lésbica que definiu sexo como "alcançar o orgasmo com uma parceira, não importa como". ORENSTEIN, Taking Control of Our Sexual Experience.
19 O mais interessante aqui é a considerável queda nos índices: em 1991, o percentual era de 54,1%; em 2013, de 46,8%. CENTERS FOR DISEASE CONTROL. Youth Risk Behavior Surveillance System. Revisado em 27 out. 2020. Disponível em: www.cdc.gov/healthyyouth/data/yrbs/index.htm.
20 ORENSTEIN, Taking Control of Our Sexual Experience.
21 KERNER, Ian. Understanding Our Sexual Potential. Entrevista a Elise Loehnen. *Pulling the Thread Podcast*, 3 fev. 2022.
22 TATAR, Maria. *The Heroine with 1,001 Faces*. Nova York: Liveright, 2021, p. 127. [*A heroína de 1001 faces: O resgate do protagonismo feminino na narrativa exclusivamente masculina da jornada do herói*. São Paulo: Cultrix, 2022.]
23 Segundo Lerner: "O que diferenciava uma mulher livre casada de uma escrava era o grau de falta de liberdade. A diferença de classe entre uma esposa vivendo sob domínio/proteção patriarcal do marido e uma escrava vivendo sob domínio/proteção patriarcal do seu senhor era principalmente o fato de que a esposa podia ter uma pessoa escravizada para si, além de outras propriedades. A escrava não possuía sequer a si mesma." LERNER, Gerda. *The Creation of Patriarchy*. Nova York: Oxford University Press, 1986, p. 96. [*A criação do patriarcado: História da opressão das mulheres pelos homens*. São Paulo: Cultrix, 2019.]
24 Gerda Lerner explica: "As mulheres da casa, servindo sexualmente a um homem e vivendo sob sua proteção, são aqui designadas como 'respeitáveis' por usarem véu; mulheres que não viviam sob a proteção e o controle sexual de um homem são designadas como 'mulheres públicas', por isso sem véu." LERNER, *The Creation of Patriarchy* [*A criação do patriarcado*], p. 135. As Leis Assírias Médias, que se seguiram ao Código de Hamurabi tempos depois (c. 1300 a.C.), foram igualmente terríveis para as mulheres. Em termos de pureza sexual, lê-se: "Se a esposa ou a filha de um homem sair à rua, sua cabeça deve estar coberta. A prostituta não deve usar véu. As serviçais não devem usar véu. Meretrizes e serviçais de véu devem ter as vestes arrancadas, devem-lhe ser infligidos cinquenta golpes, e betume deve ser derramado sobre suas cabeças."
25 ARMSTRONG, Elizabeth A.; HAMILTON, Laura T. "Good Girls": Gender, Social Class, and Slut Discourse on Campus. *Social Psychology Quarterly*, v. 77, n. 2, 2014. Disponível em: https://doi.org/10.1177/0190272514521220.
26 KHAZAN, Olga. There's No Such Thing as a Slut. *The Atlantic*, 18 maio 2014. Disponível em: www.theatlantic.com/health/archive/2014/05/threres-no-such-thing-as-a-slut/371773.
27 DICKENSON, Janna A.; GLEASON, Neil; COLEMAN, Eli. Prevalence of Distress Associated with Difficulty Controlling Sexual Urges, Feelings, and Behaviors in the United States. *JAMA Network*, 9 nov. 2018.
28 TOLMAN, Deborah. *Dilemmas of Desire: Teenage Girls Talk About Sexuality*. Cambridge: Harvard University Press, 2002, p. 115.
29 A psicoterapeuta Galit Atlas explica que Freud "via a memória como uma entidade fluida em constante mudança e reestruturação ao longo do tempo", o que significa que "eventos traumáticos antigos recebem novas camadas de significado ao longo da vida.

Freud tinha um foco especial no abuso sexual como evento que seria retrabalhado retrospectivamente à medida que a criança cresce e alcança determinadas fases de desenvolvimento. O abuso sexual na infância nem sempre é registrado pela criança como um evento traumático. Ela se vê sobrecarregada por uma coisa que ela é incapaz de processar ou de sequer entender. Com o passar do tempo, a experiência traumática é reprocessada. Em todas as fases do desenvolvimento, a criança revisita o abuso de um ângulo diverso e com um entendimento diferente. Quando a criança que sofreu abuso se torna adolescente e depois adulta, quando faz sexo pela primeira vez ou quando tem filhos, quando esses filhos atingem a idade que ela mesma tinha quando aconteceu o abuso – em cada um desses momentos o abuso é reprocessado a partir de uma perspectiva ligeiramente diferente. O processo de luto segue se transformando e acumula novas camadas de significado. O tempo não necessariamente faz a memória desaparecer; em vez disso, a memória aparece e reaparece em diferentes formas e é experimentada simultaneamente como real e irreal". ATLAS, Galit. *Emotional Inheritance: A Therapist, Her Patients, and the Legacy of Trauma*. Nova York: Little, Brown Spark, 2022, pp. 56-57. [*Herança emocional: Uma terapeuta, seus pacientes e o legado do trauma*. Rio de Janeiro: Alta Life, 2023.]

30 Singer Kaplan falou sobre o assunto em seu livro *A nova terapia do sexo*, citado em EISLER, *Sacred Pleasure* [*O prazer sagrado*], p. 300.

31 *Allen contra Farrow*. Direção de Amy Zierling e Kirby Dick. HBO, 2021, quatro episódios.

32 ROWLAND, Katherine. *The Pleasure Gap: American Women and the Unfinished Sexual Revolution*. Nova York: Seal Press, 2020, p. 52.

33 ROSAY, André B. Violence Against American Indian and Alaska Native Women and Men. National Institute of Justice, maio 2016. Disponível em: https://nij.ojp.gov/topics/aricles/violence-against-american-indian-and-alaska-native-women-and-men. Outra boa fonte: FUTURES WITHOUT VIOLENCE. *The Facts on Violence Against American Indian/Alaska Native Women*. Disponível em: www.futureswithoutviolence.org/userfiles/file/Violence%20Against%20AI%20AN%20Women%20Fact%20Sheet.pdf. Acesso em: 12 fev. 2022. Também entrevistei a diretora-executiva do Centro Nacional de Recursos das Mulheres Indígenas acerca do assunto e dos "acampamentos masculinos". SIMPSON, Lucy Rain. Ending the Violence Against Indigenous Women and Children. Entrevista a Elise Loehnen. *The goop Podcast*, 4 nov. 2020.

34 UNIVERSITY OF WYOMING. *Missing and Murdered Indigenous People: Statewide Report Wyoming*. Disponível em: https://wysac.uwyo.edu/wysac/reports/View/7713.

35 Conforme a explicação de Sarah Deer, professora, líder ativista e advogada de mulheres indígenas (além de membro da nação Muscogee): "Mulheres indígenas dos Estados Unidos e mulheres nativas do Alaska [...] relatam que seus agressores não são nativos em sua maioria. O relatório original do Departamento de Justiça, datado de 1999, concluiu que cerca de nove em cada dez indígenas americanas vítimas de estupro ou de abuso sexual foram atacadas por homens brancos ou negros. Outro relatório indicou que mais de 70% dos agressores eram brancos." DEER, Sarah. *The Beginning and End of Rape: Confronting Sexual Violence in Native America*. Minneapolis: University of Minnesota Press, 2015, p. 7. Para estatísticas que comparam crimes intrarraciais e inter-raciais, ver: MORGAN, Rachel E. Race and Hispanic Origin of Victims and Offenders, 2012-2015. U.S. Department of Justice, Special Report, out. 2017. Disponível em: https://bjs.ojp.gov/content/pub/pdf/rhovo1215.pdf.

36 Não existe caso mais emblemático que o de Anita Hill, que acusou de assédio sexual Clarence Thomas, agora membro da Suprema Corte dos Estados Unidos. Como relembra Anita em sua autobiografia, ao longo dos anos ela ouviu com frequência perguntas como "O que você tem a dizer sobre as insinuações racistas em casos de assédio sexual e sobre como seu testemunho contra um homem negro desbancou a regra tácita de não se pronunciar contra um irmão, abrindo caminho para tratarmos o abuso sexual para além de todas as barreiras raciais?" e comentários do tipo "Obrigada por quebrar um tabu cultural afro-americano ao se pronunciar em público contra um homem negro". HILL, Anita. *Believing: Our Thirty-Year Journey to End Gender Violence*. Nova York: Viking, 2021, p. 231.

37 Nas palavras da ativista Angela Davis: "Seria um erro considerar o padrão institucionalizado de estupro durante a escravidão uma expressão das necessidades sexuais do homem branco, reprimidas pelo espectro da castidade da feminilidade branca. Isso seria uma explicação simplista demais. O estupro era uma arma de dominação e de repressão cujo objetivo era extinguir a resistência da mulher escravizada e, no processo, desmoralizar seus homens." DAVIS, Angela. *Women, Race and Class*. Nova York: Vintage, 1983, pp. 23-24. [*Mulheres, raça e classe*. São Paulo: Boitempo Editorial, 2016.]

38 Infeliz e tragicamente, o estupro parece ser um subproduto perpétuo do conflito. Alguns psicólogos teorizam que isso se deve ao fato de que o estupro une os homens. À medida que a guerra na Ucrânia se desenrola, o estupro vai se tornando uma de suas marcas, e a organização Human Rights Watch vem documentando esses crimes de guerra, amplamente reportados. HUMAN RIGHTS WATCH. *Ukraine: Apparent War Crimes in Russia-Controlled Areas: Summary Executions, Other Grave Abuses by Russian Forces*. 3 abr. 2022. Disponível em: www.hrw.org/news/2022/04/03/ukraine-apparent-war-crimes-russia-controlled-areas.

39 TUERKHEIMER, Deborah. Why Don't We Believe Women? Entrevista a Elise Loehnen. *Pulling the Thread*, 16 dez. 2021.

40 CHEMALY, Soraya. *Rage Becomes Her: The Power of Women's Anger*. Nova York: Atria, 2018, p. 135.

41 TRAISTER, Rebecca. *Good and Mad: The Revolutionary Power of Women's Anger*. Nova York: Simon & Schuster, 2018, pp. 164-165.

42 Todo o trabalho de Kate Manne sobre "*himpathy*" é digno de atenção, mas esta passagem em particular, sobre Brock Turner, o nadador de Stanford, articula com perfeição a consequência disso para as mulheres: "A empatia excessiva que flui em direção a abusadores como Brock Turner tanto se deve à preocupação insuficiente com a dor, a humilhação e o trauma (mais ou menos duradouro) que eles possam ter causado às vítimas quanto contribui para ela. E também retroalimenta a tendência de deixar que os agentes historicamente dominantes saiam andando – literalmente ou não – diante de suas subordinadas históricas. No caso da dominação masculina, nós primeiro nos solidarizamos com o homem, transformando-o de fato na vítima de seus crimes. Pois, quando alguém primeiro se solidariza com o estuprador que perde o apetite ou a bolsa de estudos, então *ele* se torna a vítima da história. E uma narrativa de vítima precisa de um vilão, de um vitimizador. [...] Agora consideremos: quem é a causa do sofrimento do estuprador? Só pode ser a pessoa que testemunhou contra ele, e assim a vítima se torna vilã." MANNE, Kate. *Down Girl: The Logic of Misogyny*. Nova York: Oxford University Press, 2018, p. 201.

43 Há outro fator parcialmente relacionado a esse tema: não apenas as mulheres passam de vítimas a vitimizadoras aos olhos da sociedade, como, de acordo com o brilhante médico da família Gabor Maté, "a sociedade reforça nos homens a ideia de que eles têm o direito de ser cuidados pelas mulheres de um jeito até difícil de colocar em palavras". É a maternidade automática que fornecemos, assim como a priorização do cuidado com outras pessoas em detrimento da nossa sobrevivência. Maté ressalta o modo como a escritora britânica Caroline Criado Perez, autora de *Mulheres invisíveis*, descreve um "viés implícito em prol dos homens em quase todos os aspectos da vida social, econômica, cultural, acadêmica e até médica." Ela dá um exemplo fascinante da distribuição assimétrica de tarefas entre homens e mulheres: "Nós sempre soubemos que mulheres (em particular, as com menos de 55 anos) costumam ter resultados piores que os homens após cirurgias cardíacas. Mas, somente depois que um estudo canadense foi publicado em 2016, os pesquisadores puderam isolar a carga de cuidado imposta à mulher como um dos fatores por trás dessa discrepância, percebendo que as mulheres que se submetem a uma cirurgia de ponte de safena tendem a reassumir suas funções de cuidadoras imediatamente, enquanto os homens são mais propensos a ter alguém cuidando deles." MATÉ, Gabor. *The Myth of Normal: Trauma, Illness, and Healing in a Toxic Culture*, com Daniel Maté. Nova York: Avery, 2022, p. 338. [*O mito do normal: Trauma, saúde e cura em um mundo doente*. Rio de Janeiro: Sextante, 2023.]

44 MALTZ, Wendy. *The Sexual Healing Journal: A Guide for Survivors of Sexual Abuse*. Nova York: William Morrow, 2012, pp. xvi-xvii.

45 RAPE, ABUSE & INCEST NATIONAL NETWORK. Perpetrators of Sexual Violence: Statistics. 2022. Disponível em: https://rainn.org/statistics/perpetrators-sexual-violence.

46 Nas palavras de Gerda Lerner: "Nos povos conquistados, o impacto do estupro tinha duas camadas: ele desonrava as mulheres violentadas e por consequência castrava simbolicamente seus homens. Nas sociedades patriarcais, os homens que não conseguem proteger a pureza sexual de esposas, irmãs e filhas são considerados impotentes e desonrados. O estupro de mulheres num grupo subjugado tem sido praticado em combates bélicos e na conquista de territórios desde o segundo milênio a.C. até os dias atuais. É uma prática social que, assim como a tortura de prisioneiros, tem sobrevivido ao 'progresso', às reformas humanitárias e a considerações morais e éticas mais sofisticadas. Acredito que seja assim por se tratar de uma prática erguida dentro da estrutura das instituições patriarcais, essencial a elas e inseparável delas. Como o estupro está nos primórdios do sistema, antes da formação de classes, podemos vê-lo em sua essência mais pura." LERNER, *The Creation of Patriarchy* [*A criação do patriarcado*], p. 80.

47 FEBOS, Melissa. *Girlhood*. Nova York: Bloomsbury, 2021, p. 203.

48 FEBOS, *Girlhood*, p. 211.

49 FEBOS, *Girlhood*, p. 266.

50 CRAWFORD, Lacy. Systems of Silencing. Entrevista a Elise Loehnen. *The goop Podcast*, 10 dez. 2020.

51 BROWN, Brené. *Dare to Lead: Brave Work, Tough Conversations, Whole Hearts*. Nova York: Random House, 2018, p. 254. [*A coragem para liderar: Trabalho duro, conversas difíceis, corações plenos*. Rio de Janeiro: Best Seller, 2019.]

52 ATLAS, *Emotional Inheritance* [*Herança emocional*], p. 119.
53 CHIVERS, Meredith; SETO, Michael; LALUMIÈRE, Martin; LAAN, Ellen; GRIMBOS, Teresa. Agreement of Self-Reported and Genital Measures of Sexual Arousal in Men and Women: A Meta-analysis. *Archives of Sexual Behavior*, v. 39, jan. 2010, pp. 5-56. Disponível em: https://doi.org/10.1007/s10508-009-9556-9. HUBERMAN Jackie; CHIVERS, Meredith. Examining Gender Specificity of Sexual Response with Concurrent Thermography and Plethysmography. *Psychophysiology*, v. 10, out. 2015, pp. 1382-1395. Disponível em: https://doi.org/10.1111/psyp.12466. Para uma leitura mais aprofundada sobre a pesquisa, recomendo esta matéria, que me fez rir: BERGNER, Daniel. What Do Women Want? *The New York Times Magazine*, 22 jan. 2009. Disponível em: www.nytimes.com/2009/01/25/magazine/25desire-t.html.
54 WOODMAN, Marion. *Addiction to Perfection: The Still Unravished Bride*. Toronto: Inner City Books, 1982, p. 134. [*O vício da perfeição: Compreendendo a relação entre distúrbios alimentares e desenvolvimento psíquico*. São Paulo: Summus Editorial, 2002.]
55 BADER, Michael. *Arousal: The Secret Life of Sexual Fantasies*. Nova York: Thomas Dunne Books, 2002, p. 6.
56 JAIYA. What's Your Map to Arousal? Entrevista a Elise Loehnen. *The goop Podcast*, 30 jul. 2020.
57 BADER, *Arousal*, p. 119.
58 Se quiser ler algo arrebatador e fascinante, recomendo *The Magdalen Manuscript*, de Tom Kenyon, segunda edição (Boulder: SoundsTrue, 2006). Nele, Maria Madalena supostamente explica que era adepta do culto a Ísis (assim como Maria, mãe de Jesus) e declara que ela e Yeshua praticaram uma versão da ioga sexual Kundalini para que Yeshua carregasse seu *Ka* ou corpo etéreo; assim, durante a descida anterior à ascensão, ele deixaria um rastro de luz que outros pudessem seguir.
59 Eu adoro o que dizem as terapeutas junguianas Marion Woodman e Elinor Dickson: "A liberdade que procuramos não está no controle patriarcal que tão desesperadamente tentamos manter. Em vez disso, está na entrega e na descida ao caos da matriz materna onde as sementes da nova vida nos esperam para serem fertilizadas. Entregar-se é abraçar a Deusa Negra. É ela quem abrirá nossos olhos para nossas ilusões, quem nos fará ver que nosso tesouro está nas energias femininas reprimidas que costumávamos rotular de fracas, irracionais, desorganizadas, sensíveis demais e muitos outros adjetivos impensados – ingênuas, estúpidas, lentas, melodramáticas. A descida ao seu território requer a morte de uma vida rigidamente controlada. Dançar com ela significa encontrar uma nova disciplina que permita que uma nova vida floresça e cresça." WOODMAN, Marion; DICKSON, Elinor. *Dancing in the Flames: The Dark Goddess in Transformation of Consciousness*. Boulder: Shambhala, 1996, p. 181.
60 A respeito dessa tabela e da era prometida, e fazendo uma distinção entre Jesus e o cristianismo patriarcal, Woodman e Dickson afirmam: "Poderíamos muito bem argumentar que estamos vivendo numa era *pré*-cristã na qual a mensagem revolucionária de Cristo, embora preservada por poucos ao longo dos anos, nunca foi amplamente praticada dentro da mentalidade de força-é-poder do paradigma patriarcal. Os princípios básicos do cristianismo – compaixão, perdão, arrependimento, amor aos inimigos, tolerância, mansidão – passam longe do que o patriarcado representa." WOODMAN e DICKSON, *Dancing in the Flames*, pp. 207-208.

Capítulo 8: Ira

1. ENNEAGRAM INSTITUTE. *The Riso-Hudson Enneagram Type Indicator*. Disponível em: https://tests.enneagraminstitute.com. Feito em: 12 jul. 2019.
2. RISO, Don Richard; HUDSON, Russ. *The Wisdom of the Enneagram: The Complete Guide to Psychological and Spiritual Growth for the Nine Personality Types*. Nova York: Bantam, 1999, p. 20. [*A sabedoria do Eneagrama: Guia completo para o crescimento psicológico e espiritual dos nove tipos de personalidade*. São Paulo: Cultrix, 2003.]
3. Evágrio não inventou a noção de *logismoi* (pensamentos passionais), mas os inseriu num sistema de psicologia descritiva. Como explica um de seus tradutores, John Eudes Bamberger: "Ele já encontrou na tradição do deserto um corpo considerável de ensinamentos a respeito de várias paixões e *logismoi* (pensamentos passionais), que eram frutos de uma vivência prática de muitos anos por parte dos monges mais experientes. Contudo, ele foi o primeiro a classificá-los numa série organizada de oito tipos de pensamentos passionais." BAMBERGER, John Eudes. Introdução a *The Praktikos and Chapters on Prayer*, de Evagrius Ponticus. Tradução: Johh Eudes Bamberger. Trappist: Cistercian Publications, 1972, p. lxviii.
4. ENNEAGRAM INSTITUTE. *The Traditional Enneagram*. Disponível em: www.enneagraminstitute.com/the-traditional-enneagram. Acesso em: 3 mar. 2022.
5. Segundo os antropólogos Carel van Schaik e Kai Michel: "Há nada menos que 390 exemplos documentados e 130 referências verbais [à ira de Deus] no Velho Testamento." Van SCHAIK, Carel; MICHEL, Kai. *The Good Book of Human Nature: An Evolutionary Reading of the Bible*. Nova York: Basic Books, 2016, p. 74.
6. No original em inglês, a referência foi retirada da *King James Bible*.
7. TAUSSIG, Hal (Org.). *A New New Testament: A Bible for the 21st Century Combining Tradition and Newly Discovered Texts*. 2013; reimpressão, Nova York: Mariner, 2015, p. 31.
8. PONTICUS, Evagrius. *The Praktikos and Chapters on Prayer*. Tradução: John Eudes Bamberger. Trappist: Cistercian Publications, 1972, p. 17.
9. PONTICUS, *The Praktikos and Chapters on Prayer*, p. 22.
10. DeYOUNG, Rebecca Konyndyk. *Glittering Vices: A New Look at the Seven Deadly Sins and Their Remedies*. Edição revista. Grand Rapids: Brazos Press, 2020, pp. 140-141.
11. DeYOUNG, *Glittering Vices*, p. 146.
12. LERNER, Harriet. *The Dance of Anger: A Woman's Guide to Changing the Patterns of Intimate Relations*. Nova York: William Morrow, 2014, p. 2.
13. GILLIGAN, Carol; SNIDER, Naomi. *Why Does Patriarchy Persist?* Medford: Polity Press, 2018, p. 83.
14. LERNER, Harriet. What Our Anger Teaches Us. Entrevista a Elise Loehnen. *Pulling the Thread Podcast*, 4 nov. 2021.
15. TRAISTER, Rebecca. *Good and Mad: The Revolutionary Power of Woman's Anger*. Nova York: Simon & Schuster, 2018, p. 43.
16. BEARD, Mary. *Women and Power: A Manifest*. Nova York: Liveright, 2017, p. 16. [*Mulheres e poder: Um manifesto*. São Paulo: Crítica, 2023.]
17. Como explica a antropóloga Marija Gimbutas: "O tema principal do simbolismo da Deusa é o mistério do nascimento e da morte e o recomeço da vida, não apenas a huma-

na, mas toda a vida na Terra e em todo o cosmos. Símbolos e imagens se acumulam em torno da Deusa partenogenética (que se autogera) e de suas funções básicas de Doadora da Vida, Portadora da Morte e, não menos importante, Regeneradora, e em torno da Mãe Terra, a Deusa da Fertilidade jovem e velha, erguendo-se e morrendo com a vida vegetal. Ela era a única fonte de toda a vida e retirava sua energia de nascentes e poços, do Sol, da Lua e da terra úmida." GIMBUTAS, Marija. *The Language of the Goddess: Unearthing the Hidden Symbols of Western Civilization*. Nova York: Harper and Row, 1989, p. xix.
18 GIMBUTAS, *The Language of the Goddess*, p. xix.
19 CAMPBELL, Joseph. *Goddesses: Mysteries of the Feminine Divine*. Novato: New World Library, 2013, p. 2. [*Deusas: Os mistérios do divino feminino*. São Paulo: Palas Athena, 2016.]
20 GIMBUTAS, *The Language of the Goddess*, p. 207.
21 BEARD, *Women and Power* [*Mulheres e poder*], p. 76.
22 TRAISTER, *Good and Mad*, p. 7.
23 Nas palavras de Seyward Darby: "O slogan se referia aos privilégios de ser esposa e mãe, protegida pelos homens, intocada pelo ranço não feminino do feminismo. [...] STOP era tanto um grito de guerra contra as feministas quanto um aceno inequívoco aos homens brancos – uma oferta para manter o status social por meio do afastamento simultâneo de forças arrivistas e da demonstração de solidariedade aos mais poderosos." DERBY, Seyward. *Sisters in Hate: American Women on the Front Lines of White Nationalism*. Nova York: Little, Brown, 2020, p. 121.
24 TAYLOR, Shelley E.; KLEIN, Laura Cousino; LEWIS, Brian P.; GRUENEWALD, Tara L.; GURUNG, Regan A. R.; UPDEGRAFF, John A. Biobehavioral Responses to Stress in Females: Tend-and-Befriend, Not Fight-or-Flight. *Psychological Review*, v. 107, n. 3, 2000, p. 411-429. Disponível em: https://doi.org/10.1037/0033-295X.107.3.411.
25 ROSENBERG, Marshall. *Nonviolent Communication: A Language of Life*. Encinitas: Puddlejumper, 2015, p. 196. [*Comunicação não violenta: Técnicas para aprimorar relacionamentos pessoais e profissionais*. São Paulo: Ágora, 2021.]
26 ROSENBERG, *Nonviolent Communication* [*Comunicação não violenta*], pp. 55-56.
27 BRACKETT, Marc. Permission to Feel. Entrevista a Brené Brown. *Unlocking Us Podcast*, 14 abr. 2020.
28 ROSENBERG, *Nonviolent Communication* [*Comunicação não violenta*], p. 143.
29 LOEHNEN, Elise. The Tibetan Bon Meditation Tradition. goop.com, 26 dez. 2019.
30 NHAT HANH, Thich. *Anger: Wisdom for Cooling the Flames*. Nova York: Riverhead, 2001, p. 118. [*Raiva: Sabedoria para abrandar as chamas*. Petrópolis: Vozes, 2022.]
31 GOTTMAN, John. *The Seven Principles for Making Marriage Work*. Nova York: Harmony, 2015, pp. 137-140. [*Sete princípios para o casamento dar certo*. Rio de Janeiro: Objetiva, 2000.]
32 CARRÈRE, Sybil; GOTTMAN, John. Predicting Divorce Among Newlyweds from the First Three Minutes of a Marital Conflict Discussion. *Family Process*, v. 38, n. 3, 1999, pp. 293-301. Disponível em: https://doi.org/10.1111/j.1545-5300.1999.00293.x.
33 GRANT, Adam. The Unexpected Sparks of Creativity, Confrontation and Office Culture. Entrevista a Elise Loehnen. *The goop Podcast*, 29 mar. 2018.
34 REAL, Terry. Healing Male Depression. Entrevista a Elise Loehnen. *Pulling the Thread Podcast*, 21 out. 2021.

35 LERNER, What Our Anger Teaches Us.
36 GILLIGAN e SNIDER, *Why Does Patriarchy Persist?*, p. 87
37 O Dr. Maté explica que, apesar do diagnóstico de câncer, esses pacientes ainda não conseguiam externalizar as próprias necessidades: "Mesmo apreensivos quanto à progressão da doença, a preocupação se mantinha voltada para questões externas, não pessoais, e focada no efeito da doença sobre a família. Tamanha autoabnegação foi muito bem exemplificada num artigo que li certa vez no *Globe and Mail*, escrito por uma mulher que tinha acabado de ser diagnosticada com câncer de mama. 'Estou preocupada com meu marido', disse ela ao médico logo após o diagnóstico. 'Não serei forte o suficiente para apoiá-lo.'" MATÉ, Gabor. *Myth of Normal: Trauma, Illness, and Healing in a Toxic Culture*, com Daniel Maté. Nova York: Avery, 2022, p. 99. [*O mito do normal: Trauma, saúde e cura em um mundo doente*. Rio de Janeiro: Sextante, 2023.]
38 SIMMONS, Rachel. *Odd Girl Out: The Hidden Culture of Aggression in Girls*. Nova York: Mariner, 2002, p. 3. [*Garota fora do jogo: A cultura oculta da agressão nas meninas*. Rio de Janeiro: Rocco, 2004.]
39 RIPLEY, Amanda. *High Conflict: Why We Get Trapped and How We Get Out*. Nova York: Simon & Schuster, 2021, p. 71.
40 SIMMONS, *Odd Girl Out* [*Garota fora do jogo*], p. 80.
41 SIMMONS, *Odd Girl Out* [*Garota fora do jogo*], p. 220.
42 "Meninas de grupos minoritários e de baixa renda costumam ser estereotipadas como agressivas, barulhentas, disruptivas e, portanto, 'em risco'. 'Essas negras barulhentas' é uma expressão usada para depreciar a presença imponente de jovens afro-americanas. [...] O pouco que sabemos sobre relacionamentos entre meninas se baseia em estudos sobre garotas brancas de classe média. [...] É uma triste ironia, para dizer o mínimo, que meninas que se envolvem em conflitos diretos tenham tão pouco poder social de fato. A assertividade demonstrada por algumas garotas de grupos minoritários talvez não reflita autoconfiança, mas vulnerabilidade social." SIMMONS, *Odd Girl Out* [*Garota fora do jogo*], pp. 242-243.
43 COOPER, Brittney. *Eloquent Rage: A Black Feminist Discovers Her Superpower*. Nova York: Picador, 2018, p. 4.
44 ESQUIRE. *American Rage: The Esquire/NBC News Survey*. 3 jan. 2016. Disponível em: www.esquire.com/news-politics/a40693/american-rage-nbc-survey.
45 Conforme relata Soraya Chemaly: "Uma pesquisa pós-eleição revelou que 53% dos entrevistados estavam com mais raiva do cenário global do que no ano anterior. Nenhuma surpresa. Mais uma vez, as mulheres estavam com mais raiva do que os homens. Por exemplo, 74% delas, contra 69% deles, afirmaram se deparar com notícias revoltantes ao menos uma vez por dia. Mais uma vez, as mulheres brancas também estavam constantemente mais irritadas do que as mulheres negras, um resultado que refuta, como escreveu certa vez a comentarista política e professora Melissa Harris-Perry, a mitologia das mulheres negras raivosas. Dessa vez, mulheres liberais e progressistas, 76% das quais afirmaram sentir mais raiva a cada ano que passa, tiveram a reação mais intensa."
E, quando se trata de uma reação direta a Trump, a predominância das mulheres foi marcante. Chemaly novamente: "Uma pesquisa de abril de 2017 com quase 30 mil pessoas mostrou que 86% daquelas que tinham protestado contra a gestão Trump e suas políticas eram mulheres; 28% tinham entre 30 e 45 anos de idade; e 50% tinham entre 46

e 65." CHEMALY, Soraya. *Rage Becomes Her: The Power of Women's Anger.* Nova York: Atria, 2018, p. 241, 247.
46 NEFF, Kristin. *Fierce Self-Compassion: How Women Can Harness Kindness to Speak Up, Claim Their Power, and Thrive.* Nova York: Harper Wave, 2021, p. 66. [*Autocompaixão feroz: Como as mulheres podem fazer uso da bondade para se manifestar livremente, reivindicar seu poder e prosperar.* Teresópolis: Lúcida Letra, 2022.]
47 TRAISTER, *Good and Mad,* p. 145.
48 Numa discussão fascinante, Dolly Chugh comenta que, de acordo com alguns estudos, chegaríamos a pagar para ter nossa identidade reafirmada. CHUGH, Dolly. *The Person You Mean to Be: How Good People Fight Bias.* Nova York: Harper Business, 2018, pp. 4-7.
49 Rosenberg divide a "libertação emocional" em três etapas. Na primeira, que ele chama de escravidão emocional, "acreditamos que somos responsáveis pelos sentimentos dos outros. Achamos que devemos nos esforçar o tempo todo para manter todo mundo feliz. Se a pessoa não parece feliz, nos sentimos responsáveis e compelidos a fazer alguma coisa para resolver o problema". Ele descreve a segunda etapa como a "etapa desagradável", porque é comum ficarmos com raiva uma vez que a responsabilidade excessiva começa a parecer um fardo. Diz ele: "Quando percebemos quanta vida perdemos e o pouco que dedicamos a escutar o nosso interior, é comum sentirmos raiva." Apenas na terceira etapa alcançamos a libertação emocional, na qual podemos decidir atender às necessidades dos outros por meio da compaixão, mas sem constrangimento, culpa ou medo. ROSENBERG, *Nonviolent Communication* [*Comunicação não violenta*], pp. 57-60.
50 COOPER, *Eloquent Rage,* p. 35.
51 KATIE, Byron. *Loving What Is: Four Questions That Can Change Your Life.* Nova York: Harmony, 2002, p. viii. [*Ame a realidade: Quatro perguntas que podem mudar sua vida.* Rio de Janeiro: Best Seller, 2009.]
52 KATIE, *Loving What Is* [*Ame a realidade*], p. 37.
53 Devo boa parte dessa minha reflexão a Carissa Schumacher e a uma transmissão de Yeshua feita por ela em outubro de 2021. Para os interessados nas implicações de "Você colhe o que semeia", ela defende que as pessoas não precisam ter medo: estamos simplesmente numa época de transparência e responsabilidade.

Capítulo 9: Tristeza

1 PONTICUS, Evagrius. *The Praktikos and Chapters on Prayer.* Tradução: John Eudes Bemberger. Trappist: Cistercian Publications, 1972, p. 17.
2 REDIGER, Jeffrey. *Cured: The Life-Changing Science of Spontaneous Healing.* Nova York: Flatiron, 2020, p. 194. [*A ciência revolucionária por trás da cura espontânea.* São Paulo: Fontanar, 2020.]
3 WALKER, Barbara. *The Crone: Woman of Age, Wisdom, and Power.* Nova York: HarperOne, 1985, p. 28. [*A Velha: Mulher de idade, sabedoria e poder.* Lavras: A Senhora, 2001.]
4 CAMPBELL, Joseph. *The Power of Myth,* com Bill Moyers. Nova York: Anchor Books, 1991, p. 188. [*O poder do mito.* São Paulo: Palas Athena, 2014.]
5 A professora e terapeuta Pauline Boss escreve tanto sobre o entendimento evolutivo de Freud quanto sobre o de Kübler-Ross no essencial *The Myth of Closure* (O mito da supe-

ração). Boss também explica o arcabouço da "Perda Ambígua", um termo cunhado por ela para se referir à oscilação das pessoas entre diferentes etapas, não necessariamente nesta ordem: Ajustar a Noção de Controle; Encontrar Significado; Reconstruir a Identidade; Descobrir uma Nova Esperança; Reavaliar o Vínculo; Normalizar a Ambivalência. BOSS, Pauline. *The Myth of Closure: Ambiguous Loss in a Time of Pandemic and Change*. Nova York: Norton, 2021, p. 98.
6   Essa reflexão veio da poeta Prageeta Sharma, mencionada em: HONG, Cathy Park. *Minor Feelings: An Asian American Reckoning*. Nova York: One World, 2020, p. 47.
7   WATTS, Alan. *The Wisdom of Insecurity: A Message for an Age of Anxiety*. Nova York: Vintage, 2011, p. 24. [*A sabedoria da insegurança: Como sobreviver na era da ansiedade*. São Paulo: Alaúde, 2022.]
8   BOWLER, Kate. Does Everything Happen for a Reason? Entrevista a Elise Loehnen. *The goop Podcast*, 30 abr. 2020.
9   PAGELS, Elaine. *Why Religion? A Personal Story*. Nova York: Ecco, 2018, pp. 67-68.
10 PAGELS, *Why Religion?*, p. 103.
11 BONANNO, George. *The Other Side of Sadness*. Nova York: Basic Books, 2019, p. 58.
12 Nas palavras de Pauline Boss: "De todas as perdas experimentadas em relacionamentos a longo prazo, a perda ambígua é a mais devastadora porque permanece indefinida, indeterminada." BOSS, Pauline. *Ambiguous Loss: Learning to Live with Unresolved Grief*. Cambridge: Harvard University Press, 1999, pp. 5-6.
13 McINERNY, Nora. *No Happy Endings*. Nova York: Dey Street, 2019, p. 3.
14 KALANITHI, Lucy. What Matters in the End. Entrevista a Elise Loehnen. *The goop Podcast*, 2 ago. 2018.
15 LERNER, Harriet. *The Dance of Anger: A Woman's Guide to Changing the Patterns of Intimate Relations*. Nova York: William Morrow, 2014, p. 50.
16 REAL, Terrence. *I Don't Want to Talk About It: Overcoming the Secret Legacy of Male Depression*. Nova York: Scribner, 1997, p. 123.
17 HOOKS, bell. *The Will to Change: Men, Masculinity, and Love*. Nova York: Washington Square Press, 2004, p. 6.
18 NATIONAL INSTITUTE OF MENTAL HEALTH. *Statistics: Major Depression*. Disponível em: www.nimh.nih.gov/health/statistics/major-depression. Atualizado em jan. 2022.
19 REAL, *I Don't Want to Talk About It*, p. 84.
20 GRINGLAS, Sam. Daniel Defense, the Maker of the Gun Used in Uvalde, Is Accused of Marketing for Teens. *Weekend Edition*, 5 jun. 2022, NPR. Disponível em: www.npr.org/2022/06/05/1103144998/daniel-defense-the-maker-of-gun-used-in-uvalde-accused--of-marketing-to-te.
21 HAMMEN, Constance; PETERS, Stefanie. Differential Responses to Male and Female Depressive Reactions. *Journal of Consulting and Clinical Psychology*, v. 6, 1977, pp. 994-1001. Disponível em: https://doi.org/10.1037/0022-006X.45.6.994.
22 REAL, *I Don't Want to Talk About It*, p. 82.
23 BRACKETT, Marc. *Permission to Feel: Unblocking the Power of Emotions to Help Our Kids, Ourselves, and Our Society Thrive*. Nova York: Celadon, 2019, p. 24. [*Permissão para sentir: Como compreender nossas emoções e usá-las com sabedoria para viver com equilíbrio e bem-estar*. Rio de Janeiro: Sextante, 2021.]

24 WASHINGTON, Harriet. *A Terrible Thing to Waste: Environmental Racism and Its Assault on the American Mind*. Nova York: Little, Brown Spark, 2019, p. 106.
25 Eisenberg já liderou dezenas de estudos sobre o tema. O mais citado deles é EISENBERG, Nancy; SADOVSKY; Adrienne; SPINRAD, Tracy. Associations of Emotion-Related Regulation with Language Skills, Emotion Knowledge, and Academic Outcomes. *New Directions for Child and Adolescent Development*, v. 109, 2005, pp. 109-118. Disponível em: https://doi.org/10.1002/cd.143.
26 REAL, *I Don't Want to Talk About It*, p. 131.
27 REAL, *I Don't Want to Talk About It*, p. 137.
28 HOOKS, *The Will to Change*, p. 64-65.
29 REAL, *I Don't Want to Talk About It*, p. 109.
30 Real usa a própria história com exemplo desse padrão. Filho de pai abusivo e nada afetuoso, Terry vivia dominado pela fúria e pelo desespero. Recorreu às drogas, quase morreu e com muito custo entrou para a faculdade, onde fez terapia e se recuperou. Como acontece com a maioria dos homens que ele trata, sua experiência seguiu um padrão: o trauma se escondeu na depressão oculta e no vício. Quando, com o apoio do terapeuta, ele se sentiu preparado para permitir que a tristeza viesse à tona, rompeu o ciclo e atravessou o deserto. Em suas palavras: "A depressão congela, mas a tristeza flui. Ela tem um fim. Aquilo que eu tinha evitado por tanto tempo simplesmente me dominou – e eu fiquei bem. Na segurança curativa da companhia do terapeuta, a depressão disfarçada se revelou. Declarada, ela se transmutou em luto. E o luto, conforme aprendi depois, é a cura da depressão." REAL, *I Don't Want to Talk About It*, p. 285.
31 Ouvi essa citação de Max Weber pela primeira vez quando ela foi proferida pelo professor Nell Irving Painter, em "Seeing White", uma série incrível sobre raça apresentada em podcast pelo professor John Biewen, da Universidade Duke, em parceria com Chenjerai Kumanyika. É a segunda temporada do podcast *Scene on Radio*. Também aprendi muito sobre misoginia na terceira temporada ("Men"), apresentada em parceria com Celeste Headlee.

Conclusão: Realinhamento

1 Segundo explicações do tradutor e historiador John Eudes Bamberger, Evágrio foi o primeiro a compilar, classificar e sistematizar os *logismoi* (os pensamentos passionais), embora ele não os tenha inventado. Bamberger escreve que Evágrio "ocupou-se de fazer as observações e descrições mais precisas de seus dinamismos e operações. Ele teve o cuidado de descrever os padrões de atividade que os caracterizavam e de indicar as inter-relações entre eles. Seu trabalho na área se tornou clássico e, quando John Cassian quis ensinar aos monges ocidentais a doutrina do deserto sobre os *logismoi*, não poderia encontrar fonte melhor do que os escritos de Evágrio". BAMBERGER, John Eudes. Introdução a *The Praktikos and Chapters on Prayer*, de Evagrius Ponticus. Tradução: John Eudes Bamberger. Trappist: Cistercian Publications, 1972, p. lxviii.
2 Adoro a sugestão contida no prefácio escrito por David Tresemer e Laura-Lea Cannon para *The Gospel of Mary Magdalene* (O evangelho de Maria Madalena), de Jean-Yves Leloup, de que quando Jesus expulsou os sete demônios ele estava limpando o sistema de chacras de Maria Madalena, isto é, os sete círculos de poder que antecedem conside-

ravelmente todas as religiões, da Índia à Babilônia, da Assíria ao Egito. Como os autores do prefácio explicam: "Se a purificação de Maria Madalena for vista dessa forma, ela se torna a pessoa mais inteiramente santificada a ser mencionada no Novo Testamento. Imagine ser completamente purificada de preconceitos e velhos rancores, ilusões, obstáculos hereditários à saúde, todos os desejos. Uma vez curada, ela é verdadeiramente capaz de enxergar de fato a verdade espiritual que atua em todas as coisas. Ela é capaz de enxergar a brutalidade dos outros seres humanos, assim como a beleza transcendental dos ensinamentos de Jesus Cristo. Em termos modernos, seu coração e seus centros energéticos estão abertos." TRESEMER, David; CANNON, Laura-Lea. Prefácio de *The Gospel of Mary Magdalene*, de Jean-Yves Leloup. Tradução: Joseph Rowe. Rochester: Inner Traditions, 2002, p. xviii.

3   É interessante observar que alguns teólogos leem isso como se fosse Cristo rejeitando a lei judaica, ou a Torá, e, portanto, parte das razões de um abismo enorme ter se aberto entre o judaísmo e o cristianismo (e o correspondente antissemitismo). Outros teólogos afirmam que Cristo, que manteve seu judaísmo (e nunca afirmou ser o Messias), insistiu na lei judaica, reivindicando apenas ter vindo para aprimorá-la. Como explica Jesus: "Não julgueis que vim abolir a lei ou os profetas. Não vim para os abolir, mas sim para levá-los à perfeição. Pois em verdade vos digo: passará o céu e a terra, antes que desapareça um jota, um traço da lei. Aquele que violar um destes mandamentos, por menor que seja, e ensinar assim aos homens, será declarado o menor no Reino dos céus. Mas aquele que os guardar e os ensinar será declarado grande no Reino dos céus" (Mateus 5:17-19). TAUSSIG, Hal (Org.). *A New New Testament: A Bible for the 21st Century Combining Traditional and Newly Discovered Texts*. 2013. reimpressão, Nova York: Mariner, 2015, p. 30.

4   TAUSSIG, *A New New Testament*, p. 224.

5   BOURGEAULT, Cynthia. *The Meaning of Mary Magdalene: Discovering the Woman at the Heart of Christianity*. Boulder: Shambhala, 2010, p. 137.

6   TAUSSIG, Hal. The Gospel of Mary. In: *A New New Testament*, pp. 224-225.

7   LELOUP, *The Gospel of Mary Magdalene*, p. 48.

8   Conforme elabora Karen King: "O Evangelho de Maria define pecado como o relacionamento adúltero entre alma e corpo. Quando a alma se torna presa ao corpo, ela é dominada pelas fraquezas e paixões da natureza material, levando à doença e à morte. Ao se afastar do corpo e reconhecer seu verdadeiro eu e seu ser espiritual, o eu pode encontrar a criança da verdadeira Humanidade dentro de si e se adequar a essa Imagem." KING, Karen L. *The Gospel of Mary of Magdala: Jesus and the First Woman Apostle*. Santa Rosa: Polebridge Press, 2003, p. 65.

9   TAUSSIG, *A New New Testament*, p. 225.

10 Leloup define o primeiro clima como *Escuridão* ou *Absurdo* ("um clima nauseante no qual nossa identificação com a matéria engendra a experiência do niilismo e da ausência de sentido"); o segundo como *Anseio* ("um clima tenso e estressante de reclamações e demandas"); o terceiro como *Recusa ao Conhecimento* ("um clima de estupor, mente fechada, complacência e vaidade"); e, por fim, o quarto como *Ira Sétupla*. Ele acredita que é esse clima "que adiciona violência aos outros, gerando clímaces de ciúmes, possessividade, orgulho e a loucura da sabedoria profana". LELOUP, *The Gospel of Mary Magdalene*, p. 130.

11 LELOUP, *The Gospel of Mary Magdalene*, p. 139.
12 Carissa expande essa ideia de forma prodigiosa e sugere que o ato ostensivo de expulsão dos sete demônios de Maria Madalena pode ter sido simplesmente um ato de reequilíbrio. SCHUMACHER, Carissa. *The Freedom Transmissions: Yeshua as Channeled by Carissa Schumacher*. Nova York: HarperOne, 2021, pp. 37-60.
13 LEMBKE, Anna. Navigating an Addictive Culture. Entrevista a Elise Loehnen. *Pulling the Thread Podcast*, 11 nov. 2021. Lembke escreveu um ótimo livro sobre vícios chamado *Nação dopamina: Por que o excesso de prazer está nos deixando infelizes e o que podemos fazer para mudar* (São Paulo: Vestígio, 2022).

CONHEÇA ALGUNS DESTAQUES DE NOSSO CATÁLOGO

- Augusto Cury: Você é insubstituível (2,8 milhões de livros vendidos), Nunca desista de seus sonhos (2,7 milhões de livros vendidos) e O médico da emoção
- Dale Carnegie: Como fazer amigos e influenciar pessoas (16 milhões de livros vendidos) e Como evitar preocupações e começar a viver
- Brené Brown: A coragem de ser imperfeito – Como aceitar a própria vulnerabilidade e vencer a vergonha (600 mil livros vendidos)
- T. Harv Eker: Os segredos da mente milionária (2 milhões de livros vendidos)
- Gustavo Cerbasi: Casais inteligentes enriquecem juntos (1,2 milhão de livros vendidos) e Como organizar sua vida financeira
- Greg McKeown: Essencialismo – A disciplinada busca por menos (400 mil livros vendidos) e Sem esforço – Torne mais fácil o que é mais importante
- Haemin Sunim: As coisas que você só vê quando desacelera (450 mil livros vendidos) e Amor pelas coisas imperfeitas
- Ana Claudia Quintana Arantes: A morte é um dia que vale a pena viver (400 mil livros vendidos) e Pra vida toda valer a pena viver
- Ichiro Kishimi e Fumitake Koga: A coragem de não agradar – Como se libertar da opinião dos outros (200 mil livros vendidos)
- Simon Sinek: Comece pelo porquê (200 mil livros vendidos) e O jogo infinito
- Robert B. Cialdini: As armas da persuasão (350 mil livros vendidos)
- Eckhart Tolle: O poder do agora (1,2 milhão de livros vendidos)
- Edith Eva Eger: A bailarina de Auschwitz (600 mil livros vendidos)
- Cristina Núñez Pereira e Rafael R. Valcárcel: Emocionário – Um guia lúdico para lidar com as emoções (800 mil livros vendidos)
- Nizan Guanaes e Arthur Guerra: Você aguenta ser feliz? – Como cuidar da saúde mental e física para ter qualidade de vida
- Suhas Kshirsagar: Mude seus horários, mude sua vida – Como usar o relógio biológico para perder peso, reduzir o estresse e ter mais saúde e energia

sextante.com.br